农民工市民化

自主选择
与社会秩序统一

解 安 ◎著

社会科学文献出版社
SOCIAL SCIENCES ACADEMIC PRESS (CHINA)

解　安　1963年生，河北滦县人。毕业于清华大学经济学研究所，师从刘美珣先生，获博士学位。清华大学马克思主义学院长聘教授、博士生导师，清华大学城镇化与城乡统筹研究中心副主任，国家高端智库清华大学国家治理与全球治理研究院研究员，清华大学乡村振兴工作站专家指导委员会委员，中国发展战略学研究会农业专家委员会委员，中国农村发展学会理事，教育部教指委委员。主持国务院研究室重点课题、国家社科基金（重点、一般）项目、北京市社科基金项目以及国家发改委、科技部、农业部等项目十余项；出版学术专著《农村土地股份合作制——探索适应农业现代化要求的集体土地所有制实现形式》《"三农"工作机制创新——一条独特的路径》《"三农"有解——"三农"重大现实问题研究》等若干部；在《人民日报》《光明日报》《马克思主义研究》《农业经济问题》等国内外重要报刊发表论文百余篇，多篇被《新华文摘》全文转载；应新华社内参部之约，在《国内动态清样》和《参考清样》（发至省部级）发表论文和访谈多篇；多次就"三农"、城镇化、贫困治理、经济改革等问题为中央和地方政府提供有参考价值的政策建议，受到中央领导同志高度重视和重要批示。

序　言

　　中国在过去几十年里经历了前所未有的社会和经济变革，而其中最引人注目的现象之一就是大量农民工涌入城市。这不仅是一场规模庞大的人口流动，更是一场深刻影响中国社会结构和文化认同的"革命"。鉴于其深远的社会影响和复杂的现实挑战，有必要深入研究这一议题。正是在这样的背景下，笔者创造性地提出了"农民工市民化：自主选择与社会秩序统一"这一全新范式，对农民工市民化以及由此引发的制度变迁和既有的理论研究进行了重新审视，提炼出中国特色农民工市民化理论以及推进路径和政策建议。

　　对中国来说，对农民工市民化问题无论倾注多少关注，似乎都不为过。农民工市民化问题的重要性，在笔者看来，大抵可以归纳为以下几点。一是农民工市民化具有深远社会影响。农民工大规模涌入城市不仅影响着城市的经济发展和社会结构，而且改变了农民工自身的生活方式和身份认同，因而对社会公平、经济发展以及国家治理都有重大影响。二是农民工市民化面临诸多现实挑战。这些问题包括户籍制度、土地制度、社会保障、子女教育、就业歧视等，解决这些问题需要综合性、系统性的研究。三是尽管当前农民工市民化问题已经引起了广泛社会关注，但在理论研究和政策设计方面仍存在不少空白或不足。从时间和空间、国内和国外等不同维度对这一问题进行深度剖析，有助于我们发现农民工市民化问题治理的关键所在。特别是不同国家和地区的乡城迁移和市民化过程有其共性和特性，比较和分析有助于找出更具普遍性和指导意义的解决路径。四是在新时代中国特色社会主义背景下，解决好农民工市民化问题，对于全面建成社会主义现代化强国和实现中华民族伟大复兴有着重要的意义。

就本书写作而言，笔者旨在对农民工市民化问题进行深入分析和讨论，以期对这一复杂而重要的社会现象提供更全面、更深刻的理解，为政策制定提供科学依据。全书主要聚焦农民工市民化的两个关键方面：一是农民工在市民化过程中的"自主选择"；二是农民工的"自主选择"如何与现有或形成中的"社会秩序"达成统一或平衡。本书探究这两个方面的相互作用关系，并尝试从中构建更具解释力的全新的研究范式和提炼更具普遍启示意义的理论观点。

研究农民工市民化过程中的"自主选择"和"社会秩序"具有多重意义。农民工市民化问题是一个经济问题，更是涉及社会结构、文化认同和心理融入等的复杂社会现象。一方面，"自主选择"强调的是微观层面的行为决策，是否迁移、何时迁移、如何迁移、是否融入、如何融入等都归属"自主选择"的范畴，通过对"自主选择"的全方位分析，有利于深度理解农民工在乡城迁移、城市融入过程中的具体行为决策；另一方面，"社会秩序"侧重的是宏观层面的环境束缚，包括制度环境与文化环境等，通过对"社会秩序"的分析，有利于整体把握农民工市民化的客观障碍与体制改革方向。

最重要的是，这两个方面并非孤立或对立的，而是在实际的市民化过程中相互影响、相互制衡的。也就是说，个体的"自主选择"在一定程度上是受到"社会秩序"的影响和制约的，而"社会秩序"也在一定程度上需要适应和容纳个体的"自主选择"。这不仅有助于我们更全面和深刻地理解农民工市民化这一复杂的社会现象，还能为相关政策制定提供更为科学和人性化的依据。

序　言

为实现上述研究任务，笔者按照下面次序编排全书结构。一是在文献回顾与述评章节，梳理了现有研究中关于农民工市民化、自主选择和社会秩序的主要观点和理论，指出现有研究的不足和局限。二是在农民工市民化的分析范式章节，创造性地提出了"自主选择与社会秩序统一"这一全新的分析范式，以进一步全面认识和深刻理解农民工市民化及其相应制度变迁这一复杂的社会现象。三是在农民工市民化的理论阐释章节，论述了"自主选择与社会秩序统一"的分析范式来源于多元理论的时代化发展，有着深厚的学理支撑。四是在农民工市民化的历史演进章节，本书从时间纬度上剖析了农民工市民化在不同历史时期的特点和变化，"自主选择与社会秩序统一"这对矛盾运动贯穿了农民工市民化的全过程，为这一新的分析范式提供了历史证据。五是在农民工市民化的现实分析章节，通过大量的数据和案例研究，分析农民工市民化的现状、面临的挑战以及影响因素，农民工市民化的现实状况充分证明社会秩序及时跟进才能有效调动和充分发挥自主选择的积极性和能动性。六是在农民工市民化的比较研究章节，本书研究了欧美地区、东亚地区以及拉美地区的城市化模式，结果表明，任何城市化模式的得失成败，关键在于是否处理好了个体自主选择与社会秩序统一的关系，"自主选择与社会秩序统一"具有普遍规律性。七是在农民工市民化的逻辑与路径章节，基于"自主选择与社会秩序统一"范式，总结了本研究的主要结论并提出一系列针对性的政策建议和未来研究方向。

通过上述工作，笔者力图构建一个全面而深刻的理解框架，为农民工市民化这一重要但复杂的社会现象提供新的理论和实践视角。在研究方法上，全书采用多学科交叉的研究方式，综合运用马克思主义理论、经济学、社会学和政治学等多学科理论和方法。在论证过程中，全书使用了丰富的第一手和第二手数据与资料，为研究框架的构建提供了坚实支撑。

在理论层面，本书引入了"自主选择与社会秩序统一"的创新性分析范式。这不仅仅是一个观点或假说，而是一个跨学科、多维度的理论构架。该范式挑战了一种普遍存在的二元思维——即个体自主选择与社会秩序常被视为零和对立。通过深入剖析各种制度性和文化性机制，使两者在农民工市民化过程中实现有机结合和协同作用，这一范式旨在为该议题提供一个更加全面和宏观的理解。这不仅有助于突破当前研究的局限性，还可以为后续的研究提供进一步的理论基础。

在政策实践层面，全书的工作并不仅局限于中国的社会和经济情境。实际上，在全球化和城市化的大背景下，乡村到城市的人口流动以及随之而来的社会融合问题已成为全球范围内的普遍现象。因此，通过系统性地考察和解析中国农民工的市民化过程，"自主选择与社会秩序统一"分析范式不仅能为我国提供合适的政策建议，还可能为其他面临类似挑战的国家和地区提供有价值的参考和启示，进一步促进全球范围内对该议题的深入认识和有效治理。

总之，笔者由衷希望本书能成为理解农民工市民化、社会转型以及中国式现代化议题的一个重要参考。期待读者能从中获取新的知识和见解，也希望能激发更多学者和决策者对这一议题进行深入思考和研究。当然，由于研究资源和时间的限制，全书考察的某些地区和特殊群体可能没有得到充分的分析探讨。对于一些更微观和细致的问题，笔者的这一工作亦有待进一步深化和完善。因此，诚挚欢迎各方的批评、建议和补充，以便我们在未来能更加从容地认识、理解和应对这一复杂而重要的社会现象。

是为序。

2024 年 4 月 19 日于清华园

目 录

第一章 绪论 … 1
- 第一节 为什么要研究"农民工市民化" … 1
- 第二节 农民工市民化的自主选择与社会秩序 … 6
- 第三节 农民工及其市民化、城市化与逆城市化 … 9
- 第四节 研究内容 … 25

第二章 文献回顾与述评 … 30
- 第一节 农民工市民化问题的表征 … 30
- 第二节 农民工市民化问题生成于群体权利缺乏 … 38
- 第三节 农民工市民化问题驱动于社会秩序失衡 … 46
- 第四节 农民工市民化问题的解决 … 53
- 第五节 研究述评 … 59

第三章 农民工市民化：自主选择与社会秩序统一的分析范式 … 61
- 第一节 "自主选择"与"社会秩序"的基本内涵 … 61
- 第二节 "自主选择与社会秩序统一"范式的内容 … 67
- 第三节 "自主选择与社会秩序统一"范式的指导意义 … 72
- 第四节 "自主选择与社会秩序统一"的普适性 … 78

第四章　农民工市民化的理论阐释 …… 87
第一节　马克思主义经典作家的思想资源 …… 87
第二节　西方经济学代表学者的理论学说 …… 93
第三节　中国共产党人的相关探索与论述 …… 116
第四节　小结 …… 133

第五章　农民工市民化的历史演进 …… 136
第一节　相对自主选择与计划秩序构建（1949~1957）…… 136
第二节　限制自主选择与计划秩序强化（1958~1977）…… 146
第三节　恢复自主选择与社会秩序跟进（1978~2002）…… 156
第四节　自主选择与社会秩序统一的初步形成（2003~2012）… 170
第五节　自主选择与社会秩序统一的深度完善（2013年至今）… 187
第六节　小结 …… 204

第六章　农民工市民化的现实分析 …… 207
第一节　农民工市民化的总体水平 …… 207
第二节　农民工市民化的细节特征 …… 227
第三节　农民工市民化的制度性影响因素探究 …… 251
第四节　农民工市民化的推进议题与时代本质 …… 299
第五节　小结 …… 306

第七章　农民工市民化的比较研究 …… 309
第一节　欧美国家乡城迁移的自主选择与社会秩序 …… 309
第二节　东亚国家和地区乡城迁移的自主选择与社会秩序 …… 336
第三节　拉美国家乡城迁移的自主选择与社会秩序 …… 353
第四节　小结 …… 367

第八章 农民工市民化的逻辑与路径：自主选择与社会秩序统一 ……… 373
第一节 研究结论 ……………………………………………… 373
第二节 中国特色市民化理论提炼与发展原则 ………………… 378
第三节 农民工市民化的推进理念与政策建议 ………………… 390

参考文献 ………………………………………………………… 409

附录　前期成果 ………………………………………………… 452

后　记 …………………………………………………………… 508

第一章 绪论

党的十八大报告指出"有序推进农业转移人口市民化"的改革方向。"自主选择和社会秩序统一"这对矛盾运动不断突破一个又一个"瓶颈",推动农民工健康可持续地市民化。作为全书的研究基础,本章将阐释为什么要研究"农民工市民化"、怎样研究"农民工市民化"并界定基础概念、安排篇章结构,为后续章节做好铺垫。

第一节 为什么要研究"农民工市民化"

一 研究"农民工市民化"的现实背景

"农民工"是一个具有中国特色的概念,不仅经济学教科书里找不到,国外也没有这个提法。西方国家人口迁徙较少受到城乡分异的户籍制度与福利制度影响,其工业化和城市化是同步进行的,农民转移到城市是一步到位的。农民工的产生和发展壮大改变了我国经济社会基本格局,农民工市民化构成了城镇化的本质内涵。"有序推进农业转移人口市民化"是党的十八大报告的重要内容之一,"农业转移人口"主要指的就是农民工,这一提法也是第一次写入党的文件和报告里。然而，中国城镇化已经经历和正在经历艰难曲折的过程。"农民工自主选择和社会秩序统一"这对矛盾运动贯穿我国城镇化的始终。

新中国成立后，鉴于当时国内外形势，党中央确立了优先发展重工业的战略和计划经济体制。这时的中国，对城镇化的实践探索和我国工业化的发展战略是相吻合的，是服从于优先发展重工业这一总目标的。高度集中的计划经济体制是政府主导型城镇化模式形成的重要基础，国家对经济社会发展高度集中的管控能力有力地推动和维护了"社会秩序"的形成和巩固，其中，最为核心的是粮食统购统销制度和户籍制度。粮食统购统销制度为我国支撑迅速的工业化进程奠定了制度基础，但从本质上限定了农民的身份属性，异化了农民的职业属性，农民"自主选择"的空间被压制，严重阻碍了城镇化发展；与此同时，具有"城乡二元"特征的户籍制度，将全国人口划分为农业人口和非农业人口，严格限制农业人口迁往城市，农民的自主选择权被严格限制。

改革开放以来，中国农村基本经营制度由集体所有、集体经营调整为集体所有、家庭承包经营，从而把农村剩余劳动力从土地上解放出来，赋予了农民"自主选择"的权利，大大推动了小城镇和乡镇企业的发展，农民工由此出现；20世纪80年代中期，党把改革重心转移到了城市，城市改革全面铺开，进一步增强了农民工"自主选择"的权利；1992年邓小平南方谈话，使农民工"自主选择"权再度增强，形成了规模庞大的"民工潮"，这成为城镇化发展的强大驱动力量；党的十四大提出了"建立社会主义市场经济体制"的改革目标，并要求"尽快形成全国统一的开放的市场体系"①，为农民工"自主选择"营造了更为宽松的市场环境。同时，农

---

① 《十四大以来重要文献选编》上，人民出版社，1996，第520页。

民工"自主选择"也引发了不少问题，相关体制机制的障碍也逐步凸显出来。如何及时有效地化解这些问题、破除体制机制障碍，成了党和政府进一步推进农民工市民化进程的首要任务。于是，我国城镇化的改革重点从两个方面推进：一是"正确引导农村富余劳动力有秩序地合理转移和流动"①，避免盲目性；二是改革户籍制度，主要先放开小城镇的落户问题。这些都为农民"自主选择"创造了良好的"社会秩序"。2003年党的十六届三中全会提出了科学发展观，"以人为本""城乡统筹"的发展理念和发展模式逐步确立，"自主选择"与"社会秩序"趋向统一的农民工市民化路径初步形成。2004年的中央"一号文件"第一次将农民工视为"产业工人"的重要组成部分。2006年国务院颁布实施了《关于解决农民工问题的若干意见》，在农民工的就业、权益保障、居住环境、劳动保障、管理服务、户籍管理等多个方面提出了工作要求，指出了改革方向。

党的十八大以来，中国特色社会主义进入新时代。党的十八大报告提出工业化、信息化、城镇化、农业现代化同步发展；2013年党的十八届三中全会提出"坚持推进以人为核心的城镇化"；2014年国务院正式发布《关于进一步推进户籍制度改革的意见》，要求取消农业户口与非农业户口，统一登记为居民户口；2017年党的十九大报告提出实施乡村振兴战略；2019年中共中央、国务院印发《关于建立健全城乡融合发展体制机制和政策体系的意见》提出了户籍制度改革目标，到2022年城市落户限制逐步消除，到2035年城乡有序流动的人口迁徙制度基本建立，并对户籍、土地等多个关键领域进行改革，加快实现城镇基本公共服务常住人口全覆盖。可见，党和国家对"社会秩序"这块短板加大了制度层面的改革力度，力争实现"自主选择与社会秩序统一"，健康、有序、可持续地推进

---

① 江泽民：《论社会主义市场经济》，中央文献出版社，2006，第147页。

我国农民工市民化、城镇化的进程。

目前，我国正处在向第二个百年奋斗目标进军阶段，运用"自主选择与社会秩序统一"的分析框架，对新中国70多年城镇化曲折发展的历史进程进行实证研究，揭示其内在规律，为新时代进一步推进农民工市民化、城镇化提供历史经验和基本遵循；对国内外城镇化理论进行深度研究，挖掘其内在逻辑与主线，找出农民工市民化"自主选择与社会秩序统一"的理论依据和学理支撑，为进一步推进新型城镇化、乡村振兴、城乡融合拓展思路；对当前影响农民工市民化的现实因素进行分析，以便有针对性地破解其制度性和非制度性障碍，顺畅推进农民工市民化的进程；对海外国家和地区城市化进行考量，以借鉴欧美国家尊重农民意愿并及时建立社会秩序以及东亚国家和地区注重城乡协调发展的经验，汲取拉美地区"过度城市化"的教训；在此基础上，创造性地提炼出具有中国特色的农民工市民化的路径选择和理论体系。这些问题环环相扣、浑然一体，是非常值得认真研究的重大理论和现实课题。

二 研究"农民工市民化"的多重意义

农民工市民化，首先涉及"自主选择"问题——这体现了"以人为本"的价值取向；其次涉及社会治理的有效跟进即"社会秩序"问题——这反映了城镇化发展的一般规律与中国特色城镇化发展的特殊规律。"自主选择与社会秩序统一"这一理念，不仅贯穿中国特色城镇化发展的全过程，而且与马克思主义经典作家的思想意涵一脉相承，坚持了马克思主义的真理性和价值性的统一。破解农民工市民化难题，不仅关系乡村现代化发展，而且影响着城镇高质量更新；不仅涉及中国式现代化的制度构建，而且关乎新质生产力的动能培育。以"自主选择与社会秩序统一"的分析范式为核心，对农民工市民化问题进行解剖和分析，有利于启发学界打破学科限制、打开视域，有利于为社会实践和政策改革提供思想殷鉴和路径参考。具体分析如下。

第一，理论层面的创新性意义。目前围绕农民工市民化的学术研究更多地聚焦在政策、经济和社会等传统层面，虽然这些研究在某种程度上解释了现象，但在很大程度上缺乏一个整体性和系统性的分析范式。本书提出农民工"自主选择与社会秩序统一"的全新视角，能够为学界提供一个更为系统的、全局性的理解框架。这不仅能够克服以往研究中存在的片面性或局限性，而且有利于开创一种跨学科、多维度的全新研究模式。首先，"自主选择与社会秩序统一"的分析视角，打通了经济学、社会学、心理学、管理学、政治学等多学科沟通渠道，有利于深刻揭示农民工市民化现象背后的多重因素与内在机制；其次，在农民工市民化研究领域打通微观和宏观的联系路径，深入挖掘社会结构与制度环境与个体选择的互动，避免过分单一地聚焦微观现象或宏观条文；最后，这一分析范式本身也密切联系着生产力与生产关系、经济基础与上层建筑的运动规律，充实和丰富了马克思主义理论在现代社会的应用范畴，彰显了马克思主义基本原理解释和指导社会经济现象的思想伟力，更好地体现了马克思主义的普适性和时代性，从而为构建新时代中国特色哲学社会科学自主知识体系提供学理材料。

第二，实践层面的指导性意义。与大量偏重理论而忽视实用性的研究相比，本研究着重于学术研究的落地化，强调研究成果在应对"农民工市民化"问题上的实用性和操作性，以期能为政府和社会各界解决"农民工市民化"难题提供实际可行的解决方案。一方面，理论只要彻底就能掌握群众，通过学理的突破性创新，本书更新了对待农民工市民化问题的价值判断与方法决策，这一观念与手段的推出有利于政策制定者开拓视野和思路；另一方面，政策的制定需要处理好长期与短期、顶层与基层、综合与单项的摩擦，本书以"自主选择与社会秩序统一"的分析范式为内核，开展农民工市民化的理论阐释、历史回顾、现实关照与比较研究，有利于为政策改革提供纵向与横向、理论与现实的参考资料，从而为新阶段农民工市民化的政策制定提供有益借鉴。

第三，现实层面的启发性意义。由于"农民工市民化：自主选择与社会秩序统一"的分析范式关涉城市与乡村、产业与居民、社会和环境等多个层面，因此具体到某一层面的某一议题，这一分析范式仍然具有深度启发性和强大生命力。例如，在乡村建设、职业教育、环境治理、耕地保护等方面始终存在着个体与集体、部分与整体、微观与宏观的互动，解决这些社会问题同样呼唤"自主选择与社会秩序统一"的工作方法和运行机制。面对国内经济下行与制度改革进入深水区的双重压力、国际发展环境恶化与产业竞争激烈的双重冲击，如果想要破解上述与农民工市民化类似的社会问题，也必然需要自上而下的"顶层设计"与自下而上的"基层探索"的结合，也必然需要激发个体参与的主动性与创造性，也必然需要增强正式制度与非正式制度的适应性与引导性。

第二节 农民工市民化的自主选择与社会秩序

"农民工市民化"是本书的核心研究主题，以此为基础，全书将这一主题细化为农民工市民化的个体自主选择、农民工市民化的社会秩序、农民工市民化的个体自主选择与社会秩序的平衡统一。事实上，三个细化主题也就是"自主选择与社会秩序统一"分析范式内涵的三个方面。在中国高速发展的城市化浪潮中，农民工群体始终是一个不可忽视的社会力量。他们不仅是经济增长和城市现代化的基石，还是城乡二元结构转型中的关键参与者。在从农村居民身份向城镇居民身份的转变过程中，农民工面临着个人自主选择与社会既定秩序之间的冲突，这也就生成了"农民工市民化"难题。如何在确保个体自主选择与社会秩序之间找到一个和谐且可持续的平衡点，是政学两界都需要持续关注和全面探讨的研究议题。

第一，"自主选择"的概念意蕴丰富多元。在推进农民工市民化的过程中，农民工的"自主选择"涵盖了多个方面，包括从是否迁移、如何迁移到是否融入城市、如何融入城市的一系列行为决策。首先是关于"是否迁移"的决策，这是农民工市民化的第一步。从乡村到城市的迁移，需要农民工对乡村的自由闲适、生态空间等优势和收入较低、社会资源不足等劣势进行评估，需要农民工对城市的紧张节奏、劳累工作等劣势和收入较高、各类资源充足等优势进行判断，同时需要农民工对迁移费用和迁移难度进行预测。其次是关于"如何迁移"的决策，这是农民工从乡村进入城市的关键一步。个人迁移还是家庭迁移、本地迁移还是跨省迁移、短期迁移还是长期迁移，都是农民工及其家庭考量后的现实决策。再次是关于"是否融入城市"的决策，这是关系农民工内部分化的起点。个体基础与城市环境的对比，会使农民工产生两种倾向：一种是在城市获得收入后返回农村生活，一种是努力在城市买房落户定居。最后是关于"如何融入城市"的决策，这是农民工市民化的难点。融入城市包括物质层面和精神层面的双重融入，需要农民工进行职业选择、居住选择、教育选择和医疗保健选择。综合而言，建立在个体自由基础上的"自主选择"是农民工市民化全过程中的关键所在，这是一个多维度、跨领域的复杂议题，不仅关乎个体的经济和社会层面，而且关系着个体的精神和心理层面。

第二，"社会秩序"的动态变动日趋复杂。在工业革命以前的传统社会中，整体社会秩序呈现简单、反复的特征，整个社会的经济以农业和手工副业为基础，由此形成了农民阶级和地主阶级两大主要社会阶级，农民与土地绑定在一起，即使有走街串巷式的副业，也无法促使大量农民脱离土地进入城市。随着产业分工的深化，现代工业对劳动力和其他各类资源的吸纳力是空前的，社会经济不再是单一的传统模式，而是呈现一二三次产业竞相迸发的状态，由此出现了劳动、资本、土地、信息等要素和各类产品在空间范围内的交流和碰撞，社会秩序处于动态变化之中。因此，当农民工进入城市工业劳动、转变为城市居民的时候，不仅改变了农村的传统社会秩序，而且冲击着城市的社会秩序。一方面，大量农民工进入城市，对于城市的交通、医疗、教育和住房资源形成冲击；另一方面，农民工的跨区域流动与其他要素的跨区域流动，共同造成了区域间发展失衡的状况。与此同时，物质层面的冲击也伴随着思想观念与文化因素的碰撞。因此，如何应对现代社会面临的复杂秩序，成为一个极具挑战性的议题。

第三，"自主选择"与"社会秩序"的整体性与统一性。实现个体自主选择与社会秩序之间的平衡，无疑是一项涉及诸多变量、多层次、跨领域的复杂挑战。既需要微观层面每个农民工家庭的努力与付出，又需要宏观层面社会政策的灵活调整和人性化设计；既需要发挥个体的自主性和能动性，又需要保障社会的稳定性和可持续发展。故而推动"自主选择"与"社会秩序"的统一，需要从微观个体到宏观整体的系统参与。首先，农民工个人及其家庭是社会最基础的组成部分，是个体自主选择与社会秩序构成统一整体的基础因素，需要通过不断调整个人和家庭的决策来适应社会环境的变化。其次，社会组织是个体与整体之间衔接的中介主体。例如，村社基层组织、各类非政府组织都能够在平衡个体选择与社会秩序的过程中发挥积极作用。再次，部门协作是社会秩序跟进微观主体选择的重要手段。在农民工市民化的过程中，改革社会制度、更新社会文化，需要交通、就业、教育、建设等多个部门的共同参与，才能实现政策的协调一致与整体推进。最后，国家是社会秩序跟进的主导者。无论是正式制度的设立、修改与废除,还是非正式制度的转变与发展,都需要行政力量驱动。总体而言,"自主选择与社会秩序统一"在农民工市民化议题中的实现,需要通过多层次、多维度的努力,需要微观的农民工个人和家庭、中观的社会组织与部门协作、宏观的国家机器共同参与。

概括而言,本书的研究主题是"农民工市民化"如何通过"自主选择与社会秩序统一"的分析范式与手段方法得以实现的问题,包含了"自主选择""社会秩序"以及两者的互动统一等细分内容,一个具有系统性和全局性的研究框架是解构这一主题的核心。

第三节 农民工及其市民化、城市化与逆城市化

一 农民工与农民工市民化

(一)农民工

"农民工"这个概念在中国特有的户籍制度背景下产生,主要指的是那些拥有农村户籍,但离开原居住地到城市从事非农业工作的劳动者。国家统计局公布的《2013年全国农民工监测调查报告》将农民工界定为户籍仍在农村、在本地从事非农产业或外出从业6个月及以上的劳动者,其中,将在户籍所在乡镇地域以内、以外从业的农民工分别称为本地农民工、外出农民工,将1980年以前出生、1980年及以后出生的农民工分别称为老一代农民工、新生代农民工[1]。整个农民工群体在中国经济快速发展和城乡结构转型的过程中起到了重要作用,他们通常从事建筑、制造业、服务

---

[1] 《2013年全国农民工监测调查报告》,《中国信息报》2014年5月13日。

业等劳动密集型行业的工作。农民工由于户籍制度的限制,在城市中往往不能享受到与城市户籍居民同等的教育、医疗、养老、住房等社会公共服务。这就使得他们即使在城市中工作和生活多年,也难以获得完全的市民身份,这种现象在中国被称为"半城市化"状态。

随着中国城市化进程的推进,政府逐渐改革了户籍政策,推动农民工市民化,即通过改革让更多农民工及其家庭在城市落户,享受与本地城市居民相同的权利和福利,提高他们的生活质量,加速城乡融合发展。

(二) 农民工市民化

1. 农民工市民化的内涵

关于农民工市民化的内涵,有广义和狭义之分。广义上的农民工市民化即农村人口逐渐向城市转移、成为城市市民的过程,它不仅是城市化进程的必然趋势,也是所有小农经济国家向现代文明社会转变中的必然现象[1];狭义上的农民工市民化仅仅指从农民身份向市民身份、从农村向城市居住空间的迁移[2]。此外,从转变范围和内容来说,广义上的农民工市民化除了市民身份的实现,还应该从社会文化层面完成,它包括角色意识、思想观念、文化素质[3]、权利身份等多方面的现代性转变[4],可以说,农民工市民化即在乡村居住的人们进入整个城镇现代文明体系的过程。2015 年,习近平总书记在党的十八届五中全会上提出了创新、协调、绿色、开放、共享的新发展理念,这意味着农民工市民化不应只是户籍上的

---

[1] 陆学艺:《三农论——当代中国农业、农村、农民研究》,社会科学文献出版社,2000,第 139 页。
[2] 文军:《农民市民化:从农民到市民的角色转型》,《华东师范大学学报》(哲学社会科学版) 2004 年第 3 期。
[3] 郑杭生:《农民市民化:当代中国社会学的重要研究主题》,《甘肃社会科学》2005 年第 4 期。
[4] 刘传江:《中国农民工市民化研究》,《理论月刊》2006 年第 10 期。

改变，更重要的是使得农民工在就业、住房、养老、医疗、教育等各个方面和城市居民享受同等待遇①。2021年发布的"十四五"规划纲要强调健全农业转移人口市民化配套政策体系，加快推动农业转移人口全面融入城市。2022年由国家发展和改革委员会印发的《"十四五"新型城镇化实施方案》指出，提高农业转移人口劳动技能素质、巩固提高社会保险统筹层次和参保覆盖率、强化农民工劳动权益保障等，深入推进农民工市民化。这些内容进一步丰富了"农民工市民化"的内涵。本书是在广义上使用"农民工市民化"这一概念的，不仅包括农民工自主选择移居城市的过程，而且包括农民工逐步在基础设施、公共服务和公民权利上与城市居民享受同等待遇的过程，是农民工自主选择与社会秩序统一的过程。

2. 农民工市民化的特征

关于市民的特征，我们可以概括为以下几点：其一，拥有城市户口并享受与之相挂钩的购房、社会保障和社会福利等方面的待遇；其二，从事非农产业工作；其三，在城市工作和生活；其四，生活方式、行为方式、价值观念等方面与现代城市文化相适应。

而农民工的市民化，是指农民工以农业户口进入城市工作并在突破重重阻碍后成为市民的过程。我国农民工市民化的特征主要表现为以下几个方面。

其一，受到政策性影响，农民工市民化在过程上往往表现出半城市化的特征。许多学者认为我国"半城市化现象是普遍存在的"②，郑艳婷等认为造成乡村空间"半城市化"现象的原因是"农村的户籍、土地、行政等

---

① 谭崇台、马绵远：《农民工市民化：历史、难点与对策》，《江西财经大学学报》2016年第3期。
② 黎智辉、黄瑛：《"半城市化"与"市民化"——新型城镇化背景下的城市正式移民问题研究》，《规划师》2013年第4期。

管理体制改革滞后，从而导致人口与非农产业的空间转移滞后于产业非农化、城市化滞后于工业化"[1]。在国内学者中，王春光最早提出了农村流动人口"半城市化"概念，并认为"半城市化"是农民工没有完全融入城市的一种社会状态[2]。2022年，我国户籍人口城镇化率和常住人口城镇化率分别为47.7%和65.2%[3]，后者比前者高了17.5个百分点，推进农民工市民化仍有很大发展空间。

其二，农民工市民化存在城市社会融入不足的特征。王桂新和张得志通过调研认为，我国农民工即使获得户籍上的转变，但在城市生活的社会融入度仍然不足[4]。这主要表现为教育水平、生活方式、社会习惯以及价值观点等方面都与城市居民相差较大。《2021年农民工监测调查报告》显示，在进城农民工中，41.5%的人认为自己是所居住城市的"本地人"，83.0%的人表示对本地生活非常适应和比较适应，而且城市规模越大、归属感越弱[5]。

其三，农民工市民化具有地域不平衡的特征。我国各地区之间经济和社会发展情况不平衡，而农民工进入不同地区务工时所面临的务工收入、就业情况、房价和社会保障待遇等方面都存在着差异，因此，农民工市民化的情况也存在着较大差异。总体来说，在经济较为发达的东部地区推进农民工市民化相比中西部地区更为顺利，而在城市规模方面，中小城市比大城市的农民工市民化难度更低。

---

[1] 郑艳婷、刘盛和、陈田：《试论半城市化现象及其特征——以广东省东莞市为例》，《地理研究》2003年第6期。
[2] 王春光：《农村流动人口的"半城市化"问题研究》，《社会学研究》2006年第5期。
[3] 国家统计局，https://www.stats.gov.cn/xxgk/jd/sjjd2020/202310/t20231018_1943698.html。
[4] 王桂新、张得志：《上海外来人口生存状态与社会融合研究》，《市场与人口分析》2006年第5期。
[5] 《2021年农民工监测调查报告》，《中国信息报》2022年5月6日。

其四，农民工市民化受影响的因素在代际上的差异较为明显。张斐通过定量分析发现，"性别、年龄、是否具有务农经验、是否独生子女"等对新一代农民工的影响较为显著，而"打工期间是否与家人同住等对传统农民工影响较大的家庭因素，对新生代农民工市民化的影响较小"①。另外，新生代农民工在进行市民化选择时对城市的经济发展前景和城市融入情况的关注度显著提高。

其五，就业领域和收入水平虽得到一定的改善，但相比于城市整体情况仍较低，尤其是缺乏财产性收入。在就业领域方面，农民工仍主要依靠制造业、建筑业等第二产业和低端服务业的就业收入满足市民化需求，而这种情况往往导致其收入水平远低于城市居民的平均水平②。此外，大多数农民工主要依靠体力劳动获得收入，而缺乏财产性收入，他们的收入结构不仅稳定性低而且抗风险能力弱，这就可能导致在疾病等不可抗力因素使得劳动收入减少后，那些实现了市民化的农民工也极易返贫。

3. 农民工市民化的本质

农民工这个概念，跟中国独特的户籍管理制度紧密联系。农民工市民化的本质是公共服务均等化，农民工市民化的过程实质上是公共服务均等化的过程。因西方国家户籍制度和中国根本不同，国民户口随人的流动而变动，即人口在一个国家的迁徙是完全自由的，所以，西方国家工业化和城市化是同步进行的，农民转移到城市是一步到位的。可以说，正是由于我国独特的户籍制度，我国推进农民工市民化的过程才更加艰难曲折、不可一蹴而就。

---

① 张斐：《新生代农民工市民化现状及影响因素分析》，《人口研究》2011年第6期。
② 依据《2019年农民工监测调查报告》和国家统计局数据库，2019年农民工月均收入为3962元，以1.75个劳动力和3口之家测算，年人均可支配收入为27734元，而2019年城市居民人均可支配收入为42359元，相差14625元。

数以亿计的农民工群体进入城市非农产业，强势改变了中国经济和社会的基本格局，生成了促进城市化的强大内生动力。与此同时，进城农民工虽然在身份上被统计为城市常住人口，然而却缺少城镇户籍人口所享有的基本公共服务①。因此，农民工市民化的本质是公共服务均等化，而改革户籍制度就是解决问题的关键。党的十八大报告提出，"加快改革户籍制度，有序推进农业转移人口市民化，努力实现城镇基本公共服务常住人口全覆盖"。这一提法是第一次正式写入党的文件和党的报告，这是党中央的一个重大判断，主要内容即农民工市民化。党的十九大报告提出"加快农业转移人口市民化"，党的二十大报告则联系城镇化发展路径转型，进一步指出"推进以人为核心的新型城镇化，加快农业转移人口市民化"。

二 城市化与逆城市化

（一）城市化

城市化（urbanization）也称为城镇化。城市是一种结果，城市化是一个过程。"化"就是变化和发展。《城市规划基本术语标准》（GB/T50280—98）将城市化定义为"人类生产和生活方式由乡村型向都市型转化的历史过程，表现为乡村人口向都市人口转化以及都市持续进展和完善的过程"②。与"城市化"这一概念相近的词还有"城镇化"和"都市化"，事实上，这几个词在英文中都是一个词，即 urbanization。在我国，镇和市都属于都市型定居点，虽然"城市化"和"城镇化"的侧重点略有差别，但是两者的核心意涵完全一致，在本书中二者通用。

1. 城镇化的内涵

城镇化的含义，学界一般理解为"农村人口向城镇集中的过程"。但

---

① 方烨：《农民工市民化实质是公共服务均等化》，《经济参考报》2013年2月4日。
② 该标准中使用的是都市化，即城市化。

城镇化除了包括农村人口向城镇集中的过程外，是否还包括其他过程？对此，各个学科做出了不同的解释：人口学把城镇化定义为农村人口转化为城镇人口的过程；人类学则强调由乡村生活方式转变为城镇生活方式，认为城镇生活方式若不能扩展到城镇的流动人口中，就不是完整意义上的城镇化；经济学认为城镇化是产业结构的转换，由此产生大量新的就业机会，从而使农村人口大规模向城镇流动；地理学强调城镇化是一个地域空间的变化过程，是农村地区或者自然区域转变为城镇地区的过程；生态学认为城镇化过程就是生态系统的演变过程；社会学则从社会关系与组织变迁的角度定义城镇化。

总之，城镇化是一个农业人口转化为非农业人口、乡村地域转化为城镇地域、农业活动转化为非农业活动的过程①。可以认为，它是非农业人口和非农活动在不同的城镇环境下地理集中的过程，也是城镇价值观念、城镇生活方式在乡村的地理扩散过程②。因此，如果从形态上来分析，城镇化实际上包括有形的城镇化和无形的城镇化。有形的城镇化即物态意义上的城镇化，包括人口的集中、空间形态的改变、社会经济结构和经济形态的变化等。无形的城镇化即精神意义上的城镇化，包括城镇生活方式的扩散，乡村意识和行为方式转为城镇型的过程，城镇市民脱离原有的乡土生活态度、方式，采取城镇生活态度、方式的过程③。正如弗里德曼提出的城市化过程理论所指出的，城市化（城镇化）可以分为两个阶段：城市化（城镇化）Ⅰ阶段和城市化（城镇化）Ⅱ阶段。前者是物化的、实体的过程，主要包括人口和非农经济活动在城市（城镇）地域的集中过程、非城市（城镇）型景观转化为城市（城镇）型景观的推进过程；后者是抽象

---

① 牛宏：《试析新型城镇化发展战略及其路径选择》，《厦门特区党校学报》2013年第6期。
② 王雨村、杨新海编著：《小城镇总体规划》，东南大学出版社，2002，第24页。
③ 贺韶伶：《城市化：一个不可逆转的过程》，中国文史出版社，2005，第10页。

的、精神上的过程，主要包括城市（城镇）文化、生活方式、价值观在农村地域的扩散过程①。可见，城镇化是一场深刻而广泛的社会变革，是自主选择与社会秩序不断统一的过程。

2. 新型城镇化的特征

"新型城镇化"的概念首次出现在官方文件里，是在 2012 年 11 月党的十八大报告中。新型城镇化的提出不是凭空的、妄想的、无根据的，而是中国特色城镇化道路发展的必然要求。早在 2011 年 9 月，习近平在天津调研时便提出，要"推进新型城镇化与新农村建设互动发展、共同提高"。2012 年 11 月，党的十八大报告正式提出："坚持走中国特色新型工业化、信息化、城镇化、农业现代化道路"，"促进工业化、信息化、城镇化、农业现代化同步发展。"一个月后的中央经济工作会议再次强调，要"走新型城镇化道路"。从理论阐释和实践发展的角度来看，新型城镇化的特征主要表现为如下几点。

（1）新型城镇化是以人为核心的城镇化

城镇化过程并不仅仅是人口从乡村向城镇的简单转移，它反映的是整个社会结构的变化。土地和人口是城市化的两大重要方面，也是中国推动城镇化进程所面临的两大核心问题。长期以来，我国的城镇化基本是土地城镇化明显快于人口城镇化，大量农民进城，他们在城镇里找到的工作往往是临时性的、低技能的、高风险的，同时他们又享受不到与当地城市居民同等的社会保障，因此不仅很难"市民化"，还容易成为社会治理的隐患，也不符合我们党和国家以人民为中心的价值取向。鉴于此，党中央不失时机地提出"以人为核心"的新型城镇化，强调人是新型城镇化的主

---

① 罗芳、曾荣青、王慧艳：《从"以人为本"角度反思我国的社会城市化》，《西北人口》2007 年第 2 期。

体,指出要尊重广大农民的自主选择,要为进城农民工营造良好的生产生活环境,使其与当地城市居民共享基础设施和公共服务。

(2)新型城镇化是市场在资源配置中起决定性作用又更好发挥政府作用的城镇化

长期以来,我国推进城镇化走的是政府主导投资拉动模式,这一模式在改革开放以来的城镇化进程中发挥了重要作用,1981~2022年,中国城市建成区面积增长近10倍,带动GDP迅猛增长。然而,伴随城市迅速扩张的是农民的被动市民化或不被市民化。城镇化的核心就是农民市民化,但问题的关键是通过什么方式来实现这个目标?世界近现代史表明,欧美国家之所以能一步到位推进城市化和农民市民化,就在于市场在资源配置中起决定性作用。其实,城镇化是经济社会发展自然演进的产物,有着其自身发展规律。因而,新型城镇化强调"看不见的手"的力量,鼓励充分发挥市场在资源配置中的决定性作用,为农民自主选择、移居城市创造更为广阔的空间。政府要做的,不是对城镇化大包大揽、行政推动,而是尊重农民的自主选择,并着手对现有的许多不合理的法律制度进行重大改革,为以市场方式来推动中国城镇化进程扫清障碍。可见,新型城镇化强调发挥市场和政府两个力量、两种资源,以有效市场和有为政府两种策略共同推进新型城镇化:一方面,要求充分发挥市场在资源配置中的决定性作用,积极引导和支持市场主体参与其中;另一方面,要求调动政府宏观调控的作用,积极制定规划政策、提供公共服务、营造制度环境。

(3)新型城镇化是注重"质"的提升的城镇化

党的十八大以来,我国新型城镇化取得重大进展,城镇化水平和质量大幅提升,有力支撑了我国经济持续增长和居民生活水平不断提高。

2014年3月,中共中央、国务院印发《国家新型城镇化规划(2014~2020年)》,明确指出"紧紧围绕全面提高城镇化质量,加快转变城镇化发展方式，以人的城镇化为核心，有序推进农业转移人口市民化；以城市群为主体形态，推动大中小城市和小城镇协调发展；以综合承载能力为支撑，提升城市可持续发展水平；以体制机制创新为保障，通过改革释放城镇化发展潜力，走以人为本、四化同步、优化布局、生态文明、文化传承的中国特色新型城镇化道路"。

2018 年 3 月，《政府工作报告》指出"坚持实施区域协调发展和新型城镇化战略，着力推动平衡发展"。随后，国家发展改革委对 2018 年新型城镇化的工作任务做了具体部署："结合我国城镇化阶段性特征、紧扣社会主要矛盾变化，坚持新发展理念，着力推动新型城镇化高质量发展"，"坚持产城融合、促进城市集约紧凑发展，坚持城乡融合发展、统筹实施新型城镇化战略与乡村振兴战略，坚持深化改革、破除新型城镇化体制机制障碍"。2019 年 3 月，《2019 年新型城镇化建设重点任务》印发，从农业转移人口市民化、优化城镇化布局形态、城市高质量发展、城乡融合发展等方面细分出 22 条重点工作，深度推进新型城镇化进程。2024 年，国务院印发《深入实施以人为本的新型城镇化战略五年行动计划》，强调将农业转移人口市民化作为新型城镇化的首要任务，充分尊重人的意愿，调动和发挥好人的积极性主动性创造性、构建大中小城市协调发展的良性互动格局，以县域为单位推进城乡融合发展，推动城镇基础设施和公共服务向乡村延伸覆盖，促进县乡村功能衔接互补，使全体居民共享现代化发展成果。可见，新型城镇化与传统城镇化的本质区别在于不再单纯追求城镇化速度的增长，而是侧重于从根本上破除城镇化发展的体制机制障碍，以人为本，注重质的提升，真正实现每个人对于美好生活的追求。

（4）新型城镇化是生态文明的城镇化

城镇化是一个集经济、社会、文化和生态多个系统于一体的现代化过程，在这个过程中，如果出现经济社会生态发展不协调的现象，就会在城

第一章 绪论

镇化发展的某些阶段出现"城市病"。长期以来,由于我国城镇化走粗放式发展道路,我国城市污染问题也日益严重,许多城市出现了严重的雾霾天气,城市生态环境恶化直接影响了居民的生活状况和身体健康。良好的生态环境是关系民生的重大社会问题,也是提升城镇化质量的关键一招。在宏观层面,党中央和国家围绕改善生态环境也进行了积极的政策和实践探索。2003年,中央提出了科学发展观,强调在发展经济的同时也要注重环境保护,以促进人与自然和谐发展;2007年在党的十七大上,国家正式将生态文明建设提升到国家战略高度。同时,在推进社会主义新农村建设的过程中,国家将"乡风文明、村容整洁"作为重要目标。2010年,党的十七届五中全会强调构建"人与自然和谐相处的区域发展格局",突出了城镇化与生态文明建设相互制约、相互促进、相辅相成的关系。2012年,党的十八大报告进一步提出了加强生态文明制度建设的目标,号召广大人民群众更加自觉地珍爱自然,更加积极地保护生态,努力走向社会主义生态文明新时代。李克强总理指出:"我们要实现的新型工业化、城镇化,必然是生态文明的工业化、城镇化","需要大力发展循环经济、节能环保产业、绿色低碳产业"[1]。这是中国城镇化的必然选择,更是建设美丽中国的内在要求,成功的城镇化必须是人与自然和谐相处的城镇化[2]。

(5) 新型城镇化是城乡融合的城镇化

传统的城镇化观念是一种城乡分割的城市化思路,把城市和乡村看作两个互不干涉的空间模块,在这种观念里城市代表着先进、繁荣,乡村代表着落后、颓败。而新型城镇化革除了城乡对立的观念,主张城乡融合发展,城市不是高高在上的现代化空间、乡村也不是落后衰圮的板块,而是

---

[1] 李克强:《建设一个生态文明的现代化中国——在中国环境与发展国际合作委员会二〇一二年年会开幕式上的讲话》,《人民日报》2012年12月13日。
[2] 李晓桐:《新型城镇化下的中国绿色低碳发展》,《全国流通经济》2019年第3期。

城市与自然环境、生态资源紧密结合，乡村与现代技术、现代设施紧密结合，城市和乡村在物质与精神文化层面互相影响、互相促进。在具体举措层面，新型城镇化将实施一系列加快推进城乡融合发展的举措，如加快构建城乡一体的国土空间规划体系、畅通城乡要素流通渠道、缩小城乡公共服务供给差距等。因此，推动农民转变为市民并适应城市生活，一方面要深化农业农村改革、加强农业农村发展要素保障，妥善解决好农民的后顾之忧；另一方面也要着重提升农村居民和农民工的各项社会保障和社会福利，以确保城镇化和农民市民化进程稳定健康可持续推进。

3. 新型城镇化的本质

城镇化的本质可概括为四个字：农民进城。实现人的城镇化是新型城镇化的本质，以此为导向，推进新型城镇化和农民工市民化需要注意以下几点。一是城镇化要重视进城务工经商的农民的市民化和社会融合，解决其子女就学、医疗保险、失业保险、养老保险以及户籍、身份等方面的问题，使其转化为真正的城市居民；二是人的城镇化的根本目的是要使全体国民享受现代城市的一切城市化成果，并实现生活方式、生活观念、文化素质等的转变，而不是片面追求土地城镇化，未来应将全体国民福利与幸福的提升作为城镇化的目标，还应保证不对部分群体利益带来损害，防止盲目的"圈地运动"和"造城运动"再兴；三是新型城镇化不仅应该重视人的发展能力的提升，而且还应该重视营造更平等、更积极的经济参与和社会投入环境，并健全相关的制度政策体系辅以支持。简言之，要让农民进得来、留得下、过得好、有发展。

（二）逆城市化

1."逆城市化"的内涵

国外学者对"逆城市化"展开研究始于20世纪70年代。布莱恩·贝利首先提出"逆城市化"（Counter-Urbanization）的概念，引起了西方学界的广泛关注，不同学者从经济学、地理学、人口学、社会学等学科的差异化视角出发，对这一课题展开了研究。这样广泛的研究使人们对"逆城市化"的理解富于多样化，但也引起了概念使用的含混不清。不过不可否认的是，无论在何种学科背景下开展的研究，都是以西方发达国家的高度城市化为背景，以种种"城市病"引发的城市人口外流这一社会事实为学术研究的实践基础[①]。

最早将"逆城市化"这一概念介绍到国内的是胡天民[②]和李公绰[③]，二人于1983年底翻译了日本京都大学教授山田浩之的两篇文章。自此，"逆城市化"这一概念便以一种"舶来品"的身份逐渐被国内学者们关注与研究。进入21世纪后，"逆城市化"这一概念在我国产生了本土化的研究成果。国内学界根据中国的历史和现实，从狭义和广义两个层次阐释了"逆城市化"的概念。狭义的"逆城市化"完全按照西方学者的分析范式，认为"逆城市化"是指在城市化达到一定高度、"城市病"严峻的情况下才会出现的人口和产业的外流现象；而广义的"逆城市化"则关照到了我国"逆城市化"与城市化相伴而生的具体国情，认为人口和产业成规模地由城市向农村转移的现象就可以称为"逆城市化"。本书是从广义上使用"逆城市化"这一概念的。

2. "逆城市化"的特征

国内学界较早对"逆城市化"特征做出总结且具有一定影响力的是张善余。20世纪80年代，他基于人口地理学视角，总结出当时最发达国家"逆城市化"具有的四个特征。其一，城市人口向郊区扩散，扩散距离随

---

① 沈东：《逆城市化——一个概念辨析》，《中国名城》2018年第4期。
② 山田浩之、胡天民：《西欧的反城市化》，《世界经济与政治论坛》1983年第12期。
③ 山田浩之、李公绰：《威胁城市文明的新危机——从欧洲经验中学习什么？》，《国际经济评论》1983年第12期。

着时间的推移由近及远，且扩散距离与城市规模成正比，城市规模越大，人口扩散越远；其二，整个城市人口减少，这是第一个特征进一步发展后的表现；其三，城市人口和职能向外扩散，中小城镇和农村快速发展起来，与核心城市共同组成城市带、城市群等，城市化区域在空间上扩大，城乡差别缩小；其四，乡村人口回升，城市人口占比下降，"逆城市化"进入更深层次[①]。尽管如今看来张善余的总结具有一定的时代局限性，仅仅是对当时最发达国家"逆城市化"特征的总结，但它仍然成为当时人们认知发达国家"逆城市化"的重要论述，为很多学者沿用。

随着学界对"逆城市化"理解与研究的逐步深入，尤其是基于我国"逆城市化"实践事实的相关研究陆续展开，广义"逆城市化"概念出现。广义"逆城市化"跳脱出原有西方发达国家的限制，其特征更加丰富。总结目前学界对"逆城市化"特征的描述，可以概括为如下四点。

其一，城市人口向农村与郊区回流。张善余对"逆城市化"特征的总结中蕴含的内在逻辑，是在西方发达国家，随着"逆城市化"发展的时间与规模不断扩大，人口由城市向农村与郊区扩散的程度也逐步加深，农村人口回升是西方"逆城市化"阶段的最终表现。与张善余的总结不同的是，国内相关研究指出的城市人口向农村与郊区回流，既囊括了西方发达国家的典型"逆城市化"现象，即高度城市化与严峻城市问题下的人口逆流，又包含了现阶段一些国家中出现的非典型"逆城市化"现象。以我国为例，我国"逆城市化"的发展与城市化进程相伴而生，因而无论是传统的"知识青年上山下乡"、户籍人口"非转农"、农民工离城返乡，还是一些经济发达省份出现的人口外流，或是乡村振兴背景下"逆城市化"的新发展，我国的城市化发展水平都未达到西方发达国家"逆城市化"产生时

---

① 张善余：《逆城市化——最发达国家人口地理中的新趋向》，《人口与经济》1987年第2期。

的程度。与西方发达国家的"逆城市化"相比，这样的人口回流规模与范围更小，持续时间更短，且易于变化。

其二，"逆城市化"水平具有区域差异性。一方面，我国"逆城市化"发展与发达国家存在差异。从世界范围来看，英国、美国、日本等国家的城市发展进入"逆城市化"阶段时，城市化水平已达到70%甚至75%以上，而我国"逆城市化"现象则发生在城市化从刚刚起步到快速发展的不同阶段。2023年《政府工作报告》指出，我国常住人口城镇化率达到65.2%，虽然与中华人民共和国成立初期的城镇化水平相比有了质的飞跃，但与发达国家"逆城市化"背景之下的高度城市化水平相比依然存在一些差距，再加上乡村振兴战略、新型城镇化等政策的影响，我国"逆城市化"有着不同于发达国家的表现。另一方面，我国不同地区的"逆城市化"水平同样具有差异性。当前我国也存在与西方国家类似的"逆城市化"现象，但这些地区大多在北京、广州、上海等城市化水平较高的市，表现为人口与产业从城市中心区向外迁移。与此同时，自我国提出并推行乡村振兴战略以来，政策引导下的城市人口与产业向农村的迁移也为一些贫困农村地区带来发展机遇。在此背景下，由于不同的农村区域也具备不同的自然条件、资源禀赋等，因而乡村振兴带来的"逆城市化"也在农村内部具有差异性。

其三，人口扩散与城市职能扩散互为因果。在"逆城市化"发展过程中，不存在人口扩散与城市职能扩散孰先孰后的问题，二者往往互为因果。城市人口在城市问题、政策鼓励、观念转变、产业升级、个人利益等各种因素的驱动下回流到农村，为农村注入活力，必然促进农村基础建设与公共服务等配套设施的完善，带动城市职能的扩散。而城市职能的扩散，如工业制造业、服务业、零售业等的外迁，使农村生活现代化进一步发展，农村治理愈加有效，农村医疗、教育、文化事业取得进步。这些积极的转变都促使农村面貌产生变化,城乡差距逐渐缩小,进一步吸引更多的人口向农村回流,并留在农村建设农村。

其四,城市与农村的界限淡化。"逆城市化"的发展究竟对于城市建设和农村建设哪一边更为有利,或者它是否能够促成城乡融合发展,是难以一概定论的,往往要结合具体情况具体分析。但无论何种程度的"逆城市化",都具有一个明显的特征,即城市和农村的界限趋于淡化,城市和农村的对立逐步消除。从发达国家的城市化进程和居民的生活变迁来看,在城市化起步阶段,越来越多的人离开农村,聚集到城市中生活工作;进入"逆城市化"阶段,部分人开始转向在郊区居住、在城市工作的模式;随着"逆城市化"的深入发展,生活工作完全在郊区或农村中进行成为可能,城市与农村之间不再有明显的界限。在我国,由于户籍制度的长期存在,城市与农村界限的消除存在困难,但部分农村已经开始承载原本属于城市的职能。展望未来,在乡村振兴、城乡融合等政策的影响下,农村发展将向着"农业强、农村美、农民富"的目标迈进,城市与农村的界限也将进一步淡化。

3. "逆城市化"的本质

关于"逆城市化"的本质,国外学者中最早提出这一概念的布莱恩·贝利将其界定为城市规模减小、密度降低、异质性减少,是人口的逆集中化,即从较集中的状态向较不集中的状态变动[①]。其后,菲尔丁(A. J. Fielding)提出"逆城市化"是人口空间分散的过程,反映在城市规模与城市增长成反比[②]。他们的说法都是以西方发达国家高度城市化背景下的"逆城市化"社会事实为依据的。

---

① 山田浩之、胡天民:《西欧的反城市化》,《世界经济与政治论坛》1983年第12期。
② 王维锋:《国外城市化理论简介》,《城市问题》1989年第1期。

第一章 绪论

虽然国内学者根据中国的现实也对"逆城市化"的本质展开了具体研究，但目前学界对此尚未形成统一说法，主要存在三种论述。其一认为"逆城市化"本质仍然是城市化，是非中心城市地区的城市化，是城市文明与城市生活方式的扩散，有助于推动城市化的可持续发展；其二认为"逆城市化"本质上是远郊化，它只是短期内人口和经济变化产生的影响；其三认为"逆城市化"本质是城乡一体化，社会福利向城市以外地区覆盖，城乡加速融合[1]。然而结合当前"逆城市化"实践的深入发展来看，这三种论述均存在一定片面性。总体而言，"逆城市化"的本质可以概括为人口有目的、成规模地由城市向农村转移，其中既包括高度城市化发展中城市问题突出导致的城市人口外迁，又包括我国"知识青年上山下乡"、户籍人口"非转农"、农民工离城返乡等传统"逆城市化"形式，还包括乡村振兴战略实施以来产生的新型"逆城市化"现象。

第四节 研究内容

本书以农民工市民化问题为研究对象，尝试构建一个"自主选择与社会秩序统一"的新分析范式，深入探讨农民工的市民化进程。全书以农民工"自主选择与社会秩序"相统一的分析范式为核心，以实现农民工市民化为最终目标，按照"基础研究+逻辑阐述+综合研究"的演绎模式展开研究和讨论：以辨析"自主选择与社会秩序统一"视域下农民工市民化的背景意义、主题方法、基础概念和内容结构，梳理农民工市民化的问题表征、自主选择权利缺乏与社会秩序失衡的现状、学界对策讨论的相关文献为基础；深刻阐

---

[1] 陈红爱：《"逆城市化"问题研究综述》，《中共山西省党校学报》2018 年第 4 期。

释"农民工市民化：自主选择与社会秩序统一"的全新分析范式，确定理论阐释、历史演进、现实分析、比较研究等四个相互联系的章节来探索新范式的支撑和应用；通过综合研究形成理论提炼和提出有利于实现农民工市民化的推进路径和政策建议。总体来说，全书可以分为三大部分、八章内容。

第一部分是基础研究，涵盖第一章和第二章。全书首先从基础研究入手，辨析"自主选择与社会秩序统一"视域下农民工市民化的背景意义和主题方法。通过对农民工在现代化和城市化背景下的定位进行梳理，本书揭示了市民化进程中农民工自主性的重要性及其与社会秩序之间的复杂关系。同时，通过对相关文献的综述，本书总结了现有研究的主要观点和不足，为新的分析范式的构建奠定了理论基础。

第二部分是理论与方法，包括第三章至第七章。在第一部分的基础上，全书进一步深刻阐释"农民工市民化：自主选择与社会秩序统一"的分析范式。作者从理论阐释出发，结合历史演进的视角，分析了农民工市民化的现实问题和全球经验，提出了相互联系的四个分析维度：理论深化、历史回溯、现实检验和比较分析。这四个维度相互补充，形成了对农民工市民化问题的全面解读。

第三部分是综合研究，主要是第八章。通过综合分析法，根据"自主选择与社会秩序统一"的分析范式，综合理论阐释、历史演进、现实分析和比较研究的系统性成果，提炼出中国特色农民工市民化理论，概括出实现农民工市民化需要坚持的发展原则与推进理念，围绕赋予农民工更多的选择权、秩序更新的理想设计与落地方式，提出具有长远规划性与现实可行性的政策建议。

总而言之，这一研究内容旨在为农民工市民化问题提供一个创新的理论视角和实践路径。通过对"自主选择与社会秩序统一"分析范式的深度探讨，期望能够推动理论研究的深入，并对农民工市民化进程产生积极影响，创造一个更加和谐和包容的社会环境。

八章所论及的主要内容如下。

第一章　绪论

这一章作为全书的开篇，旨在回答为什么要开展农民工市民化研究、什么是农民工市民化自主选择与社会秩序及两者的整体性与统一性、什么是农民工及其市民化、什么是城镇化与逆城镇化等问题。通过这些关键问题的探讨，设定全书的研究背景、研究意义、基础概念、研究主题与研究框架。农民工的市民化不仅关系到中国城乡二元结构的转型，还涉及广大农民工的切身利益和社会公平正义问题。研究主题和方法的阐释，为读者理解如何从自主选择与社会秩序的统一视角来分析农民工市民化问题提供了方法论基础。同时，通过对基础概念的界定，清晰了研究的范畴和深度，为后续章节的讨论铺垫基础。最后，研究内容与结构的介绍，为读者预览全书的结构和主线，建立起对整体研究框架的初步认识。

第二章　文献回顾与述评

第二章着重梳理和评述已有关于农民工市民化，特别是在自主选择和社会秩序方面的研究文献。利用文献研究法，通过广泛地收集和分析与农民工市民化相关的书籍、学术论文、政策文件、调研报告以及其他类型的文献资料，对历史及现行文献的系统回顾，以理解农民工市民化以及自主选择与社会秩序之间关系的理论基础和前人的研究进展，揭示该领域的研究动态、理论发展和存在的研究缺口。这不仅有助于理解农民工市民化研究的历史轨迹和现状，还能够指出未来可能研究的方向。文献的评述部分，批判地分析了现有文献的局限性，为本书提出新的分析范式提供了理论和实践上的依据。

第三章　农民工市民化：自主选择与社会秩序统一的分析范式

第三章提出了一个全新的分析范式——自主选择与社会秩序的统一，

并深入探讨了其内涵、意义以及作为新方法论的价值和适用范围。该范式旨在超越传统的研究视角，从农民工个体的自主性出发，结合社会结构的制约作用，构建一个综合性的理论框架。此外，论证了该范式的普遍性和适用性，强调了它在不同社会和经济背景下的解释力和指导意义。

第四章　农民工市民化的理论阐释

第四章深入剖析了农民工市民化的理论基础，从马克思主义经典作家关于劳动与社会发展的思想出发，延伸至西方经济学代表人物的相关理论贡献，再到中国共产党领导集体对于这一问题的论述。这些理论资源为理解农民工市民化提供了丰富的视角和理论支持，同时也揭示了该议题的多维度和复杂性。最后，小结部分不仅总结了理论分析，而且提出了可能的实践方向。

第五章　农民工市民化的历史演进

以农民工自主选择权利空间的变化过程为主线，本章着重分析新中国成立以来社会秩序与农民工自主选择的匹配程度，更加清晰地回顾中国城镇化的历史脉络与发展动态。从中华人民共和国成立初期的经济恢复期到严格的计划经济时期，从改革开放初期到完善的社会主义市场经济时期，本章深入讨论各个阶段农村居民和农民工实际的决策空间，详细梳理户籍、土地、社会保障及其他制度的演变，阐释农村居民与农民工自主选择的过程与以正式制度为代表的社会秩序的变更所形成的互动。

第六章　农民工市民化的现实分析

使用2019年甘肃金昌实地调查数据（以下简称金昌调查数据）和材料，结合2017年中国流动人口动态监测调查数据和2021年中国社会状况综合调查数据，开展实证分析。一方面开展描述性分析，通过自主设计标准化问卷来搜集金昌市农民工关于职业规划、居住选择、教育需求、医疗保健等方面的数据；另一方面进行实证模型分析，采用熵权法、最小二乘法、Probit 模型对农民工市民化的现实总体特征与分项状况展开分析。本章批判性反思并深度讨论影响农民工市民化的户籍制度、土地制度、社会保障制度等因素，分析当前制度内容及其现实影响。同时，识别出推动市民化进程中的关键议题和时代特征，反映了农民工面临的现实挑战和政策机遇。章节的结尾通过小结，为解决现实问题提供了政策上的建议和未来研究的方向。

第七章　农民工市民化的比较研究

第七章将中国农民工市民化的议题放在全球视野下进行比较，采用案例分析法和对比分析法，分析了欧美、东亚以及拉美地区乡城迁移过程中的自主选择与社会秩序之间的关系。通过比较，展示了不同国家和地区在处理乡村到城市迁移过程中采取的不同策略和模式，同时也揭示了中国特色社会主义制度下农民工市民化模式的独特性。小结部分进一步提出了中国农民工市民化路径在全球背景下的意义和启示。

第八章　农民工市民化的逻辑与路径：自主选择与社会秩序的统一

第八章是全书的总结和提升，通过逻辑演绎的方法展开系统性思辨，在总结全书对农民工市民化"自主选择与社会秩序统一"分析范式的探讨和通过理论、现实、历史、全球等维度论证分析范式的基础上，结合当前国内国际现实背景，进行分析范式的应用。本章提炼出中国特色农民工市民化理论，总结其基本原则与推进理念，从宏观秩序、微观决策与两者的统一的维度提出实际可行的政策建议。

第二章　文献回顾与述评

目前学界对农民工市民化问题展开了丰富的研究，本章将系统梳理国内外相关研究动态，归纳总结现有学术观点，找出本研究的边际创新空间。从内容上来看，学界对农民工市民化特征、群体权利缺失、社会秩序失衡和解决对策等都做了大量的研究。个体层面农民工的行为和态度、整体层面国家和社会的机制与运行，都有其内在发展规律。然而，两者的互动统一才是回答农民工市民化问题的锁钥。

第一节　农民工市民化问题的表征

农民工在中国改革开放后的工业化和城市化进程中始终扮演着重要角色，然而其市民化问题却一直存在。政学两界围绕农民工市民化问题做了卷帙浩繁的研究，从多维度阐释了农民工市民化问题的现实表征，对农民工市民化问题的存在性和真实性并无异议。直观而言，农民工市民化问题存在于中国常住人口城镇化率和户籍人口城镇化率的对比中，这一表征映射在总体和个体两个层面。

第二章 文献回顾与述评

一 总体层面：农民工市民化水平较低

农民工市民化水平是一种客观的真实状态，在一定程度上反映了现阶段农民迁移到城市之后的权利空间和能力水平。目前学界主要通过构建多维度指标体系的方法来评价农民工市民化水平，研究结果发现虽然在具体的指数得分上存在差异，但是对于中国农民工市民化水平整体较低、内部分化的特征已经达到基本共识。

第一，农民工市民化的整体水平偏低。如果考虑从内部个体因素、外部制度因素两个层面构建农民工市民化评价指标体系，其中农民工的内部个体因素包括市民化能力、市民化意愿和市民化承受，外部制度因素包括市民化制度、市民化法律和市民化环境，那么研究结果显示中国农民工市民化的整体比例为50.2%，刚刚达到半数市民化水平；就具体指标来看，内部个体因素中的市民化承受最高为71.6%，外部制度因素中的市民化环境和市民化法律最低，分别为33.4%和43.1%[1]。这说明，一方面中国农民工市民化整体水平偏低，另一方面农民工市民化细分维度间进展程度不一，因此农民工市民化不是单一的也不是一蹴而就的过程，是在内外部因素的互动中渐进提高的。

第二，农民工市民化存在代际异质性。中国农民工市民化正在经历从"候鸟式"转移向"生根式"转移的变迁，这一变化的主要推动力来自农民工市民化的代际差异。程名望等从农民工的基本素质、经济状况、社会接纳和心理认知四个维度构建指标体系，分析发现新生代农民工市民化指数得分为52.38，高于老一代农民工51.40的得分[2]。值得关注的是，即便

---

[1] 鲁强、徐翔：《我国农民工市民化进程测度——基于TT&DTHM模型的分析》，《江西社会科学》2016年第2期。
[2] 程名望、乔茜、潘烜：《农民工市民化指标体系及市民化程度测度——以上海市农民工为例》，《农业现代化研究》2017年第3期。

新生代农民工的市民化水平优于老一代农民工,但是新生代农民工在市民化过程中仍然面临着众多藩篱。一方面,新生代农民工在身份特征、身份认同方面与城市居民仍然存在深厚隔膜。例如,以经济状况、政治参与衡量身份特征,以社会交往、文化心理测量身份认同,那么新生代农民工市民化水平只达到了40%[1]。另一方面,新生代农民工内部亦存在较大异质性,差异化的受教育水平、家庭资源和个人经历生成了新生代农民工内部的市民化差异。例如,张斐测算的中国新生代农民工市民化水平为45%[2],而张建丽等从外部环境和自身情况出发测算的新生代农民工市民化水平仅为25.7%[3]。故而,推进农民工市民化不能完全寄希望于新生代农民工替代老一代农民工,新生代农民工群体内部也存在着显著异质性。

第三,农民工市民化呈现区域异质性。农民工在城市间、区域间所享受的政策、得到的资源、适应的程度存在差异,因此农民工市民化具有较强的区域异质性。一方面是不同迁出地的农民工市民化水平存在区别,通常情况下来自经济发展水平较高地区的农民工市民化水平较高[4];另一方面是不同迁入地的农民工市民化水平呈现差异性,例如,上海、北京和长沙的农民工市民化水平分别为54.0%[5]、48.2%[6]和46.9%[7]。需要关注的

---

[1] 任娟娟:《新生代农民工市民化水平及影响因素研究——以西安市为例》,《兰州学刊》2012年第3期。
[2] 张斐:《新生代农民工市民化现状及影响因素分析》,《人口研究》2011年第6期。
[3] 张建丽、李雪铭、张力:《新生代农民工市民化进程与空间分异研究》,《中国人口·资源与环境》2011年第3期。
[4] 庄玮、顾晓芬、李豫凯:《农民工市民化水平影响因素分析——基于新疆的实证调查》,《调研世界》2015年第7期。
[5] 王桂新、沈建法、刘建波:《中国城市农民工市民化研究——以上海为例》,《人口与发展》2008年第1期。
[6] 沈映春、王泽强、焦婕等:《北京市农民工市民化水平及影响因素分析》,《北京社会科学》2013年第5期。
[7] 王腊芳、朱丹:《城市农民工市民化水平及影响因素分析——基于长沙市的调查数据》,《现代城市研究》2018年第7期。

是，有学者研究发现全国106个城市的总体农民工市民化程度为50.18%①，显然这一平均状态遮掩了区域间的差异化特征。因此，推进农民工市民化，需要从实际出发、因地制宜、协调推进②。

二 个体层面：农民工市民化意愿疲弱

农民工市民化意愿是一种主观的心理决策，有利于呈现农民工群体的内在感受和潜在忧虑。学界对农民工市民化意愿的研究集中在市民化意愿的程度、市民化意愿的特征、市民化意愿的影响因素等方面，整体而言现有研究不存在较大学理争辩，农民工市民化意愿较低且受到个体特征、乡村资源和城市经济影响的观点已被普遍接受。

第一，农民工市民化意愿整体较低且存在较强异质性。总体而言，当前我国农民工市民化的意愿较低，一项重庆市农民工调查数据显示，有70.2%的农民工不愿意市民化③，而且随着乡村振兴战略的推进，农民工市民化意愿呈现下降趋势。具体来看，一方面，中国农民工市民化意愿存在区域异质性，无论是跨省流动的农民工还是省内流动的农民工，中西部地区农民工愿意获得城镇户籍的占比都显著低于东部地区。例如，2019年跨省流动的农民工在东部、中部、西部地区愿意在城镇落户的占比分别为38.5%、28.9%、26.5%，这种差异显然来自东部地区具有更多的就业机会、更高的收入水平、更完善的公共服务④；同时从农民工迁移的方向来

---

① 李荣彬、袁城、王国宏等：《新生代农民工市民化水平的现状及影响因素分析——基于我国106个城市调查数据的实证研究》，《青年研究》2013年第1期。
② 赖作莲、王建康、罗丞等：《农民工市民化程度的区域差异与影响因素——基于陕西5市的调查》，《农业现代化研究》2015年第5期。
③ 李佑静：《新型城镇化进程的农民工市民化意愿》，《重庆社会科学》2016年第8期。
④ 程郁、赵俊超、殷浩栋等：《分层次推进农民工市民化——破解"愿落不能落、能落不愿落"的两难困境》，《管理世界》2022年第4期。

看，农民工也主要从中西部迁移到东部，显然东部地区的吸引力更强。另一方面，中国农民工市民化意愿存在代际异质性，王丽丽等通过实证分析发现，相对于老一代农民工，新一代农民工具有更强的市民化意愿[1]。

第二，个体特征是影响农民工市民化意愿的基本因素。首先，年龄因素在农民工市民化意愿中扮演着重要角色。从农民工留居城市抑或返回乡村的决策出发，当经济处于衰退阶段时，年龄较大的农民工往往会定期返回农村，但这并不会影响年轻的农村居民从乡村向城市的迁移[2]。事实上，年龄对农民工市民化意愿的影响主要以代际差异的形式表现出来。其次，性别和婚姻是影响农民工市民化意愿的另一个因素。张丽艳和陈余婷通过实证研究发现，女性农民工的市民化意愿高于男性[3]；王桂新等以上海市农民工调查数据为基础开展了实证分析，发现已婚农民工比未婚农民工的市民化意愿更强[4]。再次，技能培训对农民工市民化意愿的影响最为突出。陈延秋和金晓彤的实证研究发现，参加培训及其数量、拥有的技能等级及其数量对新生代农民工市民化意愿具有显著的正向影响[5]；从根本上看，技能培训与农民工在城市的就业选择和收入状况密切相关，因此，农民工要想定居城市就必须学习一定的技能[6]。最后，健康状况显著影响农民工

---

[1] 王丽丽、杨晓凤、梁丹妮：《代际差异下农民工市民化意愿的影响因素研究》，《调研世界》2016年第12期。
[2] Mohabir, N., Jiang, Y., Ma, R., "Chinese Floating Migrants: Rural-urban Migrant Labourers' Intentions to Stay or Return", *Habitat International*, Vol. 60, No. 2, 2017.
[3] 张丽艳、陈余婷：《新生代农民工市民化意愿的影响因素分析——基于广东省三市的调查》，《西北人口》2012年第4期。
[4] 王桂新、陈冠春、魏星：《城市农民工市民化意愿影响因素考察——以上海市为例》，《人口与发展》2010年第2期。
[5] 陈延秋、金晓彤：《新生代农民工市民化意愿影响因素的实证研究——基于人力资本、社会资本和心理资本的考察》，《西北人口》2014年第4期。
[6] Zhang B., Druijven P., Strijker D., "Does Ethnic Identity Influence Migrants' Settlement Intentions? Evidence from Three Cities in Gansu Province, Northwest China", *Habitat International*, Vol. 69, No. 11, 2017.

在城市的定居意愿。Xie 等发现，无论是身体健康预期还是心理健康预期都对农民工定居意愿具有正向激励作用，且新一代农民工对自身健康状况更为关注，然而以健康为定居城市的决策标准可能导致患有疾病的农民工返回农村，进一步加剧城乡间的健康差距，加大中国农村医疗保障体系的负担和风险[①]。

第三，乡村资源是影响农民工市民化意愿的内在力量。乡村资源对农民工市民化意愿的影响主要来自乡村非农就业机会增多和乡村公共服务完善。姚植夫和薛建宏认为，农民工户籍地的经济发展水平是影响新生代农民工市民化的重要资本因素[②]。一方面，在乡村非农产业蓬勃发展、非农就业机会增多的情况下，农户的生计策略会发生改变，他们会更倾向于就地城镇化，以获取家庭团聚的效应；另一方面，伴随着国家对乡村的资源扶持，农村的公共服务逐渐提升，农业户口具有越来越强的吸引力。以上两种因素的交互作用导致即便城市户口开放也不会进一步吸引农民工落户，Chen 和 Zhao 认为，除非政府能提供一种更协调的城乡发展模式，以改变农村家庭多样化的生计战略[③]，否则农民工的市民化意愿难以提高。

第四，城市状况是影响农民工市民化意愿的外在机制。首先，城市规模影响着农民工市民化意愿，但学界在此问题上观点不一。一派认为农民工更愿意留在大城市，而不是留在小城市或返回农村[④]，这一观点得到了

---

① Xie S., Wang J., Chen J., et al., "The Effect of Health on Urban-settlement Intention of Rural-urban Migrants in China", *Health & Place*, Vol. 47, No. 9, 2017.
② 姚植夫、薛建宏：《新生代农民工市民化意愿影响因素分析》，《人口学刊》2014 年第 3 期。
③ Chen C., Zhao M., "The Undermining of Rural Labor Out-migration by Household Strategies in China's Migrant-sending Areas: The Case of Nanyang, Henan Province", *Cities*, Vol. 60, No. 2, 2017.
④ Mohabir, N., Jiang, Y., Ma, R., "Chinese Floating Migrants: Rural-urban Migrant Labourers' Intentions to Stay or Return", *Habitat International*, Vol. 60, No. 2, 2017.

基于上海和安徽的经验证明；另一派认为农民工市民化意愿在大城市更弱，在小城市更强[1]，且得到了浙江调查数据的支撑。事实上，两种观点的碰撞可能是农民工代与代之间、理想与现实之间的表现，即新一代农民工更愿意落户大城市而老一代农民工更愿意定居小城市，理想是在大城市落户但现实是只能在小城市生活。其次，城市经济发展状况对农民工市民化有着重要影响。例如，李晓阳等对1989~2010年农民工市民化意愿的影响因素进行了量化分析，结果显示城乡收入差距、非农产业和私营企业的发展对于农民工市民化意愿具有重要的影响[2]；朱健等使用省级宏观数据实证分析发现，非农产业的发展、地区就业率、金融发展、金融效率等经济因素对于沿海地区农民工市民化的促进作用显著[3]。再次，在城市的居住状况也影响着农民工市民化意愿。一方面，城市高企的房价常常让农民工望而却步，导致农民工在城市不得不选择多元化的住所，罗丞的实证研究结果表明租住单位房或免费场所中的农民工市民化意愿更低，居住在政府廉租房中的农民工市民化意愿更高[4]；另一方面，农民工在城市的居住存在着事实上的隔离，即与城市居民在空间上居住分异，当居住隔离程度每增加一个标准差时，农民工市民化的程度就降低2.28%[5]。除此之外，Huang等讨论了户籍制度改革对农民工居住偏好转

---

[1] 叶俊焘、钱文荣：《不同规模城市农民工市民化意愿及新型城镇化的路径选择》，《浙江社会科学》2016年第5期。
[2] 李晓阳、黄毅祥、彭思颖：《1989~2010年农民工市民化意愿影响因素实证分析》，《商业时代》2013年第13期。
[3] 朱健、陈湘满、袁旭宏：《我国农民工市民化的影响因素分析》，《经济地理》2017年第1期。
[4] 罗丞：《安居方能乐业：居住类型对新生代农民工市民化意愿的影响研究》，《西北人口》2017年第2期。
[5] 徐清华、张广胜：《居住隔离与农民工市民化》，《华南农业大学学报》（社会科学版）2022年第1期。

变的影响①，Tian等分析了中国农民工的住房行为及相关的社会经济因素对这类行为的影响②，这些研究无不表明居住问题在农民工市民化进程中具有突出地位，这一问题的解决显然不能单纯依靠农民工个体的力量，而是需要国家在宏观制度层面予以跟进。最后，农民工在城市的生活感知对其市民化意愿也有显著影响。杨凌等的研究表明，包含收入满意度、福利满意度、居住满意度和尊重满意度在内的生活满意度对农民工市民化意愿的影响最为强烈③。

第五，迁移距离是影响农民工市民化意愿的中间条件。迁移距离是横亘于农民工户籍地与居住地的空间障碍，学界对此观点一致，普遍认为迁移距离越远则农民工市民化意愿越低。例如，韩恒研究发现在省内打工的农民工更有可能实现城市化④；Su等的研究表明农民工跨省迁移实际上对市民化意愿有一定阻碍作用，类似于国际移徙研究中所确定的"边界效应"，这意味着发生于省内的乡城流动更有可能促成农民工永久定居城市，大多数跨省迁移的农民工极有可能是临时或循环迁移，最终趋向于返回农村⑤。迁移距离与市民化意愿的反向相关性来源于两大因素。一是迁移距离影响着农民工与家庭成员的联系，过大的距离将导致家庭关系危机。张龙的研究显示，是否与家人一起居住、是否举家迁移到城镇对农民工市民

---

① Huang X., Dijst M., van Weesep J., et al., "Residential Choice among Rural-urban Migrants after Hukou Reform: Evidence from Suzhou, China", *Population Space and Place*, Vol. 23, No. 4, 2017.

② Tian X., Hu J., Zhang C., et al., "Housing Expenditure and Home Purchasing Behaviors of Rural-urban Migrants in China", *China Agricultural Economic Review*, Vol. 9, No. 4, 2017.

③ 杨凌、冯迪、朱安琪：《农民工市民化意愿的影响因素分析——基于西安市的实证调查》，《农村经济》2017年第11期。

④ 韩恒：《农民工的"城市梦"及其影响因素——基于河南省"百村调查"的数据分析》，《中州学刊》2014年第7期。

⑤ Su Y., Tesfazion P., Zhao Z., "Where Are the Migrants from? Inter-vs. Intra-provincial Rural-urban Migration in China", *China Economic Review*, Vol. 47, No. C, 2018.

化意愿具有最大的影响①。二是迁移距离影响着文化的认同，随着迁移距离的增加，农民工与居住地本地人的文化差异逐渐增大，这种区域间的文化差异与城乡间的文化差异一样都影响着农民工在城市的融入状况。Zhang 等的研究发现少数民族农民工倾向于定居在与其家乡文化同质性较高的城市，这表明城市的民族特性和文化特征在农民工永久迁移决策中起着重要作用②。

根据上述文献梳理可知，农民工市民化意愿较低是个体特征、乡村资源、城市经济和迁移距离综合作用的结果，因此，现阶段提升农民工市民化意愿需要从微观和宏观层面综合考量。值得关注的是，学界通常会以农民工市民化意愿或市民身份认同作为城市融入的最关键也是最后一环③，然而"意愿"到"行为"的转化是以农民工在就业、住房、收入等客观条件为前提的，如果农民工在客观条件层面与城镇居民差距较大，那么就没有市民化意愿的落地空间。实际上，农民工市民化意愿较低恰恰反映了其收入较低、居住较差、公共服务不均等的深层现实，故而，农民工市民化问题的产生需要从微观角度的农民工群体权利缺失、从宏观角度的社会秩序失衡来探寻根源。

第二节 农民工市民化问题生成于群体权利缺乏

从微观角度来看，农民工市民化问题的核心在于农民工群体在城市的权利缺乏，这种权利的缺乏并非农民工从乡村到城市迁移权利的缺乏，而

---

① 张龙：《农民工市民化意愿的影响因素研究》，《调研世界》2014 年第 9 期。
② Zhang, B., Druijven, P., Strijker, D., "Does Ethnic Identity Influence Migrants' Settlement Intentions? Evidence from Three Cities in Gansu Province, Northwest China", *Habitat International*, Vol. 69, No. 1, 2017.
③ 卢海阳、梁海兵、钱文荣：《农民工的城市融入：现状与政策启示》，《农业经济问题》2015 年第 7 期。

是迁移之后缺乏与城市居民同等的权利，亦即迁移行为本身没有显性门槛，但进入城市之后的隐性门槛高筑。目前学界以农民工市民化的驱动因素为主线，围绕农民工群体权利缺乏的事实进行了细致的研究，形成了丰硕的研究成果。

一　平等就业权不充分

当前农民工无法享有充分的就业权利，例如，Cheng等的研究发现，中国城市间的流动人口比农民工更容易签订同样的劳动合同[1]，表明职业选择受到户籍的隐性限制。虽然当前农民工的职业选择存在代际和受教育水平间的分化[2]，但是农民工在城市的就业壁垒和障碍依旧存在，他们难以在城市获得满意的职业[3]。这种平等就业权利的缺失导致了农民工与城市居民在收入上的差距，种聪和岳希明的研究显示，2012~2021年，城镇职工与农民工的每月收入绝对差距从1589元扩大到4471元，相对差距从1.69倍增加到2倍以上[4]。收入因素对市民化有着决定性的作用，农民工的月均收入越高则其市民化能力越强[5]。梅建明和田嘉莉认为较低的收入水平限制了农民工市民化能力，一方面导致农民工没有在城市消费的能力；另一方面降低了农民工在城市消费的欲望，造成农民工群体普遍性消费结构单一、居住环境较差、业余

---

[1] Cheng Z., Nielsen I., Smyth R., "Access to Social Insurance in Urban China: A Comparative Study of Rural-urban and Urban-urban Migrants in Beijing", *Habitat International*, Vol.41, No.1, 2014.

[2] 崔岩、黄永亮：《就业技能与职业分化——农民工就业质量的差异及其社会后果》，《社会学研究》2023年第5期。

[3] 赵建国、周德水：《教育人力资本、互联网使用与新生代农民工职业选择》，《农业经济问题》2019年第6期。

[4] 种聪、岳希明：《农民工收入现状、关键问题与优化路径》，《南京农业大学学报》（社会科学版）2023年第6期。

[5] 崔宁：《新生代农民工市民化进程及影响因素研究》，《广东农业科学》2014年第18期。

生活单调乏味①。

从根源来看,农民工平等就业的权利受到了教育积累和技能培训的约束。一方面是直接影响,即虽然年富力强的农民工在低端市场的竞争中占据部分优势,但是文化程度偏低、缺乏职业技能,极大地限制了他们的职业选择范围、就业层次及收入水平,从而制约了其市民化能力②;另一方面是间接影响,即农民工自身所具有的乡村思想意识并不能与城市生活相契合,导致农民工群体在主观上缺乏在城工作和生活的素养,从而影响了他们自由地选择职业,制约着农民工市民化能力和水平的提高③。刘达等也通过实证分析证实了教育水平和技能培训对农民工市民化的正向促进作用④。农民工知识文化水平通过影响职业选择,进而影响着在城收入状况,张永丽和谢盈盈认为受教育水平和收入之间存在互为因果的关系,一方面较低的受教育水平是限制农民工收入状况改善的关键因素,另一方面较少的收入又会影响农民工对教育和职业培训的投资,这种人力资本与收入水平间的"低水平均衡"减缓了农民工市民化的进程⑤。来自国际的经验也表明,教育是提高农村贫困家庭收入和生活水平的关键变量⑥,技能是促成农户家庭乡城迁移决策的重要因素⑦,

---

① 梅建明、田嘉莉:《基于排序 Logit 模型的农民工市民化影响因素研究》,《经济研究参考》2015 年第 68 期。
② 胡杰成:《农民工市民化问题研究》,《兰州学刊》2010 年第 8 期。
③ 严行、包志伟、熊邓灵:《新生代农民工市民化的影响因素与制度安排》,《安徽农业科学》2011 年第 20 期。
④ 刘达、韦吉飞、李晓阳:《人力资本异质性、代际差异与农民工市民化》,《西南大学学报》(社会科学版) 2018 年第 2 期。
⑤ 张永丽、谢盈盈:《农民工市民化的需求条件及影响因素》,《华南农业大学学报》(社会科学版) 2012 年第 3 期。
⑥ Bui T., Imai K S., "Determinants of Rural-urban Inequality in Vietnam: Detailed Decomposition Analyses Based on Unconditional Quantile Regressions", Research Institute for Economics & Business Administration, Kobe University, 2017, pp. 26–29.
⑦ David M., *Learning about Migration through Experiments*, *Migration: Economic Change, Social Challenge*, Oxford University Press, 2015, pp. 69–80.

Ofuoku 研究认为应该开展启蒙活动和开发项目，使年轻人接触到与农业有关的自营就业机会，并为年轻人从事农村地区的自营职业创造有利的环境①。

通过上述文献梳理可以发现，学界普遍认同农民工在城就业权利的不充分性，这种就业权的缺乏来自隐性的受教育水平和技能培训的影响，造成了农民工收入状况与城市居民的差距愈加扩大。因此保障农民工的充分的就业权利，一方面要做好短期工作，如为农民工提供就业信息和安全的工作环境，切实保障农民工的薪资权益；另一方面要规划长期任务，着手提高农民工整体的受教育和技能水平。

二 家庭发展权不完全

一个家庭的发展关键在于子女的健康成长，农民工家庭发展权的不完全主要表现为其子女的成长和教育问题，国际经验表明在农民工乡城迁移过程中，其子女无论是留守农村还是随迁城市，都将受到严重冲击②。

学界对农民工子女留守乡村的影响已经做了充分探讨，既肯定了务工收入增加带来的正向家庭收益，也批判了幼年教育和照顾缺乏带来的负向影响。从短期来看，虽然留守乡村可以获得农民工从城市的汇款，增加受教育的机会和提高学习成绩③，但是经验证据表明留守子女进入高中阶段后教育机会急剧下降，可能导致其学业终止和过早工作④，与此同

---

① Ofuoku A. U., "Effect of Rural-urban Migrants' Remittances on Arable Crop Production in Delta State, Nigeria", *Journal of Agricultural Sciences*, Vol. 60, No. 1, 2015.
② Roy A. K., Singh P., Roy U. N., "Impact of Rural-urban Labour Migration on Education of Children: A Case Study of Left Behind and Accompanied Migrant Children in India", *Space and Culture, India*, Vol. 2, No. 4, 2015.
③ 彭小辉、傅宇辰、史清华：《农民工汇款对留守儿童教育的影响及其作用机制——基于 CFPS 数据的实证分析》，《中国农村观察》2022 年第 5 期。
④ 吕利丹：《从"留守儿童"到"新生代农民工"——高中学龄农村留守儿童学业终止及影响研究》，《人口研究》2014 年第 1 期。

时，留守生活也使其面临学习滞后、心理失衡、行为失范以及安全堪忧等方面的问题①，从而可能陷入心理和学业上的双重困境，学界对此问题的讨论通常以留守子女与随迁子女的对比展开。从长期来看，留守经历造成了家庭关系、个人发展等各方面的影响：一方面，留守情境下农民工子女与父母长期处于分离状态，留守子女的内心充满矛盾，对父母表现出"爱而不亲"的亲子关系②；另一方面，留守经历造成农民工子女在成年后心理上的内敛和退让③、语言能力和数理能力上的弱化与降低④，同时留守子女作为新生代农民工的后备力量，其留守发生时点越早、留守时间越长，成年后的就业质量越低⑤、越难以融入城市⑥。

学界对农民工子女随迁城市的状况也进行了大量分析，对农民工子女随迁之后的正向反馈给予了学理肯定，这些积极作用主要体现在随迁之后农民工子女在能力、成绩和期望上的变化。第一，随迁后农民工子女的能力得到了提升，曾起艳等使用中国教育追踪调查数据实证分析发现随迁能够显著提高农民工子女的认知能力⑦，于爱华等则通过实证分析验证了农民工子女随迁行为对其综合非认知能力具有显著的正向影响，这种积极反馈主要体现在农民工子女随迁之后在严谨性、开放性和情绪稳定性上

---

① 辜胜阻、易善策、李华：《城镇化进程中农村留守儿童问题及对策》，《教育研究》2011年第9期。
② 肖莉娜：《"爱而不亲"：留守儿童的亲子关系体验与建构》，《华东师范大学学报》（哲学社会科学版）2022年第1期。
③ 刘志军：《能力还是心理？——对留守经历长期影响的一项实证检验》，《浙江社会科学》2021年第3期。
④ 周春芳、苏群：《农村儿童留守经历对人力资本质量的长期效应研究——基于CFPS2010—2016的实证检验》，《农业技术经济》2023年第7期。
⑤ 唐宁、谢勇：《留守经历对劳动者就业质量的影响》，《中国农村经济》2019年第12期。
⑥ 郑晓冬、刘剑波、沈政等：《儿童期留守经历对新生代农民工城市融入的影响》，《社会学评论》2022年第2期。
⑦ 曾起艳、王宇婷、何志鹏：《随迁对农民工子女的认知能力提升效应及其差异》，《湖南农业大学学报》（社会科学版）2021年第6期。

第二章　文献回顾与述评

的提升①。第二，随迁后农民工子女的学习成绩得到提高，刘华等通过实证研究发现随迁对农民工子女的在校学习成绩有显著提升效应，这种影响主要体现在总成绩和语文、数学、英语成绩方面，其中家庭教育在"随迁—学业成绩"的路径中发挥了重要的中介作用②。第三，子女随迁能够提高农民工对子代的教育期望，宁光杰和马俊龙运用中国教育追踪调查数据，采用倾向得分匹配方法处理样本的自选择问题，实证分析结果显示农民工子女随迁能够显著提高子女自身的教育期望，同时男孩教育期望的提高大于女孩③。除此之外，国际经验还表明子女的随迁行为会对其人力资本积累和健康情况产生长期的积极影响④。然而，值得关注的是，子女随迁的良性作用需要建立在较高的教育支出基础之上，张锦华和陈博欧使用上海财经大学2019年"千村调查"数据证实了子女随迁会显著增加农村家庭教育支出，具体来说，随迁之后农民工家庭对其子女的教育总支出增加50.50%、教育负担率增加5.82%，这些消费支出来自城镇较高的生活成本和教育成本以及异地就学的限制⑤。国际证据表明，随迁之后的进城农民子女有很大的概率被迫辍学，成为随着父代季节性迁移的童工⑥。

---

① 于爱华、王琳、刘华：《随迁对农民工子女非认知能力的影响——基于家校教育过程的中介效应分析》，《中国农村观察》2020年第6期。
② 刘华、于爱华、王琳：《随迁对农民工子女学业成绩影响的实证研究——基于PSM和家校教育的视角》，《湖南农业大学学报》（社会科学版）2020年第6期。
③ 宁光杰、马俊龙：《农民工子女随迁能够提高其教育期望吗？——来自CEPS 2013~2014年度数据的证据》，《南开经济研究》2019年第1期。
④ Resosudarmo B. P., Suryadarma D., "The Effect of Childhood Migration on Human Capital Accumulation: Evidence from Rural-urban Migrants in Indonesia", *Crawford School Research Paper*, 2011.
⑤ 张锦华、陈博欧：《子女随迁对农村家庭基础教育支出的影响研究——基于2019年千村调查数据的实证分析》，《农业技术经济》2021年第9期。
⑥ Roy A. K., Singh P., Roy U. N., "Impact of Rural-urban Labour Migration on Education of Children: A Case Study of Left Behind and Accompanied Migrant Children in India", *Space and Culture*, India, Vol. 2, No. 4, 2015.

农民工家庭发展权缺失的根源在于城乡间教育的割裂。农民工子女在城乡分割的教育制度下挣扎,对于随迁子女来说,他们所受到的社会排斥直接来源于义务教育期间的不公平待遇;对于留守子女来说,他们处于资源薄弱的边缘化教育体系之中,而且父母的收入分层引致了子女教育的分层[①]。从体制角度来看,虽然我国规定城镇学校对农民工子女与城镇居民子女一视同仁,而且要求取消义务教育阶段借读费,但现实中择校费、借读费和变相借读费仍然存在[②]。

三 社会保障权不平等

农民工迁移到城市之后享有的仍然是农村的医疗、养老、就业、住房等社会保障福利,虽然长期以来农民工为城市建设贡献巨大,但被排斥在城市居民社会保障体系之外,不具有与城市居民同等的社会保障权益[③],邓大松和胡宏伟认为这种社会保障权获取及水平的差异,事实上形成了农民工的"权利剥夺"[④]。

其渊薮在于社会主义革命和建设时期形成的城乡分异的社会保障制度,城市居民由国家提供保障,农村居民以集体和土地解决保障。现有的社会保障体系呈现板块分割的状况,对政务人员保护过度,对农民和农民工保护不足,损失公平也丧失效率[⑤]。虽然根据现行政策农民工可以参与城镇职工养老保险和城镇职工医疗保险,但其报销比例是很低的。根据

---

① 谭深:《中国农村留守儿童研究述评》,《中国社会科学》2011年第1期。
② 张宝歌、韩嵩:《随迁子女流入地普通高中就学困境及疏解策略》,《教育研究》2023年第11期。
③ 段成荣、吕利丹、邹湘江:《当前我国流动人口面临的主要问题和对策——基于2010年第六次全国人口普查数据的分析》,《人口研究》2013年第2期。
④ 邓大松、胡宏伟:《流动、剥夺、排斥与融合:社会融合与保障权获得》,《中国人口科学》2007年第6期。
⑤ 朱玲:《中国社会保障体系的公平性与可持续性研究》,《中国人口科学》2010年第5期。

《中国农村家庭发展报告（2020）》的统计，2019年农民工参与城镇职工养老保险的比例为22.94、城镇居民社会养老保险的比例为6.55%，而参与新型农村社会养老保险的比例为60.95%，参与城镇职工基本医疗保险和城镇居民基本医疗保险的比例分别为11.80%和6.32%，而参与新型农村合作医疗保险的比例为81.56%[1]。农民工在城市社会保障权利的缺失阻滞了市民化意愿，尤其是养老保障和子女教育保障对市民化的影响最为显著[2]。

从国际经验来看，乡城移民在城市同样难以享受住房和公共服务，普遍性工资低下、工作环境恶劣、居住条件不正规、保障设施缺乏，因而成为城市的边缘化低收入群体[3]。MacMichael等认为乡村到城市的移民主要面临两大障碍：一是就业保障缺乏，二是社会参与机会缺乏[4]；Khan和Kraemer研究发现孟加拉国城市贫民窟的移民在住房、健康知识、吸烟、身心健康等方面都有更大的脆弱性，建议发展中国家开展针对城市贫民窟的干预[5]；Kaida和Miah使用孟加拉国的拆迁户非自愿移民行为调查数据，研究发现乡城移民面临着更大的失去土地、无家可归和疾病发病率增加等风险[6]。

---

[1] 浙江大学中国农村家庭研究创新团队：《中国农村家庭发展报告（2020）》，浙江大学出版社，2022，第160~177页。

[2] 王桂新、胡健：《城市农民工社会保障与市民化意愿》，《人口学刊》2015年第6期。

[3] Tacoli C., McGranahan G., Satterthwaite D., *Urbanisation, Rural-urban Migration and Urban Poverty*, London, UK: Human Settlements Group, International Institute for Environment and Development, 2015, pp.27-28.

[4] MacMichael M., Beazley K., Kevany K., Looker D., Stiles D., "Motivations, Experiences, and Community Contributions of Young In-migrants in the Maitland Area, Nova Scotia", *Journal of Rural & Community Development*, Vol.10, No.4, 2015.

[5] Khan M. M. H., Kraemer A., "Are Rural-urban Migrants Living in Urban Slums More Vulnerable in Terms of Housing, Health Knowledge, Smoking, Mental Health and General Health?" *International Journal of Social Welfare*, Vol.23, No.4, 2014.

[6] Kaida N., Miah T. M., "Rural-urban Perspectives on Impoverishment Risks in Development-induced Involuntary Resettlement in Bangladesh", *Habitat International*, Vol.50, No.12, 2015.

综合而言，目前政学两界对农民工社会保障权益的缺乏已经达成共识，并认为应该实施政府干预以提高农民工在城市的社会保障水平。从实际情况来看，虽然农民工社会保障的参与状况有所改观，但保障性弱、参与度低等问题依旧存在，由于农民工在城市的社会保障权涉及户籍制度和土地制度，也关系地方政府和城市居民的利益，农民工社会保障问题的解决不可能形成自下而上的路径，也难以通过单项制度改革实现赋权，因此这必然呼唤国家和社会综合秩序的回应。

第三节　农民工市民化问题驱动于社会秩序失衡

从宏观角度来看，农民工市民化问题驱动于社会秩序失衡，这种失衡具有历史性、复杂性和长期性特征，涉及历史与现实、城市与乡村、工业与农业、城市居民与农村居民等多组关系。政学两界针对农民工市民化过程中社会秩序失衡的讨论，以户籍制度、社保制度、土地制度和社会文化等为主要着手点。

一　户籍制度是直接驱动因素

学界围绕农民工问题的讨论往往会追溯到户籍制度这一症结。形成于社会主义革命和建设时期的户籍制度在人口管理和工农业体系建设方面发挥了巨大的作用，20世纪80年代的民工潮也得益于户籍制度的解绑，即放开农村户籍人口到城市的迁移。然而真正的问题是迁移之后，户籍本身的变更以及附着于户籍上的公共服务的获取是较为困难的，城市户籍门槛促使农村劳动力不得不选择返回农村[1]，尤其是对于那些健康状况较差、

---

[1] 张吉鹏、黄金、王军辉等：《城市落户门槛与劳动力回流》，《经济研究》2020年第7期。

第二章　文献回顾与述评

技能水平较低的劳动力的影响更大。侯新烁也通过实证研究发现，户籍门槛的逆序指标即户籍转化率每提高1%，城市化率将提高0.19%至0.29%个百分点[①]。吴开亚等认为户籍制度改革的本质障碍在于以公共资源配置为考量，以资源争夺为核心的多元利益博弈[②]。

纵然近年来国家提出了新型城镇化战略，进行了户籍制度的改革，取消了农业户口和非农业户口的性质区分，但是户籍制度改革的根本目的不是变更称呼，而是要达到农业户口与非农户口享受同等公民权利的目的，故而城乡分割的户籍制度并未消除，依然是农民工获得市民身份的根本障碍[③]。户籍制度及其衍生的隐形藩篱给农民工造成了从"被边缘化"到"自边缘化"的问题，换句话说，农村劳动力流向城市，不但不容易获得城市户口，还受到各方面歧视，不断被边缘化，久而久之对边缘化的状态产生认同导致自边缘化。[④]学者们探讨了户籍制度造成的农民工边缘化状态：一是主观上的城市居民对农民工的偏见，Tse C. W. 使用全国住户调查数据，证实了这种偏见会对农民工融入城市社区产生负面影响[⑤]；二是客观上的职业岗位对农民工的限制，Qu 和 Zhao 通过研究中国农民工的工资不平等状况，认为重大体制障碍依然继续限制农民工进入高技能水准、高报酬的行业，如果迟迟不推进户籍制度及相关政策的根本改革，则农民工

---

① 侯新烁：《户籍门槛是否阻碍了城市化？——基于空间异质效应模型的分析》，《人口与发展》2018年第3期。
② 吴开亚、张力、陈筱：《户籍改革进程的障碍：基于城市落户门槛的分析》，《中国人口科学》2010年第1期。
③ 曹宗平、蓝骏东：《新型城镇化过程中农民工市民化障碍因素解析》，《黑龙江社会科学》2015年第3期。
④ 刘传江、董延芳：《农民工市民化障碍解析》，《人民论坛》2011年第26期。
⑤ Tse C. W., "Urban Residents' Prejudice and Integration of Rural Migrants into Urban China", *Journal of Contemporary China*, Vol. 25, No. 100, 2016.

的市民化情况可能不会改善甚至恶化①,由此引致了"农民工须市民化、市民化须落户、农民工未能落户"的悖论②。从城市层级来看,Colas 和 Ge 通过研究了 15 年间户籍制度改革与劳动力迁移的关系,发现更大更发达的城市对农民工更具吸引力,但其户籍门槛也更加严格③;汪立鑫等则认为中小城市的户籍制度自然走向是户籍门槛的不断降低直至消失④。

二 社保制度是根本驱动力量

学界对社会保障制度在农民工市民化中的作用形成了统一意见。例如,王桂新和胡健通过实证研究发现,医疗、养老、就业、住房及教育等社会保障状况对农民工的市民化意愿具有很大的影响,尤以养老保险和子女教育保障的影响最为显著。⑤ 当前存在这样一种状况,即农民工对于均等化社会保障的需求与社会保障低水平不均衡之间的矛盾,这组矛盾不仅引致了城市化过程中人口迁移形成的住房、健康、教育需求,进而带动了中国经济发展⑥;而且造成了农民工在城市生活的低水平和弱保障,进而降低了中国的城市化质量。

社会保障制度与户籍制度存在着紧密的联系,农村户籍与城市户籍享有的社会保障服务内容和水平不统一,以至于农民工进城之后纵然为城市发展贡献巨大,但仍只能享有农村的社会保障。就政策目的而言,户籍制

---

① Qu Z., Zhao Z., "Glass Ceiling Effect in Urban China: Wage Inequality of Rural-urban Migrants During 2002-2007", *China Economic Review*, Vol. 42, No. 2, 2017.
② 邹一南:《农民工落户悖论与市民化政策转型》,《中国农村经济》2021 年第 6 期。
③ Colas M., Ge S., "Transformations in China's Internal Labor Migration and Hukou System", *Journal of Labor Research*, Vol. 40, No. 3, 2019.
④ 汪立鑫、王彬彬、黄文佳:《中国城市政府户籍限制政策的一个解释模型:增长与民生的权衡》,《经济研究》2010 年第 11 期。
⑤ 王桂新、胡健:《城市农民工社会保障与市民化意愿》,《人口学刊》2015 年第 6 期。
⑥ Matus K., Nam K. M., Selin N. E., et al., "Health Damages from Air Pollution in China", *Global Environmental Change*, Vol. 22, No. 1, 2012.

第二章 文献回顾与述评

度是人口管理制度，社会保障制度是人口服务制度，以人口管理制度来决定人口服务制度显然是失衡的，换言之，公共服务或者社会保障理应与职业挂钩，而非与身份挂钩。因而有学者认为应该以实际居住地作为公共服务与社会保障制度的标准[①]。也有学者认为应该实行城乡统一的户籍制度，取消城市居民与农村居民的区别[②]，然而这种差异的弥合并非户籍登记性质的统一，即不应是人口管理制度的城乡统一，而应是人口服务制度的城乡统一。王婷研究发现在户籍制度改革之后，农民工市民化过程中依然存在户籍等级化价值化、住房状况得不到改善、子女平等教育权难以落实和社会保障权益得不到保证等问题[③]。韩灵梅等认为，农民工完成身份与职业的双重市民化，一方面在于降低市民化成本，另一方面在于享受与城镇居民同等的社会保障福利[④]。姜捷进一步认为公共服务不均等的主要原因在于公共资源的有限性、农民工分布的不均衡性以及政府为农民工提供公共服务理念淡薄[⑤]。因此，社会保障制度失衡的根源在于资源分配的困境，常住地与户籍地、城市与乡村、城市居民与农民工之间存在着资源使用的竞争，显然农民工的话语权和竞争力是极弱的。故而 Tacoli C. 认为应该加强村镇建设，通过合理的村镇规划来促进城乡要素的合理流动与公共资源的均衡配置，以新型农村社区、小城镇等为载体，扩大农村居民的非农就

[①] Fan, S., Kanbur, R., Wei, S. J., Zhang, X., *The Oxford Companion to the Economics of China*, Oxford: Oxford University Press, 2014, pp. 99–101.

[②] Andreas J., Zhan S., "Hukou and Land: Market Reform and Rural Displacement in China", *The Journal of Peasant Studies*, Vol. 43, No. 4, 2016.

[③] 王婷：《论农民工市民化的公共政策支持障碍与解决路径》，《经济研究导刊》2018 年第 17 期。

[④] 韩灵梅、王碧琳、楚晚春等：《社会保障视角下农民工市民化意愿实证分析——以河南省户籍农民工 820 份调研数据为例》，《河南科技大学学报》（社会科学版）2018 年第 4 期。

[⑤] 姜捷：《农民工市民化进程中基本公共服务均等化问题研究》，《农业经济》2015 年第 12 期。

业，发挥其在公共服务与社会保障方面的作用[1]。

三 土地制度是重要驱动来源

土地作为农村居民的生存保障源于社会主义革命和建设时期的城乡工农业分工——城市、工人的保障由国家解决，乡村、农民的保障由集体以土地经营的形式解决，农地解决就业（吃饭）问题，宅基地解决住房问题，来自土地的集体提留、农业税收用于乡村医疗、教育、养老的开支。现阶段，对于农民工而言，土地依然承载了重要的就业和住房保障[2]，农民工市民化缓慢在一定程度上受到农民工与土地黏连的影响：农民工在城市的就业是不稳定的，尤其是在高房价、高生活成本、低社会保障的背景下，农民工难以放弃作为最后退路的农村土地。每逢经济危机，大量农民工返乡时社会大局依然安稳，就是土地退路功能的最好体现[3]。学界围绕农民工与土地制度重点讨论了两大话题。

一是土地制度与城市化的关系。Sargeson 认为相比于其他国家的土地制度，中国的土地制度承载着更多的内容、扮演着更加重要的角色，中国的土地制度不仅是政府力量作用于城市的一种手段，而且土地出让收益也为中国政府提供了大量的财政收入[4]。Li 等进一步认为国有土地出让制度造成了中国的土地产权二元结构，一为城市的国有土地产权，二为农村的集体土地产权。在财政分权的背景下，市场供应和规划收购都为地方政府利用土地剩余提供了激励机制，土地出让金的分配效应大大强化了地方政

---

[1] Tacoli C., "Rural-urban Interactions: A Guide to the Literature", *Environment and Urbanization*, Vol. 10, No. 1, 1998.
[2] 贺雪峰：《大国之基——中国乡村振兴诸问题》，东方出版社，2019，第9页。
[3] 温铁军等：《八次危机》，东方出版社，2012，第209~210页。
[4] Sargeson S., "Violence as Development: Land Expropriation and China's Urbanization", *Journal of Peasant Studies*, Vol. 40, No. 6, 2013.

第二章　文献回顾与述评

府扩大和加强土地利用、加快城镇化进程的动机[1]。对于国有土地而言，Zhang 和 Barnett 进一步认为中国应该通过多渠道降低政府对于土地财政的依赖，采取多种方式筹集城市建设资金，不断推进土地制度改革[2]。对于承包地而言，Siciliano G. 认为应该激活土地市场，推进土地管理方式多样性，不仅要提高城市土地的使用效率，而且要发挥农村土地的作用[3]。

二是农民工市民化与农地流转的关系。农民工进城之后，拥有不同的农地处理方式，Xie 和 Jiang 通过对江苏省调查数据的研究发现，农民工进城后会选择家庭耕作、土地流转和撂荒三类农地处理方式[4]。刘培森和尹希果通过实证分析发现，与土地流转"非常容易"的新生代农民工相比，土地流转"非常难"的新生代农民工对市民化满意度更低，强调要加快实现土地的自由流转[5]。王竹林和王征兵同样认为不健全的土地流转制度是当前农民工市民化的一大制度障碍，认为土地对农民工而言是保障也是枷锁：一方面土地是农民工进城的退路和保障，另一方面土地也降低了农民工离开农村的意愿[6]。

可以发现，现有的关于农民工、土地制度与市民化的研究落脚点显然不是农民工的权益，而是理论上的城市发展、政府收益和农业规模化经营，均没有从农民工主体性的角度出发讨论农民工对于土地的真实态度与

---

[1] Li X., Xu X., Li Z., "Land Property Rights and Urbanization in China", *China Review*, Vol. 10, No. 1, 2010.

[2] Zhang Y. S., Barnett A. S., *Fiscal Vulnerabilities and Risks from Local Government Finance in China*, International Monetary Fund, 2014, pp. 24-26.

[3] Siciliano G., "Urbanization Strategies, Rural Development and Land Use Changes in China: A Multiple-level Integrated Assessment", *Land Use Policy*, Vol. 29, No. 1, 2012.

[4] Xie Y., Jiang Q., "Land Arrangements for Rural-urban Migrant Workers in China: Findings from Jiangsu Province", *Land Use Policy*, Vol. 50, No. 1, 2016.

[5] 刘培森、尹希果：《新生代农民工市民化满意度现状及其影响因素研究》，《西安财经学院学报》2017 年第 1 期。

[6] 王竹林、王征兵：《农民工市民化的制度阐释》，《商业研究》2008 年第 2 期。

想法，这就愈加导致学界的政策建议与农民工权益相偏离。

四 社会文化是深层驱动表现

社会文化是非强制性的社会秩序，是在市场和政府的双重作用力下自然演进而来的。农民工在城市社会文化的失衡，来自乡村文化与城市文化的隔阂，表现为事实上的社会关系、社会交往的独立性。学界对农民工市民化问题与社会文化失衡的讨论主要从农民工社会心理、社会关系的视角展开。

第一，学界普遍认同农民工的社会心理对市民化有重要影响，但也验证了农民工心理的消极性。例如，张娟研究发现农民工在城市居住时间越长，对城市越认同，对城市生活越习惯，则其市民化意愿越强烈[1]；汤茭等的研究显示心理因素是影响农民工市民化的一个重要约束因素，农民工对目前工作满意度越高、对城市生活习惯越熟悉、与城市居民往来意愿越强烈，其实现市民化的可能性越大[2]。然而，从现实情况来看，农民工由于长期游离于城市体制之外，处于非城非乡的状态，极易产生自卑心理和不满心理，与城市存在隔膜感和疏离感，这种消极的心理状态直接阻碍了他们的市民化进程[3]。

第二，学者们基本认同农民工的社会关系转型对市民化有促进作用，但农民工内部交往是常态。例如，张洪霞通过实证调查发现，生活中主要交往对象、遇到困难能够求助的城市市民的数量和参与社区活动情况与农

---

[1] 张娟：《影响农民工市民化的因素分析——以江苏南通为例》，《商业研究》2008 年第 12 期。
[2] 汤茭、郭倩倩、张应良等：《新生代农民工市民化约束因素与驱动路径研究》，《西南师范大学学报》（自然科学版）2015 年第 12 期。
[3] 昊海燕：《新生代农民工市民化的主体性障碍及成人教育的应对策略》，《教育探索》2013 年第 11 期。

民工市民化呈正相关关系①。张务伟通过考察社会资本中的非正式组织资本和正式组织网络,发现社会资本的增加,不仅有促进农民工市民化的直接效应,而且可以通过影响就业、用人单位、社会歧视、经济发展水平进而对农民工市民化产生间接影响②。赵立新则认为社会资本中更好的社会网络、社会组织和社会制度三个方面,有利于农民工获得就业信息、获取社会保障、开展政治参与,从而有利于农民工市民化能力和水平的全面提高③。然而,根据农民工调查数据,近2/3的农民工是通过家庭成员、亲戚、朋友或熟人找到工作,同时关系的使用对工资有很大的负面影响。农民工通过社会关系就业可以更容易获得城市就业机会,但这明显是以低工资为代价的④。这说明,农民工在城市的社会关系和社会交往依然以乡村社会资本为主,较少与城市居民连接成紧密的社会网络。

第四节　农民工市民化问题的解决

目前学界对如何解决农民工市民化问题也做了较多讨论,关注到了社会力量尤其是政府力量在其中的作用,然而学界对政府角色的评价却存在积极与消极两种态度,这种态度与这样一种社会现实紧密联系——政府,既是农民工市民化问题产生的撬动力,也是农民工市民化问题解决的推动

---

① 张洪霞:《新生代农民工市民化的影响因素研究——基于全国797位农民工的实证调查》,《调研世界》2014年第1期。
② 张务伟:《什么影响了农民工市民化:机理模型与实证检验》,《河南社会科学》2016年第4期。
③ 赵立新:《社会资本与农民工市民化》,《社会主义研究》2006年第4期。
④ Long W., Appleton S., Song L., "The Impact of Job Contact Networks on Wages of Rural-urban Migrants in China: A Switching Regression Approach", *Journal of Chinese Economic and Business Studies*, Vol.15, No.1, 2017.

力。学界讨论具体的解决路径也往往侧重关注政府作用，而忽视了农民工的主体性，政策建议目标容易偏离农民工市民化的主体需求。

一 农民工市民化问题在呼唤社会干预

从国际经验来看，社会干预尤其是政府干预在城乡人口迁移方面起着决定性作用。例如，Kim 开展的对马萨诸塞和弗吉尼亚的比较研究发现，严格的城市行政等级制度和地方主义对城镇化有着主导作用[1]。一方面，政府是改善城市状况的直接力量。Sridhar 和 Wan 在研究亚洲城市发展与环境的关系时，发现亚洲城市面临着严重的环境挑战，包括空气污染、交通堵塞、二氧化碳排放超标、水资源紧缺、基本卫生设施建设不足及愈发频繁的自然灾害[2]，显然这些问题的解决只能通过公权力来应对。另一方面，政府是放松乡村束缚的法定主体，乡城迁移的产生离不开政府的行为决策。De Brauw 等讨论了撒哈拉以南非洲乡城迁移缓慢的原因，研究结果认为应该废除限制流动的法律、明确土地产权归属、开展教育投资[3]。综合来看，国际经验主要关注农村居民向城市迁移过程中的政府作用，而农民工市民化中的政府作用较少涉及。

从中国特征来看，政府干预在城市化进程中的主导作用已被广泛认可。一派对中国政府在城市化中的角色持积极态度。例如，Heikkila 认为以政府为主导的市场经济改革是中国城市化进程快速发展的重要因素[4]；

---

[1] Kim S., "Institutions and US Regional Development: A Study of Massachusetts and Virginia", *Journal of Institutional Economics*, Vol. 5, No. 2, 2009.
[2] Sridhar K. S., Wan, G., *Urbanization in Asia: Governance, Infrastructure and the Environment*, Berlin: Springer Science & Business Media, 2014, pp. 1-6.
[3] De Brauw A., Mueller V., Lee H. L., "The Role of Rural-Urban Migration in the Structural Transformation of Sub-Saharan Africa", *World Development*, Vol. 63, No. 11, 2014.
[4] Heikkila E. J., "Three Questions Regarding Urbanization in China", *Journal of Planning Education and Research*, Vol. 27, No. 1, 2007.

第二章 文献回顾与述评

Ma 认为，中国是全球少有的执行全国规模城市化战略的国家，不同级别的党政机关、群众组织将人口在不同区域组织起来[1]，进一步来说，依靠政府干预形成的城市间级别与流动的限制是构成中国城市空间系统和城镇化格局的两个决定性因素[2]。Henderson 等认为从城市空间结构、城市经济结构、城市生态、城市发展格局等方面来看中国政府对于城市化均有支配作用，并且强调自新中国成立以来，城市化始终被中国政府作为政策工具[3]。另一派对中国政府在城市化中的作用持批判视角。例如，20 世纪六七十年代开始即有学者从意识形态的角度分析中国城镇化进程缓慢的原因，提出中国的反城市主义学说[4]；Kirkby 认为，新中国成立初期，城镇化缓慢发展的原因可以归结为过分注重工业化，一定程度上忽视了城市基础设施建设和农村扩大再生产，削弱了城市化发展的动力，导致城市化发展程度明显滞后于工业化程度[5]；也有学者批评了中国政府对于城市化的干预过多[6]，当中国城市化发展到一定阶段之后，中国政府应该进行调整[7]，甚至缩小政府管理内容，更加注重提高城市居民的生活质量[8]。

---

[1] Ma L. J. C., "The Chinese Approach to City Planning: Policy, Administration, and Action", *Asian Survey*, No. 9, 1979.

[2] Chan K. W., "Fundamentals of China's Urbanization and Policy", *China Review*, Vol. 10, No. 1, 2010.

[3] Henderson J. V., Quigley J., Lim E., "Urbanization in China: Policy Issues and Options", *Unpublished Manuscript, Brown University*, No. 20, 2009.

[4] Ma L. J. C., "Anti-urbanism in China", *Proceedings of the Association of American Geographers*, No. 8, 1976.

[5] Kirkby R. J. R., *Urbanization in China: Town and Country in a Developing Economy 1949-2000 AD*, Columbia: Columbia University Press, 1985, pp. 21-54.

[6] Cartier C., "Territorial Urbanization and the Party-state in China", *Territory, Politics, Governance*, Vol. 3, No. 3, 2015.

[7] Abramson D. B., "Periurbanization and the Politics of Development-as-city-building in China", *Cities*, Vol. 53, 2016.

[8] Akhmat G., Yu B., "Rapidly Changing Dy-namics of Urbanization in China: Escalating Regional Inequalities and Urban Management Problems", *Journal of Sustainable Development*, Vol. 3, No. 2, 2010.

综合来看，当前学界已经关注到社会干预尤其是政府干预在城市化过程中的主导作用，这种作用都得到了国际经验的论证。然而，围绕中国政府在城市化过程中的作用，肯定与否定的观点同时存在，究其原因，无外乎中国政府一方面集中资源推进了城市工业化和基础设施建设，另一方面在一定程度上没有及时回应处于城市化核心的农民工的需求，政策的制定与农民工的意愿存在一定的偏差。

二 农民工市民化问题的具体破解路径

学界在回答农民工市民化问题时，从国家和社会角度提出了诸多具体的解决路径，这些解决路径依托于社会干预尤其是政府干预在农民工市民化中的作用，强调了社会秩序的跟进和优化。

第一，破除制度性障碍是学界对农民工市民化问题的首要答案。制度的改革包含土地制度、户籍制度和社会保障制度。例如，刘传江和董延芳提出了农民工市民化三个环节的制度改革：一是在农村退出乡村环节中，要加快土地的流动性，进行土地承包制度的改革；二是在农民工进入城镇环节，要清除以二元户籍制度为核心的阻碍劳动力自由流动的各种制度障碍；三是在农民工城镇融合环节，要解决由二元户籍制度导致的农民工的融入问题[①]。胡杰成则从社会保障体系方面提出了一套全面的促进对策，包括逐步给予农民工全部市民待遇、保障农民工在城镇的就业空间、加强对农民工的文化技能培训、切实维护农民工的劳动权益、高度重视农民工子女教育问题等，强调推进农民工市民化应从长远着眼，并从现实入手来思考对策。[②] 可以发现，学者们对于土地制度、户籍制度和社会保障制度

---

① 刘传江、董延芳：《农民工市民化障碍解析》，《人民论坛》2011年第26期。
② 胡杰成：《农民工市民化问题研究》，《兰州学刊》2010年第8期。

第二章 文献回顾与述评

与农民工市民化存在内在摩擦的事实形成了共识，同时也意识到推进农民工市民化应跳出地区壁垒，在"中央-地方"发展的最高层次上进行农民工市民化制度"顶层设计"，明确农民工市民化各个主体的职责，建立合理的成本分担机制，形成以"谁受益，谁承担"的观念来明确主体责任①。这些讨论关注了"改革什么"和"谁来改革"的问题，在"怎么改革"问题的回答上依旧欠缺，尤其是在制度改革的实施过程中如何关注农民工的主体性依然有待探究。

第二，加强农民工的教育和技能培训是推动市民化的有力方式。前文的文献梳理证明，农民工平等就业权的缺失根源于教育资源的获取障碍，因此学者们也认为要从农民工自身入手，提升其人力资本，包括基础教育水平和职业技能培训两部分。一是提升基础教育水平，目前农村义务教育已经得到全面实施，众多微观调查数据也表明新生代农民工的平均受教育水平为9年左右，接受高中、中专、高职等教育的样本相对较少，故提升农民工基本素质是提升农民工自身水平的基本途径②。二是开展职业技能培训，职业技能培训与正规教育之间存在一定的替代效应，在农村教育水平长期低于城市的情况下，强化对农民工进行各种职业技能培训，使更多农民工拥有技能型人力资本，将有利于农民工在市民化过程中对行为墙、资源墙及民生墙有力击破③。

第三，推动社会文化的革新是学界围绕农民工问题的重要探讨。一是就业歧视观念的消除。农民工从事的行业普遍具有劳动强度较大和收

---

① 田新朝、张建武：《基于双重结构的新生代农民工市民化及其影响研究：以广东省为例》，《人口与发展》2013年第1期。
② 程名望、乔茜、潘烜：《农民工市民化指标体系及市民化程度测度——以上海市农民工为例》，《农业现代化研究》2017年第3期。
③ 刘达、韦吉飞、李晓阳：《人力资本异质性、代际差异与农民工市民化》，《西南大学学报》（社会科学版）2018年第2期。

入水平较低的特征，虽然农民工缺乏专业知识和劳动技能，但是这无法否定户籍障碍在农民工就业中的负向效应。因此，一方面，用工单位应消除户籍歧视；另一方面，城镇居民也应增强社会接纳，从而提高农民工对城市的融入感和归属感[①]。二是社区服务体系的完善。农民工社会网络的宽度和广度决定了其社会融入度不高，城市社区要发挥自己应有的作用，建立健全社区服务体系，给农民工提供社区服务，提高其社区管理意识和政治参与意识，实现农民工与城市居民的有效融合，从而也提升其进入城市后的融入感[②]。三是文化包容态度的形成。农民工市民化问题，一方面关系到农民工自身的能力，另一方面受到城市居民对农民工社会包容度的影响。部分市民对农民工存在诸多偏见，认为农民工不仅降低了整个城市的市貌水平或者他们存在本身就是安全隐患，而且在部分行业中甚至挤掉了市民的就业机会。显然这些文化态度具有刻板性特征，忽视了农民工所具有的乡村朴实道德特征和为城市发展做出的巨大贡献，故改善歧视状况需要全社会包容态度的提升和对农民工身份的全面评价[③]。

综合而言，这些具体破解路径的提出，虽然关注到了社会干预的纠正，但是较少提到农民工在市民化过程中的选择权与自主权，置农民工于被动接受和非理性的假设之下，忽视了农民工自主选择在市民化过程中的作用。

---

① 程名望、乔茜、潘烜：《农民工市民化指标体系及市民化程度测度——以上海市农民工为例》，《农业现代化研究》2017年第3期。
② 汤荧、郭倩倩、张应良等：《新生代农民工市民化约束因素与驱动路径研究》，《西南师范大学学报》（自然科学版）2015年第12期。
③ 梅建明、田嘉莉：《基于排序Logit模型的农民工市民化影响因素研究》，《经济研究参考》2015年第68期。

第二章　文献回顾与述评

第五节　研究述评

一　围绕农民工市民化形成了系统丰硕的研究成果

通过上述文献梳理可以发现，目前学界围绕农民工市民化形成了系统丰硕的研究成果，整体内容涵盖了农民工市民化问题"是什么""为什么""怎么做"的逻辑链条。第一，在证实农民工市民化问题的现实性基础上，证明了农民工市民化水平的低层次和异质性，论证了农民工市民化意愿的疲弱和个体特征、乡村资源及城市经济在其中的影响；第二，在微观层面，以农民工市民化的驱动因素为主线，阐释了农民工群体权利缺乏的事实，验证了平等就业权、家庭发展权和均等保障权的缺失；第三，在宏观层面，聚焦农民工市民化问题的制度性和文化性失衡，在户籍制度、社会保障制度、土地制度和社会文化对农民工市民化的影响及其特征上做了大量分析；第四，现有文献普遍意识到社会干预尤其是政府干预在农民工市民化问题中的主导性作用，强调了现阶段制度的改革需要更多的顶层考量，但也在一定程度上忽视了农民工的自主选择和主体性。显而易见，现有学术成果为本研究讨论农民工市民化问题提供了有益参考，已有文献的薄弱点也为本研究创新性分析范式的提出提供了边际空间。

二　缺乏"自主选择"与"社会秩序"统一的视角

综合来看，现有研究的不足之处主要体现在以下几个方面。第一，在分析农民工群体权利缺乏的过程中，通常以农民工市民化的影响因素分析为主，忽视了农民工市民化问题背后深层次的制度性和文化性因素；第二，在讨论农民工市民化过程中社会秩序失衡问题，常常侧重于制度与文化本身的特征分析，忽视了农民工群体与国家、社会的互动关系，然而这种"个体—总体"的相互关系才能构建起整个社会秩序；第三，在研究农民工市民化问题的解决路径时，过于强调社会尤其是政府的作用，在制度改革建议中常常以城市发展、农业规模化为落脚点，偏离了农民工在市民化过程中的主体性，忽视了农民工自主选择在社会秩序运行中的作用。简言之，已有文献在农民工市民化问题上缺乏"自主选择"与"社会秩序"统一的视角，或侧重于微观影响因素的分析，或侧重于宏观社会秩序的讨论，或侧重于政策建议的提出，较少关注作为个体的农民工与作为总体的国家的互动，这种互动关系有益于拨开迷雾探寻农民工市民化问题的产生逻辑、发展脉络和解决路径。

第三章 农民工市民化：自主选择与社会秩序统一的分析范式

将"自主选择与社会秩序统一"作为研究农民工市民化的分析范式，从直观和感性的角度来说，似乎是一个非常符合直觉的做法。也就是说，提出"自主选择与社会秩序统一"分析范式似乎并不需要大费周章。然而，事实上，中华人民共和国的历史在某种意义上就是以一种迂回曲折的方式不断验证这一论断。人类现代文明史也以超越时间和国别的形式，重复印证着农民工在市民化进程中遵循"自主选择与社会秩序统一"原则的重要性。在此，笔者并不打算详尽展开这一论证环节，读者将在后文中找到国内外农民工市民化演进过程的历史考察。这里需要回应的问题是，"自主选择与社会秩序统一"作为一种全新的分析范式、科学的方法论，不仅能够解释现有的现象，而且能有效预测和指导未来的发展，具有普遍性和广泛的适用性。

第一节 "自主选择"与"社会秩序"的基本内涵

一 农民工市民化的"自主选择"

（一）"自主选择"的内涵

何为"自主选择"？"自主选择"表明了微观主体在行为逻辑中的自主

决策权，这一权利能够帮助微观主体实现有限条件下的资源最优配置。在农民工市民化过程中，农民工的"自主选择"即指农民进入城市或返回乡村的自主选择权——由主观自愿权和客观自由权组成的权利束。具体而言，主观自愿权指的是"选择的自愿性"和"选择的自由性"，强调农民在市民化过程中享有"拒绝"的权利；客观自由权则是指对于农民工进入城市抑或返回乡村的决策，政府不能加以禁止、限制、剥夺，更不能附加任何不合理的条件[①]。

（二）"自主选择"的特征

第一，确立人性化的城市运营为基本目标。一方面，合理的城市规模必须建立在尊重农民工个体选择的基础之上，而且也只有建立在个体选择基础上的城市规模才是最合理的；另一方面，日常的城市管理必须实现人性化管理，人性化城市应当成为社会的追求目标，其关键在于尊重个体的选择，不仅要做好城市建筑设计、交通建设等硬件配置，更应在城市设计规划和社会治理过程中以人为价值导向、注重人的需求。

第二，利用市场和政府的结合来配置资源。一方面，在农民工市民化过程中无须人为地设置劳动力转移障碍。因为农业人口由乡村向城市的转移是一种自主选择，也是经济发展的必然阶段，故而社会无须为之担忧，更无须人为地设置劳动力转移障碍；人为设置市民化障碍会形成较高的转移成本，进而延缓城市化的进程，也同样会妨碍设定合理城市规模。另一方面，产业选择是市场自然演进的结果。产业的选择不应由政府来控制，因为政府无法获知私人成本信息，一旦政府采取强制性动迁手段，很可能扭曲个人的选择，降低社会总体产出和总体获得感；当政府摒弃了人为地

---

① 解安、朱慧勇：《农民工市民化：自主选择与社会秩序统一》，《中国社会科学院研究生院学报》2015年第3期。

第三章 农民工市民化：自主选择与社会秩序统一的分析范式

压低土地价格以吸引投资的手段，而是让地价充分反映市场供求状况，理性的经济主体自然地会对产业地域分布做出合理的选择：在大城市中的产业将充分享受由要素集聚带来的规模效应，在小城市中的产业将充分获得由低地价带来的成本优势①。市场尽管是资源配置的决定性力量，但也存在一些不足——最突出的问题就是市场追求效率而鲜少考虑公平，市场调节具有盲目性和滞后性。故而有效市场离不开有为政府，既要发挥市场在资源配置中的决定作用，又要强化政府的宏观调控、市场监管、社会管理和环境保护等职能，从而推动有效市场与有为政府结合，引导城市发展走上有序健康可持续的道路。

第三，助力系统性政策调整以及制度创新。人民的自我意愿和自主选择是社会主义中国进行政策调整和制度创新的重要推动力。中国共产党领导下的国家系统始终坚持以人民为中心的发展理念，始终努力满足人民群众日益增长的美好生活需要，致力于让发展成果更多更公平惠及全体人民。在全面推进乡村振兴实现共同富裕的伟大征程中，农民的自主选择、自我意愿和群体呼声为国家制度改革提供了前进方向和力量支撑，故而国家既要在个人就业、家庭住房、子女教育、社会融入等微观层面开展改革优化，也要在户籍制度、土地制度、社会保障制度等宏观层面进行创新突破，最终在农民工市民化的过程中实现"自主选择"与"社会秩序"的统一。

（三）"自主选择"的本质

在农民工市民化议题中，自主选择的本质就是尊重农民工意愿，体现"以人为本"的价值取向，实现以人为核心的城镇化。发挥市场在资源配

---

① 新玉言主编《新型城镇化——理论发展与前景透析》，国家行政学院出版社，2013，第89~91页。

置中的决定性作用,减小农民工自主选择的阻力、拓宽农民工自主选择的空间,从而增强城镇对农民工的吸引力。在此过程中,良好、公平、合理的社会秩序既是农民工自主选择的前提条件,又是确保有效推进农民工市民化的重要因素,因而政府应提高农民工在城市的社会保障水平、增强农民工内生发展动力,推动农民工市民化健康有序可持续发展。

二 农民工市民化的"社会秩序"

(一)"社会秩序"的内涵

何为"社会秩序"?"社会秩序"生成了宏观因素在个体决策中的外生束缚,这一条件在事实上规定了微观决策权的使用规则。在农民工市民化过程中,市民化的"社会秩序"即指城乡之间政治、经济、文化、社会等方面的正式制度与非正式制度组成的社会环境系统[1]。换句话说,秩序是表征政治、经济、文化、社会等系统运行有序性的一个基本范畴[2],而社会秩序则是社会系统中的秩序,是"社会得以聚集在一起的方式",是"纵向分层的等级秩序"和"横向分化的多元秩序"的有机统一[3]。从这个意义上讲,社会秩序包括两种静态模式,一是"有序",一是"失序"。如果把乡村社会和城市社会看作两种"有序"的稳态,那么农民工市民化即是从乡村社会向城市社会的过渡,两种稳态之间事实上形成了社会"失序",故而市民化的"社会秩序"目标在于将"失序"调整为"有序"。

---

[1] 解安、朱慧勇:《农民工市民化:自主选择与社会秩序统一》,《中国社会科学院研究生院学报》2015年第3期。
[2] 席酉民、王亚刚:《和谐社会秩序形成机制的系统分析:和谐管理理论的启示和价值》,《系统工程理论与实践》2007年第3期。
[3] 秦扬、邹吉忠:《试论社会秩序的本质及其问题》,《西南民族大学学报》(人文社科版)2003年第7期。

第三章 农民工市民化：自主选择与社会秩序统一的分析范式

（二）"社会秩序"的特征

第一，社会秩序具有相对稳定性。社会秩序不是稳定的，而是处于动态变化之中，在"有序"与"无序"之间动态切换。社会中的每一个成员都处于一定的社会关系之中，拥有自身独特的坐标和角色，同时不同坐标点的交互也被明确规定。如果从人类社会结构演变的历程来看，社会秩序可以划分为原始社会的秩序、奴隶社会的秩序、封建社会的秩序、资本主义社会的秩序和社会主义社会的秩序等不同类别。原始社会的秩序是人类文明产生之初的秩序形态，以氏族、部落为主要组成要素，社会成员遵循原始的集体秩序。奴隶社会、封建社会和资本主义社会的秩序具有明显的等级制特征，奴隶主与奴隶、地主与佃农、资本家与无产阶级之间形成了统治与被统治、剥削与被剥削的关系。社会主义社会的秩序，建立在集体经济基础之上，力图实现全民和谐的社会关系。然而，值得注意的是，社会秩序并非严格按照社会形态的演进而变化，相反社会秩序始终处于波动状态，整体有序与局部无序、局部有序与整体无序的状况才是社会秩序的常态。因此，在社会主义初级阶段，虽然资本主义的等级秩序在观念和法律层面消除了，但在实践层面仍然存在群体、个体间的级序性。

第二，维护社会秩序需要规范和规则。社会规范和社会规则是维持社会秩序相对稳定性的重要控制工具，包含两个层面的内容：一方面是社会规范和社会规则本身的存在性，任何社会形态都具有规范、规则和规定，这就构成了这个社会形态的秩序基础；另一方面是社会成员对规范和规则的认可、遵守和维护，这来自社会成员对社会秩序的信心和认同。从具体形式来看，社会规范和社会规则包括正式制度和非正式制度两类制度内容，围绕这些内容所衍生出的各种成文和不成文的规范与习俗，便是维护社会有序的重要因素。因此，从这个角度看，社会规则和社会规范是社会秩序的直接表现，正式制度和非正式制度是社会秩序的具象代表。

第三，维护社会秩序需要控制住冲突。社会秩序的相对稳定性之中包含了内在的冲突，但是能够将冲突控制在一定程度内。可以说任何社会形态都存在大大小小的冲突因素，正是这些冲突构成了社会制度的相对稳定性，控制冲突事实上也就是社会有序。有些学者常常将社会秩序同社会冲突对立起来，认为冲突即是对秩序的破坏[1]。然而，社会有序本身具有相对性，整体有序与局部冲突是社会常态。可以说，有序的社会与无序的社会、冲突和稳定是相伴而生的。也可以说，正是在社会冲突中，社会秩序才能从原始形态一步步走向社会主义形态。

（三）"社会秩序"的本质

社会秩序的本质是指动态的、平衡的社会状态，需要推动"无序"向"有序"的发展。中华优秀传统文化中常常有"治""乱"之辨，"治"的意思便是社会有序、人民幸福和整体和谐的局面，"乱"的意思则是社会无序、人民痛苦和整体混乱的形态。西方经济学中常常有关于"理性"的讨论，由于个体掌握信息和运用信息的有限性，个体的理性在实际上是有限的、短期的理性[2]，当每个人都做出理性选择时，往往达不到集体理性[3]，纳什均衡的存在性与普遍性便是"社会失序"的有力证明[4]。因此社会秩序始终处于从落后社会秩序向先进社会秩序的过渡、旧的社会秩序向新的社会秩序的过渡、现时的社会秩序向未来的社会秩序的过渡。社会秩序的意义在于保证社会的健康发展、增强人民的幸福感，这启示我们应将农民工市民化议题置于国民经济社会发展大格局中加以考虑。

---

[1] 刘红梅：《论法治在构建和谐社会中的作用》，硕士学位论文，延安大学，2014。
[2] Simon H. A., "A Behavioral Model of Rational Choice", *The Quarterly Journal of Economics*, Vol. 69, No. 1, 1955.
[3] 〔英〕霍布斯：《利维坦》，黎思复、黎廷弼译，商务印书馆，1985，第128~132页。
[4] Nash J. J. F., "Equilibrium Points in N-person Games", *Proceedings of the National Academy of Sciences*, Vol. 36, No. 1, 1950.

第三章　农民工市民化：自主选择与社会秩序统一的分析范式

第二节　"自主选择与社会秩序统一"范式的内容

从字面来看，"自主选择与社会秩序统一"这一分析范式，既强调农民工在市民化进程中个体自主选择的重要性，同时又主张实现社会秩序的和谐，即力图达成二者之间的平衡点。难点在于对"统一"的理解，即这种统一是一种二分元素之间相互作用、互相影响的二元论呢？还是说有其中一者起基础性作用，比如在农民工自主选择的基础上努力维持社会的和谐运行，避免社会失序；还是说这种统一是以社会整体利益最大化为前提条件，并在此基础上尊重农民工个人的市民化意愿？这个在理论层面上看似无聊的追问在现实的社会实践和政策指向上却是非常重要的讨论。比如，曲新久指出："我国刑法应当优先选择个人自由。刑法以个人自由为第一位，自由与秩序处于和谐之中，在对立中获得统一；以社会秩序为第一位，自由与秩序则会由对立发展为严重对抗，结果是两败俱伤。"[①] 我们则不准备给出直接的答案，但指出这里"统一"的核心意涵就在于，对社会控制模式的挑战与扩展，旨在通过新的社会治理模式，实现个体自主选择与社会整体利益的最大化。

一　自主选择与社会秩序统一范式的核心要素

我们先从理论层面上，来考察这一范式的几点核心要素。

---

① 曲新久：《个人自由与社会秩序的对立统一以及刑法的优先选择》，《法学研究》2000年第2期。

一是个体自主选择的价值认同。在"自主选择与社会秩序统一"的范式中,个体自主选择的价值认同是核心要素之一。它体现了现代社会中对人权的尊重,认为每个人都应有权根据自己的意愿、需求和利益进行选择,无论是在职业规划、生活方式还是在价值观念的表达上。在《自由的权利》中,霍耐特详细论证了现代社会个体自由的伦理价值、内在界限以及社会病症,并将社会病症界定为严重损害社会成员参与各种交往形式的理性能力的那些社会发展[①]。国内有学者认为,"以权利制约权力"、"以权力制约权力"以及"以社会制约权力"的方式,使现代人享有一系列受法律保障的、不受政府干预的个人空间,是现代人自由的基本标志,也是现代人生存状态不同于古代人的鲜明之处[②]。然而,个体的自主选择并非无限制的,它在实践中需要与他人的权利和社会的整体利益相协调。因此,如何在不侵犯个体自主权的前提下,合理引导和规范这种自主选择,成为现代社会法律和政策制定时的重要考量。

二是社会秩序的规范性。社会秩序的规范性是指社会作为一个整体的和谐运作和稳定性。它要求在个体享有自由选择的同时,这些选择不应导致社会秩序的动荡和分裂。社会秩序的维护需要法律、道德以及社会规范的共同作用。正如在马克思那里,"自由"不是非对象性的存在物,而是目的自由与工具自由、形式自由与实质自由、自发自由与自觉自由、个人自由与社会自由的对立统一[③]。因此,"个体自主选择"不仅是理论上的讨论,更是一个实践中的重要议题,它要求在社会秩序的完善框架下进行。与个体自主选择有机契合的社会秩序,不是自然形成的,而是通过社会成

---

① 洪楼:《个体自由的社会病症:霍耐特社会批判理论的新进展》,《马克思主义与现实》2017年第4期。
② 吴玉军:《现代社会与个体自由的实现方式》,《理论与改革》2010年第4期。
③ 谭培文:《社会主义自由的张力与限制》,《中国社会科学》2014年第6期。

员之间的互动、社会机构的调节以及文化传统的影响共同构建的。在这个过程中，个体自主权受到一定程度的制约，以保证不损害他人权利和社会整体的稳定。

三是平衡点的寻求。作为自由行动的主体，人们在社会生活中所面对的首要问题，是社会整合与社会秩序的问题①。显然，以此作为我们理解农民工市民化进程中个体自主选择和社会秩序统一的平衡点，应当不存在分歧，但把对平衡点的寻求限定在此层次上是不够的。因为这种平衡点的寻求实际上是个体自主选择价值认同和社会秩序统一性之间动态协调的一个过程。这种平衡是相对的、持续发展的，需要在不断变化的社会环境中不断调整和优化。之所以如此，就是因为必须看到，现代社会的急剧变化使原有的社会规范失去其应有的效力，这使得社会不断面临着规范的重建问题。正因为如此，在现代社会中更新社会规范时既要保证社会的有序性，也要保障个体的自由度，且这些规范应当是开放和自我调节的②。

二 自主选择与社会秩序统一范式的实践主题

具体到范式的实践意义上，有必要在此强调以下几点内容。

首先，实现"自主选择与社会秩序统一"要求强化社会的整合功能，以实现个体价值与社会秩序的协调统一。尤其值得注意的是，在这里，社会整合不仅依赖于外在的规制和约束，还依赖于内在的价值共识和文化认同。

也就是说，只有通过正式制度与非正式制度的结合、法律规范与道德规则的结合，才能够有效地维护农民工自主选择与社会秩序的统一。具体

---

① 秦扬、邹吉忠：《试论社会秩序的本质及其问题》，《西南民族大学学报》（人文社科版）2003年第7期。
② 麻美英：《规范、秩序与自由》，《浙江大学学报》（人文社会科学版）2000年第6期。

而言，一方面，需要发挥中国共产党在社会整合过程中的核心作用。党的组织和党的文化深入中国社会结构每一个细微的节点中，对超大规模人口与复杂社会状况有着强大的掌控能力。无论是市场经济发展带来的生产方式变革，还是科学技术革新带来的生活方式变化，都在党的管理和控制之下①。另一方面，需要强调中华文化观念在社会整合过程中的重要作用。以农耕文化为依托的中华传统文化也时刻影响着社会意识，传统的价值观念和文化习俗总能在潜移默化中展现出对微观决策与宏观政策的影响。无论是克己复礼、学以致仕的儒家文化②，还是无为而治、无欲无求的道家思想，甚或是安土重迁、敬天法祖的宗族文化都对社会整合有着潜在影响。然而，值得注意的是，无论是党的组织和党的文化，还是中华传统文化，都可能因经济社会发展与个体观念转变过快而跟进不足，这也就意味着无效的政治设计和文化传统反而不利于城乡社会的整合。因此，如何通过有效的政治制度设计和文化规范引导强化社会的整合功能，进而实现农民工在市民化进程中的自主选择与社会秩序统一，是当代中国社会必须面对的重大课题。

其次，"自主选择与社会秩序统一"意味着社会治理体系对于农民工市民化进程而言，需要具备高度的弹性和适应性。社会治理不再是单向的命令与控制，而是一个多元参与、协商共治的过程。因此，当我们讨论治理能力时，在农民工和社会之外的第三方主体——国家——就出现了。有学者认为，中国农村基层社会的治理历程表明，国家与农村社会之间的关系表现为缺乏有效互动，有时甚至相互排斥的局面。这意味着农村社会治理既不能仅依靠政府力量，使国家权力全方位强势渗透破坏农村的自主

---

① 程竹汝：《中国共产党与社会整合》，《学习与探索》1999 年第 5 期。
② 齐万良：《传统儒家"礼"的社会整合功能与个体道德的悖礼行为》，《陕西师大学报》（哲学社会科学版）1995 年第 4 期。

第三章　农民工市民化：自主选择与社会秩序统一的分析范式

性，也不能让国家权力"悬浮"于农村社会之上任由自治缓慢发展①。因此，国家必须通过妥善的社会治理，更有效地应对复杂多变的社会现象，并且通过更加精细化和个性化的政策响应，来增强政策的实效性和目标的精准性②。

最后，在"自主选择与社会秩序统一"范式下，政策制定需要强调社会参与，更加重视个体的需求和意愿，以期确保不同群体的声音被听到和考虑，从而提高政策的公平性和公正性。例如，以发展主义为导向的经济政策体系就容易简化对农民工政策公平性的考量，从而忽视其深层的价值和伦理意义，导致公平性的缺失。这种情况根源于以发展主义的逻辑合法化将农民工政策视为促进城市化发展的工具，忽略了公平性的重要性。因此，需要通过持续的、协商式的对话实践，确保农民工这一社会弱势群体的尊严和利益得到保护。③ 这样的政策不仅是上层建筑的决策，而且是社会各界共同参与的结果，更能体现民主性。

这种政策制定方式，不仅是单一的上层建筑的变革，更是多元的社会参与的过程，具有更强的公平性与适应性，通过这一路径生成的制度规范能够得到更为广泛的认可，执行制度的成本也会更低。换句话说，平衡各方利益、回应社会矛盾的政策能够得到社会成员的普遍遵守和支持。

综合来看，"农民工市民化：自主选择与社会秩序统一"的分析范式实现了对个体自主选择与社会秩序的兼顾、实现了对微观行为与宏观体系的平衡。这也表明，只有通过社会整合、社会治理和社会参与，实现个体

---

① 朱凤霞、陈俊天：《国家与社会关系视角下的农村社会治理转型》，《科学社会主义》2021 年第 1 期。
② 宋煜萍、施瑶瑶：《基层社会治理中的赋权式动员》，《东南大学学报》（哲学社会科学版）2022 年第 6 期。
③ 汪超：《农民工政策公平性隐缺的一种话语解构路径——兼议公平性形式化的演绎逻辑》，《求实》2019 年第 4 期。

的价值认同、集体的秩序跟进以及二者的互动统一，农民工市民化才能够取得稳步长远的发展。据此而言，这一范式的意义不仅仅体现在理论创新上，更在于其能够实际促进社会整合、增强治理能力、扩大社会参与。

第三节 "自主选择与社会秩序统一" 范式的指导意义

我们已经多次指出，在"自主选择与社会秩序统一"的农民工市民化分析范式中，"自主选择"是指农民工作为市民化的主体，在"乡—城"转移中依据个人意志和目标进行决策和行为选择；"社会秩序"则是指在一定社会经济结构中形成的稳定的社会关系和规范体系，这些规范体系通过法律制度、社会规范和文化习俗等方式对个体行为产生引导和约束作用。将"自主选择"与"社会秩序"统一起来考虑，意味着农民工在市民化过程中，个体的选择并非在真空中发生，而是在特定的社会秩序背景下，受到各种社会因素的影响和制约。反之，农民工的个体选择也会塑造和改变社会秩序。展开来看，影响农民工自主选择的因素，可能包括迁移决策、就业选择、生活方式以及文化身份的认同等；而影响农民工市民化进程的社会秩序则涉及户籍制度、劳动市场政策、社会保障体系等。因此，二者统一显然旨在强调在推进农民工市民化的过程中，既要增强农民工的主体性，提高其自主选择的能力，也要不断优化社会秩序，构建有利于市民化的外部环境，实现个体福祉与社会和谐的统一。

虽然上面的说明向我们呈现了这一分析范式的核心意涵，但这种阐释显然还不足以满足我们对一个所谓"分析范式"的"期待"。换言之，我们是否有可能从这一分析范式中得到更多的洞见，进而指导我们对农民工

第三章 农民工市民化：自主选择与社会秩序统一的分析范式

市民化问题产生更多必要的思考呢？笔者认为，"自主选择与社会秩序统一"这一分析范式的指导意义，就来自"自主选择"与"社会秩序"之间的"张力"。因此，问题的关键就在于如何理解这两者之间的张力。

考察新中国的城镇化历史进程，就不难发现在新中国成立后的相当长一段时期内，农业人口的"乡—城"转移经历了政策导向从直接管理向间接指导的转变，并最终演化成为农民依据个人意愿流动迁移这样一个过程。在此过程之中，虽然社会福利保障和就业政策等仍然或多或少与户籍制度关联，但人口流动、进城务工的人身依附关系已与户籍制度解绑。这一变化反映了生产力与生产关系、经济基础与上层建筑之间关系的相互作用和相互影响。农民工市民化的发展动力根源于这些矛盾的动态解决[1]。于是，我们发现原来农民工市民化过程中自主选择与社会秩序之间的这种张力，其实就蕴含在历史唯物主义的基本原理之中。那么，根源于唯物史观的这种分析范式，有什么突出的启示意义吗？

第一，该范式不只是停留在描述性的研究上，而是贯彻大历史观，因而不会受限于感性的经验材料生灭变化的影响。相反，它得到了历史唯物主义的确证，这一点为其提供了坚实的理论基础。正如韩震指出的，大历史观要求从更长的历史时段去看社会的发展，从更加广泛的领域去占有历史材料，以更加宏大的系统观念、全局观念和战略性思维去思考解决问题的策略。确实，只有坚持大历史观，才能透过纷繁复杂的历史现象，把握历史发展主题主线、主流本质的价值旨归和内在要求，分析社会发展变化的演变机理，理解人类历史的矛盾运动和发展规律[2]。通过历史唯物主义的镜头，将农民工在市民化进程中的自主选择和社会秩序的统一视为物质

---

[1] 解安、徐宏潇、胡勇：《新中国城镇化曲折历程的唯物史观分析》，《马克思主义研究》2015年第12期。
[2] 韩震：《关于大历史观的哲学思考》，《马克思主义与现实》2022年第3期。

条件和社会关系发展的产物,强调社会发展的历史必然性和规律性。因此,这一范式显然超越了对表面现象的简单描绘,在某种意义上深入到社会结构变迁和人类行为演化的根本动力分析之中①。

　　第二,历史唯物主义坚持动态的、发展的观点。这一分析范式指导我们认识到,在推进农民工市民化过程中和解决农民工问题时,必须考虑历史发展的趋势和阶段。正是因为社会是动态发展的,农民工市民化问题的解决才要求社会结构的持续优化和不断跟进。因此,在设计和实施相关政策时,不能仅仅依据当前的社会状况和需求,还应预见未来的变化和需求,确保政策具有前瞻性和适应性。根据笔者测算,2035年中国总人口大约13.5亿,假定届时常住人口城镇化率目标以75%为宜,相当于2021~2035年,将有约1.35亿人从农村地区迁移到城市,即每年需有约900万人口实现市民化。考虑到2020年约有2.61亿城镇居民尚未获得相应户籍,这表明中国需推动将近4亿人市民化。面对每年约2600万人口的市民化任务,未来工作重心应遵循存量式改革和增量式改革并举的原则。预计在2021~2035年新增的从乡到城的迁移人口中,大约70%的人口是劳动年龄人群(约9500万人),同时农村老年人口占比可能上升至35%。这一人口结构的变化将加速农业现代化并促使农村产业结构调整。在构建现代经济体系的过程中,尤其是在推进农业现代化和集约化发展的过程中,人口迁移扮演着重要角色。2020年全国第一产业就业总人数和产值分别为1.8亿人、1.1万亿美元,计算可知第一产业劳动生产率为6215美元/人。假设2020~2035年,中国GDP将从14.72万亿美元增长到约30万亿美元(翻一番),第一产业年产值占比将从7.7%下降到约4%(降一半),则第一产

---

① 解安、朱慧勇:《中国城镇化:农民自主选择与社会秩序的统一》,《马克思主义与现实》2015年第1期。

第三章　农民工市民化：自主选择与社会秩序统一的分析范式

业年产值始终维持在1.1万亿~1.2万亿美元。根据前面的讨论，预计2021~2035年第一产业就业人口将有9500万人转移到城镇，则2035年第一产业就业人数将会下降至8500万人，此时第一产业劳动生产率将提高到14117美元/人。这充分彰显了人口转移对农业现代化发展的重大意义[1]。

第三，主张农民工市民化自主选择与社会秩序统一，无疑是讲辩证法的。但这里需要指出的是社会秩序的构建不仅涉及城市，农村的社会秩序同样重要，而这一点在过去的讨论中往往被忽视——以往学者往往担心农民工市民化进程过快和社会治理水平跟不上，会导致诸如拉美地区和印度等国在城市化过程中的贫民窟现象。事实上，农民工市民化形成的要素流动不仅冲击着城市的社会秩序，而且也深刻影响着农村的社会秩序。农民工及其家庭从乡村到城市的迁移，客观上造成了农村人口弱质化、人才流失与抚养比上升等多重挑战，这也是乡村全面振兴的内在障碍。从人口发展的动态视角来看，到2050年，中国农村人口和劳动力规模将分别下降至2.5亿人和1.2亿人，届时人口老龄化水平将高达38%左右，总抚养比接近100%。特别是80岁及以上高龄人口规模将持续增长，至2050年逼近4000万人[2]。毋庸置疑的是，农民工市民化对乡村形成的多重冲击与乡村人口动态变化的未来趋势构成了乡村未来发展的问题渊薮。因此在农民工市民化的过程中，应对乡村社会失序的问题就至关重要。首先，需要加大对农村地区基础设施和公共服务的投入，改善农村居民的生活条件，同时吸引城市居民和资源向农村流动，实现城乡互动发展。其次，面对劳动力外流和人口老龄化问题，应加快转变农村经济发展模式，提升农业科技含量，发展适合老年人参与的产业，如休闲农业和乡村旅游，同时鼓励年轻

---

[1] 解安、林进龙：《新型城镇化：十年总结与远景展望》，《河北学刊》2023年第1期。
[2] 解安、林进龙：《中国农村人口发展态势研究：2020-2050年——基于城镇化水平的不同情景模拟分析》，《中国农村观察》2023年第3期。

人返乡创业,利用互联网等现代技术促进农村经济的多元化发展。最后,针对农村高龄人口的增加,需要建立和完善农村养老服务体系,发展多层次、多形式的养老服务模式,包括互助养老、社区养老和家庭养老等,确保老年人得到适当的照顾和过上有尊严的晚年生活。

第四,生产力与生产关系、经济基础与上层建筑之间的关系是理解社会变迁和个体行为变化的关键。回顾新中国历史,可以发现随着生产力的发展,劳动力需求结构发生了根本性的变化,这不仅影响了城市劳动市场的构成,也深刻地改变了农村地区的生产关系和生活方式。在此过程中,农民工作为连接城乡的重要群体,扮演了桥梁和纽带的角色。农民工市民化过程反映了生产力发展与生产关系调整之间的相互作用,农民工不仅承载了中国在全球化进程中面临的各种矛盾与挑战,也在中国社会转型的历史进程中发挥了重要作用。有学者指出,在改革开放的40多年中,中国经济和社会的迅猛发展塑造了独具特色的"中国模式"。这一模式根植于一系列创新的经济制度安排之中。在此背景下,农民工的半无产阶级化现象不仅是中国经济发展的一个标志性制度变迁,也反映了社会经济结构的深刻转型。尽管我国的政治经济学和社会学学者对这一现象进行了深入研究,形成了较为完整的理论体系,这个议题仍未能引起主流经济学界的足够重视,其深层原因在于自由主义话语在经济学领域内占据主导地位。然而,可以确定的是中国的未来与农民工这一庞大的社会阶层紧密相关:农村的发展、城市化的推进、城乡关系以及改革的方向,所有关于中国现状及未来发展的关键讨论都离不开对农民工这一群体的深入理解[1]。同样可以确定的是,如果我们不能鉴别自由主义特别是新自由主义的经济学话语和叙事方式,那么我们就无法准确理解和应对农民工市民

---

[1] 潘毅、卢晖临、严海蓉等:《农民工:未完成的无产阶级化》,《开放时代》2009年第6期。

第三章　农民工市民化：自主选择与社会秩序统一的分析范式

化问题。因此，根植于历史唯物主义方法论的这一分析范式，有助于我们对抗新自由主义话语，帮助我们在最大限度尊重农民工市民化个体意愿的基础上，实现社会秩序的有序调整。

第五，历史唯物主义还强调人民群众在历史发展中的主体地位。人民群众是历史的创造者，是影响社会变迁的主导力量。"人民至上"是马克思主义政党宗旨意识的最高境界[①]，这不仅是社会变革和阶级斗争的价值遵循，而且是重要的方法论；不仅适用于革命年代，而且通用于建设发展时期。在农民工市民化的过程中，同样需要坚持"人民至上"，也就是保障农民工在市民化中的主体性地位，提高农民工在社会变迁中的参与度，激发农民工的主观能动性和创造性，而不应该将农民工视为社会变迁的被动接受对象和被动的适应者。事实上，农民工市民化的背后是经济基础的深刻变化。从传统农业经济向现代工业或服务业的转变，不仅改变了农民工的经济身份，也必然会相应促进其文化认同和政治参与方式的演变。从某种意义来说，农民工在市民化过程中的身份转变和身份认知转变，不仅是对经济变迁的适应，更是他们作为历史发展主体参与和影响这一过程的体现。

总而言之，这个范式通过对农民工市民化问题的深刻洞察，体现了理论与实践、个体与社会、现状与未来之间的复杂动态关联。农民工在市民化过程中的自主选择与社会秩序如何相协调呢？笔者的一个看法是，政策的制定和实施，需要根据这个范式来重新想象和设计，以期达到更高效的社会治理和更公平的资源分配。也就是说，政策制定需要具备全局视野和长远眼光，不仅要关注眼前的社会治理效果，更要着眼于长期的社会和谐与进步，即在确保社会整体利益的同时，也能给予农民工等弱势群体更多

---

① 卢卫林：《人民至上：中国共产党宗旨意识的最高境界》，《学术论坛》2013年第1期。

的发展机会和社会保障。如此，我们方能逐步构建出一个既包容又具有活力的社会治理新模式，为农民工市民化及其与城镇居民之间的共同和谐发展提供坚实的制度保障。

第四节 "自主选择与社会秩序统一"的普适性

农民工市民化的"自主选择与社会秩序统一"范式不仅适用于中国这样的转型国家，而且具有更广泛的适用性。这种普遍性可以从以下几个方面进行论证。

首先，随着新一轮科技革命的开展，全球经济更加深度地结合在一起，资本、劳动、信息等要素的全球性配置正在走向深入。国际化的信息交流与经济合作，不仅影响着区域经济和社会的发展，而且对个体的文化观念与集体的行为逻辑构成了冲击。一方面，全球化的经济合作与政治、文化交流，为微观个体提供了更多的选择机会和发展空间，同时也为个体提供了更多的价值观念与方法参考，这就使得个体的行为自主性与发展独立性大大增强。另一方面，大规模的人口流动也给社会秩序带来挑战。不同文化背景的人口融入新的社会环境，可能会遇到文化冲突、社会融合和资源分配等问题。如何在保障个体自主选择的同时，维护社会和谐，成为全球化时代各国普遍面临的问题。杨雪冬提出"风险社会"的概念，以理解全球化背景下通过复合治理方式来实现社会秩序和谐的必要性。他认为，在全球化背景下，大规模人口流动带来的挑战，如文化冲突、社会融合和资源分配等问题，实际上是全球共同面对的问题。简单来说，要在保障个人自由的同时维护社会和谐，需要全球合作

第三章 农民工市民化：自主选择与社会秩序统一的分析范式

来找到解决方案①。

实际上，杨雪冬在这里主张的思路，某种意义与笔者强调的"自主选择与社会秩序统一"的范式殊途同归。无疑，"自主选择与社会秩序统一"这一分析范式，在某种意义上提供了一种理解和应对全球化时代挑战的可能。它强调，在全球化的大背景下，既要重视和尊重个体的自主选择和多样性，也要构建和维护一个稳定、公正、包容的社会秩序，确保不同背景的人口能和谐共处，实现共同发展。这需要政策制定者在制定和实施政策时，不仅考虑到经济发展的需求，还要考虑到社会融合和文化尊重的要求，通过智慧的治理和创新的政策，促进不同文化和经济背景人口的有效融合和共同进步。因此，全球化时代的国家和地区可以从"自主选择与社会秩序统一"范式中汲取智慧，以更好地应对人口流动带来的挑战，实现经济发展与社会稳定的双赢。

其次，"自主选择与社会秩序统一"范式提供了一种超越特定文化和社会结构限制的视角，从而在全球多元文化的背景下具有广泛的适用性和灵活性。

在不同的文化传统与社会结构中，个体对自主选择的权利空间与社会规范的适应空间具有千差万别的理解。例如，在欧美主流的个人主义文化中，更加在意个人的自由与权利，强调个体的完全的自我意识，容易造成社会秩序的无序、混乱与碎片化；而在中国的集体主义文化中，更加强调集体利益和整体前途，个人权利和个人选择处于集体范围之内，容易造成对个体权利的侵蚀。这种文化的差别，影响着社会整合、社会治理与社会参与的内在逻辑。然而，"自主选择与社会秩序统一"的分析范式在不同的文化传统中依然适用，因为这一范式追求的是个体与集体在经济社会发

---

① 杨雪冬：《全球化、风险社会与复合治理》，《马克思主义与现实》2004 年第 4 期。

展中的权利平衡。从这个意义上讲，西方式的市场经济、公民社会与现代治理对中国而言并不适用，中国社会数千年发展的实践表明，国家与集体处于社会多元治理的主导地位，农民和手工业者是社会治理的附和者，两者之间通过士绅阶层得以有效衔接，从而实现了正式制度与非正式制度的结合①。同样，中国的社会治理逻辑在其他国家和地区也不适用，各地都有基于文化传统与当代基础的治理规范，但是各个国家和地区也同样追求着个体自主选择与集体社会秩序的互动统一，如此才能够在保障个体选择权的情况下，实现社会秩序的稳定与发展。

"自主选择与社会秩序统一"范式能够帮助不同文化背景下的社会和个体更好地理解和处理这种平衡问题。它鼓励个体在尊重和适应社会规范的同时，也维护自己的自主选择权。同时，它也要求社会在保障和尊重个体自主性的基础上，构建一个包容、公正的社会秩序，使不同文化背景的个体能够和谐共存②。甚至从后现代化视角来看，在当代多元社会文化的复杂图景之中，凝聚个体之间的社会共识和完善社会规则仍然是后全球化视野下社会管理的重要出路③。在笔者看来，正是在这种不同文化背景下个体自主性和社会规范之间的平衡需求，体现了"自主选择与社会秩序统一"范式具有跨文化的适应性和普遍应用价值。也正因如此，这种范式才能帮助我们理解不同文化和社会治理背景下的个体能动选择空间和社会规范约束之间的关系，从而提供给我们一种分析框架以寻找和构建在多元文化环境中适宜的社会发展模式。

---

① 张虎祥、仇立平：《社会治理辨析：一个多元的概念》，《江苏行政学院学报》2015 年第 1 期。
② 解安、朱慧勇：《农民工市民化：自主选择与社会秩序统一》，《中国社会科学院研究生院学报》2015 年第 3 期。
③ 鲍宗豪、洪菲菲：《后全球化视野下的社会管理》，《上海行政学院学报》2012 年第 1 期。

第三章 农民工市民化：自主选择与社会秩序统一的分析范式

再次，"自主选择与社会秩序统一"是社会发展的普遍规律和社会政策制定的普遍要求。什么是普遍规律和如何寻得普遍规律，是科学与哲学自诞生以来所要面对的基本问题。总体来看，可以将所谓普遍规律简单分为两类：一类是经验归纳或统计归纳性规律，另一类是因果必然性规律[①]。在笔者来看，不论是何种意义上，"自主选择与社会秩序统一"都是农民工市民化历史进程中所要遵循的客观规律，也是政策制定的普遍要求。这是因为"自主选择与社会秩序统一"范式反映了随着社会发展的进程，个体自主性不断增强，个体越来越倾向于寻求自我实现和表达个人意愿，同时社会秩序维护越来越依赖于个人力量的参与。这种自主性的增强要求社会制度和秩序适应个体需求的多样化，促使社会制度更加开放和包容。这种现象在时间上、在空间上，难道不是普遍存在的吗？不论发达国家还是发展中国家，农民工的市民化过程难道不受此规律的制约吗？在某种意义上，可以说"自主选择与社会秩序统一"范式在政策制定中的普适性就表现在其为不同国家和地区处理个体利益与社会整体利益之间的平衡提供了有效的分析框架。

随着时代的发展，显然传统的"自上而下"的管理模式已逐渐不能满足现代社会的需求，而是需要更多地融入"自下而上"的参与机制，允许个体在社会发展中发挥更大的作用。丘海雄等人的研究发现，随着市场经济的不断成熟，原本依靠国家和单位直接提供资源的单一模式，正逐渐向一个多元化的社会支持体系转变。这种转型不仅减少了个体对于单位及国家的依赖性，还为个人提供了更广阔的自由空间，同时国企

[①] 庞卓恒、吴英：《什么是规律：当代科学哲学的一个难题》，《天津师大学报》（社会科学版）2000年第2期。

改革与市场经济的推进也得到了更为坚实的社会支撑[①]。事实上，在城市规划、教育改革、社会保障等领域的政策制定中，考虑个体的需求不仅能提高政策的接受度和效果，而且促进社会的公平正义。通过允许个体在政策制定过程中发声，可以收集到更多的信息和意见，从而制定出更加符合社会需求的政策。正因为如此，这一范式也有助于减少政策执行过程中的摩擦和冲突。当个体感到自己的需求和意愿被尊重时，他们更有可能积极参与社会活动，遵守社会规范，从而有助于构建更加和谐稳定的社会环境。这种平衡需要既是社会发展的普遍规律，也是社会政策制定的普遍要求。

最后，"自主选择与社会秩序统一"范式不仅适用于研究农民工市民化问题，其普遍性在于能够被应用于解析多种社会经济现象和政策制定，尤其是在处理个体自由与社会秩序间的关系时具有广泛的适用性。毫无疑问，个体自由与社会秩序之间存在普遍的冲突。所以，我们才会说没有绝对的自由。也正因为如此，马克思才把对个体自由问题的思考限定在"共同体"的范畴之内。确实，在马克思那里，"人"的本质到底是一切社会关系的总和。既然承认人的本质是社会关系的总和，就不能不从"交往活动""共同体"等概念来考察"人"的解放问题。而既然又涉及"社会关系"、"交往活动"和"共同体"等概念，就不能不延展到对"社会秩序"的考察上。我们由此发现这里对"自主选择与社会秩序统一"范式的考察，竟然最终导向了马克思对人的解放问题的考察。需要注意的是，马克思对"人"的解放的理论和实践追求，是面向所有人的（尽管他是以无产阶级革命的方式撬动这一点的，即要求通过先解

---

① 丘海雄、陈健民、任焰：《社会支持结构的转变：从一元到多元》，《社会学研究》1998年第4期。

第三章 农民工市民化：自主选择与社会秩序统一的分析范式

放无产阶级的方式来最终解放所有人）。到此，我们相当于从哲学层面上，间接完成了"自主选择与社会秩序统一"范式普适性的更一般的论证。

个体自主选择与社会秩序之间的冲突普遍存在于经济社会发展的各个细微之处，反映了个体权利以及个体权利的相对性之间的矛盾，不仅关系到个体权利的有效保护，而且影响着社会资源的高效利用、发展成果的公平分配[①]。例如，在农民工子女教育问题上，进城农民工热切期望自己的子女能够在城市享受到与城市居民子女同等的教育资源，但是城市教育资源是相对稀缺的，从而造成了农民工子女在城市的受教育机会相对更少。正是在这个意义上，周兴国认为，教育正义的核心问题在于，如何在社会群体及个体中间分配有限的教育资源。在封闭的社会体系中，教育的正义取决于分配的程序公平，社会基本结构的封闭性大抵保障了教育资源获得的权责一致性。但在开放社会中，社会的流动性特征导致只关注程序公平，难以实现教育正义。因此，平衡好个体选择与社会资源公平分配的问题，成为社会管理的重要挑战[②]。

同样，住房正义问题也可以用一种符合"自主选择与社会秩序统一"范式的方式来表述。在社会主义市场经济条件下，限购令作为政府对房地产市场的行政干预措施，并不与市场经济原则相矛盾，而是为了实现经济正义、控制房价、保障中低收入群体的利益，是必要的市场调控手段。同时，在实施限购令时，也需追求程序正义[③]。医疗正义问题，

[①] 郝彩虹：《现代社会的社会秩序、个体自由与社会控制——基于对部分社会学经典文献的分析》，《社科纵横》2016年第6期。
[②] 周兴国：《开放社会中的教育分配正义及其困境》，《华东师范大学学报》（教育科学版）2017年第6期。
[③] 郑湘萍：《市场经济条件下住房限购的正义之辩》，《现代经济探讨》2012年第2期。

学界有观点亦做类似的处理和界定，并指出：基于"差异的正义"原则构建基本医疗保险制度，既保障基本公平又尊重比例公平，通过建立统一的全民基本医疗保险体系（包括基本医疗保险和补充医疗保险），适应社会差异性，满足不同群体的医疗需求，走中国特色社会主义医疗保险均等化之路①。或许，我们可以将这种医疗保险制度发展路径概括为"承认差异、不断消灭差异，在差异中走向最终公平"。此外，有学者认为在当下中国，就业正义问题需要实行积极的就业政策，以公平与正义为核心，针对城乡二元化问题，主张提高非城市居民，尤其是农民工等弱势群体在政治进程中的参与度，以此改善其在就业市场上的不平等地位②。这种观点实际上也在一定程度上反映了"自主选择和社会秩序统一"的范式思想。

再如，数字劳动正义和生态环境正义。数字劳动正义是当前学界的热点话题。学界的一个总体观点认为，数字劳动正义关注在数字经济中劳动活动、关系和方式的合理性与目的性，旨在通过审视数字资料持有、劳动主体关系、活动情况和财富分配的公正性，反思和规范违反公平、损害人道尊严的劳动现象，创造一个健康、有序且自由的数字劳动环境。实现这一目标要求打破垄断、消除数字鸿沟、加强规制和激活劳工主体性，这是一个渐进的社会系统工程③。显然，这一所谓的社会系统工程，仍然纳入了对劳动者个体的主体性的尊重以及对和谐社会秩序的构建要求（比如打破垄断、消除数字鸿沟、加强规制）。同样，环境正义问题也体现了"个体自主性与社会秩序统一"范式的思想。朱力和龙永红学者认为，环境正

---

① 王俊华：《基于差异的正义：我国全民基本医疗保险制度理论与思路研究》，《政治学研究》2012年第5期。
② 梁策、孟宪生：《政治学视角下的就业正义理论》，《理论与改革》2013年第6期。
③ 毛勒堂：《数字劳动正义：出场语境、基本要义及实现路径》，《江海学刊》2023年第4期。

第三章　农民工市民化：自主选择与社会秩序统一的分析范式

义关注保证个体和各群体在环境权益和责任上的公平分配，体现了对个体权利的尊重与保护，同时追求社会整体的环境福祉平衡。这要求建立和维护一个公正的环境规制体系，保障个体和群体在环境保护过程中的参与权、知情权和表达权，促进个体自主性与社会秩序的和谐共存[①]。在笔者看来，通过遏制资本与权力结合对环境的破坏、向环境友好型经济发展模式转型、保障环境制度正义、塑造环境主体正义品格等调控策略，不仅体现了对个体及其自主性的重视，也展示了为维持和谐社会秩序而付出的共同努力。

到这里，我们发现不论是教育正义问题、住房正义问题、医疗正义问题、就业正义问题，还是数字正义问题、环境正义问题等，都可以从"自主选择与社会秩序统一"范式中找到相应的思想资源。一方面，这体现了这一范式的强大解释力和包容性；另一方面也说明在处理社会正义问题时，需要找到个人自由与社会整体利益之间的平衡点，既尊重个体的选择权，也要确保社会资源的公平分配和有效利用。只有这样，才能在多元化和差异化并存的社会中，促进正义和公平，实现社会的和谐与稳定。

总之，农民工市民化的"自主选择与社会秩序统一"范式，以其对个体与社会之间复杂关系的深刻洞察，不仅适用于中国这样的快速转型国家，也适用于全球化时代各国面临的类似挑战。它提供了一个理解和处理个体与社会关系的有效工具，有助于指导不同国家和地区在追求社会稳定与促进个体发展之间找到平衡点。但困难也恰恰在这个地方出现，即政策制定的普遍挑战在于如何在促进个体自主性和维护社会秩序的稳定之间找

[①] 朱力、龙永红：《中国环境正义问题的凸显与调控》，《南京大学学报》（哲学·人文科学·社会科学）2012 年第 1 期。

到恰当的平衡点。究竟如何才能找到这个平衡点呢？这不仅是一种技术性的挑战，更是一种价值取向和哲学层面的思考。但无论如何，"自主选择与社会秩序统一"范式为我们在不同领域和层面上全面、深入地理解和应对这些挑战，从而发现更加公平、有效和可持续的社会发展策略提供了一种可能的想象和初步的思考。

第四章　农民工市民化的理论阐释

农民工市民化过程中"自主选择与社会秩序统一"的分析范式，不是凭空产生的，而是在已有理论基础、学理资料和实践思考的基础上推理演绎生成的。在辨析农民工市民化"自主选择"和"社会秩序"理论释义的基础上，本章进一步梳理马克思主义经典作家的思想资源，借鉴西方经济学的相关理论学说，回顾中国共产党人的理论探索。这些资料为农民工市民化"自主选择与社会秩序统一"的分析范式提供了理论素材。

第一节　马克思主义经典作家的思想资源

农民工是具有中国特色的经济要素，在马克思、恩格斯、列宁和斯大林生活的时代并不存在。但是马克思主义经典作家使用唯物史观的分析方法，以"现实的个人"为出发点，论述了市场机制下的产业分工和人口集聚、政府干预下的城乡工农关系，在事实内容上构成了"农业劳动生产率提升促进了城乡工农分工""城乡工农分工推动了劳动迁移""劳动迁移带来了社会系统的无序""社会无序在社会主义体制中必然走向有序"的递进模块。马克思主义经典作家的相关论述在本质上体现了生产力与生产关系、经济基础与上层建筑之间的辩证统一关系，为中国农民工市民化"自主选择与社会秩序统一"的分析范式提供了坚实的理论支撑。

一 农业劳动生产率的提高是产业分工的基础

马克思和恩格斯在讨论资本主义生产方式形成的过程时，强调了农业和工业形成产业分工的基础条件——农业劳动生产率的提高。换言之，马克思和恩格斯认为，只有提高农业劳动生产率到一定程度，才能使农村劳动力产生剩余，才能形成少量农村劳动力提供全社会食物所需的局面，才能不断地把农村劳动力从农业生产中解放出来，促使农村劳动力从农业向非农产业转移。马克思明确指出"因为食物的生产是直接生产者的生存和一切生产的首要的条件，所以在这种生产中使用的劳动，即经济学上最广义的农业劳动，必须有足够的生产率，使可供支配的劳动时间不致全被直接生产者的食物生产占去；也就是使农业剩余劳动，从而农业剩余产品成为可能"[①]。

马克思认为，农业劳动生产率的提高不仅使"从事农业的人和从事工业的人有实行这种巨大分工的可能"[②]，同时也使"生产食物的农民和生产原料的农民有实行分工的可能"[③]。因此，农业劳动生产率的提高不仅是产业间分工的基础，也是产业内部分工深化的条件。

从农民工市民化自主选择的角度来看，农业劳动生产率的提高是农民工市民化自主选择的前提和基础，一方面只有生产率提高才能显化剩余家庭劳动，另一方面也只有生产率提高才能为农民做出乡城迁移、农工迁移决策提供必要的资金和食物支持。

---

① 《马克思恩格斯文集》第7卷，人民出版社，2009，第715~716页。
② 《马克思恩格斯文集》第7卷，人民出版社，2009，第716页。
③ 《马克思恩格斯文集》第7卷，人民出版社，2009，第716页。

二 城乡产业分工促使人口自发性集聚

在马克思看来，工商业劳动同农业劳动的分离，引发了城市与乡村的分离。"一切发达的、以商品交换为中介的分工的基础，都是城乡的分离。"① 产业分工带动了城乡分工，吸引了劳动力的自发性集聚。

这种人口的自发性集聚源自城市的要素聚集效应，"城市越大，定居到这里就越有利，因为这里有铁路、运河和公路；挑选熟练工人的机会越来越多；由于附近的建筑业主和机器制造厂主之间的竞争，在这种地方开办新企业就比偏远地区花费要少。……大工厂城市的数量就以惊人的速度增长起来"②。人口的自发集聚、工业的蓬勃发展、城市的迅速扩张催生了机器大工业，引致了资本的广泛扩张，"资本除了把工厂工人、手工工场工人和手工业工人大规模地集中在一起，并直接指挥他们，它还通过许多无形的线调动着另一支居住在大城市和散居在农村的家庭工人大军。例如，蒂利先生在爱尔兰的伦敦德里所开设的衬衫工厂，就雇用着1000个工厂工人和9000个散居在农村的家庭工人"③。

从这里可以看出，产业分工、城乡分工、人口集聚、资本扩张是一个动态循环的逻辑链条。社会分工推动一部分农业劳动力解放出来专门从事商品生产、流通和服务，提高了经济运转效率，促进了商品经济的发展；而商品经济的发展，又会要求更多的农业劳动力向工商业转移。列宁明确指出，"商品经济的发展就意味着愈来愈多的人口同农业分离，就是说工业人口增加，农业人口减少"④。说明随着商品经济的发展，农民从农业转

---

① 《马克思恩格斯文集》第1卷，人民出版社，2009，第408页。
② 《马克思恩格斯文集》第1卷，人民出版社，2009，第406~407页。
③ 《资本论》第1卷，人民出版社，2018，第531页。
④ 《列宁选集》第1卷，人民出版社，2012，第167页。

移到工业、从乡村迁移到城市具有必然性，这是社会的进步。

结合上述论述来看，中国农民工市民化是分工深化的必然结果，农业工业化、农民市民化、乡村城市化是社会整体发展的趋势。经济分工促成了要素集聚，要素集聚又带动分工深化，这是市场规律自发作用的结果。从微观角度来看，农民工市民化是其自主选择的结果，是其在分工深化和要素集聚的情况下做出的理性决策。

三 人口迁移对社会秩序形成了有力冲击

人口的乡城迁移打破了乡土社会中城市和乡村的稳定状态，对社会秩序形成了冲击，一定程度上造成了"社会失序"。马克思和恩格斯在讨论资产阶级压迫无产阶级、资本家无偿占有剩余劳动的相关内容时，也关注到了人口迁移带来的社会失序，主要体现在城市环境的恶化、社会的冲突。恩格斯曾描述了人口在短时间内进入大城市造成工人阶级住房条件越来越恶化的情况[1]，城市人口的集中放大了环境问题的负面效应，给人们的健康带来了不良的影响。一方面，人口集聚加剧了环境污染问题，例如，恩格斯就描写了大城市的污染状况，大量的腐烂食物释放出有害气体，城市的高楼大厦阻挡了空气的流动，造成了严重的空气污染[2]。另一方面，环境污染造成了城市居民的生理健康和心理健康问题，正如恩格斯所描绘的，工人阶级在严重污染的环境中精神疲弱、身体摇摇欲坠[3]，同时工人阶级聚集区由于脏乱的环境，成为城市流行病的发源地[4]。

事实上，人口迁移对社会秩序的冲击体现在城乡两个方面。一是随着

---

[1] 《马克思恩格斯选集》第3卷，人民出版社，2012，第179页。
[2] 《马克思恩格斯文集》第1卷，人民出版社，2009，第410页。
[3] 《马克思恩格斯文集》第1卷，人民出版社，2009，第409~410页。
[4] 《马克思恩格斯选集》第3卷，人民出版社，2012，第212页。

城市化的突飞猛进，人口集聚造成了城市社会失序，原有的城市秩序无法满足新的社会需要，于是出现了环境污染问题、人口的健康问题等；二是随着城市对乡村要素的吸引，人口和资金的流失造成了乡村社会失序，原有的乡村社会秩序无法形成新的稳定状态，于是出现了乡村空心化和农业不可持续，"农村的相对孤立化"[1] 与城市的繁荣形成了鲜明对比。因此中国的农民工市民化带来社会失序不是特例问题，而是经济发展的普遍性问题，显然这类社会失序无法依靠完全市场机制解决，呼唤政府"看得见的手"进行干预。

四 城乡社会秩序的稳定具有历史必然性

人口迁移造成了城乡社会失序，但是城乡社会秩序的稳定具有历史必然性，人类的城乡关系也将经过"乡育城市""城乡分离""城乡对立""城乡融合"的演进[2]。马克思和恩格斯认为城乡社会秩序的稳定需要一定的条件，尤其是需要许多物质前提[3]，其中最为重要的是将农业和工业结合起来形成互惠互利的新的分工。换言之，马克思和恩格斯认为需要"把农业和工业结合起来，促使城乡对立逐步消灭"[4]，将工业和农业、城市和乡村的相对优势结合起来，进行分工协作，避免单一发展工业或农业、城市或乡村的片面性及其缺点[5]，进而"城市和乡村之间的对立也将消失"[6]。城乡融合的结果是消除旧的产业分工和地域分工，劳动成果和福利

---

[1] 《马克思恩格斯文集》第7卷，人民出版社，2009，第733页。
[2] 徐杰舜：《城乡融合：新农村建设的理论基石》，《中国农业大学学报》（社会科学版）2008年第1期。
[3] 《马克思恩格斯选集》第1卷，人民出版社，2012，第185页。
[4] 《马克思恩格斯选集》第1卷，人民出版社，2012，第422页。
[5] 《马克思恩格斯选集》第1卷，人民出版社，2012，第305页。
[6] 《马克思恩格斯选集》第1卷，人民出版社，2012，第308页。

由全体人民分享，最终使得全体人民得到全面发展①。

事实上，在马克思主义经典作家看来，城乡社会失序是资本主义内在矛盾的反映，在社会主义体系之下城乡社会秩序必然从"失序"走向"有序"。列宁明确指出社会主义制度能够避免资本剥削下的社会失序，他认为，在资本主义社会中，城市对乡村的影响是政治、经济、道德、身体等方面的负向影响，而在社会主义社会中，通过计划和干预能够使得城市系统地帮助农村。② 在社会主义国家，推动城乡社会秩序的"有序"，需要做到以城带乡、城乡互惠，列宁强调"城市必然要带领农村，农村必然要跟城市走"③，"在城市工人与农村雇工之间建立交往，在他们之间建立一种他们之间可以很容易建立起来的友好互助形式，这是我们的责任，这是执政的工人阶级的基本任务之一"④。而实现以城带乡、城乡互惠的具体方法，体现为国家系统配置资源，列宁提出，"如果不在工业和农业之间实行系统的商品交换或产品交换，无产阶级和农民就不可能建立正常的关系"⑤，并且多次强调"只有一条道路，就是城市工人和农业工人结成联盟"⑥。由此可以看出，为了改变资本主义社会遗留的城乡工农"失序"局面，社会主义国家需要进行系统调控。

斯大林在分析苏联社会主义经济问题时，明确说明了社会主义实现城乡工农有序发展的成效，"城市和乡村之间、工业和农业之间的对立的基础，已经被我国现今的社会主义制度消灭了"⑦。实际上，斯大林这里讲的

---

① 《马克思恩格斯选集》第 1 卷，人民出版社，2012，第 308~309 页。
② 《列宁选集》第 4 卷，人民出版社，2012，第 766 页。
③ 《列宁全集》第 38 卷，人民出版社，2017，第 6 页。
④ 《列宁全集》第 43 卷，人民出版社，2017，第 363 页。
⑤ 《列宁全集》第 41 卷，人民出版社，2017，第 333 页。
⑥ 《列宁全集》第 36 卷，人民出版社，2017，第 22 页。
⑦ 《斯大林文集（1934-1952）》，人民出版社，1985，第 617 页。

"消灭"并非消灭乡村或城市,而是社会主义消灭了城市与乡村、工业与农业之间的对立,其消灭方法即是列宁所讲的国家进行系统性、条理性的宏观干预,促使城乡工农在社会系统中良性发展而非无序竞争。通过社会主义制度的运行,国家开展有效干预,将推动社会"失序"走向社会"有序"。这种"有序"状态包含两方面内容:一是城乡之间的均衡发展,这种均衡发展造就乡村与城市类似或同等的生活条件,同时实现社会文化的繁荣发展①;二是工农之间协调发展,这种协调发展将消灭农业产业和工业产业、体力劳动和脑力劳动的根本差别,同时保留下非本质的差别形式②。

第二节 西方经济学代表学者的理论学说

西方社会并不存在"农民工"这一概念,然而西方经济学代表学者在研究经济发展问题时,既关注到了微观层面的农民的生存逻辑、农民从乡村(农业)迁移到城市(工业)的决策考量,也关注到了宏观层面的产业结构变迁、城市化发展规律。在实际内容上形成了"在传统社会中,农户怎么开展生存决策""明确生存逻辑之后,农户怎么进行迁移决策""农户迁移之后,国家产业结构会发生怎样的变化""产业结构变迁之后,城市化过程中需要应对哪些问题"的递进逻辑,前两者对应了农民工市民化过程中"自主选择"的内容,后两者对应了农民工市民化过程中"社会秩序"的变化。西方经济学代表学者的理论学说本质上反映了市场经济条件

---

① 《斯大林文集(1934~1952)》,人民出版社,1985,第617页。
② 《斯大林文集(1934~1952)》,人民出版社,1985,第619页。

下的运行规律，为论证社会主义初级阶段农民工市民化"自主选择与社会秩序统一"的框架提供了学理材料。

一 农户理论

（一）理性小农

西奥多·舒尔茨（Theodore Schultz）是理性小农理论的代表学者。他认为在传统农业中，小农户并不是愚昧的，小农和资本主义市场经济主体一样也是理性的，无论是成本和利润的计算，还是生产和消费的风险，小农户都能够在可以支配的范围内使资源得到最有效率的应用[1]。舒尔茨通过深入分析东南亚的调查案例，得出传统农业是"贫穷但有效率"的结论[2]。

根据西奥多·舒尔茨的理性小农理论，在城镇化发展的过程中，农民的生计决策、乡城迁移决策都是理性的，因此农民工市民化问题是在外在因素束缚下农民工做出的理性自我选择。农民工市民化具有动态性，农民工会根据现实的经济环境做出理性的经济选择而不会无原则地进入城市就业。因此农民工市民化的过程需要充分调动农民工的积极性，而调动农民工的积极性，则需要赋予农民工更多以经济为主的多元层面的自由选择权利。

（二）生存小农

恰亚诺夫（Chayanow A. V.）是生存小农理论的奠基者。他在研究俄国革命前的小农户时，发现小农的生存压力极大，其行为逻辑与资本主义大农业生产不同，小农进行生产的目的是进行家庭消费而非市场出售。当

---

[1] 〔美〕西奥多·舒尔茨：《改造传统农业》，梁小民译，商务印书馆，1999，第32~47页。
[2] Schultz T. W., "Transforming Traditional Agriculture: Reply", *Journal of Farm Economics*, Vol. 48, No. 4, 1966.

第四章 农民工市民化的理论阐释

家庭内部的食物消费量增加时，为了生存，就只能提高家庭劳动力的利用强度，于是出现劳动力的"自我剥削"①。斯科特（Scott J. C.）是生存小农实证主义传统的继承者。斯科特在研究东南亚小农户的经济社会活动时，提出了农民家庭决策的行为准则是"生存伦理"和"安全第一"②，农户首先要解决的是生存危机，他们对于能够维持生存的传统农业技艺有着极强的偏好，因为任何的自然灾害和社会剥削压力都将使已经站在齐脖河水中的小农遭遇灭顶之灾。

根据生存小农理论，农民工选择进城还是返乡，依然存在"安全第一"的考量，尤其体现在农民工对宅基地和承包地的重视上，两者不仅是收入来源，而且是最底线的生存保障。故而如何调整现行政策，妥善应对农民进城对乡土秩序的冲击，既激活农村资源又保护农民工的底线生存基础，就显得尤为重要。

（三）综合小农

华裔学者黄宗智是综合小农理论的主要提出者，他通过对革命前后中国华北和长江三角洲史料的分析，认为实体主义、形式主义和马克思主义的小农理论都只看到了一个侧面，中国的小农同时兼具三个特征：家庭消费为目的，规避风险；理性生产，追求家庭福利最大化；受到地主阶级的剥削③。他认为明清几百年的商品经济发展，的确带动了小农经济的商品化，促进了以纺织为主的家庭手工业和棉桑种植的家庭种植业的结合，却进一步强化了农户家庭经营体制，限制了劳动力的非农转移。中国传统小农缺少对家庭劳动力的投入弹性，当家庭人口压力增加时，只能通过在单

---

① 〔苏联〕恰亚诺夫：《农民经济组织》，萧正洪译，中央编译出版社，1996。
② Scott J. C., *The Moral Economy of the Peasant: Rebellion and Subsistence in Southeast Asia*, New Haven: Yale University Press, 1976.
③ 黄宗智：《华北的小农经济与社会变迁》，中华书局，2000。

位土地面积上投放更多的家庭劳动力进行应对,这造成了劳动力边际报酬的递减,形成了一种"过密化"或"内卷化"的生产形式,陷入了"没有发展的增长"[①]。

根据综合小农的观点,农民工市民化要避免陷入"没有发展的增长"。换句话说,农民工进城之后,原有的城乡社会秩序瓦解,呼唤新的社会秩序,因此政府机制需要弥合市场机制的不足之处,切实推动农民向市民的转变,保障农民工在城市享有平等的经济、政治和社会文化权利。

二 劳动力迁移理论

(一)"推-拉"理论

19世纪末期,伴随着西方国家城市化和工业化的快速推进,学者们开始对人口迁移流动的影响因素进行探究。雷文斯坦(Ravenstein E. G.)是"推-拉"理论的启蒙者,在1871年便使用英国人口普查资料研究人口迁移,在1889年又以几十个国家的统计数据为基础总结人口迁移规律。他在研究人口流动问题时,关注到人口迁出地特征、人口迁入地特征对迁移者决策的影响[②]。"推-拉"学理观点便隐藏在雷文斯坦总结的人口流动具体特征之中:第一,从空间角度看,人口流动在主体上是近距离迁徙,从偏远乡村到远郊、再到近郊、最后到城市的梯次迁移,人口最终主要流入工商业中心;第二,从时间角度看,一定时间段内迁出和迁入同时发生,有人迁出也有人迁入;第三,从内在特征看,人口集聚和人口分散作为流动的两个形式具有相似的特征;第四,从迁移方向看,每个"正向"的人口迁移流都会产生一个补偿性的"反向"迁移流;第五,作为工商业中心的

---

① 黄宗智:《长江三角洲小农家庭与乡村发展》,中华书局,2000。
② Ravenstein E. G., "The Laws of Migration", *Journal of the Statistical Society of London*, Vol. 48, No. 2, 1885.

第四章　农民工市民化的理论阐释

大城市通常是长距离迁移的目的地；第六，从城乡特征看，农村居民比城市居民有更强的迁移倾向；第七，从性别角度看，迁移人口中的女性多于男性。雷文斯坦根据统计数据总结出来的这些迁移规律，概括了迁移空间、迁移时间、迁移方向及迁移者的特征，为分析人口迁移和流动现象提供了宝贵的思路[①]。

唐纳德·博格（Bogue D.J.）首次在"推力-拉力"的视角下分析劳动力流动的原因，他认为流入地劳动力的需求市场、高收入水平、更好的气候和生存条件等因素是其吸引劳动力的"拉力"，而流出地劳动力市场的高失业率、高生活成本、恶劣的气候等因素是其输出劳动力的"推力"。劳动者的迁移决策是在比较了两种作用力之后得出的结果，当流入地的拉力超过流出地的推力时，劳动力迁移便产生了[②]。加斯塔德（Sjaastad L.A.）则把"心理成本"纳入劳动力迁移的决策范畴，从而发展了"推-拉"理论。他认为劳动力迁移需要考虑心理成本，亦即考虑迁移后因离开熟悉环境、亲属和朋友引起的各种不适应感，迁移的心理成本越低，迁移行为越有可能发生[③]。李（Lee E.S.）将推力和拉力分析框架进一步扩展，指出劳动迁移的推力和拉力之间还存在着一些中介因素，如空间距离、交通状况、文化差异等——这些因素被称为"阻力"[④]。

总结来看，"推-拉"理论认为劳动迁移的过程受到流出地的推力、流入地的拉力以及中间的阻力的影响。因而，在农民工市民化的过程中，一方面需要关注农民工进入城市时，乡村的推力、城市的拉力、中间的阻

[①] 马侠：《人口迁移的理论和模式》，《人口与经济》1992年第3期。
[②] Bogue D.J., *Principles of Demography*, New York: John Wiley & Sons, Inc, 1969.
[③] Sjaastad L.A., "The Costs and Returns of Human Migration", *Journal of Political Economy*, Vol.70, No.5, 1962.
[④] Lee E.S., "A Theory of Migration", *Demography*, Vol.3, No.1, 1966.

力；另一方面更要关切农民工返乡或不选择在城市落户时，城市的推力、乡村的拉力和中间的阻力。

（二）"刘易斯-拉尼斯-费景汉"模型

威廉·阿瑟·刘易斯（William Arthur Lewis）最早开启了城乡经济二元结构的分析，创立了刘易斯模型，对于深刻理解发展中国家城市化过程中的人口流动问题具有很强的启发意义。该模型假定：（1）在发展中国家存在着传统农业部门和现代工业部门；（2）农业部门采用传统的生产技术，包括家庭农业、小手工业、老式商业等经济活动，依靠的是前资本主义生产方式，生产的目的是自给自足，整体的生产率和劳动收入都很低；（3）工业部门采用先进的生产技术，实行现代化资本主义生产方式，即资本家和企业主以获取利润为目的，通过雇用工人来完成生产活动，生产率和劳动收入都很高；（4）工业部门的利润全部用于扩大再生产；（5）农业部门没有资本投入，人口增长导致劳动力增加，土地变得相对稀缺，农业劳动力的边际生产率为零甚至为负，农业部门中存在着大量的剩余劳动力[1]。

由此可以推导出如下结论。第一，在国民经济中占比很小的工业部门只需要支付略高于农业劳动收入的工资就可以获得无限劳动供给，农业剩余劳动力就会源源不断地转移到工业部门。第二，工业部门将利润全部用于扩大再生产时，由于工资不变，工业劳动力需求和就业水平进一步扩大，导致产出进一步扩大，引起利润的进一步增长，利润又会用于扩大再生产，这个过程反复进行，直到农业劳动力的边际生产率不为零且为正时，农业剩余劳动力转移过程停止。第三，当农业劳动力的边

---

[1] Lewis W. A., "Economic Development with Unlimited Supplies of Labour", *The Manchester School*, Vol. 22, No. 2, 1954.

际生产率为正时,工业部门要继续获得劳动力,就需要提高工资与农业部门竞争①。

如图 4-1 所示,刘易斯二元结构模型将劳动力迁移过程划分为两个阶段:第一个阶段中农村劳动力大量过剩,能够无限供给城市工业发展,即 WS 段,此时,工业部门的工资取决于农村劳动力维持生活所需要的生活资料的价值;第二个阶段中农业部门的劳动力迁移会影响农业生产,已经不存在过剩,即 S 点后的射线段,此时,工业部门的工资取决于劳动的边际生产力。从 WS 段到 S 点后的射线段,农村劳动力的非农转移从不影响农业生产到影响农业生产,已经由剩余转变为短缺,劳动力供给曲线从水平转变为向上倾斜,劳动力工资水平也开始不断提高,这就是"刘易斯拐点"②,即 S 点。

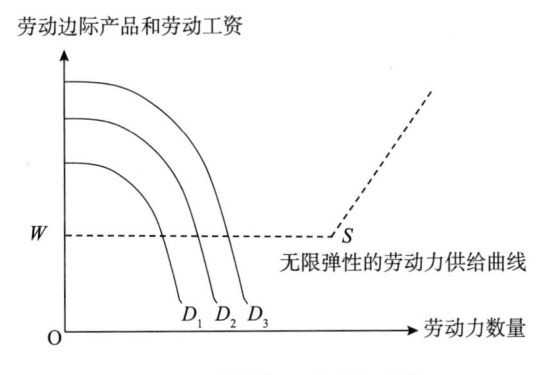

图 4-1 刘易斯二元结构模型

资料来源:作者自绘。

刘易斯模型将工业化和城市化结合起来,工业化的过程便是人口迁移的过程,强调了农业劳动力转移是工业扩张的动力。但是该模型忽视了农

---

① Lewis W. A., "A Model of Dualistic Economics", *American Economic Review*, Vol. 36, No. 1, 1954.
② 宋岱:《论刘易斯拐点与中国经济选择》,《人民论坛》2010 年第 35 期。

业对工业发展的影响,没有考虑农业剩余是劳动力转移的先决条件;忽视了现实中工业部门使用资本替代劳动的趋势;忽视了在发展中国家普遍存在的城市失业率。

拉尼斯和费景汉(Ranis, G. & Fei, J. C. H.)从农业对工业的影响角度对刘易斯模型进行了修正,考虑了农业剩余产品对工业化的影响,形成了"拉尼斯-费景汉"模型。他们纠正了刘易斯对农业在经济增长中基础作用的忽视,强调了工业部门和农业部门发展的动态均衡增长关系,将发展中国家的经济发展过程分为三个阶段[1]。

第一阶段,农业部门中存在着隐蔽性失业,农业中大量劳动力的边际生产率为零。此时,剩余劳动力向工业部门的转移并不影响农业生产,农业的总产量不会受到劳动力转移的影响,能够支撑工业劳动力的生存需求,因此,农业部门的劳动力人均收入和工业部门的平均工资保持不变。

第二阶段,农业劳动的边际生产率大于零,边际产量大于零但小于维持生活所需要的产量。此时,劳动力继续向工业部门流动,但会影响农业生产,农业总产量的减少与工业部门劳动力粮食需求的增加同时发生,农业部门的劳动力人均收入和工业部门的平均工资水平开始逐渐提高。[2]

第三阶段,农业劳动的边际产量高于或等于维持生活所需要的产量,农业收入取决于边际生产力。此时,传统农业部门与现代工业部门的边际产品相等,农业部门的人均收入与工业部门的工资水平相当,劳动力迁移过程结束,农业部门不再存在剩余劳动力,城乡二元结构消失[3]。

第一阶段到第二阶段的转折便是"刘易斯第一拐点",第二阶段到第

---

[1] Ranis G., Fei J. C. H., "A Theory of Economic Development", *American Economic Review*, Vol. 51, No. 4, 1961.
[2] 龚建平:《费景汉和拉尼斯对刘易斯二元经济模式的批评》,《求索》2003年第3期。
[3] 龚建平:《费景汉和拉尼斯对刘易斯二元经济模式的批评》,《求索》2003年第3期。

三阶段的转折便是"刘易斯第二拐点"。基于拉尼斯和费景汉在二元结构模型扩展中的突出贡献,刘易斯模型与拉尼斯-费景汉模型被合称为"刘易斯-拉尼斯-费景汉"模型。拉尼斯和费景汉对刘易斯模型的改进,强调了农业在经济增长中的重要作用,农业剩余劳动力和农业产品剩余都是工业发展的基础。农业供给工业的剩余产品受到剩余劳动力转移的影响之后,粮食价格和劳动力价格就会增加,劳动力转移就会受到影响。

在推进农民工市民化的过程中,"刘易斯第一拐点"和"刘易斯第二拐点"的核心要义不仅是农村大量剩余劳动力在城乡之间的自由流动,更是政府治理及时有效跟进、建构良好社会秩序的结果,是自主选择与社会秩序相统一的过程。农民一旦从农村自主转移到城市,一方面会直接引发农村的社会失序,例如,农村老龄化、村庄空心化、留守儿童、留守妇女、留守老人等问题都是社会失序的表现,如果不及时解决这些问题,农村就不可能继续为城市提供剩余劳动力。另一方面城市社会失序,农村剩余劳动力进入城市后,还将面临就业、自身技能与素质、子女入学、社会保障、公民权利等多方面的障碍,如果不解决这些问题,农民工就会返回乡村。如此,"刘易斯第二拐点"便很难到来。这就需要政府积极作为、营造良好的社会秩序,例如,大力发展劳动密集型产业,提高工业对劳动力的吸纳水平;积极对劳动者进行技能培训,逐步用质量替代数量;解决好进城农民工的子女教育、社会保障以及公民权利等问题。破解一切障碍,做出相应的制度安排,是迎接"第二拐点"到来的必要准备。

(三)乔根森模型

乔根森(Jorgenson D. W.)应用新古典经济学的分析方法,创造了一个新的二元模型,即乔根森模型。该模型的主要贡献在于把刘易斯模型中关于剩余劳动下的经济发展,转变为分析农业剩余产品影响下的经济发展①，该模型提出之后在 Zarembka 等学者的拓展下成为发展经济学新古典理论的基础②。

与刘易斯模型类似，乔根森模型首先也做出了如下假设：（1）发展中国家的经济包括传统农业部门和现代工业部门；（2）农业部门没有资本投入，只有劳动投入，农业产出仅仅取决于劳动投入；（3）工业部门既有劳动投入，也有资本投入，故工业产出取决于劳动和资本投入；（4）农业部门和工业部门均存在中性的技术进步。

由此可以推理出如下结论：第一，只要存在农业剩余，工业部门的积累就会不断增长，且初始人口规模对工业部门的扩张有巨大影响；第二，无须最小的临界资本存量，当存在农业剩余时，不管资本存量的初始值是多少，经济积累都可以进行下去。因此，工业化的关键是在初始时期缔造出农业剩余，用农业剩余启动工业化，工业化一旦发轫，市场机制的自发作用就能保证其持续地推进下去③。

（四）"哈里森-托达罗"模型

迈克尔·托达罗（Todaro M.P.）针对刘易斯劳动力模型的局限性，强调了预期收入对劳动转移的影响，建立了城乡劳动力转移模型。托达罗观察到了发展中国家与发达国家人口流动的不同特征：城市中的失业和就业不足与大量的农村人口源源不断地流入城市相伴而生④。托达罗模型的出发点是，农村劳动力向城市转移的决策是根据"预期"收入最大化目标做出的，当预期的城市就业收入高于农村就业收入时，他们便会做出迁移

---

① 申鹏、胡晓云：《外出就业、半城市化与供给潜力——中国农村劳动力转移问题研究》，经济科学出版社，2018，第 19 页。
② Zarembka P., "Capital Heterogeneity, Aggregation, and the Two-sector Model", *The Quarterly Journal of Economics*, Vol. 89, No. 1, 1975.
③ 孔祥智、马九杰、朱信凯主编《农业经济学》，中国人民大学出版社，2023，第 73 页。
④ 解安：《中国特色：城乡互动的双向流动模型》，《天津商业大学学报》2011 年第 5 期。

的决策①。

哈里森（Harris J. R.）对托达罗的模型进行了拓展，形成了"哈里森-托达罗"模型。假设农业部门的收入水平为A_w，工业部门的工资收入为I_w，城市就业劳动力数量为L_j，城市可就业的劳动力总量为L_a。由此形成如下公式：$A_w = (L_j/L_a) I_w$，即当农村劳动力预期的工业部门收入（城市就业机会乘以工业部门的工资收入）大于农业部门的收入水平时，将做出迁移决策②。

"哈里森-托达罗"模型表明影响农民进入城市的因素是城市预期收入③，而预期的城乡间收入差距受到实际城乡收入差距和农村劳动力在城市获得就业机会的影响。当城市工业部门在扩大再生产中创造了少许的就业岗位时，农村劳动力对城市收入的预期会增加，导致大量的农村劳动力往城市迁移，人口的蜂拥而至造成了就业机会的低下，从而使失业问题更加恶化。由于发展中国家城市和农村一样贫困和缺乏就业机会，因此托达罗认为城乡平衡的途径是要重视农业和农村的发展，鼓励农村的综合开发，在农村兴办第二、第三产业，增加农村的就业机会，缓解或改变农村劳动力向城市的单向流动④。

（五）新迁移经济理论

综合来看，"刘易斯-拉尼斯-费景汉"模型是从宏观角度讨论城乡工农间的人口迁移流动问题，"哈里森-托达罗"模型则是从微观个体角度分

---

① Todaro M. P., "A Model of Labor Migration and Urban Unemployment in Less Developed Countries", *The American Economic Review*, Vol. 59, No. 1, 1969.
② Harris J. R., Todaro M. P., "Migration, Unemployment and Development: A Two-sector Analysis", *American Economic Review*, Vol. 60, No. 1, 1970.
③ 〔美〕迈克尔·托达罗：《第三世界的经济发展》，于同申等译，中国人民大学出版社，1988，第239页。
④ 解安：《"三农"有解——"三农"重大现实问题研究》，人民出版社，2018，第297~298页。

析非农就业与人口流动。新迁移经济理论则将视角从微观个体转移到微观家庭层面，通过讨论家庭内部劳动力配置问题剖析劳动力非农迁移的决定性因素。

斯塔克（Stark O.）和泰勒（Taylor J. E.）是新迁移经济理论的代表人物。他们认为，迁移决策是由农户家庭集体做出的，而不是由孤立的个体决定的，家庭根据预期收入最大化和风险最小化原则，决定其成员的外出或迁移[1]。这一理论表明，在不完全竞争市场中，迁移决策取决于家庭福利最大化而非个体利益最大化[2]。在发展中国家，农村家庭做出部门劳动力非农转移决策受到如下因素的影响。第一，家庭部分劳动力非农转移，可以实现家庭收入结构的多元化，降低农业自然与社会风险对家庭生存的冲击，非农就业的家庭劳动力通过汇款平缓家庭内部收入波动[3]；第二，部分劳动力的非农转移，可以实现家庭总体收入水平的提高，在工业化和城市化初期，工业部门的工资水平远高于农业部门的生产所得，即便非农就业无法提高家庭绝对收入，但仍能改善邻里间的相对贫困感知[4]。正如雅各布·明塞尔（Jacob Mincer）所说，家庭是迁移决策的基本单位，在农村劳动力迁移过程中发挥着关键作用。[5] 在新迁移经济理论中，非农就业的劳动力与留守的家庭成员之间存在潜在的契约安排，双方通过努

---

[1] Stark O., Taylor J. E., "Migration Incentives, Migration Types: The Role of Relative Deprivation", *The Economic Journal*, Vol. 101, No. 408, 1991.

[2] Stark O., Levhari D., "On Migration and Risk in LDCs", *Economic Development and Cultural Change*, Vol. 31, No. 1, 1982.

[3] Taylor J. E., Rozelle S., De Brauw A., "Migration and Incomes in Source Communities: A New Economics of Migration Perspective from China", *Economic Development and Cultural Change*, Vol. 52, No. 1, 2003.

[4] Stark O., Taylor J. E., "Relative Deprivation and International Migration", *Demography*, Vol. 26, No. 1, 1989.

[5] Mincer J., "Family Migration Decisions", *Journal of Political Economy*, Vol. 86, No. 5, 1978.

第四章 农民工市民化的理论阐释

力，共同实现家庭福利最大化。

三 产业结构变迁理论

（一）产业分工理论

亚当·斯密（Adam Smith）认为分工产生效率，在《国富论》中，斯密从城市和农村这个大的社会分工背景来研究影响财富增长的因素。斯密认为城乡关系是平等的交换关系，农民和市民是相互服务的关系。对土地的投资比制造业更稳定，对制造业的投资比国外投资要稳定。斯密认为一个社会的资本理应首先集聚于农业，其次是工业，最后再投在国外贸易。因此他认为，"如果人为定下的制度不扰乱事物的自然倾向，那就无论在什么政治社会里，城市财富的增长与规模的扩大，都是乡村耕作及改良发展的结果，而且按照乡村发展的比例而增长扩大"[①]。但是对于当时的欧洲大陆国家由国外贸易引起制造业发展进而引起农业大规模改良的现象，斯密认为这是源于历史及风俗习惯的"反自然"现象，并且是造成这些国家城市化过程落后于英美的重要原因。

此外，斯密还从产业分工的视角论证了劳动迁移的必然性。他认为"人们的交换能力导致了劳动分工的产生，因而，劳动分工的程度，总是要受到人们交换能力大小的限制，也就是说，要受到市场范围的限制"[②]。在此基础上，他认为，从城乡间商业联系和劳动分工的视角看，劳动力从乡村迁往城市是市场发展的自然结果。斯密描述了社会生活的具体图景——有些很常见的业务只能在大都市经营。如搬运工人，他们通常就只能在大都市谋生。一个小村庄对他们来说范围太小了，即便一般的集市，

[①] 〔英〕亚当·斯密：《国富论》，张兴、田要武、龚双红编译，北京出版社，2007，第86~99页。

[②] 〔英〕亚当·斯密：《国富论》，张兴、田要武、龚双红编译，北京出版社，2007，第5页。

也无法让他们生存立足。由此证明了社会分工和人口流动的必然性及相关性。

（二）"配第-克拉克"定理

英国古典经济学创始人威廉·配第（William Petty）曾在《政治算术》中将人口流动的原因明确归为产业间的收入差距。"工业的收益比农业多得多，而商业的收益又比工业多得多。"例如，配第发现当时英国农民每周的劳动收入是4先令，海员的每周收益却达到12先令。[①] 柯林·克拉克（Colin Clark）以配第的研究为基础，进一步采用实证方法计算了三次产业中劳动力份额和产值份额的比重[②]：随着经济的发展，第一产业的劳动力及其收入份额占比不断下降，第二产业的劳动力及其收入份额占比不断增加；当经济进一步发展时，第一产业的劳动力及其收入份额占比趋于低水平稳定，第二产业的劳动力及其收入份额占比开始下降，第三产业的劳动力及其收入份额占比不断增加。这一阐释劳动力在产业间转移的规律被称为"配第-克拉克"定理。

（三）库兹涅茨假说

西蒙·史密斯·库兹涅茨（Simon Smith Kuznets）在"配第-克拉克"定理的基础上，结合国民收入对产业结构演变做了进一步的探讨。他认为，经济增长和技术进步诱致大量的人口集聚和工业创新，而人口的集聚和工业的集中则构成了城市化持续发展的基础。他以此为分析框架进行了研究，认为城市化是经济增长的产物，并最终追溯到技术变革。技术变革催生了工业化大生产，吸引着农村劳动力向城市工业转移，从而带动经济

---

① 〔英〕威廉·配第：《政治算术》，陈冬野译，商务印书馆，1978，第20~23页。
② 曹晓萍：《基于产业空间结构的劳动力区域分布研究——以浙江省为例》，硕士学位论文，浙江大学，2013。

增长①。他使用数理分析方法,得出三点结论:一是在工业化之初,第一产业的产出份额较高,第二、第三产业占比较低;二是随着工业化推进到中期,第一产业占比会下降到20%以下,第二和第三产业产出占比会不断增长;三是在工业化后期,第一产业占比会下降到10%以下,第二产业的产出占比达到最大并开始下降,第三产业的产出占比继续增加直至成为经济主体。②库兹涅茨假说,即是说在整个工业化过程中,第二产业的产出占比将出现先增加后下降的倒U形曲线。

四 城市化理论

(一) 城市化一般规律

城市化的本质是社会生产力发展引起人们生产方式、生活方式和居住方式向城市转化的过程③。城市化的基础动力是农业生产率的提高、核心动力是工业化的推进、深层动力是第三产业的发展,因此人口的转移和人口的集中是城市化的重要表现形式,经济活动的集聚和扩散是城市化的主要运营内容,社会经济结构的转变才是城市化的本质④。就结构而言,农民工市民化、农业工业化都是乡村城市化的内在组成部分,城市化的一般规律主要体现在时间和空间两个维度。

1. 时间维度的城市阶段理论

诺瑟姆(Northam R. M.)通过分析各个国家城市人口占总人口的比重,总结归纳出时间维度的城市化阶段规律——城市化的演进过程

---

① 〔美〕西蒙·库兹涅茨:《各国的经济增长》,常勋等译,商务印书馆,2005,第100页。
② 申鹏、胡晓云:《外出就业、半城市化与供给潜力——中国农村劳动力转移问题研究》,经济科学出版社,2018,第40页。
③ 郑长德、钟海燕主编《现代西方城市经济理论》,经济科学出版社,2021,第168页。
④ 张明斗编《城市经济学》,机械工业出版社,2022,第29页。

整体呈现一条被稍微拉平的 S 形曲线（如图 4-2 所示），这就是"诺瑟姆曲线"[1]。该理论将城市化发展分为三个阶段：第一阶段是城市化发展初期，城市人口占总人口的 20% 以下，人口增长缓慢，以农业活动为经济发展的主导。第二阶段是城市化发展中期，当城市人口占比达到 30% 左右时城市化开始加速，工业超过农业居于主导地位，人口和其他要素迅速集聚，城市规模迅猛扩张；当城市人口占比达到 50% 左右时，恰处于 S 形曲线的拐点，即该曲线一阶导数为零的点，城市化速度开始下降却仍然维持较高速度。第三阶段是城市化发展后期，当城市人口占比达到 60%~70% 时，城市化率达到较高水平，农村人口乡城迁移数量大幅减少，城市人口增长渐趋缓慢，第三产业占比逐渐升高，部分城市甚至出现人口减少等状况[2]。

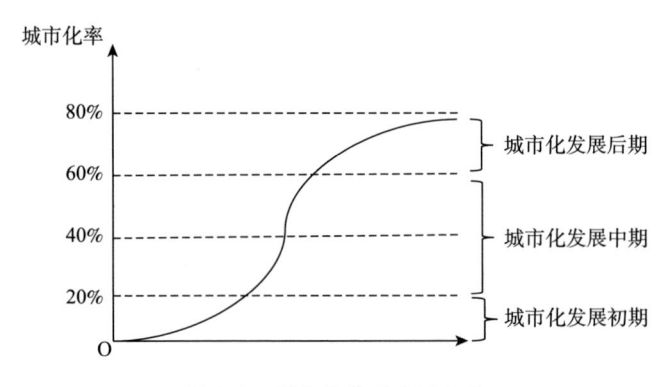

图 4-2 城市化发展 S 形曲线

资料来源：作者自绘。

结合中国城市化的特征来看，60% 的常住人口城镇化率与 40% 的户籍

---

[1] Northam R. M., "Population Size, Relative Location, and Declining Urban Centers: Conterminous United States, 1940-1960", *Land Economics*, Vol. 45, No. 3, 1969.
[2] 陈明星、叶超、周义：《城市化速度曲线及其政策启示——对诺瑟姆曲线的讨论与发展》，《地理研究》2011 年第 8 期。

第四章　农民工市民化的理论阐释

人口城镇化率同时存在,这更加反映了农民工市民化的紧迫性,也说明了中国城市化过程的复杂性,更加需要按照"自主选择与社会秩序统一"的分析范式来讨论户籍人口城镇化率大幅度落后的内在原因和破解路径,明晰农民工不能市民化的主观因素和客观障碍,才能更有针对性地制定相关政策,提高中国城市化质量。

2. 空间维度的集聚扩散理论

集聚与扩散是城市化的作用机制,体现了城市发展的内在规律。根据克拉森（Klaassen L. H.）等的城市演化模型,城市化的过程,首先是各类要素、各类资源的集聚过程,集聚到一定程度之后开始向外扩散,扩散一方面为新的集聚腾出了空间,另一方面为新的扩散创造了条件,这样就形成了"集聚—扩散—再扩散—再集聚"的链式发展过程,对应了"城市化—郊区化—逆城市化—再城市化"的发展阶段[①]。具体而言,第一阶段的空间城市化以集聚效应为主。这种集聚效应来自城市完备的市场机制、便利的交通通信条件、深度的社会化分工体系、密集的金融信贷市场[②]。这些优势降低了市场主体的对外交易成本和对内管理成本,扩大了产品贸易的市场范围,有利于通过区域公共资源、市场环境和外部经济共享,生成强大的外部经济效应,进而形成产业集群和国家竞争优势[③]。第二阶段的郊区化则集聚效应和扩散效应同时存在。郊区化最早出现在18世纪的英国伦敦,这一阶段城市中心区的人口和产业向郊区扩散,人口、制造业、零售业和地产业相继往郊区扩散,从而带动了城市外围腹地的经

---

① Klaassen L. H., et al., *Dynamics of Urban Development*, Hampshire: Gower Publishing Company Limited, 1979, p.15.
② 贺韶伶:《城市化:一个不可逆转的过程》,中国文史出版社,2005,第13页。
③ 〔美〕迈克尔·波特:《国家竞争优势》,李明轩、邱如美译,华夏出版社,2002,第140~145页。

济发展，但城市的集聚状态依然延续，导致城市的空间范畴进一步扩大。第三阶段的逆城市化以扩散效应为主。这种扩散效应来自资源过度集聚造成的产业高额的生产成本和竞争压力、个人高度的生活成本和精神压力，资源扩散的半径超出了城市集聚的范围，城市中心地带出现衰落，表现为资源从大城市向中小城市和乡村转移。第四阶段的再城市化显然不可能紧紧依靠市场机制来推动。从"逆城市化"到"再城市化"的发展更多地需要政府干预和引导，这一阶段并不会自然生成。事实上，集聚与扩散效应并不是对立的，向心化和离心化、集中化与分散化是区域经济发展的不同侧面[①]。

以集聚扩散理论来看，中国的城市集聚效应与扩散效应同时存在。一方面人口和要素呈现从乡村到中小城市、大城市的集聚趋势，另一方面城市生活成本和融入门槛促使人们从大城市向中小城市、再向乡村转移。就农民工市民化来说，目前农民工进城与返乡同时存在，然而笔者根据2017年中国流动人口动态监测调查数据计算发现，当年70%左右的计划返乡农民工是因为家庭团聚、照料子女和赡养父母等原因而被动返乡的。故而农民工市民化的外在行为并不能体现其在城市落户意愿特征，如何给予那些意向市民化但被迫返乡的农民工、那些不想市民化但被迫进城的农民工以政策关怀，就需要社会秩序的有效跟进，就需要城乡工农劳动报酬和社会保障的均等化。

（二）城市空间结构

在城市化深入发展的过程中，如何有效配置资源、有效保护环境是需要解决的重要问题，尤其是城市化在时间上进入了后期、在空间上进入了

---

① 新玉言主编《新型城镇化——理论发展与前景透析》，国家行政学院出版社，2013，第77页。

第四章　农民工市民化的理论阐释

逆城市化时。为了适应可持续发展的需要，创造良好的城市人居环境，西方学界提出了诸多城市社会空间结构模型，内容反映了从辨析城市具体结构（田园城市、同心圆理论、扇形理论、多中心理论），到探讨城市整体布局（生态秩序理论、有机疏散理论）的学术演进过程。

1. 田园城市理念

埃比尼泽·霍华德于 1898 年在《明日的田园城市》一书中提出了"田园城市"概念①。这一概念诞生于城市化发展出现种种困境的背景下——乡村发展的停滞与落后、城市生活因工业发展而出现污染加重现象、远离自然。1919 年，英国田园城市和城市规划协会与霍华德商议后，明确了田园城市的含义：（1）田园城市是为了实现健康生活和健康工作而设计的城市；（2）田园城市的规模适中，能够满足社会生活需要；（3）田园城市被农田环绕，城市土地是公有性质，由集体委员会负责管理②。在其设想中，城市和乡村具有彼此依赖的特征；城市由一个个同心圆组成，分为市场区、居住区、工业仓储和铁路区，道路从圆心向外放射；一个中心城市和若干个田园城市形成一个由农业地带分隔的城市群，各部分通过高速公共交通联系起来，政治上结成联盟、文化上相互协作，既能具有大城市的一切设施和便利，又不会像大城市那样效率低下。③霍华德的理念，不仅直接促使其追随者在伦敦远郊建设了两座田园城市，而且在人口和工业布局方面间接影响了法国巴黎郊区小城镇的建设。

2. 城市同心圆理论

伯吉斯（Burges E. W.）在分析城市空间结构时提出了同心圆理论。

---

① 〔英〕埃比尼泽·霍华德：《明日的田园城市》，金经元译，商务印书馆，2000。
② 新玉言主编《新型城镇化——理论发展与前景透析》，国家行政学院出版社，2013，第10页。
③ 〔英〕埃比尼泽·霍华德：《明日的田园城市》，金经元译，商务印书馆，2000。

该理论认为，城市可以划分成五个同心圆区域：（1）居中的圆形区域是中央商务区，这是整个城市的中心，是城市商业、社会活动、市民生活和公共交通的集中点；（2）第二个圆形区域是过渡区，是中央商务区外围的衰败的居住区；（3）第三个圆形区域是工人居住区，主要居住的是产业工人（蓝领工人）和低收入的白领工人，住房为集合式楼房、单户住宅或较便宜的公寓；（4）第四个圆形区域是良好住宅区，居住着中产阶级，分布着独门独院的住宅和高级公寓等；（5）第五个圆形区域是通勤区，居住着上层社会人士，布局了华丽的、高质量的住宅，还存在着一些小型卫星城，居住在通勤区的上层社会人士每天往返于中央商务区[①]。从内容上看，这一理论揭示了城市社会活动必将因收入和身份特征出现空间分离的事实。中国农民工市民化过程中也出现了比较明显的居住隔离状况，农民工往往居住在城中村、郊区城乡接合部等地，且随着城市规模的扩展，农民工的居住地不断向外迁移。

3. 城市扇形理论

霍伊特（Hoyt H.）于1939年创立了扇形理论，他把市中心的通达性称为基本通达性，把沿辐射状交通主干线所增加的通达性称为附加通达性，以市中心为起点向外发散的交通线则把城市塑造成扇形格局。对附加通达性反应敏感的制造业和商业活动沿道路呈楔形分布，普通工人的住宅区位于环绕工商业的发达地段，中产阶级和富有阶层的住宅区则沿河道或交通大道自成一区。扇形理论在一定程度上弥补了同心圆理论的不足，修正了城市由市中心向外均匀发展的完美设想，强调了交通对城市发展和格局形塑的重要作用。

[①] 向雪琴、高莉洁、侯丽朋等：《城市的描述性框架研究进展综述》，《标准科学》2018年第2期。

4. 城市多中心理论

不同于以往单一市中心的城市理论,哈里斯(Harris C.D.)和厄尔曼(Ullman E.L.)提出多核心理论,认为大城市不是一座孤立的城市,而是一片城市域。城市域内有多个核心,围绕不同核心将形成由近及远的多个区域,分别是中心的商业区、中心外围的批发商业区和轻工业区以及重工业区、城市最外围的住宅区和近郊区,在外沿还有数量更多的相对独立的卫星城存在。

5. 生态秩序理论

罗伯特·帕克将生态学基本理论应用于城市社会研究,通过对20世纪初美国芝加哥等大城市的外来移民进行调查获取资料,开展了系统的实证分析,提出了生态秩序理论。他认为城市是一个类似生物体的社会有机体,包含政治、经济、文化、社会等多个方面,在竞争机制与合作共生机制的作用下形成了一种城市发展的生态秩序。

6. 有机疏散理论

伊利尔·沙里宁在他1943年出版的《城市:它的发展、衰败与未来》一书中提出了有机疏散理论。他认为,城市是一个有机体,其内部秩序实际上和有生命的机体内部秩序是一致的。因此,城市的内部布局既要符合人类聚居的自然秉性,又要接近自然环境,努力为居住者打造一个兼具城市高效率、高集聚性和乡村自然性、文化性优势的环境[①]。沙里宁提出有机疏散的基本原则:一是城市中"日常的活动",即日常生活和工作区域,必须集中布置;二是"偶然的活动",由于不太频繁且并不在乎地点远近,可以分散布置。有机疏散理论通过集中日常活动和将集中点有

---

① 新玉言主编《新型城镇化——理论发展与前景透析》,国家行政学院出版社,2013,第11页。

机分散相结合的组织方式,把城市和乡村紧密连接在一起,一方面给城市的居民提供适合生活和工作的条件,同时保持了居住地能够亲近自然,另一方面又能满足整个城市对功能秩序与工作效率的追求[①]。

从上述城市空间结构模型来看,这些模型的提出不仅是对城市布局规律的总结,更是对城市化过程中出现的产业与产业之间、人与人之间、人与生态之间的矛盾所做出的回应。

（三）精明增长理论

面对城市基础设施重复建设、城市土地盲目扩张、资源浪费等问题,美国马里兰州州长帕里斯·N.格伦迪宁在1997年首次提出"精明增长"的概念[②]。此后,这一概念得到了政学两界的关注。例如,丹尼尔斯（Daniels T.）和来平（Lapping M.）认为精明增长的实质就是土地保护,通过现有城镇的再开发保护城市边缘区的农田[③];贝汉（Behan K.）等则将精明增长定义为一种以提高生活质量、保护自然环境、减少资本投入为目标的土地利用模式与城市增长准则[④]。

2000年,美国精明增长协会（Smart Growth America）正式成立,阐释了精明增长的核心理念：（1）从空间利用角度看,城市发展要充分利用存量空间,避免盲目扩大城市空间增量;（2）从建设重点角度看,城市发展要着重现有社区的重建,积极推进废弃、污染工业用地的重新开发利用;

[①] 〔美〕伊利尔·沙里宁:《城市:它的发展、衰败与未来》,顾启源译,中国建筑工业出版社,1986。

[②] Daniels T., "Smart Growth: A New American Approach to Regional Planning", *Planning Practice and Research*, Vol. 16, No. 3-4, 2001.

[③] Daniels T., Lapping M., "Land Preservation: An Essential Ingredient in Smart Growth", *Journal of Planning Literature*, Vol. 19, No. 3, 2005.

[④] Behan K., Maoh H., Kanaroglou P., "Smart Growth Strategies, Transportation and Urban Sprawl: Simulated Futures for Hamilton, Ontario", *The Canadian Geographer/Le Géographe canadien*, Vol. 52, No. 3, 2008.

第四章　农民工市民化的理论阐释

（3）从建设布局角度看，城市建设需要相对集中，混合用地类型，形成紧凑的空间；（4）从人口流动角度看，精明增长城市需要鼓励居民积极乘坐公共交通工具或者步行。精明增长理论力图通过鼓励、限制和保护的多元措施，实现经济、环境和社会的协调发展。该协会认为，建设一个"精明增长"的城市，应遵循十大原则：（1）土地混合利用；（2）紧凑的建筑设计；（3）多种居住选择方式；（4）适宜的步行环境；（5）有特色的城市社区；（6）保护开放空间、农田和自然景观；（7）提升改造现有社区；（8）提供多样化的交通选择；（9）做出可预测、公平、高效的发展决策；（10）鼓励公众参与以及文化保护。[1]

总体而言，"精明增长"理论的直接目的就是应对城市土地浪费和盲目扩张，力图通过一系列城市规划实现对城市土地的高效利用，从而实现对城市规模扩张的控制，进而达成保护区域生态环境、增进城乡经济发展、协调城乡关系的发展目的。

（四）新城市主义

20世纪下半叶，欧美发达国家的部分城市出现了长期的城市郊区化、城市中心区不断衰退、贫富分化和社区隔离等一系列失序问题。这种状况引起了规划师和政府部门对城市化蔓延的反思，新城市主义由此兴起。彼得·卡茨（Peter Katz）于1994年在《新城市主义——迈向社区架构》（*The New Urbanism: Toward an Architecture of Community*）一书中明确提出了"新城市主义"理论。1996年美国新城市主义大会通过了纲领性文件《新城市主义宪章》（Charter of New Urbanism），旨在以美国为试验田，兴起一场拯救城市中心区、重新整合无计划蔓延的郊区、保护自然环境、保护建筑遗产的运动。

---

[1]　唐相龙：《"精明增长"研究综述》，《城市问题》2009年第8期。

新城市主义包含两大组成理论：一是传统邻里社区发展理论（Traditional Neighborhood Development，TND）；二是公共交通主导型开发理论（Transit-oriented Development，TOD）。其核心理念主要体现在以下几个方面：一是重视区域规划，强调从整体考虑、综合解决问题；二是坚持以人为本，强调城市发展建设中通过人性化的设计，建设充满人情味的宜人社区；三是注重公共利益，强调城市发展建设必须将公共领域的重要性置于私人利益之上；四是强调可持续发展，主张限制城市边界，建设紧凑型城市，减少能源消耗和环境污染；五是尊重历史与自然，强调规划设计与自然、人文、历史环境的和谐。在这些理念的指导下，新城市主义主张建设内容丰富多元又高效利用的城市社区，适合居民出行和散步，整合建筑与自然环境，从而形成核心城市、小城镇、乡村和住户的协调分布[1]。新城市主义实现了对多元化、融入感、简朴度的人的价值标准与标准化、高效率的生活环境的有机融合，为城市化健康、科学、可持续发展提供了一种可资借鉴的城市规划思路。

第三节　中国共产党人的相关探索与论述

农民工作为中国改革开放的产物，得到了中国共产党人的高度关注，其市民化问题也一直是中国共产党人在探索解决的社会发展问题。事实上，农民工市民化问题根源于社会主义革命和建设时期、形成于改革开放和社会主义现代化建设时期、应对于中国特色社会主义新时代，故而理解

---

[1] 〔美〕新都市主义协会编：《新都市主义宪章》，杨北帆、张萍、郭莹译，天津科学技术出版社，2004。

第四章　农民工市民化的理论阐释

农民工市民化"自主选择与社会秩序统一"范式，必然需要系统性回顾中国共产党人的理论探索与论述。从内容上看，中国不同发展阶段的社会矛盾不同，农民工市民化问题的呈现及其应对思路也不一样[①]，但党的理论探索与具体方针具有连贯性和继承性，贯穿了"自主选择与社会秩序统一"的主线。

一　社会主义革命和建设时期的探索与论述

在社会主义革命和建设时期，中国社会的主要矛盾呈现为"人民对于建立先进的工业国的要求同落后的农业国的现实之间的矛盾，人民对于经济文化迅速发展的需要同当前经济文化不能满足人民需要的状况之间的矛盾"[②]。为解决这一矛盾，以毛泽东同志为代表的中国共产党人，顶住帝国主义的封锁和压迫，确立了优先发展重工业的战略和计划经济体制，包括农民在内的全体中国人民服从和服务于立国目标。这一阶段的农民摆脱了帝国主义、封建主义和官僚资本主义的压迫，实现了完全的解放，其自主选择权利表现为获得了平等公民权、社会保障权和发展权。计划经济体制下的乡村社会秩序在宏观上基本匹配了农民的发展需要，农户经济处于相对较低水平的均衡。

（一）农民的自主选择

第一，完全的平等公民权利的获取。1950年至1952年，在党的领导下全国范围内开展了土地改革运动，以农民土地所有制取代了地主土地所有制，实现了耕者有其田，从而解放了农村生产力，发展了农业生产，进而为工业化奠定了农业基础。土地改革保护农民的权益，保护农

[①] 曹萍等：《中国特色城镇化道路推进机制研究》，人民出版社，2017，第30页。
[②] 刘海军：《中国共产党时代主题观的历史演进与价值意蕴》，《探索》2022年第6期。

民的土地及其他财产不受侵犯,对于所有没收和征收得来的土地和其他生产材料,除依法收归国家所有的部分外,其余皆统一地、公平合理地分配给无地少地的贫苦农民所有。这是中国历史上无产阶级首次获得平等的公民权利。

第二,法定的自由迁徙权的享有。这一时期以法律形式确认了人民(当然包括农民)具有自由迁徙权。1954年9月,第一届全国人民代表大会审议通过的《中华人民共和国宪法》明确规定"中华人民共和国公民有居住和迁徙的自由"。这就以国家根本法的形式赋予了包括农民在内的全体公民自由迁徙权。然而,当时的国家工业化尚处于起步阶段,一方面城市工业无法容纳数量庞大的劳动迁移,另一方面刚刚分得土地的农民转移意愿较低,整体上的人口迁移需求是有限的。

第三,事实的有限迁移的选择。1958年前后,面对国际的封锁与压迫,中国的工业化遭遇重要困难,完全自由的人口流动冲击了城市就业市场,伴随着户籍制度的确立,农民的迁徙权被放在计划经济框架之内。农民的生产生活被纳入集体范畴,劳动活动按照国民经济计划执行,日常跨区域流动以介绍信作为身份凭证,除升学、参军等少数途径可以从农村户口转换为城市户口外,广大普通农民较难获得进入城市非农产业劳动和定居城市的机会。

(二)对应的社会秩序

这一时期我国对城镇化的实践探索与我国工业化的发展战略是相吻合的,是服从于优先发展重工业这一总目标的,经济社会发展严格统筹于计划之中,城市和农村构成了两个相对独立的模块。这一时期,与农民迁徙有关的社会秩序主要有户籍制度和粮食统购统销制度。

第一,户籍制度。1958年1月9日,全国人民代表大会常务委员会通过的《中华人民共和国户口登记条例》规定:"公民由农村迁往城市,必须持有城市劳动部门的录用证明、学校录取证明，或者城市户口登记机关准予迁入的证明，向常住地户口登记机关申请办理迁出手续。"1964年，《公安部关于处理户口迁移的规定（草案）》出台，严加限制从乡村迁往集镇、从集镇迁往城市。1958年，中共中央发布了《关于在农村建立人民公社问题的决议》，宣布实行"政社合一"体制，以此为载体，城乡分割壁垒逐步形成①。这样，除了极少数招工、升学和解决两地分居、照顾生活等特殊情况外，农民进城工作、生活的途径被严格限制。伴随着户籍制度形成了城乡分异的就业、社会保障体系，城市就业和社会保障由国家分配和提供，农村就业和社会保障由集体统筹和安排，城市社会和乡村社会的福利、机会、风险差异泾渭分明②。

第二，粮食统购统销制度。1953年，随着城市工业经济规模的迅速扩大，粮食需求大幅度增加，同时农民在"有粮惜售"的观念下减少了口粮外的余粮销售，于是一些富人和投机商人哄抬粮食价格，国家粮食收购计划无法完成，北京、天津等地面粉供应困难。在1953年10月2日的中共中央政治局扩大会议上，毛泽东指出："粮食征购、整顿私商、统一管理这三个问题，势在必行。配售问题可以考虑，我观察也势在必行。因为小农经济增产不多，而城市粮食的需要年年增长，如果我们能够做到城市、乡村不同时紧张更好，但恐怕办不到。"③ 10月16日中央做出决议开始实行粮食的计划收购和计划供应，11月15日决定实施计划收购油料。1954年9月，政务院下达命令对棉布实行计划收购和供应、对棉花实行计划收购。1955年8月，国务院公布了《市镇粮食定量供应暂行办法》，规定对市镇居民口粮、工商行业用粮和牲畜饲料用粮按照核定的供应数量发给供

---

① 马晓河等：《中国城镇化实践与未来构想》，中国计划出版社，2010，第318页。
② 胡玉鸿主编《城镇化研究成果综述与评析》，苏州大学出版社，2016，第184~185页。
③ 《毛泽东文集》第6卷，人民出版社，1993，第297页。

应凭证。这里的居民口粮供应凭证按照每月口粮定量标准进行发放，不包括农村居民，该办法特别规定"农村居民来往城镇的，可自带粮食，也可按农村粮食统购统销暂行办法的规定换取地方粮票或全国通用粮票"①。这一秩序为工业化提供了农业基础，但也在客观上限制了农民的空间流动。

总体而言，社会主义革命和建设时期农民消灭了阶级压迫，实现了完全解放，获得了平等的公民权。从表象来看，农民被较严格地限制流动，成为区别于城市居民的乡土身份群体；从本质来看，面对发展工业国与落后农业国的社会主要矛盾，农民不得不为国家工业化提供资本积累。这一阶段的人口流动政策匹配了计划经济体制之下的城市化路径，以国家力量推进的工业化水平远远高于城市化水平，同时受到农业产出有限的限制，在事实上割裂了城市化与工业化同步发展的进程。

二 改革开放和社会主义现代化建设时期的相关探索与论述

以党的十一届三中全会为标志，中国进入改革开放时期，开始探索中国特色社会主义道路，促使国家城市化与工业化进程相匹配。1981年，党的十一届六中全会指出，中国社会的主要矛盾转变成了"人民日益增长的物质文化需要同落后的社会生产之间的矛盾"。锚定这一社会主要矛盾，人口迁移限制逐步放宽，逐步赋予了农民显性的自主迁移权。伴随着农业剩余劳动力的凸显和农业剩余产品的丰富，农村人口开始大量往城市工业迁移，形成了数以亿计的农民工群体。然而农民诸多隐性的迁移限制仍然存在，且在事实上，隐性门槛比显性门槛更加难以逾越。

(一) 农民工的产生及其自主选择

1978年国家的工作重心转移到经济建设上来，广大农民自主探索形成

---

① 《建国以来重要文献选编》第7册，中央文献出版社，1993，第119页。

第四章　农民工市民化的理论阐释

了包产到户、包干到户等多种农业经营方式，这一思路逐步被国家接纳和回应，形成了具有中国特色的家庭联产承包责任制。家庭联产承包责任制充分调动了农民种田的积极性，增加了农业剩余而且解放了长期被锁定在农地上的农民，为农民自主选择职业和迁移行为提供了条件。从宏观上来看，在20世纪80年代中国经济整体从传统的计划经济向市场经济转型，与市场经济体制相匹配的事实上的自由迁徙权被赋予农民。基于农业剩余与自由迁移权的基础，富余的农村劳动力开始从低效率的农业部门向高效率的非农部门流动。重新配置劳动力资源，成为改革开放以来全要素生产率提高的主要源泉[1]。中国经济奇迹正是在这些"经济人"走南闯北的过程中一步一步发展起来的。在过去人口流动限制政策放松和现在鼓励政策兴起叠加的背景下，农民自主选择进城务工或创办乡镇企业，大大推动了中国城镇化和农民工市民化进程。

以邓小平为代表的中国共产党人从农民进城务工的具体国情出发，制定了积极发展小城镇的战略。1978年第三次城市工作会议之后，中央发布了《关于加强城市建设工作的意见》，要求认真编制和修订城市发展规划，提出了控制大城市规模、多搞小城市的方针。1979年9月，党的十一届四中全会通过《中共中央关于加快农业发展若干问题的决定》，明确指出小城镇是大中城市向农村辐射带动的中间环节，而且由于和农村在经济、政治、文化等各个方面的联系都非常密切，因此小城镇能够更直接地组织和带动农村的经济活动，支援农业和促进当地经济文化发展。1980年，国务院批转全国城市规划工作会议制定的《全国城市规划工作会议纪要》，提出了"控制大城市规模，合理发展中等城市，积极发展小城市"的城市发

---

[1] 解安、吴练达：《农村土地股份合作制：释放土地红利——深化农村经济改革的下一个着力点》，《江淮论坛》2019年第6期。

展方针。小城镇战略，大大吸收、容纳、消化了农村富余劳动力，有效促进了农村剩余劳动力就近、逐步、有序地实现市民化。与此同时，乡镇企业异军突起，逐渐成为吸纳农村剩余劳动力就业的又一重要途径。1987年与外国政要谈话时，邓小平对农村乡镇企业的发展予以了高度评价，"乡镇企业的发展……解决了占农村剩余劳动力百分之五十的人的出路问题"[1]，"大量农业劳动力转到新兴的城镇和新兴的中小企业"是现代化发展的"必由之路"[2]。

以江泽民为代表的中国共产党人积极推进中国经济由计划向市场的转型。1992年，党的十四大提出了我国经济体制改革的目标是建立社会主义市场经济体制。在国内市场需求大量增加和外向型经济蓬勃发展的背景下，劳动密集型制造业迅速发展，"民工潮"涌现，带动了工业就业人口迅速增长，沿海地区也出现了大量由新兴小城镇组成的"工业地区"。这一时期的工业化从城市地区拓展到农村地区，农村工业发展形成了"离土不离乡"的模式[3]，小城镇依托农村地域纷纷建立起来，不仅带动当地经济社会进步，还促进了城乡共同发展。

江泽民明确指出"实施城镇化战略，促进城乡共同进步"，"发展小城镇是推进我国城镇化的重要途径"[4]。第一，小城镇建设需要产业合理布局，需要在以市场为导向的基础上，优化配置农村的劳动力和土地等资源，实现农业结构内部各组成部分的全面发展，实现三次产业的融合发

---

[1] 《邓小平文选》第3卷，人民出版社，1993，第238页。
[2] 《邓小平文选》第3卷，人民出版社，1993，第213~214页。
[3] 李拓编著：《中国新型城镇化的进程及模式研究》，中国经济出版社，2017，第12页。
[4] 《中华人民共和国国民经济和社会发展第十个五年计划纲要》（2001年3月15日第九届全国人民代表大会第四次会议批准），https://www.gov.cn/gongbao/content/2001/content_60699.htm。

第四章 农民工市民化的理论阐释

展,从而努力形成大农业、大流通、大市场的新格局①。第二,小城镇建设需要要素有效集中,"在稳步发展农业的同时,积极发展农村的第二、第三产业,搞好小城镇建设。……引导乡镇企业向小城镇适当集中,使小城镇成为区域性的经济中心"②。"要积极发展乡镇企业和小城镇,加强农业综合开发,引导农业剩余劳动力合理转移和有序流动。"③ 第三,小城镇建设需要市场机制与政府机制有机结合,利用市场机制激活民间资本投资的热情,走"政府引导下主要通过市场机制建设小城镇"的道路,"要把发展小城镇同发展乡镇企业、发展科技型农业结合起来"④。要将"发展乡镇企业"与"建设新型集镇"有机结合起来,进而使新型小城镇在农村地区成为经济中心、文化中心和商品集散中心⑤。因此,发展小城镇和新型城镇具有深远的现代化意义,正如江泽民所说"发展小城镇是一个大战略",小城镇的快速发展有利于农村剩余劳动力的非农转移,有利于化解农村深层次矛盾,有利于激活民间资本投资,有利于扩大乡村各方面消费需求,为21世纪国民经济发展提供广阔的市场空间和持续的增长动力⑥。

到了20世纪90年代中期,城市化和工业化进入黄金发展时期,涌进城镇的农民工规模急剧扩大,每年增加约2000万人⑦。根据城镇化理论,我国的城镇化率在1996年超过"诺瑟姆曲线"理论的30%拐点,工业化和城市化开始加速推进,集聚效应加速凸显⑧。这时,农民的自主选择主要体现在进城务工的权利,从具体路径来看,又表现为向经济特区和东南

---

① 《江泽民文选》第1卷,人民出版社,2006,第268~269页。
② 江泽民:《论社会主义市场经济》,中央文献出版社,2006,第148~149页。
③ 《江泽民文选》第1卷,人民出版社,2006,第463页。
④ 《江泽民文选》第2卷,人民出版社,2006,第438页。
⑤ 《江泽民文选》第1卷,人民出版社,2006,第270页。
⑥ 《江泽民文选》第2卷,人民出版社,2006,第438页。
⑦ 李拓编著:《中国新型城镇化的进程及模式研究》,中国经济出版社,2017,第14页。
⑧ 李拓编著:《中国新型城镇化的进程及模式研究》,中国经济出版社,2017,第14页。

沿海城市的自主流动人口持续增加。数以亿计的农民工成为"中国制造"的主力军，农民进城的原因逐渐从原来被动式的工作调动、家属随迁，转变为主动式的"务工经商"等。

以胡锦涛为代表的中国共产党人对城镇化、工业化发展趋势的认识进一步深化，提出"以人为本""城乡统筹"的城镇化发展理念。2003年，党的十六届三中全会通过《中共中央关于完善社会主义市场经济体制若干问题的决定》，对全面建成完善的社会主义市场经济体制做出全面部署。在市场化改革的政策背景下，特别是就业领域的市场化改革，为农民自主选择拓宽发展空间，顺应了城市市场经济深入发展的趋势，农村劳动力不仅有了更多转移就业的机会，还有了更多其他方面的选择权。与此同时，新生代农民工自我意识较强，对农村和城市有着不同于老一代农民工的社会认知和工作生活期望，因而他们就业的动机已从改善生活逐渐拓展为追求梦想，更看重个人全方位的发展，市民化意愿更加强烈。

要想顺利推进农民工市民化，促进社会共同富裕，不能只关注面上的农民选择，更要深入探究农民自主迁移的隐性门槛。农民工的生存状态表现为在农村待不住、在城市留不下。农民工在城市非农产业就业，像"候鸟"一样季节性流动，即便在职业和观念上脱离了乡村农业，但面对城市社会保障政策限制、落户门槛和居高不下的房价仍然力量微薄。围绕农民工自主迁移的隐性门槛和城乡收入差距，中国共产党人展开了更加深刻的新思考与新探索。

胡锦涛在党的十六届四中全会上提出"两个趋向"的重要论断。第一个"趋向"是指工业化初期农业支持工业具有普遍性的趋向；第二个"趋向"是指工业化后期工业反哺农业、城市支持农村也是带有普遍性的趋向。[①] 党

---

① 《十六大以来重要文献选编》中，中央文献出版社，2006，第311页。

的十七大报告提出,要"建立以工促农、以城带乡长效机制,形成城乡经济社会发展一体化新格局"①。劳动力等要素在城乡之间自主流动,才能实现城乡统筹协调、共同繁荣发展。胡锦涛明确指出,从我国的国情出发,即便城市化达到较高水平,生活在农村的人口数量依然巨大②,因此,要"加大以工促农、以城带乡的力度,使稳妥推进城镇化和扎实推进社会主义新农村建设成为我国现代化进程的双轮驱动,从而逐步解决城乡二元结构矛盾"③,缩小城乡差距,形成城乡良性互动、协调发展的格局,使人民不管生活在城镇还是农村,都能过上富裕文明的生活,都能分享改革发展的成果。

(二)转型时期的社会秩序

改革开放的过程本质上就是计划经济体制向社会主义市场经济体制的转型过程,工业化与城市化快速推进,经过中国共产党人的思考与探索,逐步形成了具有中国特色的市场化秩序。事实上,在这一时期,与农民工的产生及其自主选择相匹配的社会秩序在不同阶段有不同的体现。

以邓小平为代表的中国共产党人主要在户籍制度和就业制度方面形成了突破和跟进,但是在社会保障制度方面仍缺乏改革。

第一,解冻户籍制度。1980年在解决职工夫妻长期两地分居问题上给政策开了口子,但对"农转非"依旧严格控制。1981年12月国务院还发布了《关于严格控制农村劳动力进城做工和农业人口转为非农业人口的通知》,严格控制从农村招工,规定城镇集体所有制单位一律不准招收农民做职工(包括临时工)。1989年10月,国务院发布《关于严格控制"农

---

① 胡锦涛:《高举中国特色社会主义伟大旗帜为夺取全面建设小康社会新胜利而奋斗——在中国共产党第十七次全国代表大会上的报告》,人民出版社,2007,第3页。
② 《十六大以来重要文献选编》下,中央文献出版社,2008,第278~279页。
③ 《十七大以来重要文献选编》上,中央文献出版社,2009,第78页。

转非"过快增长的通知》，要求严格控制、计划管理。可以说，整个80年代，国家对农村人口向城市的迁移控制并没有较大的松动①。这一时期对户籍制度的突破主要体现在打开了从乡村到集镇的迁移之路，1984年发布《关于农民进入集镇落户问题的通知》，规定在集镇有固定住所、经营能力或长期在集镇务工的农民及其家属可以落集镇常住户口，应发给《自理口粮户口簿》《加价粮油供应证》。于是出现了介于农村户口和城市户口之间的非农业户口——"自理口粮户"②。事实上，"自理口粮户"的出现与20世纪80年代乡镇企业的发展和小城镇的建设息息相关。

第二，改革就业制度。计划经济时期，农民虽然可以参加人民公社和生产队的非农劳动，但是零散的、临时的和不持续的，同时进入城市非农产业就业的机会缺乏。20世纪80年代，尽管对农民工的限制政策有所放松，但由于身份歧视和市场选择等原因，农民工往往只能选择非正规就业，劳动时间长、劳动强度大、工资水平低，在与雇主的交易中始终处于极度弱势地位。此时的就业制度虽比以前有所松动，但改革尚在起步阶段，还存在许多问题，相关配套制度和社会治理仍需要进一步完善。

第三，忽视社会保障制度。这一时期在社会保障领域，国家整体社会保障资源仍然较为匮乏，只能将有限的资源投入城市居民的社会保障之中。进入集镇务工的农民仍然未被纳入城市居民社会保障体系，还只能受到农村集体的社会保障。事实上，集镇中除了少数城市户口的干部和经营者外，更多的集镇居民是拥有承包地的集体成员，不享有城市居民的社会保障待遇。

总的来说，这一阶段，农民获取了相对完整的事实层面的自由迁移

---

① 王峰：《户籍制度的发展与改革》，中国政法大学出版社，2013，第108页。
② 陆益龙：《超越户口——解读中国户籍制度》，中国社会科学出版社，2004，第33页。

第四章 农民工市民化的理论阐释

权,工业化、城镇化和农民工市民化进程有效推进。尽管自改革开放以来,随着市场经济的快速发展和劳动力向集镇和小城镇流动的大规模增加,党和政府从土地制度、户籍制度、城市行政等级制度、就业制度和社会保障制度等多个方面着力,逐步放松对农民自主选择的行政管制,但是以城乡二元户籍制度为代表的束缚城乡人口流动的体制机制障碍依旧突出,仍待进一步深化改革。

以江泽民为代表的中国共产党人强调尊重农民的自主选择,以小城镇建设为抓手,深化户籍制度改革,强调构建就业选择中的市场机制。

第一,深化户籍制度改革。1993年,党的十四届三中全会通过的《中共中央关于建立社会主义市场经济体制若干问题的决定》明确提出,要"逐步改革小城镇的户籍管理制度,允许农民进入小城镇务工经商,发展农村第三产业,促进农村剩余劳动力的转移"[1]。1997年7月,国务院批转公安部《小城镇户籍管理制度改革试点方案》和《关于完善农村户籍管理制度的意见》,严格的户籍管理制度进一步松动[2]。与此同时,国家还先后通过土地制度、就业制度、社会保障制度以及城市行政等级制度的相应调整,逐步放松了制度层面对农民工转化为市民的管制,为农民的自主选择创造了良好条件。

第二,强调市场配置资源。自党的十四大以来,官方文件中多有关于引入市场机制以改善人口流动问题的表述,如"正确引导农村富余劳动力有秩序地合理转移和流动"[3];"建立全国统一开放的市场体系……促进资源的优化配置"[4]。市场机制的引入,为有针对性地解决发展中出现的突出

---

[1] 《十四大以来重要文献选编》上,人民出版社,1996,第538页。
[2] 陈理:《中国特色城镇化道路的形成与发展》,《党的文献》2008年第6期。
[3] 江泽民:《论社会主义市场经济》,中央文献出版社,2006,第147页。
[4] 《十四大以来重要文献选编》上,人民出版社,1996,第520页。

问题，引导小城镇健康有序发展和跨省区市涌进城镇的"民工潮"营造了宽松的市场环境和相应的社会秩序。

总体而言，这一阶段，坚持以市场为导向，积极发展乡镇企业和小城镇，引导农民工合理转移和有序流动；随着市场化改革的深入，农民工跨省区市流动尤其是向东部沿海城市流动逐渐成为趋势。于是，以"引入市场机制和户籍制度改革深化"为突破口，进一步放松了对农民自主选择制度性层面的管制，在农民获得自由迁移权的基础上进一步获得了自由择业权，但隐性迁移障碍仍然存在。

以胡锦涛为代表的中国共产党人继续深化户籍制度改革和就业市场改革，着手解决农村居民和农民工的社会保障问题。

第一，推进深层次体制改革。体制改革的一个重要方面，就是消除不利于城镇化发展的体制障碍，营造促进农民工市民化健康发展的良好环境。2003年10月，党的十六届三中全会通过《中共中央关于完善社会主义市场经济体制若干问题的决定》，提出要逐步改变城乡二元经济结构①。2008年10月，党的十七届三中全会通过《中共中央关于推进农村改革发展若干重大问题的决定》，指出我国已经处于破除城乡二元结构、构建城乡经济社会一体化的重要时期，要在"城乡规划、产业布局、基础设施建设、公共服务一体化等方面取得突破，促进公共资源在城乡之间均衡配置、生产要素在城乡之间自由流动，推动城乡经济社会发展融合"②。同时，胡锦涛还强调指出，要贯彻落实科学发展观，"坚持保护环境和保护资源的基本国策，坚持城镇化发展与人口、资源、环境相协调，合理、集约利用土地、水等资源，切实保护好生态环境和历史文化环境，走可持续

---

① 《十六大以来重要文献选编》上，中央文献出版社，2005，第465页。
② 《中共中央关于推进农村改革发展若干重大问题的决定》，《人民日报》2008年10月20日。

发展、集约式的城镇化道路"①。

第二，着手解决社会保障问题。聚焦农民工市民化议题，党和国家政府关注到了农民工的就业、生活保障、社会认同等多方面问题，并就此提出了问题解决的指导意见和具体措施。2006年，胡锦涛在云南考察时说："要关心农民工，帮助农民工，切实维护农民工的合法权益。"② 同年，国务院发布《关于解决农民工问题的若干意见》，提出要积极稳妥地解决农民工的社会保障问题，对于各类职工保险"实行低标准进入、渐进式过渡"的方式推进，依法将农民工纳入工伤保险范围和着力解决大病医疗保障问题。这些政策是完善农民工社会保障的有益尝试。

总体而言，这一阶段，农民工获得了初步的社会保障权。着力放松束缚城乡人口流动的制度因素，赋予农民工市民化的机会和条件，提高了农民工关于产业与地域选择的自主性，又通过人力资本下乡，"以城带乡""以工促农"等方式发展农业农村，提高农民工市民化的能力，缩小城乡差距。就内容来说，农民工市民化社会秩序的跟进，尤其需要多方面的顶层设计跟进，如户籍制度、土地制度、就业制度以及社会保障制度等，这些制度相互独立又相互关联，需要从整体把握和机制创新，才能加快形成城乡经济社会发展一体化新格局。

三 中国特色社会主义新时代的探索与论述

党的十八大以来，中国特色社会主义进入了新时代，我国社会主要矛盾已经转化为人民日益增长的美好生活需要和不平衡不充分的发展之间的

---

① 《胡锦涛文选》第2卷，人民出版社，2016，第358页。
② 《认真解决群众关心的利益问题　大力促进各民族共同繁荣发展》，《人民日报》2006年5月16日。

矛盾①。以习近平同志为代表的中国共产党人锚定农民工社会保障权的强化，从户籍制度、土地制度以及社会保障制度等方面进行深层次整体化改革。根据"工业化和城镇化良性互动、城镇化和农业现代化相互协调"的方针，党和国家对新型城镇化和乡村振兴进行了顶层设计，巩固拓展了农民工就地就近市民化的路径，有效地实现了自主选择与社会秩序统一。

(一) 新时代的农民工市民化自主选择

第一，完全自由的迁徙权。2015年，在第十八届中央政治局第二十二次集体学习时的讲话中，习近平总书记提出："要加快推进户籍制度改革，完善城乡劳动者平等就业制度，逐步让农业转移人口在城镇进得来、住得下、融得进、能就业、可创业，维护好农民工合法权益，保障城乡劳动者平等就业权利。"② 2015年，在第十八届五中全会上，习近平总书记在为"十三五"规划做的说明中提到，要加快落实中央确定的让一亿左右的农民工和其他常住人口在城镇定居落户的目标，其中的一亿人主要包括农村升学和参军进入城镇的人口、在城镇就业和居住五年以上和举家进城生活的农民工③。2021年3月，"十四五"规划进一步深化户籍制度改革，指出"放开放宽除个别超大城市外的落户限制，试行以经常居住地登记户口制度"④。这些举措有力推进了户籍制度改革和城乡居民基本公共服务均等化，加快推动农民工市民化，促进农民工及其随迁家人全面融入城市。可以说，在新时代，户籍制度的门槛越来越低，尤其是在中小城市和小城镇

---

① 《决胜全面建成小康社会夺取新时代中国特色社会主义伟大胜利》，《人民日报》2017年10月19日。
② 《健全城乡发展一体化体制机制　让广大农民共享改革发展成果》，《人民日报》2015年5月2日。
③ 习近平：《论"三农"工作》，中央文献出版社，2022，第164~165页。
④ 《中华人民共和国国民经济和社会发展第十四个五年规划和2035年远景目标纲要》，《人民日报》2021年3月13日。

的落户门槛已经较为科学，农民工及其家庭完全依照自身需求选择到城市务工还是返乡、到城市落户还是留村。

第二，逐渐稳定的福利权。农民工的集体福利主要就是土地权益，土地对于农民工而言有着特殊意义。一方面，农民工虽然进城务工但依然难以割舍农村土地权益所带来的客观经济收入，这是外出务工的支撑，也是返乡的退路，是重要的社会保障；另一方面，农民工对承包地、宅基地等有着特殊的感情，一块土地于他们而言就像一个家人，构成了他们的主观心理依托。因此，保障农民工的土地权益就意义重大。党的十八大以来，党中央积极探索农村集体土地所有权、承包权和使用权的实现形式，切实维护好进城落户农民的土地承包权、宅基地使用权和集体收益分配权。承包地和宅基地"房地一体"确权颁证以来，农民工享有的土地权益更加稳定，2019年中央一号文件明确指出"不得以退出承包地和宅基地作为农民进城落户条件"。

第三，更加积极的保障权。户籍背后的社会保障状况影响着农民工的自主选择，党的十八大以来，农民工所享有的社会保障状况在逐步好转。一方面，农民工享有的农村社会保障水平在提高，例如养老金每月增加到100元以上；另一方面，农民工享有城镇居民社会保障的机会在增加，例如可以参加城镇职工养老保险和城镇职工医疗保险，农民工子女在城镇可以享受义务教育等。这些举措赋予了农民工更加积极的社会保障权，使其自主选择权的束缚进一步松绑。

（二）新时代的农民工市民化社会秩序

新时代的农民工虽然在显性的迁徙、福利和保障方面有了更加充分的权利，然而隐性自由迁移障碍依然存在。中国共产党人在尊重农民工意愿的基础上积极探索跟进社会秩序，重点以新型城镇化战略和乡村振兴战略实施"双轮"驱动，回应农民工的群体诉求。

首先，推进新型城镇化，提升城镇化发展质量。新型城镇化是工业化和城镇化、城镇化和农业现代化良性互动、相互协调的城镇化，是在充分尊重和保障农民工自主选择的基础之上，进一步优化我国城镇化发展的顶层设计。第一，新型城镇化是"人"的城镇化而不是"地"的城镇化，不是城镇空间的盲目扩张，而是人的自由集聚和扩散。第二，新型城镇化是城镇和乡村相协调的城镇化，构建大小相宜、布局合理的城镇发展体系。第三，新型城镇化是物质和精神共同推进的城镇化，积极发展现代文化，激活优秀传统文化，实现农民工物质和精神的同步现代化。第四，新型城镇化是经济和生态和谐共进的城镇化，经济的发展不是以破坏生态环境为代价，而是以良好的生态环境推进绿色经济、低碳经济的发展，同时以经济发展的资源来改善和守护生态环境。第五，新型城镇化是制度协同改革的城镇化，新时代已经无法通过单项突破实现制度改革，户籍制度、土地制度、社会保障制度在新型城镇化中将联动改革。党的十八大、十九大和二十大为新型城镇化指明了努力方向，系统性的实践成果为新型城镇化的进一步推进提供了充分的借鉴和参考。党的二十大报告指出，"推进以人为核心的新型城镇化，加快农业转移人口市民化。以城市群、都市圈为依托构建大中小城市协调发展格局，推进以县城为重要载体的城镇化建设"。这表明，新型城镇化进入以县域为核心的新发展阶段，更加凸显了我国城镇化和农民工市民化的人本理念核心。

其次，实施乡村振兴战略，加快城乡融合发展。长期以来，我国实行了城市偏向型发展战略，重视城市和非农产业的发展，甚至以牺牲农业农村利益的方式来发展城市。这种发展理念显然是不可持续和不能接受的。为纠正这一思维偏误，党的十九大报告创造性地提出了乡村振兴战略。本质上，新型城镇化战略与乡村振兴战略具有一致性，新型城镇化面临的现实困境必须依靠乡村振兴来破解，乡村振兴的推进必须依靠新型城镇化来带动。当前，农民工在就业、住房、养老、医疗、子女教育等方面与城镇居民享受的待遇仍有较大差距，融入城市或返回乡村的决策仍然受到外在因素影响，通过实施乡村振兴战略，有利于补齐农业农村发展短板，实现乡村产业、人才、生态、文化、组织振兴，推动城乡融合发展。党的二十大报告提出要"坚持农业农村优先发展，坚持城乡融合发展，畅通城乡要素流动"，同时提出要"保障进城落户农民合法土地权益，鼓励依法自愿有偿转让"。这表明，自党的十八大以来，乡村振兴战略一方面要为农民工留在乡村创造条件，另一方面也要为农民工融入城市消除阻碍，实现土地、劳动、资本、技术、数据等各类要素在城乡之间顺畅流动，为农民工提供多样化的选择机会。

总体而言，在中国特色社会主义新时代，中国共产党人把完善城镇化健康发展体制机制作为深化改革的重点目标之一，紧紧抓住人的城镇化这个核心，着手解决城镇化发展过程出现的一系列问题，加快实施新型城镇化战略和乡村振兴战略。农民工市民化的推进也有赖于相关体制机制障碍的破除，在"使更多人民群众享有更高品质的城市生活"[①] 的思想指导下，进入更高质量的发展阶段。党和国家在"自主选择与社会秩序统一"上探索出一条新时代中国特色社会主义城镇化道路。

第四节 小结

农民工市民化是具有中国特色的社会发展问题，"自主选择与社会秩

[①] 《中华人民共和国国民经济和社会发展第十四个五年规划和2035年远景目标纲要》，《人民日报》2021年3月13日。

序统一"的分析范式有三大思想来源：马克思主义经典作家的理论思考、西方经济学代表学者的理论学说、中国共产党人的探索论述。

从本质上来看，农民工自主选择强调了包括平等公民权、自由迁移权、均等保障权在内的权利授予，而权利的授予离不开以正式制度为核心的社会秩序的跟进。在中国传统社会中，农民的自主选择与社会秩序是相互匹配的，整体人民生活处于低水平的均衡状态；随着工业化和城市化步入快速发展时期，进入城市工业的农民在职业上变成了农民工，对社会秩序形成了颠覆性冲击，最初的均衡状态被打破，农民工需要更多的选择权来优化资源配置，农民工的自主选择与社会秩序之间出现偏差，这一特征贯穿了经济发展的转型时期；当社会秩序渐趋完善，妥善回应了农民工的呼声，工业化和城市化达到较高程度时，人民生活整体上将达到高水平的均衡状态。

从内容上来看，农民工市民化自主选择与社会秩序的有机统一强调了"人的主体性"，这也是马克思主义唯物史观的出发点。正如马克思所说，"一切历史的第一个前提"就是"人们为了能够'创造历史'，必须能够生活"[①]。"历史什么事情也没有做……其实，正是人，现实的、活生生的人在创造这一切，拥有这一切并且进行战斗。并不是'历史'把人当作手段来达到自己——仿佛历史是一个独具魅力的人——的目的。历史不过是追求着自己目的的人的活动而已。"[②] 所谓的"现实的人"不是抽象的人，不是想象中的人，而是"从事活动的，进行物质生产的，因而是在一定的物质的、不受他们任意支配的界限、前提和条件下活动着的"[③]，是处于一定的社会关系中的人，因而"人的本质不是单个人所固有的抽象物，在其

---

① 《马克思恩格斯选集》第1卷，人民出版社，2012，第158页。
② 《马克思恩格斯文集》第1卷，人民出版社，2009，第295页。
③ 《马克思恩格斯选集》第1卷，人民出版社，2012，第151页。

第四章　农民工市民化的理论阐释

现实性上，它是一切社会关系的总和"[1]。可以说，工业化和城市化的根本目的是提高每个人的生活水平，是使每个人在新的社会体系下得到全面的发展。当工业化达到一定阶段后，必然需要关注为工业化付出了巨大牺牲的农民工群体的呼声。

故而，农民工市民化"自主选择与社会秩序统一"的分析范式是理论发展的必然结果，是人类工业化发展到较高层次的产物。这一分析范式，恰恰与马克思主义理论中生产力与生产关系的矛盾运动相契合。工业化是体现物质基础的生产力，市民化是反映身份结构的生产关系，高度的工业化必然要求市民化生产关系的构建。概而论之，农民工市民化过程中的"自主选择与社会秩序统一"的分析范式，体现了生产力与生产关系、经济基础与上层建筑之间的辩证统一关系。在一国工业化和城镇化发展过程中，如果实现了农民工自主选择与社会秩序的统一，就能有序、健康、可持续地推进工业化和城镇化发展；反之，若二者失衡，工业化和城镇化发展就会走弯路甚至出现挫折。这启示我们：一方面，必须充分尊重农民工自主选择的权利，只有这样，作为工业化和城镇化制度变迁主体的人的能动作用才能被充分激发，社会物质基础的生产力才能被真正解放；另一方面，社会秩序必须及时有效地跟进，通过生产关系和上层建筑的变革，不断减弱甚至消除影响农民工自主选择的各项制度壁垒[2]。

---

[1] 《马克思恩格斯选集》第1卷，人民出版社，2012，第135页。
[2] 解安、徐宏潇、胡勇：《新中国城镇化曲折历程的唯物史观分析》，《马克思主义研究》2015年第12期。

第五章　农民工市民化的历史演进

历史是现实的根源，对现实问题的解读离不开对历史过程的剖析。对"农民工市民化：自主选择与社会秩序统一"分析范式的论证，也需要通过历史逻辑予以支撑。自新中国成立以来，中国共产党带领中国人民展开了全面的社会建设，工业化和城镇化取得了举世瞩目的发展成绩。从1949年到2022年，中国城镇化率从10.64%增加到65.22%，城镇常住人口从1.72亿人增加到9.21亿人[①]。但是实现工业化与城镇化的过程不是一帆风顺的，其中有曲折的探索也有宝贵的经验。立足"自主选择与社会秩序统一"的分析框架，本章将从个人自主选择与整体社会秩序的互动角度，深入梳理和分析中华人民共和国成立以来我国城镇化的演进历程。

第一节　相对自主选择与计划秩序构建
（1949~1957）

1949年3月，中共七届二中全会在西柏坡召开，党中央做出了"党的工

---

① 国家统计局年度数据，https://data.stats.gov.cn/easyquery.htm? cn=C01。

作重心由乡村移到了城市"① 的决定。关于在党的工作重心转移过程中如何处理好城乡关系的问题,以毛泽东同志为主要代表的中国共产党人做出了科学回应。毛泽东指出:"城乡必须兼顾,必须使城市工作和乡村工作、使工人和农民、使工业和农业紧密地联系起来。决不可以丢掉乡村,仅顾城市,如果这样想,那是完全错误的。"②"只有将城市的生产恢复起来和发展起来了,将消费的城市变成生产的城市了,人民政权才能巩固起来。"③ 同年4月,刘少奇在《在天津市干部会上的讲话》中也指出:"必须切实地、迅速地沟通城乡关系……使城市工业品与乡村农产品相互交换的关系发达起来,灵活起来。"④ 这一时期,党和国家领导人兼顾城乡共同发展,"沟通城乡关系"和"生产性城市"等观点的提出,高度概括了中华人民共和国成立初期城镇化建设的基本方针,为这一时期构建起农民自主选择与社会秩序的统一起到了重要作用。

一 农民自主选择相对自由

1953年以前,新生的社会主义政权处于百废待兴的起步阶段,诸多社会制度正处于形成期,社会政策环境较为宽松,农民自主选择相对多元,城乡人口呈现自由流动的状态。1949年9月,中国共产党和各民主党派召开中国人民政治协商会议,制定了《中国人民政治协商会议共同纲领》,该纲领提出"中华人民共和国人民有思想、言论、出版、集会、结社、通讯、人身、居住、迁徙、宗教信仰及示威游行的自由权"⑤。1950年治安

---

① 《建党以来重要文献选编》第26册,中央文献出版社,2011,第203页。
② 《建党以来重要文献选编》第26册,中央文献出版社,2011,第203页。
③ 《毛泽东选集》第4卷,人民出版社,1991,第1428页。
④ 《建党以来重要文献选编》第26册,中央文献出版社,2011,第313页。
⑤ 《建党以来重要文献选编》第26册,中央文献出版社,2011,第759页。

行政会议召开，时任公安部部长罗瑞卿指出，户籍管理工作的基本原则是保障人民的自由①。基于战后社会恢复和经济建设的前瞻性目的，这一时期通过正式制度的方式明确了人民的迁徙自由。

（一）进城意愿较为理性

这一时期，我国农村土地制度改革深入推进，农业生产力快速提升，农民进入城市的意愿相对理性。1950年6月，国家颁布了《中华人民共和国土地改革法》，到1952年9月，土地改革基本完成，全国3亿农民分得了7亿亩土地和大批生产资料，免除了过去每年向地主交纳700亿斤粮食的苛重地租，封建土地所有制度被彻底摧毁②。在此基础上，1951年9月，中央召开第一次农业互助合作会议，随后印发《关于农业生产互助合作的决议（草案）》。各地以此思想为指导，积极推动农民组织化，从发展互助组、初级农业合作社，逐步到高级农业合作社、人民公社，从而把亿万农民组织了起来，走上了社会主义的农业集体化发展道路③。随着土地改革与农业生产合作运动的深入推进，农民生产积极性被高度调动起来，农村社会生产力快速提升。

与此同时，党和政府及时恢复和发展农村商品经济，建立了国营商业和供销合作社体系。集市贸易也有所发展，城乡物资交流较为活跃，从1950年到1952年底，农副产品价格先后四次提高，农产品采购价格提高了21.6%，农村工业品零售价格提高了9.7%④，工农业产品"剪刀差"缩小，城乡之间发展的协调性较大程度增强，形成了较为合理健康的城乡关

---

① 何雨：《迈向城市社会：中国成就、经验与愿景》，《上海城市管理》2018年第3期。
② 何沁主编《中华人民共和国史》，高等教育出版社，1999，第57~58页。
③ 陆学艺、杨桂宏：《破除城乡二元结构体制是解决"三农"问题的根本途径》，《中国农业大学学报》（社会科学版）2013年第3期。
④ 徐大兵：《新中国成立六十年来农产品流通体制改革回顾与前瞻》，《商业研究》2009年第7期。

系。农民在生产资料的获得上更加便利,在劳动产品的分配上更加公平,生活水平整体上有较大幅度提高,因此农民主动选择进城的愿望相对降低,由农村迁往城市的人口有限。同时,由于社会主义政权不断巩固,为配合军队力量进一步整合升级的需要,1950年6月,中央做出落实150万解放军复员回乡的决定,到1950年底,全军精简17.1%,共缩减陆军2个兵团、9个军、27个师、94万余人[1]。大批军人退伍后返回农村,反而出现城市人口向农村迁徙的现象。

(二)吸引农民进城的因素不断积聚

通过三年的恢复期,国家经济社会状况持续好转,特别是随着大规模工业建设的开展,我国就业缺口进一步加大,农民进城就业的机会极大地增加。1953年6月,毛泽东在中央政治局会议上首次提出过渡时期总路线——在一个相当长的时期内,社会主义改造和社会主义建设同时并举,逐步实现国家的社会主义工业化,并逐步实现国家对农业、手工业和资本主义工商业的社会主义改造,可以概括为"一化三改""一体两翼"[2]。在城市,资本主义工商业的社会主义改造实现了由以加工订货为主的初级、中级国家资本主义形式向以公私合营为特征的高级形式的国家资本主义的升级。到1956年底,除了部分少数民族地区外,全国的资本主义工商业基本实现了公私合营。

社会主义改造的完成奠定了社会主义国家的经济基础,我国的社会主义建设如火如荼地开展,为城镇化向前推进提供了坚实的物质基础和社会条件。1953年我国进入"一五"建设时期,国家采取了"增加生产,厉行节约,重点建设,稳步前进"的发展方针,全国上下集中力量开展工业化建

---

[1] 王文昌主编《世界军事年鉴(1999)》,解放军出版社,1999,第378页。
[2] 《中华人民共和国日史》编委会编《中华人民共和国日史(1953)》,四川人民出版社,2003,第131~132页。

设,代表性项目包括从苏联与东欧国家引进的 156 项重点工程、694 个大中型建设项目,其中的核心建设项目包括国防工业、冶金工业、能源工业、机械工业、化学工业等①。城市工业化的快速推进,所需求的劳动力数量也迅速增加,然而城市劳动力供给明显不足,这为农民带来了大量进入城市就业的机会。政府面向大批进城农民也进行了引导和规范。此时,在城市有生活和工作条件的农村居民都可以凭借迁徙证进入城市并落户城市,因此大量农民通过城镇招工、招兵和农民支援边疆②等办法实现了向城镇的有序流动。《中国统计年鉴（1983）》的相关数据显示,城市职工总数从 1952 年的 1603 万人增加到 1957 年底的 3101 万人,增加了 1498 万人③。

二 计划秩序的构建与发展

伴随国家各项制度的不断形成和发展,加之在"一五"时期城市出现了较为严重的生活生产资料供应不足、农民盲目流入城市等问题,党和政府基于现实矛盾亟待解决的迫切需求,为了实现稳定并构建良好的社会秩序,在直接干预城镇化推进路径方面做出了初步探索。

(一) 粮食统购统销制度的形成

高度集中的计划经济体制是政府直接干预城镇化推进路径形成的重要基础,国家对经济社会发展高度集中的管控,有力地推动了服务于工业化建设的、国家命令占主导的社会秩序的形成和巩固。

中华人民共和国成立之初,我国农业生产能力滞后于城市工业人口的快速增长,导致城市粮食消费量大幅度增加。与此同时,农民出于规避风

---

① 王丹莉:《"弹性"的计划——"一五"计划完成前后新中国领导人的有关思考》,《党的文献》2017 年第 1 期。
② 谯珊:《从劝止到制止:20 世纪 50 年代的"盲流"政策》,《兰州学刊》2017 年第 12 期。
③ 《中国统计年鉴（1983）》,中国统计出版社,1983,第 123 页。

第五章　农民工市民化的历史演进

险和自身消费的需要，出售余粮减少、自身储备粮食增加，进而造成国家粮食收购量不足以支撑销售量的情况。面对这一难题，陈云认为应该实行粮食征购制度，他指出："这是一个长远的大计，只要我们的农业生产没有很大提高，这一条路总是要走的。"[①] 1953 年 10 月，中共中央政治局表决通过了《中共中央关于实行粮食的计划收购与计划供应的决议》，这个决议体现了中央审时度势、深谋布局的思路，从而开始实行粮食的计划收购和供应，国家开始严格控制粮食市场，中央对计划收购的粮食实行统一管理和调配[②]。粮食的统购统销制度由此形成。统购统销之初，覆盖的产品只有粮食，随后逐步扩大到棉花和油料，共有几十种农产品被纳入统购统销范围。除重要农产品的统购统销之外，为支持第一个五年计划的落地，国家还对重要生产资料实施了统一管理，形成了包括国家管理的"统配物资"、中央部委管理的"部管物资"、地方管理的"地管物资"等多级别的生产资料管理体系。统计资料显示，自 1953 年至 1957 年统配物资和部管物资的合计种类从 227 种增加到 532 种[③]。

粮食统购统销制度和重要生产资料的统一管理是计划经济体制的重要内容，可以说，粮食统购统销制度的形成和演进是计划经济体制形成和演进的重要标志和局部缩影，对我国经济社会发展产生了广阔而深远的影响。一方面，这一制度在中华人民共和国成立初期的农产品收购与供应、打击城市粮食投机、稳定商品市场价格、提振国民对政府的信任和信心起到了至关重要的作用，也加快了农业资本的积累速度，从而为工业化起步

[①] 《陈云文选》第 2 卷，人民出版社，1995，第 211 页。
[②] 《建国以来重要文献选编》第 4 册，中央文献出版社，1993，第 478~479 页。
[③] 中国物资经济学会编《中国社会主义物资管理体制史略》，中国物资出版社，1983，第 2~4 页。

奠定了坚实基础①。另一方面，粮食统购统销制度割裂了农民与市场的联系，排除了价值规律在价格调节和资源配置中的作用，抑制了农民的生产积极性，在一定程度上导致了此后农产品长期供不应求的状况。同时，这一制度捆绑了城乡之间人口的流动和粮食指标的流动（即划拨粮票），从本质上限定了农民的身份属性，异化了农民的职业属性。在城乡异轨的供给制度下，农民自主选择的空间被挤压，严重阻碍了农民个体及其家庭的发展，也妨碍了城镇化的推进。

（二）户籍制度的形成

与此同时，具有"城乡二元"特征的户籍制度也被逐步建立起来。党和政府基于"保护好人，限制坏人"的户政理念，于1950年7月召开了首次全国治安行政工作会议。该会议明确了将户口作为新中国人口管理的重要工具，以户口为基础开展城市管理和维护社会治安②。随后，1951年7月，公安部制定并颁布了《城市户口管理暂行条例》，开始在城市实行户口登记管理制度。1953年4月，为了掌握全国人口数量及其变动情况，同时为了给人民代表大会选举工作做铺垫，国家开始筹划实施第一次全国人口普查工作，政务院颁布了《为准备普选进行全国人口调查登记的指示》和《全国人口调查登记办法》，至1954年11月全国人口普查公报发布，人口调查和登记工作基本完成，为户籍制度的全面建立提供了条件。1954年12月，内务部等中央部委联合发布了《关于共同配合建立户口登记制度的联合通知》，开始逐步建立覆盖城乡的全国性户籍登记管理制度。1955年6月，国务院通过了《关于建立经常户口登记制度的指示》，要求各地方政府以第一次人口普查工作成果为基础，建立起包括出生、死亡、

---

① 王丹莉：《统购统销研究述评》，《当代中国史研究》2008年第1期。
② 刘洪森：《党计与生计：中国共产党民生建设的理论与实践》，人民出版社，2017，第213页。

迁入、迁出的人口登记管理制度。这标志着人口登记管理制度的全面实施，覆盖城乡、包含生命周期的信息登记制度由此建立。1955年11月，国务院颁发《关于城乡划分标准的规定》指出，基于城市人民和乡村人民经济活动、生活方式、文化习惯不同的事实，需要区分城市地区和乡村地区。该规定以地方政府所在地、常住人口、交通状况等为依据详细描述了在统计、计划和其他工作中的城镇标准。以人口登记管理制度和城乡划分标准为基础，至1958年出台关于户口登记的全国性法规，区分城乡的户籍制度就此建立。随后以户籍制度为核心，包含物资计划管理制度、统收统支的财政制度等多个方面的高度集中的计划经济制度体系逐步构建起来，帮助国家形成对国民经济社会发展的强大管控能力。

(三) 城市规划工作起步

随着城市建设的恢复与发展，城市规划工作也开始起步。从1950年开始，城市规划研究机构和建筑管理机构开始在大城市建立起来。1951年底，政务院发布《关于调整机构紧缩编制的决定（草案）》，基于精简机构的目的，文件提高了设市标准，规定"凡人口在9万以下，一般不设市"。1954年第一次全国人民代表大会审议通过了《中华人民共和国宪法》，这部国家的根本大法，明确了乡镇是中国最基层的行政区划，同时对乡镇人民代表的选举和设置进行了相关的规定。1955年6月，国务院发布《关于设置市、镇建制的决定》，对市、镇建制的设置标准做了明确规定。例如，将人口作为设置市、镇的首要标准，城镇人口聚居达到10万人以上可以设置市，聚居人口达到2000人以上并有一定工商业居民的地方可以设置镇；将重要工业和商业基地、机关所在地作为重要考量内容，即便部分城镇人口达不到10万人、部分聚居区人口达不到2000人，但确有必要的可以设置市、镇[①]。1955

---

① 宋俊岭、黄序主编《中国城镇化知识15讲》，中国城市出版社，2001，第26页。

年9月,国家基本建设委员会在给中央的《关于当前城市建设工作的情况和几个问题的报告》中对我国城市建设规划进行了初步论述,认为不应盲目发展大城市,对上海等原有大城市、长春和鞍山等在第一个五年计划中新建扩建的城市人口规模也应该予以严格控制,提出新的工业项目应当分散而不是集中布局,以应对来自国际的核威胁。该报告还根据当时的社会经济状况,初步划分了大中小城市的人口规模界限——人口数量在20万人以下的是小城市、在20万人至50万人的是中等城市、在50万人以上的是大城市[1]。该报告推动形成了"控制大城市规模"与"积极发展中小城市"的指导思想,其正确处理不同规模城市的发展思路,为实现大小城市和谐发展关系提供了实践指南,对我国下一个历史时期的城镇化发展产生深远影响。

与此同时,城市发展布局更加注重城市化与工业化建设的协调性和互补性,注重区域间城市化发展的平衡性。在第一个五年计划中,国家投资向工业基础比较薄弱的内地省份倾斜,这对平衡区域间城市化发展水平起到了积极作用。此外,这一时期的城市布局将国家战备、地区资源等因素综合纳入考量范围,在石油、煤炭、铁矿、有色金属矿及水路交通便利的中西部城市大量布局工业基地。以重工业为核心的发展道路对我国产业结构、区域格局和工业新城市的建设产生了重要深远影响[2]。这一时期,一方面,建成了一大批新兴工业城市和工业基地;另一方面,初步形成了包括原有大城市、新兴工业城市和配套工业城市、中小城市的城市体系,出现了沿江、沿路的城市空间布局结构,工业城市群展露雏形[3]。

---

[1] 杨承训主编《中国特色社会主义经济学》,人民出版社,2009,第534页。
[2] 周干峙主编《中国特色新型城镇化发展战略研究》第1卷,中国建筑工业出版社,2013,第25页。
[3] 何一民、周明长:《156项工程与新中国工业城市发展(1949~1957年)》,《当代中国史研究》2007年第2期。

第五章 农民工市民化的历史演进

(四) 劝止农民盲目流入城市

然而,这时已经开始出现农民自发进城和城市不相容的矛盾。农民看到城乡、工农差别之后,主动或被动地为相对繁华的城市生活所吸引,其中一些开始进入城市寻找工作。1951~1952年,在城市私营工商业中开展"反行贿、反偷税漏税、反盗骗国家财产、反偷工减料、反盗窃国家经济情报"的斗争,一方面稳定了城市经济局面,另一方面也由此出现了许多城镇失业人员[1]。由于城市对劳动力的吸纳能力有限,在农村劳动力进入城市和城市失业增多的双重影响下,国家开始对农村劳动力进入城市进行干预。1952年7月,政务院政务会议召开,制定并通过了《关于劳动就业问题的决定》。该决定指出,部分旧社会遗留下来的缺乏技术的官吏和知识分子要求就业,城市中广大妇女获得解放要求就业,农村耕地有限导致大量剩余劳动力也要求就业,对于这些问题的解决,需要从生产向前发展的大规模的国家建设中得以解决,而开展国家建设就需要有计划地配置劳动力资源[2]。1953年4月,政务院发布《关于劝止农民盲目流入城市的指示》。该指示指出,许多农民想进入城市参加工业建设,一方面城市建设用工有限,造成普遍失业问题;另一方面农村劳动力减少,影响农业生产。因此,该指示要求各地对准备进城的农民进行解释、对已进城农民进行劝返,同时要求建筑工程单位与劳动部门沟通进行有计划的劳动力配置,而不是擅自到农村招工。[3] 此外,政府针对城市失业问题还做了大量工作。一方面,针对"增量"进城农民,出台政策要求城市企业招收农村劳动力时,必须经过劳动部门统一调配,以避免出现新的失业。另一方面,针对"存量"在城农民,建立失业救济和就业安置机构,将失业人员统一登记,

---

[1] 王海光:《城乡二元户籍制度的形成》,《炎黄春秋》2011年第12期。
[2] 《建国以来重要文献选编》第3册,中央文献出版社,1992,第285~295页。
[3] 《中央人民政府政务院关于劝止农民盲目流入城市的指示》,《劳动》1953年第4期。

并组织专业培训和就业介绍。政府将失业的手工业者、商贩或工人组织起来参加合作社，或者鼓励其进行个体生产经营，以实现多种方式就业。

总之，新中国成立初期，新生的社会主义政权面临内忧外困的复杂形势，外有帝国主义孤立封锁的严峻挑战，内有恢复国民经济和进行社会主义改造的紧迫任务。基于多重现实需要，以毛泽东同志为核心的党的第一代中央领导集体在充分借鉴苏联建设发展经验的基础上，结合新中国的具体国情，确立了优先发展重工业的战略和计划经济体制。1949年9月通过的具有临时宪法作用的《中国人民政治协商会议共同纲领》明确了建设社会主义计划经济体制的构想，并提出"应以有计划有步骤地恢复和发展重工业为重点"的发展战略。在此时代背景下，新中国城镇化建设走向了苏联式政府主导型发展道路，即政府通过高度集中的经济计划直接干预城镇的规划和建设，以期尽快实现由落后农业国向先进工业国的转变，政府直接干预的城镇化推进路径逐渐成形。

然而，这一时期与城镇化密切相关的制度安排尚未全面形成和固化，农民选择的自主性仍在一定程度上被尊重。农民的职业自主选择与地域自主选择仅受到部分限制，在社会生产力快速恢复和发展的同时，农民进城的意愿也相对理性。

第二节　限制自主选择与计划秩序强化（1958~1977）

"一五计划"结束以后，受极"左"思想的影响，从农业到工业都出现了激进的热情，虚高的经济计划和实际的弄虚作假导致脱离具体国情，出现了盲目要求高速度的倾向。这一阶段出现的违反市场规律、用行政手段推进工业化的做法，导致我国经济和社会领域出现了严重问题。在此背景下，国家通过行政手段直接干预城镇化进程，使我国城镇化发展进入了大起大落和停滞不前的特殊阶段。

一 城镇建设的曲折发展

1958～1977年，我国城镇建设在宏观经济政策、人口结构、自然灾害和国际局势的综合影响下曲折发展。整体来看，20年间，我国城镇化率从16.25%增加到17.55%，整体提升幅度有限。具体来看，这一时期，我国城镇化走过四个阶段。

第一个阶段是1958～1960年，城镇化率从16.25%增加到19.75%。1958年5月，中共八大二次会议通过了"鼓足干劲、力争上游、多快好省地建设社会主义"的总路线[1]。在高速度、高指标的目标驱动下，大办工业，快速扩大了城镇对农村劳动力的需求。在新增工业对劳动力需求增长的同时，中苏关系恶化、苏联撤走专家和技术等援助，也进一步导致我国不得不使用大规模劳动力替代技术等要素投入到工业建设之中，国家开始从农村大量招工，许多农村劳动力在国家计划统筹配置中向城市工业转移。国家统计局数据显示，1958～1960年第二产业增加值占国内生产总值的比重从36.9%增加到44.4%，尽管此时国家开始实施户口登记管理制度，限制城乡人口迁移，但仍然有大量农村劳动力进入城市参加劳动，其间我国城镇人口从10721万人增加到13073万人、乡村人口从55273万人下降到53134万人。从动力上看，这一阶段的乡城人口迁移是在行政指令的直接干预下推进的，异常的城镇化模式严重忽视了农民的自主性以及经济社会发展的规律，产生了一系列不良影响。由于农业劳动力快速抽离，

---

[1] 《建国以来重要文献选编》第11册，中央文献出版社，1994，第292页。

农业劳动生产率急剧下降，加上自然灾害的影响，粮食产量下降，1958～1960年，全国粮食总产量由3900亿斤降至3200亿斤，粮食产量跌至中华人民共和国成立初期水平，全国人均粮食占有量降到475.5斤①。为了破解困局，国家被迫实施更加严格的计划经济体制，以严厉的管制措施干预农民流动。

第二个阶段是1961～1963年，城镇化率从19.29%降低到16.84%。针对经济社会发展的危机，1961年中共八届九中全会提出"调整、巩固、充实、提高"的方针②，对人口流动实行严格的户籍管控，并动员进城职工返乡。1962年5月，《中共中央、国务院关于进一步精减职工和减少城镇人口的决定》印发，明确指出"全国城镇人口应当在一九六一年年末一亿二千多万人的基础上，再减少二千万人（包括从城镇减到农村去的职工在内），同时相应地减少吃商品粮的人口"③，同时明确规定精减1958年以来来自农村的职工，动员职工家属等群体回乡。国家统计局数据显示，1961年、1962年、1963年城镇就业人数分别为5336万人、4537万人、4603万人，乡村就业人数分别为20254万人、21373万人、22037万人。由此可知，此时农民乡城迁移的自主选择空间很小，在行政干预下进城务工的可能性降到非常低的水平。

第三个阶段是1964～1971年，城镇化率从18.37%降低到17.26%。随着动员人口下乡返乡和经济结构的调整，1964年经济得到恢复，城镇化率得到回升。然而1964年至1971年受到中苏关系影响，我国的产业布局和人口布局进行了大幅调整，城镇化率开始下降。一方面是调整工业布局，开始进行"三线建设"，将重工业分散到中西部和山区，以应对可能爆发

---

① 陈立等编著：《中国国家战略问题报告》，中国社会科学出版社，2002，第100页。
② 《建国以来重要文献选编》第14册，中央文献出版社，1997，第85页。
③ 《建国以来重要文献选编》第15册，中央文献出版社，1997，第462～472页。

第五章 农民工市民化的历史演进

的战争，从而通过产业的下乡抑制了乡村人口向城镇迁移的渴求；另一方面是调整人口布局，主要是动员知识青年到农村参加社会主义建设，1964年中央正式发文鼓励知识青年到农村，1968年知识青年向农村的迁移进入高潮。国家统计局数据显示，1964~1971年城乡就业人数分别增加1997万人、5844万人，全国第一产业和第二产业就业人员分别增加5596万人、1807万人，反映了此时我国城镇化的停滞状态。

第四个阶段是1972~1977年，城镇化率重新呈现整体增长趋势，从17.13%增加到17.55%。在20世纪70年代初，国际局势发生重大变化，一方面欧美国家出现经济危机，有迫切的出口需求；另一方面中华人民共和国恢复在联合国的合法席位，同时与美国的关系开始走向正常化，与许多西方国家建立外交关系。这些积极因素促使工业化、城镇化进程稳步推进。1972年1月，国家计委向中央报送《关于进口成套化纤、化肥技术设备的报告》，拟引进约4亿美元的成套设备并争取五六年内建成投产，当年5月即从法国引进一套化纤项目[①]。1973年1月国家计委又报送《关于增加设备进口、扩大经济交流的请示报告》，提出引进总额为43亿美元的计划（即"四三方案"），该年底大部分设备签约成交，先后兴建26个工程，大多数项目只用三年左右的时间建成[②]。正是在工业结构调整的大背景下，城市工业所需的劳动力数量增加，我国城镇化率在这一阶段逐渐走入正轨，开始缓慢提高。当然，这一时期的人口流动依然处于行政力量的强力干预之中，城镇化本身处于国家强势干预之中，农民自主选择的空间依然不大。

---

① 迟爱萍：《周恩来与新中国第二次大规模引进成套技术设备》，《党的文献》2022年第4期。
② 阎放鸣：《论我国第二次成套设备的大引进》，《中国经济史研究》1988年第1期。

二 农民自主选择权的限制

（一）对农民进城严厉制止

新中国成立以后，各地陆续涌现农民进城的热潮。起初，在当地条件允许的情况下，相当多的自由进城农民还是得到了安置，并且在城里找到了工作。但从1953年起，就出现了"各地乡下人都向城里跑，城里不能容，又赶他们回去"[①]的情况，基于加强农业生产、维护城市秩序等多方面的考量，国家连续出台了一系列限制农民自由进城的政令。1953年3月开始对欲进城农民进行劝解、已进城农民动员返乡。1956年12月，发布《关于防止农村人口盲目外流的指示》；1957年9月，出台《关于防止农民盲目流入城市的通知》；1959年2月，制定《关于制止农村劳动力流动的指示》。从这一系列文件中可以发现，对待农村劳动力进城务工的态度从"劝止"到"防止"再到"制止"，措辞越来越严厉，表露出政府对于农民流动的管控越来越严格[②]。于是形成了这样一种局面：一方面，对农民实施劝阻，劝阻农民不要弃农经商务工，动员已经进城或正在进城的农民返乡；另一方面，在城市实施对流动人口的辅助政策，禁止城市工商业私自招工，控制城市粮食市场，禁止冒领或买卖粮食的行为[③]。重点在三个关键节点开展工作：一是在流动的起点——农村，控制出行证明和介绍信的开出；二是在流动的中途——交通，在铁路和交通线上开展劝阻；三是在流动的终点——城市，动员进城农民返回原籍[④]。1964年8月，国务院

---

① 汪东林：《梁漱溟问答录》，湖南人民出版社，1988，第132页。
② 李厚刚、徐晓林：《农民迁徙自由权变迁研究（1949~1978）》，《复旦学报》（社会科学版）2015年第4期。
③ 张玉林：《流动与瓦解：中国农村的演变及其动力》，中国社会科学出版社，2012，第6页。
④ 肖冬连：《中国二元社会结构形成的历史考察》，《中共党史研究》2005年第1期。

批转了公安部《关于处理户口迁移的规定（草案）》，该草案对户口迁移的目的做了描述，指出既要控制不合理的盲目流动，又要保障正当合理的流动，对从城到乡、从人口稠密地区到人口稀少地区的迁移不加限制，对从乡到城、从人口稀少地区向人口稠密地区的迁移严格限制[1]。"文革"时期，出于配置城市剩余劳动力和劳动教育改造的目的，数百万城市青年和干部及其家属从城市进入乡村参加农业劳动，由此形成了1966年至1972年城市化率的轻微下降。[2] 总之，这一时期，由于国内国际环境恶化，城市工业生产发展吸纳劳动力的能力疲弱，国家对农民进城严厉制止，不仅使得农民自由迁徙越发困难，而且导致进入城市的农民在城市的生存空间愈加狭窄。

（二）鼓励知识青年上山下乡

三大改造基本完成之后，城市人口增加与新增就业岗位减少同时发生，新增城市劳动力的分配出现困难，这其中很大一部分是大、中、小学毕业生。如何为城市待业青年提供就业机会，成为亟待解决的问题。以劳动教育、开荒垦殖为目的，结合农业经营的分散化特征，国家开始有计划地鼓励、号召知识青年上山下乡。1956年1月，中共中央在《1956~1967年全国农业发展纲要（草案）》中第一次将"上山下乡"纳入发展规划，鼓励城市中小学毕业生到农村参加生产活动，建设社会主义农业。[3] 随后在北京、天津、上海、武汉、成都等几个大城市实施动员知识青年进入农村生产队参加农业劳动的试点。例如，1957~1958年，上海在近一年的时

---

[1] 《公安部关于处理户口迁移的规定（草案）》，《山西政报》1964年第12期。
[2] 万川：《当代中国户籍制度改革的回顾与思考》，《中国人口科学》1999年第1期。
[3] 《中共中央文件选集（1949年10月~1966年5月）》第26册，人民出版社，2013，第334页。

间里动员近三万名青年到农村参与劳动①。1963 年，知识青年进入农村参加劳动的主要方式，由农场、林场、牧场、渔场安置转变为插队。1964 年，中共中央、国务院印发《关于动员和组织城市知识青年参加农村社会主义建设的决定（草案）》和《中央安置城市下乡青年领导小组向中央的报告》，明确指出实践证明在社会主义革命和建设时期，鼓励知识青年到农村参加劳动，是必要的，也是可能的。

1968 年 10 月中旬，全国十几个省区市的初步统计显示，有 70.1 万知识青年上山下乡。1968 年 12 月，毛泽东同志发出"知识青年到农村去，接受贫下中农的再教育"的号召②，此后，全国掀起了知识青年上山下乡运动的高潮。1969 年前两个月就有 155.6 万知识青年插队，到 1969 年底全国插队知识青年总数达到 467 万人③。

1973 年，国务院举行了上山下乡工作会议，明确了在知识青年得到锻炼后可以通过招工、招生、参军、提干等方式返回城市。1974~1977 年，知识青年上山下乡与返回城市的流动同时存在，上山下乡数量逐渐减少，返回城市的数量逐渐增多。1978 年，全国知识青年上山下乡工作会议召开，发布《全国知识青年上山下乡工作会议纪要》和《国务院关于知识青年上山下乡若干问题的试行规定》，要求一般的非农业中学毕业生不再进行上山下乡，同时丰富对城市中学毕业生的就业安置方法，有安置条件的城市可以不进行上山下乡的动员。至此，知识青年上山下乡运动迎来转折。其后，伴随着城乡经济改革，城市对劳动力的吸纳能力迅速提高，新的就业岗位不断涌现，上山下乡也迅速宣告结束。

总体而言，知识青年的革命热情和国家意志在上山下乡运动中发挥着

---

① 刘玉太：《知识青年上山下乡历史回顾（上）》，《党史文汇》2018 年第 10 期。
② 《建国以来毛泽东文稿》第 19 册，中央文献出版社，2023，第 388 页。
③ 刘玉太：《知识青年上山下乡历史回顾（下）》，《党史文汇》2018 年第 11 期。

第五章　农民工市民化的历史演进

决定性的影响。在这一阶段，农村劳动力基本没有进入城市工业劳动的渠道，知识青年插队之后在劳动归属上也成为农村劳动力的组成部分。直到1973年之后，这部分特殊的农村劳动力才有机会返回城市。

（三）"三线"建设

20世纪60年代初，国家安全局势异常严峻，中央决定实施以备战为中心、以国防工业和重工业为主体内容的"三线"建设[①]。所谓"三线"，一线是指沿海和边疆地区，三线是指乌鞘岭以东、京广路以西、雁门关以南、韶关以北的广大地区，主要包括四川、贵州、陕西、甘肃、湖南、湖北等不沿海不沿边的省份，二线指的是一线和三线中间的国家版图的中间区域；其中，大三线主要指西南和西北地区，小三线指中部及沿海地区的腹地。[②] 1964年5月，中共中央政治局常委会议对"三线"建设问题进行了讨论[③]。以1965年9月"三五"计划明确"加快三线建设，逐步改变工业布局"为开始，"三线"建设进入落地时期。为了工业基地在核战争中依然能安全运行，中央要求"三线"项目建设的基本原则是不在大城市，应遵从"大分散、小集中，不建集中城市"的原则，落实"分散、靠山、隐蔽"和"靠山、分散、进洞"的方针。

1965~1980年，"三线"建设累计投资2052.68亿元[④]。经过三个五年计划的艰苦奋斗，"三线"建设初步建立起有相当规模、门类齐全、科研和生产结合的战略大后方现代工业交通体系[⑤]。具体而言，共建成45个大

[①] 周明长：《三线建设与中国内地城市发展（1964~1980年）》，《中国经济史研究》2014年第1期。
[②] 邓力群主编《中华人民共和国国史百科全书》，中国大百科全书出版社，1999，第309页。
[③] 《毛泽东年谱（1949~1976）》第5卷，中央文献出版社，2013，第354~355页。
[④] 徐有威、陈熙：《三线建设对中国工业经济及城市化的影响》，《当代中国史研究》2015年第4期。
[⑤] 郑有贵主编《中华人民共和国经济史（1949~2019）》，当代中国出版社，2019，第111页。

型科研和生产基地、近两千家大中型科研机构，发展起来 30 个新兴工业城市①。虽然"三线"建设更多地强调战备需要，从经济层面考虑工业基地的布局存在诸多不合理之处，但是也从客观上起到了平衡全国工业布局、带动内陆地区城市发展的积极作用，促进了全国范围内城市的均衡化发展。

由于建设项目相继开展，大量城镇工业劳动者在"备战、备荒、为人民""好人、好马、上三线"的时代号召下，来到我国大西南、大西北地区②，我国城市人口从 1960 年的 13073 万人下降为 1965 年底的 13045 万人，城市人口占总人口的比重从 19.75% 下降到 17.98%。如果按与 1960 年可比的市镇非农业人口计算，1965 年为 10170 万人，比 1960 年减少 2903 万人，平均每年减少 581 万人，年均递减 4.4%，占总人口的比重相应地下降为 14%，下降了 5.7 个百分点③，成为我国城镇化水平下降最快的年份。

三 计划秩序的巩固与强化

"文革"期间，自上而下的城镇化推进模式进一步固化，农民自主选择的空间基本消失，就连正常的经济社会秩序也受到严重冲击。其中最为显著的就是城乡二元分割的户籍制度进一步严格收紧并趋于僵化。1977 年 11 月，国务院批转的《公安部关于处理户口迁移的规定》明确指出，要严格控制城市和集镇的人口，规定了处理户口迁移的原则：一是对从农村向城镇、农业人口向非农业人口、其他地市向京津沪迁移的严格控制；二是

---

① 陈映：《论共同富裕与区域经济非均衡协调发展》，人民出版社，2011，第 81 页。
② 胡顺延、周明祖、水延凯等：《中国城镇化发展战略》，中共中央党校出版社，2002，第 93 页。
③ 浦善新：《走向城镇化：新农村建设的时代背景》，中国社会出版社，2006，第 73 页。

对集镇向城市、小城市向大城市迁移的适当控制;三是对城镇向农村、大城市向小城市、同等城市或乡村之间迁移的允许[1]。随后,公安部发布《关于认真贯彻〈国务院批转《公安部关于处理户口迁移的规定》的通知〉的意见》。该意见提出了农业户口转换为非农业户口的具体控制指标,要求每年审批通过的农业人口转换为非农业人口的总数不得超过现有非农业人口的1.5‰,而1977年全国城镇户籍人口总数为1.67亿人,因此每年"农转非"的总数量最多为25万人[2]。至此,城镇户口与农村户口、"非农业户口"与"农业户口"的二元户籍管理结构完全形成。严格的户籍制度与农产品统购统销制度、生活用品定量供给制度、城乡分异的就业和住房制度一起,构成了中国城乡二元结构的制度壁垒,形成了横亘在城乡之间迁移流动难以逾越的大山,基本上堵死了农民自由流入城镇的通道[3]。只有通过参军入伍、考试升学、工业招工等方式,农民才有机会进入城镇从业和定居[4]。

在"文革"十年中,以户籍制度为标志的国家直接干预城乡人口流动的模式全面形成。其间,城镇人口占全国总人口的比重基本在17.4%上下徘徊。从1966年到1977年,城市人口年均增长速度仅为2.06%,低于总人口平均增长速度0.21个百分点;1977年城市化率为17.55%,比1965年的城市化水平(17.98)下降了0.43个百分点[5]。而且,新设市数量极

---

[1] 齐鹏飞、杨凤城主编《当代中国编年史(1949.10~2004.10)》,人民出版社,2007,第187页。
[2] 公安部治安管理局编《户口管理法律法规规章政策汇编》,中国人民公安大学出版社,2001,第244页。
[3] 李厚刚、徐晓林:《农民迁徙自由权变迁研究(1949~1978)》,《复旦学报》(社会科学版)2015年第4期。
[4] 李厚刚:《新中国农民迁徙政策的阶段划分》,《科学社会主义》2014年第3期。
[5] 辜胜阻、刘传江主编《人口流动与农村城镇化战略管理》,华中理工大学出版社,2000,第305~306页。

少，建制镇数量下降，城市建设投资也不断减少。

整体来看，伴随城乡二元体制的形成和固化，农民的自主选择权被严格限制。这虽然在一定程度上维持了社会秩序的高度稳定，但是也造成了社会发展模式的低效与僵化，严重割裂了城市化与工业化同步发展的进程，导致城镇化一直严重滞后于工业化发展等诸多问题。

第三节　恢复自主选择与社会秩序跟进（1978~2002）

"文革"结束之后，特别是党的十一届三中全会以来，党的工作重心转移到经济建设上来。党的十三大明确提出社会主义初级阶段所面临的主要矛盾是"人民日益增长的物质文化需要同落后的社会生产之间的矛盾"[①]。1992年邓小平南方谈话之后，在党的十四大上正式将建立社会主义市场经济体制作为改革的目标。党和政府从土地制度、户籍制度、城市行政等级制度、就业制度和社会保障制度等多个方面着力，逐步放松对农民自主选择的行政管制，并渐渐放松对城乡人口流动的直接调控，逐步实现政府对城镇化进程的直接干预向间接干预转变，由单一政府管控向政府和市场共同推进的城镇化模式转变，农民自主选择权逐步增强，但是以城乡二元户籍制度为代表的束缚城乡人口流动的体制机制障碍依旧突出，相关改革制度供给比较滞后。

---

① 《十三大以来重要文献选编》上，人民出版社，1991，第12页。

一 农民自主选择权的恢复与增强

（一）农村改革为农民自由选择"松绑"

我国农村经济体制改革总的发展方向是变原来的人民公社制度为家庭联产承包责任制。1978年，安徽省凤阳县小岗生产队实行分田到户后，包产到户、包干到户等形式得到迅速发展。同年，党的十一届三中全会审议通过的《关于加快农业发展若干问题的决定（草案）》和《农村人民公社工作条例（试行草案）》，都肯定了"包工到组、联产计酬"①的管理方式，但仍然不许分田单干，规定包产到户的范围是部分特殊副业和边远山区。1981年，召开了全国农村工作会议，制定了《全国农村工作会议纪要》，1982年中共中央转批这一文件，形成了第一个以"三农"为主题的"一号文件"。该文件首次承认家庭联产承包责任制是社会主义的农业经营制度，无论是包产到户，还是包干到户，都不是私有个体经济而是社会主义农业经济的组成部分。1983年中央发布的一号文件《当前农村经济政策的若干问题》，极大地推动了家庭联产承包责任制的发展，成为加速我国农业生产力发展的纲领性文件。截至1983年春，家庭联产承包责任制的覆盖率达到97.8%，其成为中国农业经营的主要制度。家庭联产承包责任制采取了统一经营与分散经营相结合的原则，使集体优越性和个人积极性都得到发挥②。家庭联产承包责任制的实施实现了粮食增产，我国粮食总产量在1978年为30477万吨，在2002年为45705.8万吨，增长了约50%，

---

① "包工到组、联产计酬"是农业生产责任制的一种形式。1978年以后，农村人民公社继续实行"三级所有、队为基础"的制度和执行各尽所能、按劳分配原则，在生产队统一核算和分配的前提下，包工到作业组，联系产量计算劳动报酬，实行超产奖励。

② 1999年3月5日九届人大二次会议通过的宪法修正案中，将家庭联产承包责任制改为"家庭承包经营为基础、统分结合的双层经营体制"。

部分地区甚至出现"卖粮难"的问题[1]。在推广家庭联产承包责任制卓有成效的基础上，1988年宪法的第十条的修正案明确规定"土地的使用权可以依照法律的规定转让"[2]，这一规定在宪法层面上让农民与土地的分离成为可能，并为农业剩余人口实现地域自主选择提供了根本法律保障，对这一时期经济社会发展，尤其是城镇化发展产生了重大深远的影响。

农村经济体制改革引发了农村治理结构的改革，与集体所有、集体经营相适应的人民公社制度已经不适合集体所有、家庭承包经营的经济基础，因此基层治理体制改革顺势而出。1982年，第五届全国人民代表大会审议通过了新的《中华人民共和国宪法》，明确要求在农村设立群众自治性质的村民委员会。1983年1月，中共中央印发的《当前农村经济政策的若干问题》中明确指出，人民公社制度要进行改革，要实行政社分设[3]。同年10月，中共中央、国务院发布《关于实行政社分开，建立乡政府的通知》。该通知对乡镇人民政府和村民委员会的性质做了规定，前者是基层政权、后者是自治组织，村民委员会的工作内容是做好村庄公共事务，同时协助乡镇人民政府做好生产建设等一系列工作[4]。于是，乡镇人民政府在各地迅速成立，取代人民公社负责基层治理；村民委员会和村民小组也迅速发展起来，取代生产大队和生产小队。到1985年底，全国共建立了948628个村民委员会、588万多个村民小组。从此，存在了20多年的人民公社制度瓦解，中国农村迈入"乡政村治"的新时期[5]。

农村基层治理体制的历史性巨变，从根本上破除了国家对农民自主选

---

[1] 郭芸芸、杨久栋、曹斌：《新中国成立以来我国乡村产业结构演进历程、特点、问题与对策》，《农业经济问题》2019年第10期。
[2] 《宪法和宪法修正案辅导读本》，中国法制出版社，2004，第35页。
[3] 《新时期农业和农村工作重要文献选编》，中央文献出版社，1992，第164页。
[4] 《新时期农业和农村工作重要文献选编》，中央文献出版社，1992，第222页。
[5] 姚锐敏：《"乡政村治"行政体制的利弊分析与改革出路》，《行政论坛》2012年第5期。

第五章 农民工市民化的历史演进

择权的严密控制，乡村社会和农民家庭摆脱了全面的计划安排，重新获得乡村发展规划和家庭生计决策的自主权利。从法律关系上来说，村民委员会并不是乡村政府的下属机构，而是被指导与指导的关系，村民委员会拥有村庄事务的自治权。虽然在现实中，村民委员会在一定程度上扮演着乡镇政府政策的执行者角色，但这并不影响家庭承包经营的农户决策。强制性的公共生活和集体生产成为历史，农户在生产经营、劳动力配置方面拥有较为完全的自主权[1]。

此外，从1979年起，国家逐步恢复了粮、油等农副产品的议价收购，允许国营商业在国家规定的价格浮动范围内收购。同时，农副产品的统购、派购范围逐步缩小。1985年，国家取消了执行近30年的农副产品派购制度，大部分农产品进入自由交易市场，粮食价格和销售基本放开。1991年11月，党的十三届八中全会审议并通过的《中共中央关于进一步加强农业和农村工作的决定》中提出：发展农村商品经济，必须尊重价值规律，重视流通领域的改革和建设，切不可忽视流通对生产的促进作用；与此同时，要进一步深化农产品价格和流通体制改革，要遵循计划经济与市场调节相结合的原则，根据商品经济的一般规律和各类农产品的具体特点，采取恰当的措施，加快改革步伐[2]。相关配套措施进一步确保了农民获得生产经营自主权和产品销售上的自主权，这大大促进了农副业生产的发展、农村产业结构的改变和商品生产与流通的发达，扩大了市场调节的比重，农村经济的发展取得了历史性的进步[3]。

农村改革的深入推进将农业生产经营自主权和产品销售自主权还于农

---

[1] 陶振：《从传统到现代：农村基层政权公信力的生成与变迁》，《中南大学学报》（社会科学版）2012年第2期。
[2] 《中共中央关于进一步加强农业和农村工作的决定》，人民出版社，1991，第5~10页。
[3] 徐山林主编《中国县（市）改革纵横》陕西卷，人民出版社，1996，第49页。

民，这极大地调动了农民的生产积极性，促进了农业生产力快速恢复和提高，有效改善了农民生活水平。邓小平曾说过，农村改革的三年间，"农村面貌一新，百分之九十的人生活改善了"[①]。农业生产力水平的提升，延长了农民的闲暇时间，也溢出了大量农村剩余劳动力，为城镇化发展提供了劳动力条件。与此同时，农村基层治理体制改革，放松了农民与土地之间的捆绑关系，为农民在城乡之间自由跨域流动提供了可能。在经济需求的强烈驱动下，大量农民利用农闲时间进城打工成为常态，这在很大程度上促使农民摆脱了对土地的依赖，加快主动向城市和非农产业转移，有力地恢复并推进了我国的城镇化进程。

（二）乡镇企业发展带动非农就业

20世纪70年代末80年代初，乡镇企业异军突起，乡村就地工业化快速推进，带动了"离土不离乡、进厂不进城"的农村劳动力就地非农转移模式。1979年，全国有社队企业148万家，社队企业人员2909万人，工业总产值424亿元，占全国工业总产值的9.2%[②]。1984年乡镇企业发展到606万家，吸收非农就业5208万人，占到全国非农产业就业的30.1%。80年代后期，乡镇企业产生了分化，一部分适应了市场发展趋势，蓬勃发展；另一部分则未能适应市场，在市场大潮中被淘汰。经过整顿之后，到1992年乡镇企业产值已经占到全国工业总产值的1/3。1985~2002年，乡镇企业数量从1222.5万家增加到2002年的2132.7万家，数量和质量层面都实现了蜕变。乡镇企业的快速发展，生成了对劳动力的巨大吸纳力，甚至部分行业出现了招工难现象。乡镇企业承担了劳动力转移、反哺农业、支持社会福利事业等功能，成为中国工业化和城镇化历史进程中独具特色

---

① 《邓小平文选》第3卷，人民出版社，1993，第117页。
② 《1979年全国社队企业发展情况》，《农业经济丛刊》1980年第5期。

的现象①。

同时,乡镇企业的发展也对我国城镇化布局产生重要影响。乡镇企业大多集中在轻工业部门和劳动密集型企业,在一定程度上纠正了我国重工业、轻工业、农业结构性失调的问题,引导城镇化由以重工业为主的生产型向以轻工业为主的生活型转变。伴随着家庭联产承包责任制的确立、乡镇企业的快速发展、城市经济体制的改革,农业剩余劳动力开始大量进行非农转移,我国的城镇化进入补偿性发展阶段。

(三) 户籍制度改革释放新动能

严格的城乡二元户籍制度是改革开放初期限制农民自主选择的核心制度因素。一方面,伴随着农村生产力的迅猛发展,农产品产量已经能够满足人民的生活需求,也能够支撑工业的发展,农业生产对劳动力的束缚开始松绑;另一方面,伴随着城市经济体制的改革和乡镇企业的发展,非农产业对劳动力的需求量大大增加,工业生产对劳动力转移的渴望与日俱增。由此,作为在较低生产力水平下控制人口流动的户籍制度就亟待改革。1980年之后,有几十项关于"农业人口转为非农业人口"的政策出台,部分符合条件的家庭和个体得以通过户籍制度放开的口子进入城市。1984年1月中央一号文件《关于一九八四年农村工作的通知》中明确允许因务工经商或从事服务业的农民自理口粮到集镇落户②;同年10月,国务院印发《关于农民进集镇落户问题的通知》,对申请到集镇落户的相关程序进行了规定,一方面是由地方政府给集镇落户农民发《自理口粮户口簿》,另一方面是将在集镇落户的农民统计为"非农业人口"。虽然在这个时期农民还不能到县城及以上的城市落户,但是获得了到集镇落户定居的

---

① 徐山林主编《中国县(市)改革纵横》陕西卷,人民出版社,1996,第4页。
② 《中共中央国务院关于"三农"工作的一号文件汇编(1982~2014)》,人民出版社,2014,第50页。

权利，相对于严格限制来说也是重大突破①。1985 年 9 月，《中华人民共和国居民身份证条例》开始实施，覆盖城乡、通行全国的居民身份证制度开始实施，这也是对户籍制度限制流动的重要改革。该条例规定，居民身份证就是个人的身份证明。这就为人口的迁移提供了条件，一方面，身份证作为身份证明，就不再需要村社开具流动介绍信；另一方面，一人一证改变了一个家户一个户口簿对个体的绑定，为个体流动进入城市提供了条件。伴随着改革的进一步深入，长期以来我国严格限制城乡人口流动的户籍制度开始松动，束缚农民进城自主选择的最直接的制度障碍被弱化，这极大地降低了我国城乡居民自由流动的制度阻碍，拓展了我国农民自主选择的空间，为我国城镇化发展释放了新动能。随着户籍制度的初步放开，向城市流动的数量也在迅速增加，1984~1986 年，共有 1633828 户、4542988 人办理了自理口粮户，而 1982~1988 年，"农转非"人口累计达 4679 万人②。

（四）小城镇发展驱动

由于城乡社会经济结构发生了深刻的变革，大量农村剩余劳动力转入非农业生产领域。1978 年 3 月，第三次全国城市工作会议制定了《关于加强城市建设工作的意见》，提出了控制大城市规模，多搞小城镇的方针。1982 年中共中央发布的《改革地区体制，实行市领导县体制的通知》发出了改革地区体制、实行市管县的指示，29 个省、自治区、直辖市都试行了市管县体制。1984 年国务院批转了民政部《关于调整建镇标准的报告》，对建镇的标准进行了修订。1986 年 4 月，《国务院批转民政部关于调整设市标准和市领导县条件报告的通知》中指出，由于城乡经济的蓬勃发展，

---

① 周作翰、张英洪：《解决三农问题的根本：破除二元社会结构》，《当代世界与社会主义》2004 年第 3 期。

② 张英红：《户籍制度的历史回溯与改革前瞻》，《宁夏社会科学》2002 年第 3 期。

城镇的产业结构和人口结构发生了很大变化,现行的设市标准和市领导县条件已不适应城乡变化。为了适应新情况,对设市标准进行了调整,规定由镇到市,应该聚集6万以上的非农人口,实现2亿元的国民生产总值。1997年6月,国务院批转了公安部制定的《小城镇户籍管理制度改革试点方案》,从中可以看出,从"集镇"到"城镇",说明农民可以落户的范围进一步扩大,流动距离进一步延长[1]。2000年6月,中共中央、国务院印发《关于促进小城镇健康发展的若干意见》,取消了小城镇落户限制,只要在小城镇有合法的稳定的居住地、稳定的工作岗位和稳定的收入,农民就可以根据自身落户意愿进行选择。2001年3月,国务院批转公安部《关于推进小城镇户籍制度改革的意见》,该意见赋予了县级市、区县和乡镇的地方政府改革户籍制度的一定自主权,有利于因地因时探索地方户籍制度的改革途径,从而进一步放松了农民向城镇迁移的门槛和条件,农民地域自主选择的余地进一步增大[2]。

(五)就业制度渐进改革

就业和社会保障制度是影响农民工市民化的直接因素。改革开放之前,我国一直执行"先城市、后农村""先本地、后外地"的就业指导原则,对农民工进入的职业、工种进行限制,使农民工难以进入正规就业领域,即使进入正规就业领域,也是非正规就业,这不仅侵害了农民工的权益,也严重阻碍了我国的城镇化发展。从1993年党的十四届三中全会到2002年党的十六大,伴随着城乡开放的劳动力市场体系逐步建立,党和政府对我国就业制度和社会保障制度逐步展开调整,对城乡居民就业的产业自主选择的控制明显放松,农民在就业方面的自主选择权全面放开。

---

[1] 张国胜:《中国农民工市民化:社会成本视角的研究》,人民出版社,2008,第38页。
[2] 马原:《论改革开放以来城市化进程的政策影响》,硕士学位论文,东华大学,2012。

1993年11月，劳动部发布的《关于印发〈再就业工程〉和〈农村劳动力跨地区流动有序化——"城乡协调就业计划"第一期工程〉的通知》要求，加快建立就业服务组织，既要提供就业信息传递服务，又要加强部门配合，以期实现有计划地安排农村劳动力的城乡流动。1994年11月，劳动部印发《农村劳动力跨省流动就业管理暂行规定》，对农民工就业证卡的使用进行了规范。1997年11月，国务院办公厅转发劳动部等部门《关于进一步做好组织民工有序流动工作的意见》，要求加快建立和完善劳动力市场，引导农民工有序流入城市，保障农民工的选择权利。这一时期，党和国家逐渐认识到实施公平合理的就业制度和社会保障制度对推进有序城镇化的重要作用，并做了许多工作，但是城市劳动者和乡村劳动者的差异依然显著，从市场准入、就业管理到劳动福利、社会保障，农村劳动力遭遇着持续的不公平待遇，同工不同酬、拖欠农民工的工资、社会保障权利悬殊等现象仍然存在。

伴随着各种限制劳动力转移的制度逐渐放开，农民产业转移具有了较大的自主性，就地城镇化与异地城镇化并存，拉开了城乡间大规模人口迁移的序幕。外出就业农民工数量从20世纪90年代初期的6000万人左右发展到2008年的22542万人，1993年农民工跨省流动的比重达到35.5%[1]。城镇化率迅速提升，由1978年的17.86%提高到2003年的40.53%，平均每年增长0.91个百分点。尤其是1995~2003年，城镇化率平均每年增长1.44个百分点。

整体而言，这一时期，通过一系列的制度调整，制度环境对城镇化进程的作用以正向为主。这一阶段的城镇化发展表现出鲜明的诱致性制度变

---

[1] 侯云春、韩俊、蒋省三等：《农民工市民化进程的总体态势与战略取向》，《改革》2011年第5期。

迁特征,由于国家政策的调整,国家负向干预城镇化的制度供给大为减少,农民的自主选择权得到一定的认可和尊重①。

二 社会秩序的跟进与疲弱并存

随着改革开放进程的不断推进,国家逐步弱化对城乡人口流动秩序的负向干预,我国城镇化发展取得一定进展。但是在此过程中,户籍制度、就业制度、社会保障制度等制度障碍使得农民地域自主选择与产业自主选择不同步,社会治理效能不足的问题日益突出,由此导致城镇化质量不高,并引发了一系列社会问题,严重阻碍了社会秩序的有效运行。

(一) 户口买卖与"民工潮"

随着改革开放的推进,城乡之间人口流动日益频繁,但是城乡二元的户籍制度,依然是横亘在城乡之间的巨大障碍,"人户分离"现象普遍存在,进城就业的农民工仍然是农业户口,一方面他们进入城市只能从事体力劳动为主的务工和其他经商活动,难以享受城镇户籍人口的社会福利;另一方面他们因为户籍归属而较难获得进一步向上流动的发展机会,他们并没有真正实现城市化②。同时,城镇户口和农业户口的区别不仅意味着人们在职业、居住区域以及社会福利等诸多方面的差别,也形成了社会身份和社会心理上的分化。

户口买卖出现在20世纪80年代末和90年代。早在80年代中期,许多城市为控制人口增长,对新迁入落户者征收城市增容费或者其他费用,但征收名义都是新进城落户人员为享受城市福利支付的费用。在许多中小

---

① 解安、徐宏潇:《农民自主选择与社会秩序统——新中国城镇化发展历程研究》,《高校马克思主义理论研究》2016年第1期。
② 左鹏、周菁:《户口买卖与户籍制度改革——来自P市的调查》,《中国人口科学》2000年第2期。

城市，以城市增容费为代表的户籍转换费用成为财政收入的一项来源，从而导致直接户口买卖和变相户口买卖的出现。第一种是直接的户口买卖，农民交钱、城市政府办理城市户口，虽然农民交的钱在名称上叫作"增容费"，但事实上成为城市户口的市场价格；第二种是变相的户口买卖，例如，投资达到城市政府规定标准的人可以获得城市户籍。据统计，截至1993年，全国累计出售各种城镇户口300多万个，收入达250亿元①。

"民工潮"现象出现于20世纪80年代后期，90年代后这一人口规模急剧扩大。主要表现为经济欠发达的中西部地区的农民工，大规模流向大中城市和沿海经济发达地区。据有关测算估计，这个规模大体在5000万人至6000万人。"民工潮"的形成因素比较多元，包括增加收入、学习技术、开阔眼界、向往城市生活等，其中增加收入是最重要和最直接的原因。由于不能真正在城市生活落户居住下来，农民工普遍兼顾乡村农业生产和城市非农劳动，每年往返于城市和乡村之间。每年春节前后，大量返乡与回城的农民工如潮水般穿梭于城乡之间，成为我国一个独特的社会现象。

户口买卖与"民工潮"现象的出现，一方面充分表明中国农民对城市生活的强烈向往和追求，这是广大农民基于城乡之间巨大社会福利与发展机遇的差距，追求更多收益、争取更多发展机会的结果。另一方面，以户籍制度为核心的制度障碍引发了诸多不利于构建和谐社会秩序的负面效应，严重阻碍了中国城市化的正常发展。

(二) 农民工权益保障问题面临挑战

大量农民工进入城市，为中国经济发展注入活力，创造了巨大的财

---

① 韩俊、李静：《"民工潮"：中国跨世纪的课题——"民工潮"现象研讨会述要》，《中国农村经济》1994年第5期。

富，这是中国经济持续繁荣的一个重要原因。但是，农民工权益保障问题变得愈发严重。虽然农民工在城市建设和城市产业发展中贡献巨大、有目共睹，但城市政府和城镇居民对农民工的态度具有两面性。一方面，城市的发展离不开农民工，因而需要让农民工进城；另一方面，如果将城市发展的福利分享给农民工，那么城市政府会有更大的财政压力，城镇居民也会有心理上的抗拒。由此就出现了对农民工的实际工作方法，即主要通过管制、限制和防范的政策，既让农民工能够进城，又让农民工无法给地方政府带来压力、给城镇居民带来内心抗拒。这种社会运行逻辑必然导致农民工在城市被边缘化，同时农民工无法享受城市发展福利将最终成为城市本身发展的障碍，不断积累的个体风险终将演变成社会风险，最终使得政府和原有城市居民的利益受损[1]。

农民工权益保障问题主要体现为如下内容。第一，政治层面的权利缺失。进城农民工由于户籍限制无法在居住地参与村社自治、参加基层代表的选举，也没有自身的行业组织和工会组织，因而农民工在政治上不是一个阶层[2]。第二，经济层面的权利不足。农民工在城市常常进入非正式劳动力市场，缺少劳动合同、工作强度大，缺少劳动相关的保障，雇佣单位往往只支付单位时间劳动工资，法律规定的相关保险和工作条件落地困难，即使这样，农民工仍然面临着被拖欠工资、随意辞退的风险[3]。第三，社会保障福利缺失。这一时期，大部分农民工因无法获得市民待遇被排斥于城市居民社会保障和福利体系之外，他们所面临的劳动和生活风险更多

---

[1] 郑功成、黄黎若莲：《中国农民工问题：理论判断与政策思路》，《中国人民大学学报》2006年第6期。
[2] 朱力：《农民工阶层的特征与社会地位》，《南京大学学报》（哲学·人文科学·社会科学）2003年第6期。
[3] 周智、魏秀珍：《还农民工国民待遇以构建和谐社会》，《山东省青年管理干部学院学报》2005年第4期。

与保障程度更低的情况同时存在，使得农民工较大程度上成为城市社会底层，是城市社会的弱势群体，并成为新的社会问题与社会风险的生成条件[①]。

（三）出现了一系列"城市病"

这一阶段，外来人口大量进入城市，使城市的基础设施和资源利用趋于紧张，为城市社会治理带来较大压力，治理缓慢但人口集聚迅速最后造成了一系列"城市病"。具体表现如下。

一是交通拥堵。人口在较短的时间内迅速集聚，生成了对交通运输的巨额需求。这种交通需求来自人的运输、生活资料的运输和生产资料的运输，因此交通拥堵并非由农民工入城直接引起的，而是农民工进城带动城市产业繁荣所形成的积极经济需求。由于城市交通线路的维修、更改速度相对较慢，城市化对交通的积极需求缺乏供给，从而造成了交通拥堵问题。就具体的交通拥堵问题而言，首先是城市货运增量对城市交通的冲击，根据国家统计局的数据，1980~1988年，北京市城市货物运输量从9393万吨增加到38457万吨；其次是城市内部流动增量对城市交通的冲击，根据国家统计局的数据，1980~1988年，北京市旅客运输量从5285万人增加到7771万人，增长47%；再次是小汽车数量不断增加，随着经济的发展，私有汽车越来越普及，占用了越来越多的道路空间；最后是自行车数量快速增加，在80年代北京市自行车出行与公共交通出行的比例为43∶57，几乎占到私人出行方式的一半，虽然行驶灵活，但是人均占地多、速度慢，也增加了道路负荷[②]。

二是住房紧张。大量农村人口进城加大了城市住房压力，导致城市住

[①] 李洪梅：《对新生代农民工权益保障制度建设的思考》，《当代经济》2010年第14期。
[②] 刘克固：《论解决北京交通问题的途径》，《城市问题》1985年第1期。

房紧缺问题愈发突出①。需求大于供给,从而造成城市住房价格不断升高,迫使农民工选择那些更廉价、条件更差的居住方式②:一种是临时宿舍,如工棚、工厂宿舍、打烊后的门店;另一种是廉价租房,如城中村、楼梯间、地下室和车库等③。同时,在城区扩建、旧城改造的进程中,征地和拆迁等环节导致了一系列严重的社会问题④。

三是社会治安压力剧增。农民工进城工作的不稳定性和非正式性,决定了农民工进城务工往往是通过血缘、地缘的社会资本寻找就业机会,这种流动又造成在空间居住上的集聚,于是形成了诸如"河南村""浙江村""新疆村"等城市内部农民工同乡聚居地⑤。一方面,这些城市农民工同乡聚居地往往地处郊区或城中村,加上人员流动性较大,治安管理力量较为薄弱;另一方面,在聚居地内不同乡的农民工群体之间、农民工与城市居民之间的摩擦可能导致暴力事件,导致农民工聚居地犯罪案件多发⑥。

总体来看,由于这一阶段国家政策调整对社会秩序的控制放松,农民自主选择较上一阶段有所增强,但社会治理不足。城镇化率虽有提升,但城乡发展不均衡的矛盾日渐突出,与经济发展相适应的生产关系变革相对滞后,对城乡居民地域自主选择尊重不足,农民工利益得不到保障,在一定程度上影响了城镇化质量的提升,为后期发展不平衡问题埋下了一定的隐患。

---

① 石梦婷:《社区营造导向下的旧工业区更新模式与策略研究——昆明市为例》,硕士学位论文,昆明理工大学,2020。
② 黄朝凤:《渐进市民化的最优路径:模型改进与数值模拟》,硕士学位论文,浙江大学,2014。
③ 赵俊超:《如何解决农民工住房这个最棘手的问题》,《中国发展观察》2013年第2期。
④ 李云新、杨磊:《快速城镇化进程中的社会风险及其成因探析》,《华中农业大学学报》(社会科学版)2014年第3期。
⑤ 王春光:《农村流动人口的"半城市化"问题研究》,《社会学研究》2006年第5期。
⑥ 张荆:《影响中国犯罪率攀升的六大关系研究》,《中国人民公安大学学报》(社会科学版)2011年第5期。

第四节 自主选择与社会秩序统一的初步形成（2003~2012）

2003年，党的十六届三中全会提出了科学发展观，"以人为本""城乡统筹"的城镇化发展理念和发展模式逐步确立。这一时期，城镇化发展不仅要求重视发展速度，更要注重发展质量，加大力度推进城乡统筹发展，综合统筹人口、资源、环境等全方位要素，走集约、优质、可持续的城镇化发展道路。在这一阶段，城镇化的过程不再是政府对城乡人口流动的直接干预，也不再是农民受个人生活和就业所迫的艰难抉择，而是充分尊重农民选择自主性，并大力推动社会秩序主动跟进的良性发展过程。随着新的发展模式与市民生活方式不断培育和成长起来，我国农民自主选择与社会秩序相统一的城镇化推进路径初步形成。

一 农民自主选择有力增强

（一）市场化改革为农民自主选择拓宽空间

党的十六届三中全会通过的《中共中央关于完善社会主义市场经济体制若干问题的决定》，充分肯定了我国经济体制改革贯彻实施以来取得的巨大成果，在此基础之上，为全面建成完善的社会主义市场经济体制做出全面部署。市场经济建设与城镇化发展深度融合，二者相辅相成、互相推动。在这一期间推进的市场化改革，特别是就业市场化改革，不仅提高了微观经济的活力，使人民生活水平快速提升，而且为农民自主选择拓宽了发展空间，为城镇化发展奠定了坚实基础。

一是我国经济结构快速调整，为农民工提供大量就业机会。党的十六

第五章 农民工市民化的历史演进

大以来,伴随着社会主义市场经济体制逐步完善,我国经济持续保持较快发展势头。国家统计局公开数据显示,从2002年至2012年,我国国内生产总值每年涨幅约为10%,2008年,我国国内生产总值超过德国,居世界第三位;2010年超过日本,居世界第二位,成为仅次于美国的世界第二大经济体①。同时,我国就业结构也发生深刻变化,第一产业占GDP的比重越来越小,吸纳的就业人数逐年下降,第二、第三产业逐渐成为推动GDP增长的主要来源,成为吸纳劳动力就业的主要途径。2002年我国一二三次产业就业人员分别是36640万人、15682万人、20958万人,而到了2011年,一二三次产业就业人员分别变成了26472万人、22539万人、27185万人②。也就是说,2002~2011年,第一产业就业人员占全国就业人员的比重平均每年下降1.53个百分点,而第二产业和第三产业就业人员占比平均每年上升0.82个百分点和0.71个百分点③。城市市场经济的深入发展,为农村劳动力转移就业提供了大量机会,从2002年开始,农村外出务工人口规模快速增长,从2001年的8399万人快速提高到2002年的10470万人,之后以年均约600万人的增加量提高到2012年的16336万人④。

二是市场化就业在劳动力资源配置中起到越来越重要的作用,为农村劳动力进城就业提供了巨大便利。这一阶段,党中央、国务院高度重视农村剩余劳动力就业问题,加大力度维护农村居民公平就业的权利,并出台

---

① 国家统计局:《从十六大到十八大经济社会发展成就系列报告之一》,https://www.gov.cn/gzdt/2012-08/15/content_2204557.htm。
② 龚晓菊、郭倩:《第三产业发展与城镇化推进探讨》,《商业时代》2012年第11期。
③ 国家统计局:《从十六大到十八大经济社会发展成就系列报告之二》,https://www.gov.cn/gzdt/2012-08/16/content_2205006.htm。
④ 苏红键、魏后凯:《改革开放40年中国城镇化历程、启示与展望》,《改革》2018年第11期。

了许多政策、意见和通知,来进一步完善维护农民工权益的基本制度。2003年1月,国务院下发《关于做好农民进城务工就业管理和服务工作的通知》,提出了做好农民工整体工作的十六字原则,即"公平对待、合理引导、完善管理、搞好服务",为农民工在市场化就业基础上实现与城市人口同工同权做出了实践指导。同年9月,国家六部门联合下发《2003~2010年全国农民工培训规划》,要求注重创造条件提高农民工向非农产业和城镇转移就业的能力。2004年中央一号文件首次明确提出农民工已经成为中国产业工人的重要组成部分,要加大力度促进农民工增加收入,并强调城市要吸纳农民工融入城市生产和生活,创造条件让他们成为城市的一分子。2006年3月,国务院颁布实施了《关于解决农民工问题的若干意见》,该意见涉及农民工就业、权益保障、居住环境、劳动保障、管理服务、户籍管理等多个方面的内容。2012年1月,民政部发布《关于促进农民工融入城市社区的意见》,该意见指出,促进农民工融入城市就要将城市社会基本公共服务向农民工开放,保障农民工在各个方面的权益,理解和尊重农民工的文化和生活。这些政策的实施极大地拓宽了农民自主选择的空间,增强了城市对农民的吸引力,有力地推进了农民工市民化的进程。

三是农业生产力的提升,为我国城镇化发展奠定坚实基础。这一时期,党和政府加快推进农村制度改革,采取多种措施,加快农业生产力发展。第一,在土地制度方面,2005年《中华人民共和国农村土地承包经营权流转管理办法》发布施行;2008年,党的十七届三中全会通过《中共中央关于推进农村发展若干重大问题的决定》,明确指出"建立健全土地承包经营权流转市场,按照依法自愿有偿原则,允许农民以转包、出租、互换、转让、股份合作等形式流转土地承包经营权,发展多种形式的适度规模经营"①,顺应了农业生产力发展和农村富余劳动力转移的现实要求。同时,国家开展了对农业农村的大量投资,取消了农业税、建设了水利设施、开展了新农村建设,这些政策的实施与技术进步一起保障了我国农业平稳较快的发展。有数据显示,从2004年至2014年,我国粮食总产量实现"十一连增",截至2013年底,我国全国粮食总产量首次突破60000万吨大关②。粮食的连年增收和充足供应保障了我国的粮食安全,为2013年我国人均GDP突破7000美元、进入中等收入国家行列提供了必要的条件③。这也为我国城乡人口流动和农民工自主选择就业提供了坚实的物质基础。

(二)城乡社会保障制度进一步完善

党的十六大以来,我国社会保障制度改革加快推进,城乡社会保障覆盖面和保障水平迅速提升,覆盖城乡的基本养老保险制度全面建立,新型社会救助体系基本形成,全民医保基本实现,城乡基本医疗卫生制度初步建立,保障性住房建设加快推进,这为城乡人口流动提供了便利条件,为我国城镇化质量的提高提供了良好的条件。

2002年11月,党的十六大报告肯定了与经济社会发展水平相适应的社会保障体系的重要价值,在具体落实中需要"坚持社会统筹和个人账户相结合,完善城镇职工基本养老保险制度和基本医疗保险制度。健全失业保险制度和城市居民最低生活保障制度"④。2003年10月,中共中央印发

---

① 李宪宝、高强:《行为逻辑、分化结果与发展前景——对1978年以来我国农户分化行为的考察》,《农业经济问题》2013年第2期。
② 朱剑红:《我国粮食总产量首次突破6亿吨》,《人民日报》2013年11月30日。
③ 解安、徐宏潇、胡勇:《新中国城镇化曲折历程的唯物史观分析》,《马克思主义研究》2015年第12期。
④ 中共中央文献研究室编《中共十三届四中全会以来历次全国代表大会中央全会重要文献选编》,中央文献出版社,2002,第673页。

《关于完善社会主义市场经济体制若干问题的决定》,要求做好农村居民社会保障制度建设,逐步将城乡居民的养老保险进行全国统筹。2005年,温家宝在政府工作报告对未来一年工作任务的阐述中,提出继续推进城镇社会保障试点工作[①]。2006年10月,中共中央印发《关于构建社会主义和谐社会若干重大问题的决定》,该决定提出到2020年要基本建立覆盖城乡的社会保障体系。2006年1月,国务院印发《关于解决农民工问题的若干意见》,该意见对农民工的社会保障问题进行了系统的论述,对农民工的工伤保险、大病医疗、养老保险等重要且紧急的社会保障方式提出了改革方向。2007年6月,胡锦涛同志在中央党校省部级干部进修班发表重要讲话,指出要以解决人民最关心、最直接、最现实的利益问题为重点,使发展成果更多地体现到改善民生上,再次强调注重深化收入分配制度改革,基本建立覆盖城乡居民的社会保障体系[②]。2007年,国务院发布《关于在全国建立农村最低生活保障制度的通知》,该通知明确了建立城乡最低生活保障制度的目标。

2008年,党的十七届三中全会进一步提出,要解决好被征地农民的就业、住房保障问题,使被征地农民基本生活长期有保障[③]。2011年"十二五"规划指出要坚持"广覆盖、保基本、多层次、可持续"方针,加快推进社会保障体系建设[④]。同年7月,《中华人民共和国社会保险法》开始实施,社会保障制度开始走向法治化、定型化。2012年6月,国务院印发

---

① 全国人民代表大会常务委员会办公厅:《中华人民共和国第十三届全国人民代表大会第二次会议文件汇编》,人民出版社,2019,第8页。
② 李枫:《多谋民生之利 多解民生之忧》,《当代贵州》2013年第1期。
③ 宋士云、焦艳芳:《十六大以来中国社会保障制度的改革与发展》,《中共党史研究》2012年第11期。
④ 《中华人民共和国国民经济和社会发展第十二个五年规划纲要》,《人民日报》2011年3月17日。

《社会保障"十二五"规划纲要》,指出在建立覆盖城乡居民的社会保障体系过程中,要"增强公平性、适应流动性、保证可持续性",最终使得广大人民群众拥有基本的社会保障[①]。覆盖城乡的社会保障制度的建立和完善,逐步解决了进城农民工在医疗、教育、住房等方面遇到的难题,在很大程度上解决了农民工市民化的后顾之忧,有力激发了农民进城的积极性,对提高我国城镇化质量具有重要意义。

二 社会秩序面临系列挑战

伴随着市场经济改革的不断深入,我国城乡社会保障制度进一步完善,农民自主选择的空间不断拓展,阻碍城镇化发展的体制机制不断被清除,由此迎来了我国城镇化发展的高潮,大量农村居民来到城市。城镇化快速推进,一方面为经济社会发展注入巨大动力,但是也为良好社会秩序的建立带来一系列挑战。

(一)"三农"问题突出,城乡发展不平衡加剧

进入21世纪,我国开始由温饱型社会进入全面小康社会建设的新阶段。然而,由于长时间的城乡二元体制以及快速城镇化进程中农村资源大量流出,横亘在现代化道路上的最大障碍依然是20世纪就已凸显的"三农"问题。城乡贫富差距继续扩大,乡村衰落凋敝,农民生活水平难以继续向前跃进,且延及后代,有阶层固化延续之势。农业落后脆弱,农业生产停滞不前,生产的自然条件和生态环境逐渐恶化[②]。以上这些问题反过来严重制约了城镇化质量的提升,对良性社会秩序的形成产生了负面

---

① 《国务院关于批转社会保障"十二五"规划纲要的通知》,《中华人民共和国国务院公报》2012年第19期。
② 杜瑾:《新中国三农出路的探寻历程与当代困境的破解研究》,博士学位论文,中共中央党校,2012。

影响。

第一，农民问题。就本质来说，农民工问题的核心是生存权和发展权问题，是国民待遇问题，是农民的经济、政治和社会地位问题[1]。主要表现为农民劳动收入达不到社会平均收益。一方面，城乡收入不平等状况日益深化。改革开放之初，因为农村改革起步较早，1978~1985年，我国城乡居民收入差距不断下降，然而随着1985年后城镇经济体制改革和乡镇企业的发展，城乡居民收入差距转为扩大，收入差距的绝对值持续增加，长期以来未有逆转[2]。另一方面，城乡消费不平等的状况也日渐显现。消费与收入相联系，1985年后随着收入差距的扩大，城乡居民消费差距也持续扩大[3]。城乡居民之间过大的收入和消费差距，严重抑制了农民的生产积极性，增加了农民的不公平感[4]。

第二，农业问题。相对于第二、第三产业，农业要受到市场和自然因素的双重限制，是一个收益较低的弱质产业。农业内部的资本、劳动力等生产要素，在非农部门外在拉力和农业部门内在推力的双重作用下，大量流向非农部门。这一阶段，我国农业问题主要反映在产前、产中、产后各环节：从产前环节来看，我国农业基础设施建设不足，耕地数量、质量、生态面临严峻挑战，现代科学技术与小农户的结合殊为不易；从产中环节来看，我国农业生产方式依然相对粗放，自主农业技术和装备的发展尚在起步，很多地方甚至保留了一定的小农经济生产方式；从产后环节来看，我国农产品市场价值转化率不高，农产品的品牌化、绿色化、生态化依旧

---

[1] 王云坤：《关于"三农"问题》，《理论前沿》2004年第23期。
[2] 李晓霞：《解决三农问题的重要途径——小城镇建设》，硕士学位论文，武汉科技大学，2010。
[3] 庞珍：《十六大以来中国共产党探索统筹城乡发展的基本历程与经验》，硕士学位论文，广西大学，2015。
[4] 郭国锋：《当前农村居民消费偏低的成因及对策》，《生产力研究》2003年第4期。

推广不足，高附加值的农产品及其加工品尤为缺乏。总之，在实现农业现代化的道路上还有很多没有解决的问题。

第三，农村问题。这一时期我国农村的普遍突出问题是社会事业发展严重滞后。由于进入城市的主要是农村青壮年，留下的是老年人、妇女、儿童，乡村社会治理的主体严重流失，因此出现了农村空心化、农村劳动力老龄化等问题[1]。加之农村的文化、教育、医疗、社会保障等社会事业和公共服务水平较低，区域发展和城乡居民收入差距扩大，改变农村落后面貌的任务尤为艰巨。同时，农村基层自治组织在实际运行中接近于乡镇政府的下属机关，乡村自治的发展受到人才缺失和行政压力的束缚。此外，农村留守儿童问题也是农村存在的重大问题，受到在城市受教育权利缺失的影响，进城务工的农民工往往会将子女放在农村由父母照顾或者夫妻双方一方进城务工一方在家照顾子女。2005年人口抽样调查结果表明，当年中国有5800万农村留守儿童[2]，其中57.2%为单留守、42.8%为双留守[3]。留守儿童主要由祖辈抚养，甚至部分留守儿童没有监护人[4]，以父母为核心的家庭教育环境缺失，造成留守儿童的社会化过程受阻。

（二）"城市病"问题日益严重

城镇化是一个集经济、社会、文化和生态多个系统于一体的现代化过程，在这个过程中，如果出现经济社会生态发展不协调的现象，就会在城镇

---

[1] 向春玲：《中国城镇化进程中的"城市病"及其治理》，《新疆师范大学学报》（哲学社会科学版）2014年第2期。
[2] 张荆：《影响中国犯罪率攀升的六大关系研究》，《中国人民公安大学学报》（社会科学版）2011年第5期。
[3] 邬志辉、李静美：《农村留守儿童生存现状调查报告》，《中国农业大学学报》（社会科学版）2015年第1期。
[4] 段成荣、杨舸：《我国农村留守儿童状况研究》，《人口研究》2008年第3期。

化发展的某些阶段出现"城市病"。早在城镇化初期的 80 年代和 90 年代，"城市病"在大城市就出现了。进入 21 世纪，随着规模更大的农民工进入城市，"城市病"问题也在城市间扩散，诸多城市出现了更加严重的交通拥堵、住房紧张、社会治安风险[1]。在这一阶段，我国城市化发展到中期，经济、社会、生态层面的失衡问题愈加突出，经济层面的贫富两极分化、社会层面的群体冲突、生态层面的环境污染等问题在城乡间最为显著，社会秩序处在混乱、失衡的过程中。具体表现如下。

第一，城市人口急剧膨胀。这一时期，随着工业化的快速推进，进城务工的农民工数量迅速增加，城市常住人口数量迅速增加，尤其是京津、长三角和珠三角地区的人口集聚度突飞猛进。例如，第六次全国人口普查结果表明，北京常住人口数量在 2010 年达到 1961.2 万人，2012 年达到 2069.3 万人，其中外来流动人口达到 773.8 万人，首都核心功能区的人口密度达到惊人的每平方千米 2.2 万人[2]。然而，值得注意的是，人口集聚规模大并不一定会产生"城市病"，很多所谓的"城市病"是在人口集聚的过程中产生的必然问题，是发展带来的负向效应，是城市化的一个阶段，只要人口集聚形成的经济社会效应大于负向效应就不属于严格的城市病态[3]。

第二，交通拥堵程度加重。交通运输不畅是"城市病"的直观反映，例如，2008～2010 年，北京市交通拥堵的时间从每天 3.5 小时增加到 5 小时，堵车时汽车平均每小时前进 15 千米[4]。2010 年北京市民给政府反映的

---

[1] 向春玲：《中国城镇化进程中的"城市病"及其治理》，《新疆师范大学学报》（哲学社会科学版）2014 年第 2 期。
[2] 王永生：《北京城区人口密度每平方千米 7837 人超东京》，《法制晚报》2011 年 7 月 18 日。
[3] 王桂新：《中国"大城市病"预防及其治理》，《南京社会科学》2011 年第 12 期。
[4] 鲍丹、孙秀艳、李红梅：《大城市能否宜居？》，《人民日报》2010 年 11 月 25 日。

第五章　农民工市民化的历史演进

问题中有 67.7% 关系到公共交通①。除北京、上海等特大城市外，二线和三线城市的拥堵情况也逐年加剧。交通的拥堵很容易带来交通秩序的混乱，从而增加人民群众的出行成本。

第三，房价高企泡沫严重。20 世纪 90 年代中期财政改革以后，地方政府获得了国有土地出让权，形成了"以地谋发展"的模式，土地财政最终反映为住房价格。2006 年到 2009 年，北京、上海、深圳、广州、杭州等大城市住房价格加速提高，甚至各级城市和县城的住房价格都在持续走高。一方面，住房价格的增长速度远远高于人均收入的增长速度，例如，2010 年全国 70 个城市的住房销售平均价格增长 13.67%，几乎超过城镇人均居民可支配收入增长速度 7.8% 的一倍②。另一方面，城市住房价格持续走高形成了经济的畸形发展，房地产和金融成为绑定的资本锚定物，巨大的金融风险随之出现③。住房价格虚高，最后导致城市住房从"必需品"转变为"奢侈品"，居住功能被异化为资本投资功能，进城农民工面对高企的房价只能望洋兴叹。

第四，城市环境污染严重。城市的环境污染问题表现为空气污染、固体废弃物污染和水污染。首先是空气污染，城市工业废气和汽车尾气是城市空气污染的主要来源④，随着城市规模的扩大，城市空气污染也愈加突出。例如，2013 年，华北、江汉地区众多城市出现了严重的雾霾天气，空气中 PM2.5 含量严重超过预警，空气中 PM 2.5 指数爆表，白天能见度不足几十米，中小学停课、航班停飞、高速公路封闭的现象一度发生，

---

① 王大伟、王宇成、苏杨：《我国的城市病到底多严重——城市病的度量及部分城市的城市病状况定量对比》，《中国发展观察》2012 年第 10 期。
② 潘家华、魏后凯主编《中国城市发展报告 No.4：聚焦民生》，社会科学文献出版社，2011，第 238 页。
③ 李锐杰：《城镇化进程中"城市病"的解决对策》，《经济纵横》2014 年第 10 期。
④ 翟鸿雁：《我国城市环境污染问题与对策思考》，《经济视角》2011 年第 5 期。

给人类敲响了警钟。其次是固体废弃物污染，城市工业废弃物和城市生活垃圾的增长速度很快，在缺乏处理能力的条件下只能通过焚烧或填埋的方式进行处理，从而转化为空气污染或水污染。再次是水污染，城市水污染问题、缺水问题常常困扰着人们，化学工业、有色金属冶炼都会对水环境造成污染，中国地表水中七大水系总体为中度污染，其中海河为重度污染，国控重点湖泊和水库中四类及以下水质占比达78.6%[①]。城市生态环境恶化带来的诸多问题直接影响城镇居民的生活状况和身体健康，导致城镇化人口的经济成本和生活成本提高，从而影响人口城镇化的质量。

三 社会秩序的回应与跟进

党的十六届三中全会提出了"坚持以人为本，树立全面、协调、可持续的科学发展观"，并要求坚持"统筹城乡发展"，促进经济和社会全面发展。"十一五"规划提出，坚持大中小城市和小城镇协调发展，积极稳妥地推进城镇化，城镇化逐渐上升为国家战略。"十二五"规划提出，坚持走中国特色城镇化道路，科学制定城镇化发展规划，促进城镇化健康发展。党和国家围绕"城市病"治理与构建城乡和谐发展秩序两大主题推出了一系列政策措施，有效提升了我国城镇化发展质量和水平。

（一）开展新农村建设，推动城乡协调发展

城乡协调发展是国家为破解城乡分割的二元体制而实施的重要发展战略，这是党的十六大之后对城市化社会失序的回应。其中的重点便是实施社会主义新农村建设，着力提升农业生产力，强化支农惠农政策实施力度，加快破除城乡分割的二元结构，促进城乡资源要素优化配置，为形成

---

① 张昊：《空气质量有所好转 地表水污染仍严重》，《太原日报》2009年6月17日。

第五章 农民工市民化的历史演进

城乡经济社会发展一体化新格局做出大量努力和探索[①]。

2002年，党的十六大明确将城乡二元结构视为全面建设惠及十几亿人口的更高水平的小康社会的最主要障碍之一[②]。2003年，党的十六届三中全会明确要求改革和消除那些阻碍城镇化建设的政策体系和体制机制。2005年10月，党的十六届五中全会提出了建设社会主义新农村的重大历史任务，以"生产发展、生活宽裕、乡风文明、村容整洁、管理民主"为具体目标，给这一个时期的"三农"工作指明了方向。自2006年1月1日起，我国废止《农业税条例》，从此，这项延续了2600年之久的传统税收走向终结。与此同时，国家还不断增加对"三农"的财政补贴和投入比例，对农民和粮食主产区的补贴资金由2007年的639亿元增加到2012年的1923亿元[③]，为农业的发展注入了新的活力，使农业获得了较好较快的发展。2007年，党的十七大报告指出要构建城乡一体化发展格局，同时把社会主义新农村建设作为建设小康社会的重要内容和历史任务。

2008年，党的十七届三中全会提出建立城乡经济社会发展一体化制度，推动公共资源的均衡配置、生产要素的双向流动，最终实现城乡融合发展。更为值得关注的是，2003年到2012年，中央连续召开十次农村工作会议，从2004年起，连续九年的中央一号文件都聚焦"三农"，从促进农民增收、提高农业综合生产能力、推进新农村建设、发展现代农业、促进农业稳定发展、农民持续增收、加大统筹城乡发展力度、加强水利建设、推进农业科技创新等九个方面制定了一系列支农、强农、

[①] 李娇：《十六大以来中国共产党城乡一体化理论与实践研究》，硕士学位论文，长春理工大学，2017。
[②] 中共中央文献研究室编《中共十三届四中全会以来历次全国代表大会中央全会重要文献选编》，中央文献出版社，2002，第664页。
[③] 汝信、付崇兰主编《中国城乡一体化发展报告（2013）》，社会科学文献出版社，2013，第69页。

惠农政策,其中一以贯之的就是"多予、少取、放活"的方针,为实现农业农村优先发展,推动形成城乡经济社会发展一体化的新格局做出重大历史贡献。

这一时期,随着新农村建设的开展,农业农村领域取得了丰硕的成果。首先,农业基础设施建设取得长足进步,开展耕地保护,到2010年全国已经有2498个县级单位实施了测土配方施肥项目,619个县级单位实施土壤有机质提升试点项目,到2011年全国有效灌溉面积达到9.25亿亩;其次,农业机械化水平实现稳步发展,相较于2002年,2011年全国农用机械总动力增加68.7%[1];再次,粮食产量实现连年增长,2003年到2011年,我国粮食产量从8614亿斤增加到11424亿斤[2]。除此之外,2002年至2011年,农村建设也取得可喜成绩,交通通信方面,全国有99.38%的行政村通了公路;卫生条件方面,厕所普及率达到69.2%、改水累计受益人数占农村人口总数的94.2%;住房方面,农村人均住房面积从26.5平方米增加到36.2平方米[3]。农村快速发展为我国城乡人口流动和农民自主选择就业提供了坚实的物质基础,有力地推动了我国城镇化的快速发展。我国的常住人口城镇化率在2000年还是36.22%,但是到了2011年已经增长到51.27%,这表明在社会秩序跟进的条件下城镇化进程也会迅速走上正轨[4]。

(二)强化"城市病"治理

根据前述内容,在这一阶段,"城市病"问题愈加严重,这是城市空

---

[1] 国家统计局:《从十六大到十八大经济社会发展成就系列报告之七》,https://www.stats.gov.cn/zt_18555/ztfx/kxfzcjhh/202303/t20230301_1920341.html。
[2] 陈锡文:《我国城镇化进程中的"三农"问题》,《国家行政学院学报》2012年第6期。
[3] 国家统计局农村司:《农业基础地位更加稳固 农民收入持续较快增长》,《中国经济导报》2012年10月16日。
[4] 陈锡文:《我国城镇化进程中的"三农"问题》,《国家行政学院学报》2012年第6期。

第五章 农民工市民化的历史演进

间布局、产业结构转型、环境治理失调所共同作用导致的结果。"城市病"治理的成败将直接关系到城市的可持续发展，这一时期，我国开始关注城市病的预防和治理。

第一，推进城市基层治理。针对城市人口迅速膨胀的社会问题，积极开展城市基层治理是有效的应对措施。城市基层治理工作关系到人民群众的切身利益，关系到社会和谐稳定和长期发展，对提高城市化质量具有重大意义。2003年10月，党的十六届三中全会围绕市场配置资源的重要功能展开，全会认为，加快我国的城镇化进程，需要逐渐建立城乡统一的劳动力市场，推动城乡劳动者平等就业。2004年9月，党的十六届四中全会审议通过了《关于加强党的执政能力建设的决定》，该决定指出，一方面发挥基层党组织服务群众、凝聚人心的作用，另一方面发挥城乡基层群众性自治组织协调矛盾、化解矛盾、排忧解难的作用。2004年10月，中共中央办公厅转发中央组织部制定的《关于进一步加强和改进街道社区党的建设工作的意见》认为，面对越来越多的流动人员进入社区的现实状况，社区党建需要转变管理和工作方式，建立健全社区服务体系，围绕群众关心的问题开展社区服务活动[1]。2005年8月，全国社区建设工作会议召开，对五年全面推进社区建设的经验和教训、重点和难点进行了总结[2]。2006年4月，国务院颁布《关于加强和改进社区服务工作的意见》，要求推进社区流动人口管理和服务，为流动人口提供与户籍人口同等的宣传、服务和管理，取消不合理收费、减少相关手续[3]。2006年10月，中共中央发布《关于构建社会主义和谐社会若干重大问题的决定》，强调要健全新型社区

---

[1] 《十六大以来重要文献选编》中，中央文献出版社，2006，第381页。
[2] 秦滟、陈华：《全国社区建设工作会议在吉林省长春市隆重召开》，《中国社会报》2005年8月27日。
[3] 《国务院关于加强和改进社区服务工作的意见》，《人民日报》2006年5月8日。

管理和服务体制，提高对流动人口的服务与管理水平，实现流动人口与城市居民的和谐相处①。2010年8月，中共中央办公厅、国务院办公厅印发《关于加强和改进城市社区居民委员会建设工作的意见》，针对社区居民委员会存在的组织、人员、设施等问题进行了回应和指导②。整体而言，这一时期的城市基层治理，形成了党建引领、重心下移、选择性参与的多重逻辑，生成了社区复合体，回应了人口集聚所造成的城市人口膨胀系列问题③。

第二，强化房地产市场治理。由于财政分税制改革和经济危机的冲击，中国房地产市场一直处于活跃状态，房价上涨非常迅速。这一时期，针对房地产市场的治理主要从两个方面展开。一方面是通过国家干预规范房地产市场。例如，2004年3月，国土资源部和监察部联合发布《关于继续开展经营性土地使用权招标拍卖挂牌出让情况执法监察工作的通知》，对经营性土地使用权的招标、拍卖、挂牌和出让情况进行监察，防止领导干部插手土地使用权出让的腐败行为；再如，2005年4月，国务院常务会议出台了加强房地产市场调控的八项措施，简称"国八条"，对房地产的规划调控、计划调控、价格调控、税收调控进行了规定④；2006年5月，《国务院办公厅转发建设部等部门关于调整住房供应结构稳定住房价格意见的通知》发布，针对部分城市房价上涨过快等问题，要求制定和实施住房建设规划、明确新建住房结构比例，严禁大拆大建⑤。另一方面是提供

---

① 《中共中央关于构建社会主义和谐社会若干重大问题的决定》，《人民日报》2006年10月19日。
② 《关于加强和改进城市社区居民委员会建设工作的意见》，《中国民政》2010年第12期。
③ 吴晓林：《治权统合、服务下沉与选择性参与：改革开放四十年城市社区治理的"复合结构"》，《中国行政管理》2019年第7期。
④ 《温家宝主持国务院常务会议 八项措施调控房地产市场》，《今日国土》2005年第Z2期。
⑤ 《关于调整住房供应结构稳定住房价格的意见》，《新华每日电讯》2006年5月30日。

第五章　农民工市民化的历史演进

保障性住房。例如，2010年1月，《国务院办公厅关于促进房地产市场平稳健康发展的通知》印发，强调增加中低价位和中小套型普通商品住房建设，实施保障性安居工程建设规划，从而保障人民群众基本住房条件①；再如，2010年4月，国务院发布《关于坚决遏制部分城市房价过快上涨的通知》，又称"国十条"，对房价急剧抬高的情况做出了应对，提出确保该年度建设300万套保障性住房，并且要求开展各类棚户区改造②；再如，2011年9月，国务院办公厅印发《关于保障性安居工程建设和管理的指导意见》，对中低收入家庭住房保障工作做出全面部署，将保障性安居工程建设的重点放在公共租赁租房建设方面，该意见特别强调对那些人口净流入数量较大的城市要提高公共租赁租房建设的比重③。事实上，在这一时期，房地产市场是拉动经济跨越式腾飞的重要支撑，在应对亚洲金融危机、国际金融危机的过程中发挥了强力的"救市"功能④，在2010年之后国家开始出台系列政策试图让房地产市场回归住房初始目的⑤。

第三，增强城市环境治理力度。良好的生态环境是关系民生的重大社会问题，是提升城镇化质量的关键一招。中共中央从全局角度对环境问题进行把握，在2003年提出的科学发展观中，平衡经济和环境、人与自然的关系占据着重要位置⑥。2007年10月，党的十七大将生态文明建设提升为国家发展战略，标志着我国城市环境治理工作迈入新的阶段。具体来看，

---

① 《国务院办公厅关于促进房地产市场平稳健康发展的通知》，《人民日报》2010年1月11日。
② 《国务院坚决遏制部分城市房价过快上涨》，《中国房地信息》2010年第11期。
③ 《国务院办公厅关于保障性安居工程建设和管理的指导意见》，《资源与人居环境》2011年第11期。
④ 王京滨、夏贝贝：《中国房地产改革40年：市场与政策》，《宏观经济研究》2019年第10期。
⑤ 夏贝贝：《房价泡沫与金融风险：理论分析与经验证据》，博士学位论文，天津理工大学，2022。
⑥ 王冰、贺璇：《中国城市大气污染治理概论》，《城市问题》2014年第12期。

这一阶段国家对城市环境治理主要从以下几个方面入手。首先，将环境整治效果纳入考核范围。这一阶段，国家开始对城市环境治理成效实行定量考核，对城市政府在推行城市环境综合整治中的活动予以管理和调整。2006年3月，国家环保总局办公厅发布《关于印发〈"十一五"城市环境综合整治定量考核指标实施细则〉和〈全国城市环境综合整治定量考核管理工作规定〉的通知》，对城市环境综合整治工作开展定量考核（简称"城考"），考核的重点包括环境质量、环境基础设施建设、污染防治和公众对环境的满意度等内容，纳入了诸如单位GDP能耗、单位GDP用水量、万元GDP主要工业污染物排放强度、空气污染指数、集中式饮用水水源地水质达标率等环境指标[①]。其次，推动城市环境创建工作常态化。党的十六大之后，城市环境创建工作反复开展、循环开展，力图使城市环境得到全方位优化，开展了诸如国家卫生城市、环保模范城市、生态城市、绿化城市、森林城市、园林城市等多种多样的环保型城市品牌创建活动，为城市污染的治理和环保的长期化提供了有利的条件。例如，国家卫生城市的考核涵盖了爱国卫生组织管理、健康教育、市容环境卫生、环境保护、公共场所和生活饮用水卫生、食品卫生、传染病防治、病媒生物防制、社区和单位卫生、城中村和城乡接合部卫生等十个方面的65项指标[②]。再如，国家森林城市评价指标有森林覆盖率、建成区绿化覆盖率、建成区绿地率、人均公共绿地面积、城市森林自然度、市民对森林城市的知晓度和支持度等指标[③]。最后，落实城市环境治理过程法治化。在这一阶段，为了推动城市环境治理的规范化，国家出台了《关于加大污水处理费的征收力

---

① 姜爱林、陈海秋、张志辉：《中国城市环境治理的绩效、不足与创新对策》，《江淮论坛》2008年第4期。
② 《新〈国家卫生城市标准〉出台》，《城市垃圾处理技术》2005年第3期。
③ 《国家森林城市评价指标》，《人民日报》2007年5月7日。

度建立城市污水排放和集中处理良性运行机制的通知》《关于规范环境影响咨询收费有关问题的通知》等一系列城市环境保护相关的法律法规，国家环保总局等国务院有关部门发布环保规章 160 多件，地方人民代表大会和地方人民政府依照职权，为实施国家环境保护法律和行政法规，制定和颁布了地方规章和法规 1100 多件，初步形成了以《环境保护法》为基本法，以城市环境保护为核心内容的城市环境保护法律体系[1]。

这一阶段，我国城镇化高速发展，党和国家对高速城镇化所带来的一系列社会问题给予高度重视，并对城镇化推进政策与理念做出了一系列调整，不仅要求重视速度和数量，更要注重发展质量，加大力度推进城乡统筹发展，综合统筹人口、资源、环境等全方位要素，"以人为本""城乡统筹"的城镇化发展理念逐步形成。农民工自主选择与社会秩序统一的城镇化推进模式实现了优化，国家正向引导城镇化进程的制度供给大为增加，负向干预城镇化进程的制度规定进一步减少，农民工自主选择的权利得到更大程度的尊重与保护，推进自下而上和自上而下城镇化的制度供给较之前时期进一步增强，农民工自主选择与社会秩序统一推进路径初步形成。

第五节　自主选择与社会秩序统一的深度完善（2013 年至今）

党的十八大以来，在以习近平同志为核心的党中央的坚强领导下，党和国家各项事业取得全方位、开创性成就，中国特色社会主义进入了新时

---

[1] 姜爱林、陈海秋、张志辉：《中国城市环境治理的绩效、不足与创新对策》，《江淮论坛》2008 年第 4 期。

代。这一时期，我国城市化进入以新生代农民工为主体及城镇化率首次超过50%为主要标志的中期阶段，党中央和国务院根据时代发展，坚持以新发展理念为指导，适时提出了以促进人的城镇化为核心、提高质量为导向的新型城镇化战略，并就深入推进新型城镇化战略做出一系列重大决策部署，要求不断深化制度改革，着力破除了一系列制约城市化高质量发展的体制机制障碍，更为全面地拓宽了农民自主选择的空间，着力构建更为有序、和谐、健康的城镇化发展格局，我国农民工自主选择与社会秩序统一推进的路径进一步完善。

一　农民工自主选择深度发展

进入新时代，我国农民工自主选择权进一步增强。从历史维度来看，这一时期我国农民工自主选择的能力和空间是新中国成立以来最显著的阶段。促进农民工自主选择权增强的因素主要表现在以下几个方面。

（一）农村改革取得重大进展

1. 农业生产力显著提升

党的十八大以来，我国农业现代化快速推进，农业生产力显著提升。新一轮农业科技革命和产业变革正在加速演进，农业技术迭代显著加快，颠覆性技术不断涌现，物联网、大数据、云计算、人工智能与农业经济深度交融。特别是以智能化为特征的农业机械化快速推进，极大地节约了农业劳动力。2021年我国农业机械总动力达到10.7亿千瓦，在十年内增长了近50%，全国农机总数量超过2亿台（套），农机装备制造已经基本覆盖了各个环节各个门类[①]，农业生产方式实现了从主要依靠人力畜力到主

---

① 李丽颖、崔建玲：《农业机械化加快向全程全面高质量发展》，《农民日报》2022年10月14日。

要依靠机械动力的历史性转变。农业生产力的提升，以及农业生产方式的加速转变，极大地将农民从繁重的体力劳动中解放出来，使农民获得了比以往任何时代都富余的闲暇时间，在农村就业市场饱和及农业生产附加值不高的背景下，越来越多的农业富余劳动力开始实现从农村到城市的转移就业，这对推进城镇化高速发展产生了极为重要的意义。

2. 土地制度深刻变革

土地是农业生产最基本的生产资料，也是自古以来农民生活的根本来源和保障。长期以来，我国农村都呈现家家包地、户户务农的局面，根深蒂固的小农意识，特别是农民对土地的天然眷恋是阻碍农民走向城市的重要羁绊。然而随着城市化进程快速推进，农村劳动力大量进入城镇就业，乡村空心化问题越来越突出，"谁来种田"的问题逐渐凸显出来。在实践探索中，外出务工的农民家庭通过出租、转包、入股等多种方式将承包地流转出去，于是农村耕地的承包主体与经营主体相分离、承包权与经营权相分离，形成了集体拥有所有权、农户享有承包权、新型主体行使经营权的新格局。党的十八大以来，国家以承包地的大规模确权、登记、颁证为核心工作内容，推动农地经营从"三权分置"的法律界定逐步走向地权的实施。于是越来越多农民采取土地流转、土地托管、土地入股等多种方式，合理处置土地经营权，这在保护农户承包权益的基础上放活农地经营权，推动形成"农民—农地"关系历史性新变化，既保持了承包地的就业保障功能和托底作用，也为农村劳动力自由流动破除土地羁绊，极大地促进了新型城镇化的发展。具体来看，农村土地制度改革包含以下几个方面。

一是以确权颁证为手段推动土地产权的清晰化[①]。2013年的中央一号

[①] 孔祥智、张琛：《十八大以来的农村土地制度改革》，《中国延安干部学院学报》2016年第2期。

文件提出，用五年的时间基本完成新一轮土地承包经营权的确权登记颁证，以保障农户享有承包地的用益物权。2015年1月，农业部等六部门联合印发《关于认真做好农村土地承包经营权确权登记颁证工作的意见》，详细部署了农地确权登记颁证工作的推进任务。到2018年12月31日，土地确权登记基本全面结束，我国完成承包地确权登记面积14.8亿亩，占承包地实测面积的89.2%，30个省份已报告基本完成[1]。农村土地承包经营权确权登记颁证工作的顺利完成使得农户承包面积和边界得以清晰化，赋予农民更加充分而有保障的土地承包经营权。农户持有土地承包经营权证，就拥有了占用、使用和收益的权利，可以放心无忧地行使转包权和出租权，农村居民可以放心进城，免去后顾之忧，这有效地推动了城镇化的发展进程。

二是以规模经营为内容实现产权实施的落地化。2013年7月，习近平总书记在武汉农村综合产权交易所考察调研时，提出承包经营权分置为承包权和经营权的设想。2014年，中央一号文件正式提出农村土地所有权、承包权、经营权"三权分置"的政策。2016年中央一号文件也进一步明确农村土地承包关系长久不变的指导方针，提出了完善"三权分置"办法，依法推进土地经营权有序流转。2017年10月，党的十九大提出巩固和完善农村基本经营制度，深化农村土地制度改革，完善承包地"三权分置"制度。保持土地承包关系稳定并长久不变，第二轮土地承包到期后再延长三十年。2018年10月，十三届全国人大常委会第六次会议分组审议了《农村土地承包法修正案（草案）》，这对巩固和完善农村基本经营制度，深化农村土地制度改革，落实"三权分置"制度，保持农村土地承包关系

---

[1] 高云才、郁静娴：《去年完成承包地确权登记面积14.8亿亩　2020年确保建成8亿亩高标准农田》，《人民日报》2019年1月18日。

第五章 农民工市民化的历史演进

稳定并长久不变等具有重大意义。

历史实践证明，土地制度安排是影响城镇化发展水平的关键要素，无论是农民土地情结还是农地权益分配等都会对城镇化发展质量产生重大影响。只有将农村土地承包经营权确定下来，将进城落户农民土地承包权、宅基地使用权、集体收益分配权切实维护好，支持并引导其依法自愿有偿转让上述权益，农民才能放心进城，乐于进城。同时，农村土地收益也是进城农民的"嫁妆"，通过加快制度创新，完善农民土地权益对其市民化过程的支撑性功能，为实现农民更高质量市民化提供多渠道的支撑保障。总体来看，党的十八大以来，国家大力推进的农村土地制度改革，不仅为实现农业生产力跃升提供了重要的制度支撑，也有效地将农村富余劳动力从土地中解放出来，使进城农民没有了失地的后顾之忧，这也强有力地拓宽了农民自主选择的空间，促进了我国城镇化高质量发展。

（二）新型户籍制度改革与"抢人大战"

长期以来，城乡二元户籍制度是阻碍我国城镇化高质量发展的主要障碍。党的十八大以来，党中央多措并举，我国新型户籍制度改革取得新的进展，为农民工市民化大开"城门"，我国城镇化数量和质量均获得重大进展。2011年2月，《国务院办公厅关于积极稳妥推进户籍管理制度改革的通知》发布，提出着力解决农民工问题的方针，一方面对已经落户城镇的农民工，为其提供与城镇居民同等的权益；另一方面对暂时没有达到落户条件的农民工，要下大力气为他们解决劳动报酬、子女教育、租房购房、社会保障等方面的突出问题[①]。2013年11月，《中共中央关于全面深化改革若干重大问题的决定》发布，该决定强调在推进城乡一体化的过程

---

① 《国务院办公厅关于积极稳妥推进户籍管理制度改革的通知》，《中华人民共和国国务院公报》2012年第7期。

中，稳步实现城镇基本公共服务覆盖常住人口，尤其是要把落户的农民工纳入城镇住房和社会保障体系[①]。由此确立了新型户籍制度改革的具体目标和实施规划，有力促进了我国城市化高水平发展。2014年7月，国务院印发《关于进一步推进户籍制度改革的意见》，该意见锚定常住人口市民化的政策目标，根据城市等级调整户口迁移门槛，使用居住证和统一户口登记制度创新人口管理模式；同时，树立了发展目标，即到2020年基本建成新型户籍制度，实现1亿左右的农民工在城镇落户。2016年1月1日，《居住证暂行条例》颁布实施。至此，暂住证制度全面退出历史舞台。从暂住证到居住证制度的跨越，在很大程度上消除了对进城农民工的歧视，切实保障了对流动人口在诸如就业、教育、医疗等方面的权益，为农民工群体市民化提供制度保障。2019年4月，中共中央、国务院印发《关于建立健全城乡融合发展体制机制和政策体系的意见》，该意见提出了城乡融合发展的"三步走"战略目标，其中包括对户籍制度的改革目标：到2022年，消除城市落户限制；到2035年，建立城乡有序流动的人口迁徙制度；到本世纪中叶，实现城乡全面融合发展。此外，该意见以城乡要素双向流动与合理配置体制机制为落脚点，提出农业转移人口市民化与城市人才下乡的双向流动机制、工商资本下乡与科技成果入乡的双重转化机制，提出承包地、宅基地和集体经营性建设用地入市制度改革的主体内容，从而为城乡融合发展做出了前瞻性部署。

同时，全国打响了"抢人大战"，各个城市采取送户口、送房补、人才津贴等多种措施，吸引人才落户，除个别超大城市外的城市落户限制快速放开放宽。2017年初，武汉率先提出"五年内留住百万大学生"的口号。随后，天津、武汉、成都等城市竞相出台人才引进政策，主要针对本

---

① 《中共中央关于全面深化改革若干重大问题的决定》，《人民日报》2013年11月16日。

第五章　农民工市民化的历史演进

科及以上毕业生,采取降低落户门槛、最低工资承诺、生活补贴等形式提供支持[①]。此外,一些城市提出了"仅凭学生证和身份证就可以完成在线落户""人才落户门槛降低到中专学历"等大力措施。"抢人大战"是这一阶段我国经济社会发展的特殊产物,充分反映出各级政府在城镇化发展思路上的巨大转变,对我国城镇化高质量发展产生了深远影响,大大拓宽了自主选择的空间。但是,"抢人大战"与实现城乡高质量融合发展的目标还相距甚远。一方面,各城市对引进人口的学历、职业等指标有一定硬性限制,这加剧了不同群体之间城镇化进程的分化,进一步巩固了社会主导群体对社会资源的排他性占有;另一方面,"抢到人才"与"留住人才"之间还有很长的路要走,这对各城市在强化社会治理能力,提升城市包容性,落实引进人才待遇,保障引进人才权益等诸多方面提出更高要求。新落户人口所面临的住房贵、上学难、就业差、归属感低等问题都是阻碍城市化高质量发展的绊脚石,需要各级政府加以重视并着重解决。

(三) 城乡社会保障制度改革取得进展

长期以来,城乡之间二元的社会保障制度是阻碍农民工市民化的重要障碍,在城市务工的农村居民及其家人不能公平享有与城市居民一样的社会保障服务。就医难、上学难、住房贵、养老难等多重困难横亘在进城人口面前,降低了我国城镇化的质量,阻挡了农民工市民化的脚步。党的十八大以来,党中央高度重视城乡社会保障制度改革,从医疗、教育、住房保障等多个方面着手,全面推进城乡社会保障制度一体化发展,扎实推进城镇职工的保障类型从"单位"走向"社会",从而稳步构建城乡统筹的社会保障体系,这进一步提升了农民工市民化的意愿,促进了我国新型城

---

① 刘旭阳、金牛:《城市"抢人大战"政策再定位——聚焦青年流动人才的分析》,《中国青年研究》2019 年第 9 期。

镇化发展。党的十八大报告提出，要以增强公平性、适应流动性、保证可持续性为重点，全面建成覆盖城乡居民的社会保障体系，着力构建政府主导、覆盖城乡、可持续的基本公共服务体系[①]。2018年7月6日，习近平主持召开中央全面深化改革委员会第三次会议，审议通过的《关于建立健全基本公共服务标准体系的指导意见》指出，建立健全基本公共服务标准体系，以标准化促进基本公共服务均等化、普惠化、便捷化，是新时代提高保障和改善民生水平、推进国家治理体系和治理能力现代化的必然要求[②]。具体进展如下。

第一，社会保障覆盖面不断扩大，全面建立覆盖城乡居民的社会保障体系。党的十八大以来，国家实施全民参保计划，各项社会保障的覆盖率迅速增加。2021年，我国基本养老保险覆盖超过10亿人，基本医疗保险覆盖超过13亿人，建成了世界上规模最大、覆盖人口最多的社会保障体系[③]。同时，将广大农民工作为扩大参保覆盖范围的重点，对农民工参加社会保险情况进行登记补充完善，建立全面完整准确的社会保险参保基础数据库，实现全国联网和动态更新。而且通过实施社会保障卡工程，优化城乡社会保障服务管理模式，尽可能提升社会保障的全面性和普遍性。由于中国社会保障覆盖面扩大的工作取得了显著成果，中国政府获得了2016年"国际社会保障协会社会保障杰出成就奖"[④]。

第二，城乡社会保障转移接续制度进一步完善，社会保障的流动性和

[①] 胡锦涛：《坚定不移沿着中国特色社会主义道路前进　为全面建成小康社会而奋斗——在中国共产党第十八次全国代表大会上的报告》，人民出版社，2012。
[②] 《中办国办印发〈关于建立健全基本公共服务标准体系的指导意见〉》，《人民日报》2018年12月13日。
[③] 任仲平：《十年砥砺奋进　绘写壮美画卷》，《人民日报》2022年10月15日。
[④] 中国政府获"国际社会保障协会社会保障杰出成就奖"，http://www.gov.cn/xinwen/2016-11/18/content_5134315.htm。

便捷化进一步增强。在养老方面，2014年国务院印发了《城乡养老保险制度衔接暂行办法》，为参加城镇职工养老保险和城乡居民养老保险人员实现跨域衔接提供了重要保障。在医疗方面，国家加大力度普遍开展和推进城镇居民基本医疗保险、新农合门诊医疗费用统筹，深化支付方式改革，建立完善适应不同人群、疾病、服务特点的多元复合支付方式，基本实现异地就医住院费用直接结算，整体推进支付方式改革，大幅提高了跨省异地就医住院费用线上结算率，城乡紧密衔接的居民大病保险制度基本建成。在教育方面，国家积极加大教育供给，特别注重对随迁子女较多城市加大教育资源供给，实现公办学校普遍向随迁子女开放，完善随迁子女在流入地参加高考的政策。根据教育部公布的数据，到2018年底，义务教育阶段随迁子女80%进入公办学校就读[①]。在住房方面，持续深化利用集体建设用地建设租赁住房试点，进一步扩大公租房和住房公积金制度向常住人口覆盖范围，有序推动将农民工纳入城市住房保障体系，以政府为主导、投资兴建公共住房，增加农民工城市住房的有效供给，分类化解不同市民化意愿和能力的农民工的城市住房问题。

第三，社会保障管理应用系统的数字化革新，突破了时空对社会保障资源获取的限制。大数据、人工智能技术的发展为社会保障管理应用系统的更新迭代提供了基础条件，适应更多应用场景。首先，数字化社会保障系统提高了使用和管理效率，更加便捷高效。全国社会保障卡服务平台建立之后，发放电子社保卡，用户通过移动终端完成身份认证之后，就可以在线上办理信息查询、社保缴费、移动支付等多元业务。其次，线上与线下结合的形式为不具备移动应用使用条件和能力的人提供便利。例如，农

---

① 蔡继明、郑敏思、刘媛：《我国真实城市化水平测度及国际比较》，《政治经济学评论》2019年第6期。

村存在着诸多不会也无法使用移动系统的居民，农民工群体尤其是老一代农民工群体中也有很多人没有条件和能力使用线上系统，此时与电子社保系统互联互通的实体社会保障卡就发挥着重要的作用。最后，社会保障管理应用系统能够适应人口流动的社会状况。数字化的社会保障管理应用系统适应了人们在城乡之间、区域之间的广泛性流动现实状况，对于统筹城乡社会保障体制机制，对于实现农民工在城市的流动与融合，对于实现亿万农业转移人口的"市民梦"，具有重要的长期性现实性价值①。

二 社会秩序深层次的完善

（一）强化顶层设计，注重战略规划

科学性和前瞻性是新型城镇化的关键特征②，因此城镇化发展的顶层设计和战略规划就显得极为重要。党的十八大以来，党和国家紧密结合经济社会实际发展需求，在充分尊重和保障农民自主选择的基础之上，进一步优化我国城镇化发展的顶层设计，制定清晰科学的战略规划，为构建良好的社会秩序做了大量工作。

党的十八大报告提出，要推动"工业化和城镇化良性互动、城镇化和农业现代化相互协调"③，走中国特色新型城镇化道路。这就意味着，我们要坚持以新发展理念为指导，强化顶层设计，着眼于整体性、协调性与可持续性，将城镇化视为一项系统性工程进行统筹思考和长远规划。2011年3月，全国人民代表大会审议通过了"第十二个五年规划"，提出

---

① 尹蔚民：《推动实现更高质量的就业　全面建成覆盖城乡居民的社会保障体系》，《劳动保障世界》2013年第1期。
② 赖明、王芬：《加强新型城镇化顶层设计》，《唯实（现代管理）》2013年第12期。
③ 胡锦涛：《坚定不移沿着中国特色社会主义道路前进　为全面建成小康社会而奋斗——在中国共产党第十八次全国代表大会上的报告》，人民出版社，2012第20页。

构建以两横、三纵交通轴线为依托,以若干城市群为重要组成部分的城市化战略格局①。2012年12月,中央经济工作会议提出推进城镇化的策略是"积极稳妥",强调"要构建科学合理的城市格局,大中小城市和小城镇、城市群要科学布局,与区域经济发展和产业布局紧密衔接,与资源环境承载能力相适应"②。2013年3月,国务院常务会议强调,在广泛征求各方面意见的基础上,抓紧制定城镇化发展的中长期规划③。2015年12月,第四次中央城市工作会议召开,明确了城市工作的发展思路与重点任务,这次会议特别提出要提高城市规划的科学性和权威性,促进"多规合一",全面开展城市设计,完善新时期建筑方针,科学谋划城市"成长坐标"④。2017年,习近平总书记在党的十九大报告中指出,"以城市群为主体构建大中小城市和小城镇协调发展的城镇格局,加快农业转移人口市民化"⑤。事实上,协调城镇化发展格局,关键是处理好大中小城市和小城镇的关系,统筹生产、生活、生态主题在城市间的分布,通过规划、建设和管理等环节实现城市工作的系统推进。这为今后一个时期推动城镇格局协调发展提供了一个科学的前进指南。2019年《政府工作报告》提出,促进区域协调发展,提高新型城镇化质量。同年3月,国家发展改革委发布了《2019年新型城镇化建设重点任务》,提出了深化户籍制度改革、促进大中小城市协调发展等任务。这对优化我国城镇化布局,解决城镇化发展不平衡的问题,进而推动新型城镇化高质量发展具有重大积极意义。2021年党

---

① 《中华人民共和国国民经济和社会发展第十二个五年规划纲要》,人民出版社,2011,第58~59页。
② 资料来源:中国政府网,https://www.gov.cn/jrzg/2012-12/16/content_2291602.htm。
③ 资料来源:中国政府网,https://www.gov.cn/guowuyuan/2013-03/27/content_2591103.htm。
④ 《中央城市工作会议在京举行》,《城建档案》2016年第1期。
⑤ 习近平:《决胜全面建成小康社会 夺取新时代中国特色社会主义伟大胜利——在中国共产党第十九次全国代表大会上的报告》,人民出版社,2017。

的十九届五中全会把新型城镇化作为 2035 年基本实现现代化的关键举措。2022 年党的二十大明确把新型城镇化作为"着力推动高质量发展"的重要战略，强调要"推进以人为核心的新型城镇化""构建大中小城市协调发展格局""坚持人民城市人民建、人民城市为人民"[1]。

国家不断强化推动新型城镇化顶层设计，连续制定一系列战略规划，着眼于解决当前依旧存在的土地城镇化快于人口城镇化、城镇化质量不高、城市生态环境不堪重负等一系列深层次问题。在这个层面上，新型城镇化从顶层设计上主要强调了以下几个维度。第一，新型城镇化是人的城镇化。新型城镇化的核心任务是实现农民工的市民化，引导地方政府将城镇化的重点工作从城市空间的扩大转移到为进城农民工提供公共服务上，避免将城镇化机械地看作农村居民空间迁移和落户，更重要的是让进城农民工拥有适应城市的生活和工作条件、心理和思维观念，与城市居民享有同等福利[2]。第二，新型城镇化需要做好制度联动改革。这一阶段，以人为本的城镇化发展路径难以通过单项制度改革予以推进，经济发展阶段决定了进一步的制度改革只能对户籍制度、土地制度、社会保障制度进行联动改革，构建横向协同、纵向联合的机制，加强试点示范和典型引领，积极营造有利于推进新型城镇化的良好环境。第三，新型城镇化需要做好总量和增速控制。人民生活质量和人居环境质量是新型城镇化的重要内容，做好总量控制和增速控制，逐步构建数量增长与质量提升协同发展的城镇化格局，通过大中小城市和小城镇的产业分工，推进生产要素城镇化与生活方式城镇化的共同发展，从而建构内部紧密联系、要素流动有序、辐射

---

[1] 习近平：《高举中国特色社会主义伟大旗帜　为全面建设社会主义现代化国家而团结奋斗——在中国共产党第二十次全国代表大会上的报告》，人民出版社，2022。

[2] 石忆邵：《对我国新型城镇化顶层设计中若干问题的思考》，《广东社会科学》2014 年第 5 期。

范围广阔的城市群。第四,新型城镇化需要做到可持续增长。资源短缺、环境容量有限是新型城镇化必须面对的发展难题,因此转变城镇化发展方式和经济增长动能就是必然选择,关键是要建设城镇生态文明。一方面,根据资源与环境条件科学制订城市环境保护计划,设置排污、占地、建设的红线;另一方面,实施环境污染、碳排放的总量控制,确保城镇宜居宜业的底色,避免"城市病"的出现。

(二) 实施乡村振兴战略,推动城乡融合发展

长期以来,我国部分地区存在较为严重的"城市中心主义"偏见,即将城市发展与乡村发展对立起来,简单地将乡村作为城市发展的资源、人力输出地和中国现代化的稳定器和蓄水池,甚至担忧推进乡村振兴会妨碍城镇化进一步发展。这些思想被实践证明是错误的,而且是有害的。从现实性上看,我们必须在思想上正确把握新型城镇化与乡村振兴战略在本质上的一致性,即两者都旨在满足人民日益增长的美好生活需要。在此基础上,我们必须认识到新型城镇化面临的现实困境必须要通过乡村振兴来破解。当前我国尚存在土地城镇化快于人口城镇化、城镇化质量不高等问题,尚有数以亿计的农民工及其家属在就业、教育、住房、社会保障等方面并没有真正享受到城镇居民待遇。同时,我国城市内部的二元结构矛盾并未消除,大量农村户籍人口"被市民化",大量农民工"半市民化",城镇化质量还达不到促进"四化"同步发展的要求。然而,新时期城镇化发展的外部条件和内在动力正在发生深刻变化,我们所面临的主要挑战和突出矛盾表现为:城镇建设用地刚性需求与耕地保护硬性约束的矛盾;经济社会快速发展与资源环境瓶颈制约的矛盾;农村劳动力待转移与城镇承载能力不足的矛盾。化解这些挑战和矛盾的有效手段就是将实施乡村振兴战略与走新型城镇化道路深度结合起来。从这个角度来看,只有实施乡村振兴战略,补齐农业农村发展短板,才能促进乡村产业兴旺,实现农业人口

充分就业，从而推动城乡融合发展。

在此背景下，党和政府高度重视农业、农村、农民问题，始终把解决好"三农"问题作为全党工作的重中之重①。2012 年 11 月，党的十八大确立了中国特色新型工业化、信息化、城镇化、农业现代化"四化"同步发展的战略部署。2015 年中央一号文件强调，破解在城镇化深入发展背景下的城乡共同发展、共同繁荣问题是新时期"三农"工作的重大任务，关键是要加快推进中国特色农业现代化。2015 年 4 月 30 日，习近平同志在主持中央政治局第二十二次集体学习时强调：推进新农村建设，使之与新型城镇化协调发展，互惠一体，形成双轮驱动②。2016 年中央一号文件指出，当前我国农业农村发展面临着城乡差距、资源环境约束、国际市场竞争等一系列现实难题，破解这些难题需要坚持新发展理念，实现新型城镇化与新农村建设双轮驱动、互促共进。2012~2017 年，城乡居民收入差距从 1∶3.1 缩小到 1∶2.7，农村居民收入增速连续 5 年超过城镇居民③。2017 年 10 月党的十九大提出实施乡村振兴战略并将其写入党章，明确提出"建立健全城乡融合发展体制机制和政策体系"④，这在我国新型城镇化进程中具有里程碑意义。2018 年 9 月，《国家乡村振兴战略规划（2018~2022 年）》从乡村规划布局、农村脱贫攻坚、乡村产业、农村生态环境保护、乡村文化、乡村治理、民生保障、城乡融合发展八个方面对未来五年

---

① 习近平：《决胜全面建成小康社会　夺取新时代中国特色社会主义伟大胜利——在中国共产党第十九次全国代表大会上的报告》，人民出版社，2017。
② 《习近平在中共中央政治局第二十二次集体学习时强调　健全城乡发展一体化体制机制　让广大农民共享改革发展成果》，https://news.12371.cn/2015/05/01/VIDE1430489100533225.shtml?isappinstalled=0。
③ 卢向虎：《改革开放以来"三农"政策回顾、评价及启示》，《重庆交通大学学报》（社会科学版）2019 年第 5 期。
④ 习近平：《决胜全面建成小康社会　夺取新时代中国特色社会主义伟大胜利——在中国共产党第十九次全国代表大会上的报告》，人民出版社，2017。

乡村振兴工作进行了具体部署。

总体来看，党的十八大以来，我国"三农"问题已经取得历史性进展，农业生产力稳步提升，农民收入较快提升，农村面貌发生了根本性变化。在此基础上，党和政府抓住"人、地、钱"三个环节，破除一切不合时宜的体制机制障碍，建立健全城乡融合发展的体制机制和保障措施，推动各类要素在城乡之间顺畅流动，加快形成工农互促、城乡互补、全面融合、共同繁荣的新型工农城乡关系，为我国新型城镇纵深发展打下坚实基础。2013~2022年，我国逐步取消城区常住人口300万以下城市的落户限制，顺利实现1亿农业转移人口落户城镇；居住证制度全面实施有效保障了1.1亿未落户常住人口的基本公共服务；其间累计改造城镇棚户区约4000万套，城镇老旧小区惠及居民2000多万户；截至2022年底基本医疗保险已覆盖13.6亿人，农民工参加工伤保险超过9000万人，织就了世界最大的社会保障网[1]。这些事实充分表明，过去十年中国在人的城镇化建设上取得了历史性的突破与成就。随着城镇化进程不断推进和农村改革持续发力，我国城乡居民收入相对差距也在缩小。

(三)加快制度建设，提升城市治理效能

2013年12月，中央城镇化工作会议提出推进城镇化的六项主要任务，其中之一就是"加强对城镇化的管理"[2]。2014年，中共中央、国务院印发《国家新型城镇化规划（2014~2020年）》，从完善城市治理结构、强化社区自治和服务功能、创新社会治安综合治理、健全防灾减灾救灾体制建设四个维度出发加强和创新城市社会治理，着力打造绿色城市、智慧城市和人文城市。2015年12月，中共中央、国务院印发的《关于深入推进城

---

[1] 解安、林进龙：《新型城镇化：十年总结与远景展望》，《河北学刊》2023年第1期。
[2] 《中央城镇化工作会议在北京举行》，《人民日报》2013年12月15日。

市执法体制改革　改进城市管理工作的指导意见》对城市执法体制改革和城市管理工作做出全面部署，明确由住房城乡建设部负责指导监督全国城市管理工作。2016年2月，中共中央、国务院印发《关于进一步加强城市规划建设管理工作的若干意见》，提出依法治理城市，依据新形势和新要求对法律法规进行设立、修改、废除和解释，形成覆盖从城市规划到城市建设和城市管理全过程的制度体系，同时明确理顺各级城市管理单位工作职责，完善城市治理机制，建设智能化的城市管理和服务体系。2017年，党的十九大报告提出要打造共建共治共享的社会治理格局，并进一步要求加强社会治理制度建设、加强预防和化解社会矛盾机制建设、加快社会治安防控体系建设、加强社会心理服务体系建设、加强社区治理体系建设。2019年5月，中共中央办公厅印发了《关于加强和改进城市基层党的建设工作的意见》，提出要将城市基层党组织建设成为领导基层治理、团结动员群众、推动改革发展的坚强战斗堡垒，不断提升党组织领导基层治理工作水平。

　　走什么样的城市治理道路，不仅直接关系城镇化质量水平和可持续发展前景，更关系新时代能否实现社会稳定和长治久安。党的十八大以来，遵循习近平总书记的要求，党和政府出台一系列城市治理政策和规范，我国城市治理迈上新台阶，主要在以下几个维度取得新的成就。

　　一是城市智慧治理水平不断增强。习近平总书记指出，"要强化智能化管理，提高城市管理标准，更多运用互联网、大数据等信息技术手段，推进城市治理制度创新、模式创新，提高城市科学化、精细化、智能化管理水平"[①]。当前，数字技术、智能技术与城市管理服务工作加快融合，城市交通、环境监测、应急疏散、设施运行等方面的管理数字化平台加快建

---

① 《十八大以来治国理政新成就》上册，人民出版社，2017，第319页。

设，我国已建成了一批特色鲜明的智慧城市，在社会治理方式上实现了革命性的变革。截至2022年6月，全国互联网普及率达到74.4%，累计建成5G基站185万个，全面实现了"县县通5G"，城市治理现代化得到极大的发展①。

二是城市治理精细化水平稳步提升。提高城市管理效能、提升城市发展品质，必然要求进行精细治理。习近平总书记指出，坚持系统治理、依法治理、综合治理、源头治理的观念，推进多层次多领域治理②。同时，总书记强调"要加快补好短板，聚焦影响城市安全、制约发展、群众反映强烈的突出问题，加强综合整治，形成常态长效管理机制"③。

三是城市绿色治理成效显著。习近平总书记在2018年全国生态环境保护大会上提出了推进生态文明建设的"六大原则"：坚持人与自然和谐共生、绿水青山就是金山银山、良好生态环境是最普惠的民生福祉、山水林田湖草是生命共同体、用最严格制度最严密法治保护生态环境、共谋全球生态文明建设④。这些原则分别阐明了我国生态文明建设的自然观、发展观、民生观、系统观、法治观和全球观，为新时代生态文明建设指明了方向。从宏观角度看，我国从加快推进海绵城市建设、恢复城市自然生态、优化城市绿地布局、推行生态绿化方式等方面着手，开展污水和大气治理，调整城市能源消费结构，努力让城市更自然、更生态、更有特色。从微观角度看，我们将垃圾综合治理作为城市绿色治理的基础工作，先后在

---

① 数据来源：第50次《中国互联网络发展状况统计报告》。
② 《中国共产党第十八届中央委员会第四次全体会议公报》，《共产党员（河北）》2014年第22期。
③ 《践行新发展理念深化改革开放加快建设现代化国际大都市》，《人民日报》2017年3月6日。
④ 《习近平在全国生态环境保护大会上强调坚决打好污染防治攻坚战推动生态文明建设迈上新台阶》，《党建》2018年第6期。

上海、武汉、北京等城市推动实施垃圾分类，通过分类投放收集、综合循环利用促进垃圾减量化、资源化、无害化。整体来看，我国城市环境明显好转，城市发展可持续性明显增强。

这一阶段，我国城镇化高速发展，党和国家以全面建成小康社会为总目标，对高速城镇化带来的一系列社会问题给予高度重视，并对城镇化推进政策与理念做出了一系列调整，改变了"城市工业、农村农业"的二元思维方式，综合统筹人口、资源、环境等全方位要素，实现了从重视城镇化速度和数量到注重城镇化发展质量的思路转变，进一步加大力度推进城乡融合发展。农民进城的意愿和能力逐步增强，而且个体自主选择的权利空间得到更大程度的尊重与保护，自下而上和自上而下城镇化推进模式形成良性共振，新型城镇化进程中的个体自主选择与社会秩序实现了统一。

第六节 小结

我们将城镇化发展分为五个阶段，每个阶段都有其独特的特征和政策导向。这种划分有助于更清晰地理解中国城镇化的历史脉络和发展动态。具体来说，第一阶段（1949~1957）是相对自主选择与计划秩序构建时期，以党中央决定党的工作重心由乡村移到了城市为标志，强调了城乡关系的平衡。这一时期，尽管城镇化有所推进，但整体上仍然处于规划和控制的框架内，农民的自主选择权相对有限。第二阶段（1958~1977）是限制自主选择与计划秩序强化时期，政府对城镇化进程的控制更加明显。受极"左"思想的影响，国家通过行政手段强化城镇化的计划性，导致城镇化进程出现波动和停滞。这一时期政府干预加强，市场力量受限，个体的自主选择空间被严格限制。第三阶段（1978~2002）是恢复自主选择与社秩序跟进时期，这一时期的城镇化特征为政府干预的逐渐放松和市场力量的逐步增强。随着经济体制改革的深入，个体自主选择的空间逐步扩大，城乡人口流动趋于活跃。这一阶段的城镇化呈现更加多元化和市场导向的特征。第四阶段（2003~2012）是自主选择与社会秩序统一的初步形成时期。进入21世纪后，城镇化进程开始重视个体的自主选择和社会秩序的统一。科学发展观的提出，特别强调了"以人为本"和"城乡统筹"。这一时期的城镇化不再单纯追求速度和规模，更加注重发展的质量和可持续性。政府和市场的协调作用更加凸显，农民工市民化成为城镇化的重要内容。第五阶段（2013年至今）是自主选择与社会秩序统一的深度完善。中国特色社会主义进入新时代以来，我国城市化更为全面地拓宽了个体自主选择的空间，构建了更为有序、和谐、健康的城镇化发展格局，我国个体自主选择与社会秩序统一推进的路径进一步完善。

从自主选择与社会秩序互动的角度来看，中国城镇化发展的五个阶段有着截然不同又存在联系的内在特征，从严格的计划管理体制到相对完善的和谐社会环境，中国城镇化制度经过了不断的调整与优化，深刻体现了以正式制度为代表的社会秩序对农村居民和农民工个体选择的跟进与回应，为今天的中国特色农民工市民化道路提供了有益参考。

事实上，"农民工市民化：自主选择与社会秩序统一范式"在中国城镇化的历史演进过程中得到了深度体现。一是农村居民或农民工的自主选择权利空间逐渐扩大。从乡城迁移前的农村居民到乡城迁移后的农民工，这一过程本身就意味着个体自主选择权利的实现。从本章所回顾的五个城镇化的阶段来看，个体自主选择权利空间的扩大具有波动增长的特征，从相对有限到绝对限制、从初步开放到完全开放，农民工市民化正在沿着自主、积极、稳定的趋势不断发展。二是社会秩序的逐步调整。随着农民工在城市的角色变化，社会秩序也相应调整。从最初的严格控制和规划，到放松管控并接纳农民工的市民化,再到更为注重平衡个体需求和社会整体利益的现代城镇化策略。这一过程展示了政府如何在保障农民工权益的同时,维护社会秩序的稳定和和谐。三是城镇化策略的演进与优化。这一理论框架帮助解读城镇化策略的演进。从以往的重视城市化速度和规模,到转向重视城乡发展的均衡和质量,再到当前强调农民工市民化和社会融合,这一过程反映了城镇化政策的深化和完善。总之,农民工"自主选择与社会秩序统一"框架揭示了社会结构变迁对个体选择的影响。随着经济和社会的发展,农民工的角色、权益和社会地位发生变化,这不仅影响了他们的生活方式和选择,也推动了社会结构和政策环境的变化。这一框架强调在城镇化进程中平衡个体与社会的关系,考虑了经济发展、社会稳定和人的全面发展之间的相互作用,为未来的城镇化发展提供了更加人性化和可持续的指导方向。

由于中国具有集体主义的文化传统,因此在"农民工市民化:自主选择与社会秩序统一"范式指导下回顾历史的过程中,必须特别关注正式制度在市民化中的主导作用。第一,正式制度对农民工市民化起着直接影响。户籍制度、土地制度和社会保障制度直接影响农民工的迁移决策和融入城市的决策,对农民工个体及其家庭的长期发展产生了直接影响。第二,正式制度始终在不断调整和优化之中。随着生产力的提高和经济基础的变化,农村居民和农民工的主观需求与迁移目标,从20世纪八九十年代的单纯经济收入,转变为与城市居民享受同等的公共服务。第三,正式制度通过中介机制影响着社会结构。正式制度调整和优化直接影响了个体决策,进而改变了经济发展模式与社会开放程度,并以此为中介重塑着社会结构,从中国城镇化的过程来看,正式制度的不完全改革最终生成了农民工阶层,使得当代中国的社会结构变得复杂。

第六章　农民工市民化的现实分析

农民工市民化"自主选择与社会秩序统一"的分析范式，深刻地体现在中国城镇化的进程之中。现实状况是分析范式的最有力论证和最坚实支撑。本章着重把握农民工市民化的现实，锚定其总体水平、细节特征，探究农民工市民化背后的制度性影响因素，辨析农民工市民化的推进议题和时代本质。围绕农民工市民化的现实状况，充分利用甘肃金昌调查数据、现有微观公开数据和国家宏观统计数据，采用实证分析方法，关照宏观与微观、结果与过程、物质与意识等多个方面，开展对比分析、综合分析、因果分析，描绘农民工市民化的整体图景，凸显农民工市民化"自主选择与社会秩序统一"的现实逻辑。

第一节　农民工市民化的总体水平

农民工市民化的总体水平包含客观和主观两个维度，客观维度指向宏观上的常住人口城镇化率和户籍人口城镇化率，主观维度指向微观上的农民工在城市的落户意愿和身份转换意愿，两者相辅相成、相互映照。本节借助国家统计局宏观数据、甘肃金昌调查数据和国内微观公开数据，使用图和表直观呈现农民工市民化的总体水平,同时采用实证分析方法探究农民工市民化总体水平的个体、家庭及村社影响因素。

一 农民工市民化的客观总体水平

中国城市化水平是农民工市民化的最客观呈现,也是最直观表达。按照人口迁移和户籍迁移的标准,中国的城市化在事实上分成了常住人口城镇化率和户籍人口城镇化率,前者表征人口在城乡空间上的分布,后者衡量人口在城乡户籍上的分布。故而农民工市民化的症结在直观上也表现为常住人口城镇化率和户籍人口城镇化率之间的差距。

图6-1给出了中国城镇化率的变化趋势。需要说明的是,1949年至2014年的户籍人口城镇化率来自1988~2006年《中国人口统计年鉴》和2007~2015年《中国人口和就业统计年鉴》的非农业人口比重,其中包含军人数据,这也是1961年之前户籍人口城镇化率高于常住人口城镇化率的原因之一。如果以1984年国务院发布的《关于农民进入集镇落户问题的通知》[①]作为中国城镇化的起点,那么可以发现:一方面,中国城镇化率迅速提高,1984~2022年,中国常住人口城镇化率从23.01%增加到65.22%,增加幅度达42.21个百分点,户籍人口城镇化率从19.00%增加到47.70%,增加幅度达到28.70个百分点,可以说,城镇化率提高的过程也是农民工乡城迁移的过程;另一方面,常住人口城镇化率和户籍人口城镇化率的差值也在不断扩大,从1984年的4.01个百分点增加到2022年的17.52个百分点,显然农民工是以农村居民身份享有低水平福利和公共服务的条件下在城镇非农产业工作,人口空间迁移速度高于人口融入速度。故从总体上看,中国农民工市民化水平在深层次上仍然是较低的。然而,进一步分析

---

① 中国政府网,https://www.gov.cn/zhengce/content/2016-10/20/content_5122291.htm。

可以发现，自 2014 年国务院发布《关于进一步推进户籍制度改革的意见》①后，户籍人口城镇化率的增速加快，在城镇稳定就业和生活的常住人口市民化改革提上日程。

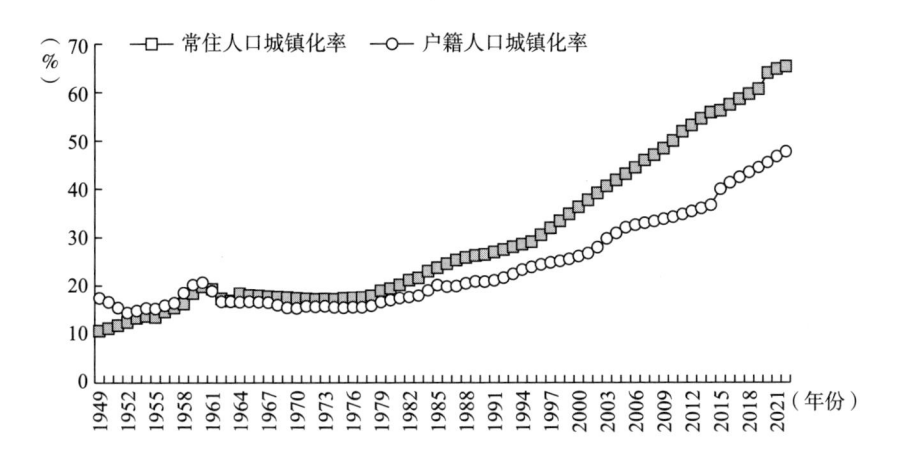

图 6-1 中国城镇化率变化趋势

数据来源：1949 年至 2014 年常住人口城镇化率由来自国家统计局官网的年末总人口和城镇人口数量计算所得；1949 年至 2014 年户籍人口城镇化率来自 1988 年至 2006 年《中国人口统计年鉴》和 2007 年至 2015 年《中国人口和就业统计年鉴》的非农业人口比重；2015~2019 年常住人口城镇化率和户籍人口城镇化率来自历年《国民经济和社会发展统计公报》；2020 年数据来自《第七次全国人口普查公报（第七号）》；2021 年数据来自国家统计局《国家发改委印发〈2022 年新型城镇化和城乡融合发展重点任务〉——提高新型城镇化建设质量》②；2022 年数据来自国家统计局官网《国家统计局副局长就 2023 年前三季度国民经济运行情况答记者问》，https://www.stats.gov.cn/xxgk/jd/sjjd2020/202310/t20231018_1943698.html。

图 6-2 呈现了 2021 年各省区市常住人口城镇化率。数据显示，中国城镇化具有地区异质性。一是城镇化率在地区间波动极大，例如，上海和西藏的常住人口城镇化率相差 52.69 个百分点，这说明中国农民工市民化在区域间是不协调的；二是城镇化率在空间上呈现渐进性，高城镇化率地

---

① 中国政府网，https://www.gov.cn/zhengce/content/2014-07-30/content_8944.htm。
② 中国政府网，https://www.gov.cn/zhengce/2022-03/22/content_5680376.htm。

区集中分布在直辖市和广东、江苏、浙江等省份，低城镇化率地区主要集中在西南地区、西北地区各省区市和中部地区的河南、安徽、湖南等省份，这与农民工输入输出的方向和数量密切相关。

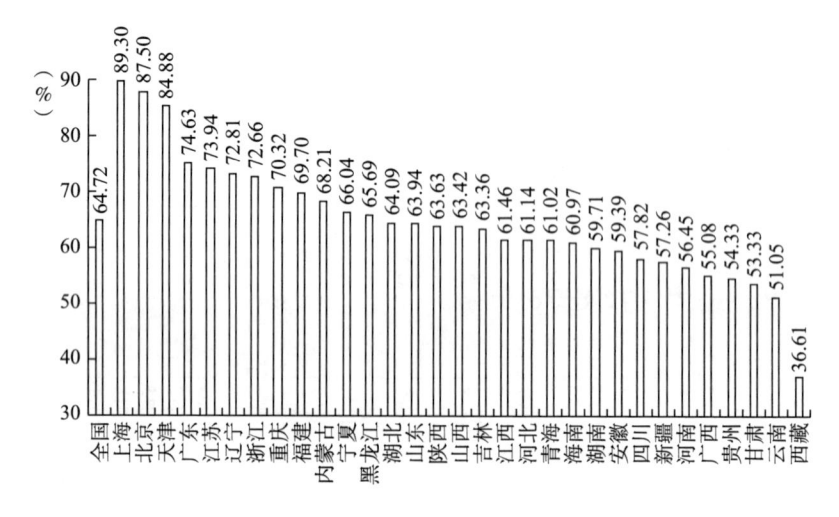

图 6-2　2021 年各省区市常住人口城镇化率

数据来源：《中国人口和就业统计年鉴（2022）》，第 11~12 页。

图 6-3 提供了 2022 年各省区市的常住人口城镇化率、户籍人口城镇化率及其差值。如果将常住人口城镇化率与户籍人口城镇化率的差值作为农民工市民化程度的衡量指标，那么图中数据表明，中国城镇化与市民化程度之间存在着内在关联。第一，从总体趋势看，城镇化率越高，其市民化程度一般也会越高，这体现在两条城镇化率曲线随着差值的增大呈现波动下降的趋势。第二，从细节特征看，城镇化率与市民化率并非呈现严格线性关系。例如，西藏、云南的城镇化率虽然相对较低，但其市民化水平相对较高；再如，内蒙古、重庆的城镇化率高，但其差值相对较大。事实上，如果从差值分布来看，市民化程度在省区市间呈现阶梯式分布，第一阶梯的差值介于 0~10 个百分点之间（上海、天津、北京、新疆、浙江、

西藏），第二阶梯的差值介于 10~20 个百分点之间（广东、辽宁、江苏、山东、海南、宁夏、福建、陕西、黑龙江、山西、吉林），第三阶梯的差值介于 20~30 个百分点之间（青海、湖北、云南、内蒙古、河北、湖南、河南、贵州、四川、甘肃、重庆），第四阶梯的差值在 30 个百分点以上（江西、安徽、广西）。

进一步从动态角度考虑问题，纳入农民工跨区域迁移的情况，根据《2022 年农民工监测调查报告》，外出农民工以中西部输出、东部输入为主[①]，大量的中西部农村劳动力进入东部城市非农产业，显然这些农民工较少分享城市发展红利，他们在东部地区的工作地被统计到常住城镇人口中，在中西部地区的户籍地被统计到农业人口中，这也就解释了为什么城镇化率与市民化率并非呈现严格的线性关系。这也充分说明，东部发达地区对农民工尤其是外地农民工的关照和资源倾斜，才是中国市民化破局的关键所在。

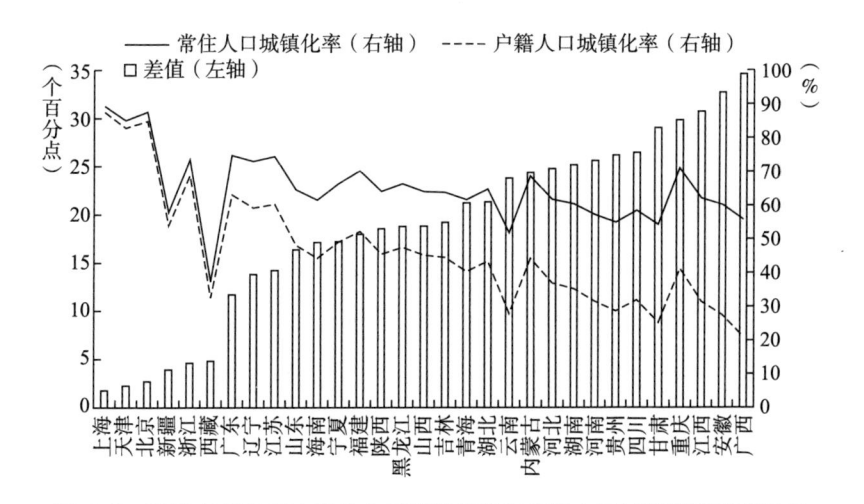

图 6-3 2022 年各省区市常住人口城镇化率与户籍人口城镇化率及其差值

数据来源：2022 年各省区市常住人口城镇化率由来自国家统计局官网的年末总人口和城镇人口数量计算所得；2022 年各省区市户籍人口城镇化率由（总人口−村庄户籍人口）/总人口计算所得，数据来自《中国城乡建设统计年鉴（2022）》。

---

① 国家统计局，https://www.stats.gov.cn/xxgk/sjfb/zxfb2020/202304/t20230428_1939125.html。

二 农民工市民化的主观总体水平

（一）数据来源

1. 金昌调查数据

笔者于 2019 年 12 月在甘肃省金昌市进行了农民工市民化问卷调查①，发放问卷 1000 份，其中有效问卷 700 份，有效率为 70%。同时还在金昌市、永川县、金川区宁远堡镇高岸子村围绕农民工市民化工作分别开展了地市级、区县级、村社级的实地访谈，形成了大量的文字资料。笔者调研内容涵盖了市民化的总体特征和细节信息，能够有力地支撑农民工市民化的现实逻辑。

为什么要选择金昌市作为调查地点？甘肃省金昌市地处西北内陆、河西走廊东段，辖一县一区（永昌县、金川区），共 12 个乡镇，139 个行政村。2019 年末该市常住人口总量为 45.82 万人，其中城乡常住人口分别为 32.51 万人、13.31 万人②。选择金昌市作为调研地点，主要有如下考量。第一，该地是农民工市民化改革的典型代表。金昌市在 2014 年 12 月被确立为第一批国家新型城镇化综合试点，2019 年 9 月被国务院确定为全国农民工市民化工作典型城市③，调研访谈资料表明，截至 2019 年 12 月该地常住人口城镇化率、户籍人口城镇化率分别达到 70.47%、59.47%，分别高出当年全国平均城镇化率 9.87 个百分点、15.09 个百分点。第二，该地的经济水平与全国平均水平相近。从收入水平来看，2019 年金昌市城镇和

---

① 《清华大学调研组来金昌市调研农民工市民化工作》，http://www.jczzb.cn/cn/home/detail/id/1049.html。
② 数据来自 2019 年《金昌统计年鉴》。
③ 谢晓玲、郑健：《金昌荣膺全国农民工市民化工作典型城市》，《甘肃日报》2019 年 9 月 4 日。

第六章　农民工市民化的现实分析

农村居民人均可支配收入分别为 40553 元、15719 元[①]，略低于当年全国 42359 元、16021 元[②]的城镇和农村居民人均可支配收入，这说明该地的整体经济发展状况略低于全国平均水平，在整体人民生活上具有较好的代表性。第三，该地具有社会变化趋势的代表性。一方面，就人口而言，金昌市 2009 年人口总量达到 475700 人的峰值，此后呈现波动下降趋势[③]，这与众多中小城市的人口变化相一致，人口持续性向东部迁移；另一方面，作为典型的资源型城市，从产业结构来看，2019 年金昌市三次产业贡献率分别为 7.07%、64.62% 和 28.30%[④]，已然进入库兹涅茨假说的工业化后期，但其三次产业占比仍未超过二次产业占比，存在较大的发展空间。

笔者自主完成的金昌农民工市民化问卷调查数据，样本分布特征如下：从性别来看，男性占 59%，女性占 41%；从代际来看，新生代农民工占 65%，老一代农民工占 35%；从受教育水平来看，农民工以初中文化程度最多，占比为 35%，高中次之，占比为 25%。样本数据较好地代表了金昌市农民工群体的分布特征。

2. 国内公开微观调查数据

第一，中国社会状况综合调查（Chinese Social Survey，CSS）。该数据是中国社会科学院社会学研究所从 2005 年开始实施的一项全国抽样调查数据，本研究选择中国社会状况综合调查 2021 年的数据作为研究材料，其原因在于：一是 CSS2021 是该数据库最新调查成果，也是目前国内公开微观调查数据中最新的全国性抽样数据之一；二是 CSS2021 的研究主题是"社会质量与现代化"，数据内容涵盖家庭与就业、经济与生活、社会保障与

---

① 数据来自 2019 年《金昌统计年鉴》。
② 数据来自国家统计局，https://data.stats.gov.cn/easyquery.htm？cn=C01。
③ 数据来自 2019 年《金昌统计年鉴》。
④ 数据来自 2019 年《金昌统计年鉴》。

社会参与、社会价值观和社会评价等模块，较好地吻合了"农民工市民化"的研究主题。

第二，中国流动人口动态监测调查数据（China Migrants Dynamic Survey，CMDS）。该数据是国家卫生健康委从2009年起开展的全国性流动人口抽样调查数据，覆盖全国31个省（区、市）和新疆生产建设兵团中流动人口较为集中的流入地。本研究选择中国流动人口动态监测调查2017年的数据作为分析材料，原因在于：一是该数据具有超大样本量，CMDS2017样本总量近17万，能够从统计学上体现一般化信息；二是该数据包括人口特征、流动范围和趋向、就业和社会保障、收入和支出、心理状况等信息，与农民工市民化研究方向一致；三是农民工作为中国流动人口的重要组成部分，农民工样本也必然在流动人口动态监测调查中占据重要地位。

根据本书前述对"农民工"概念的界定，数据清理过程中保留如下特征样本：（1）农业户口；（2）年龄在15岁至65岁之间；（3）从事非农就业或农业受雇；（4）居住地点为城镇。最终CSS2021得到2105个农民工样本、CMDS2017得到43775个农民工样本。后续相关研究，使用Stata16.0进行数据分析。具体变量描述性统计如表6-1所示。

表6-1 变量描述性统计

变量	数据库	变量来源	均值	最小值	最大值	样本量
性别	CSS	男性=1；女性=0	0.422	0	1	2105
	CMDS		0.590	0	1	43775
年龄	CSS	2021-出生年份	40.381	18	65	2105
	CMDS	2017-出生年份	36.621	15	65	43775
受教育水平	CSS	受教育水平：小学及以下=1；初中=2；高中/中专=3；专科=4；本科及以上=5	2.532	1	5	2104
	CMDS		2.276	1	5	43775

第六章 农民工市民化的现实分析

续表

变量	数据库	变量来源	均值	最小值	最大值	样本量
婚姻	CSS	未婚/离婚/丧偶=0；初婚/再婚/同居=1	0.763	0	1	2102
	CMDS		0.864	0	1	43775
是否参加城镇职工或居民医疗保险	CSS	是否参加城镇职工或居民医疗保险：是=1；否=0	0.200	0	1	2105
	CMDS		0.214	0	1	43775
是否拥有承包地	CSS	家庭是否拥有承包地：是=1；否=0	0.567	0	1	2105
	CMDS		0.620	0	1	43775
离家距离	CSS	跨省=4；省内跨县=3；县内跨乡=2；本乡=1	1.981	1	4	2101
	CMDS	跨省=3；省内跨市=2；市内跨县=1	2.304	1	3	43775
家庭规模	CSS	家庭人口数量	4.020		5	2105
	CMDS		3.314		5	43775
子女随迁	CSS	子女是否随迁：随迁=1；不随迁=0	0.562		1	2105
	CMDS		0.568	0	1	43775
对乡村的感情	CMDS	按照老家风俗习惯办事的重要性：1=非常不重要；2=不重要；3=重要；4=非常重要	2.636	1	4	43775

注：样本量不足 2105 和 43775 的情况，是由于有一个或多个被调查者"没有回答/不愿回答"，从而缺失数据。

需要指出的是，两大数据库的调查样本分布特征具有明显差异性。主要表现在农民工群体的内部差异性：CSS2021 的农民工样本以本地农民工为主，69.68%的样本户籍地在县内，45.64%的样本户籍地在乡内，62.32%的样本户籍所在地为城乡接合区、乡镇中心或乡镇与农村的接合区；CMDS2017 的农民工样本则以外出农民工为主，没有在户籍所属县内从事非农就业的样本，省内跨市和跨省的样本占比达 81.74%。这充分表明，不同数据库的统计和分析结果不具有同向可比性，而是呈现相互补充的关系。

综合而言，将金昌调查数据与中国社会状况综合调查数据、中国流动人口动态监测调查数据相结合，一方面能够形成对比分析，将全国农民工微观信息与金昌农民工微观信息相对照，能够更好地突出农民工"自主选择与社会秩序统一"的深层逻辑；另一方面能够相互补充，本研究使用的中国流动人口动态监测调查数据、金昌调查数据、中国社会状况综合调查数据分别实施于2017年、2019年和2021年，构成了时间序列。

（二）农民工市民化的主观意愿

根据金昌调查数据和微观公开数据，选择从两个角度来衡量和评价农民工市民化的主观意愿状况。第一，农民工的市民化意愿。根据金昌调查数据中"您想成为城里人吗？"、CMDS2017数据中"您是否同意'我很愿意融入本地人当中，成为其中一员'这个说法？"来测度农民工市民化直接意愿。第二，农民工在城市落户的意愿。根据CMDS2017数据中"如果您符合本地落户条件，您是否愿意把户口迁入本地？"这一问题来衡量农民工落户意愿。相比于市民化意愿，落户意愿更加具体，"成为城里人"是一个模糊和长期化的概念，而"落户城市"是一个清晰且瞬时的概念，从这两者的对比中更能明晰农民工市民化的主观意愿。

如表6-2所示，金昌市农民工想和不想成为城里人的比例分别为29.00%和26.00%，45.00%的农民工回答"无所谓"，这说明对金昌市农民工来说，"城里人"并不具有很强的吸引力。这与金昌市新型城镇化建设和产城融合发展的事实是分不开的，该市2008年便出台了《关于进一步加强流动人口服务和管理工作的实施意见》①，为以农民工为主体的流动人口开展服务和管理，2015年发布了《关于进一步推进户籍制度改革的实施意见》《关于进一步深化户籍制度改革着力推进城乡一体化的意见》，率

---

① 潘多奇：《金昌：给流动人口温暖的家》，《甘肃法制报》2011年3月7日。

先开始了城乡统一的户口登记管理制度改革，按照"本地化管理、市民化待遇"的要求，一方面，全面实行居住证制度，该证持有人享有与金昌市户籍人口同等的就业、教育、医疗、文化等诸项权利；另一方面，保障进城农民工的土地权利，保留其承包地经营权和宅基地使用权，同时在社会保障方面享有与城市居民完全相同的待遇，从而实现了城乡社会保障一体化[①]。因此对于金昌的农民工来说，"城里人"身份并没有强烈的吸引力。根据金昌调查数据，2016年至2019年，金昌市自愿由农村迁入城镇落户的仅有1319人。

表 6-2 农民工市民化的市民化意愿

维度		样本量	衡量方式	内容	比例（%）
金昌调查数据	市民化意愿	700	您想成为城里人吗？	不想	26.00
				想	29.00
				无所谓	45.00
CMDS全样本	市民化意愿	43775	您是否同意"我很愿意融入本地人当中，成为其中一员"这个说法？	完全不同意	0.95
				不同意	5.76
				基本同意	53.00
				完全同意	40.28
CMDS石家庄样本	落户意愿	616	如果您符合本地落户条件，您是否愿意把户口迁入本地？	不愿意	74.84
				愿意	25.16
CMDS郑州样本	落户意愿	510		不愿意	69.22
				愿意	30.78
CMDS宁波样本	落户意愿	503		不愿意	65.01
				愿意	34.99
CMDS全样本	落户意愿	43775		不愿意	63.11
				愿意	36.89

---

① 运主伦、李峰：《千里沃野谱新篇》，《金昌日报》2021年11月17日。

进一步从全国层面来看，CMDS 中 93.28%的农民工样本"基本同意"或"完全同意""融入本地人当中，成为其中的一员"的说法，这说明从总体上来看，"城里人"身份对农民工的吸引力是很强的。这与现存的城乡差距是密不可分的，尤其是中西部农村与东部发达城市之间的鸿沟，促使跨省迁移的农民工产生对"城里人"的羡慕之心。

然而，与"市民化意愿"的分布特征相比，"落户意愿"的分布似乎与之矛盾。表6-2显示，CMDS 的全部农民工样本中仅有 36.89%的农民工有在城市落户的意愿，提取出的石家庄、郑州、宁波农民工样本的落户意愿分别为 25.16%、30.78%和 34.99%，这显然与 CMDS 全样本的市民化意愿不一致。综合对比金昌市户籍制度改革的策略，可以认为"城里人"身份在总体上是吸引农民工的，吸引他们的从根本上来说是城市居民享有的就业、住房、教育、医疗、养老等各项权利而非城市户口。因此，无法获得依附于城镇户籍之上的城镇居民公共服务和社会保障权利而导致农民工市民化成本高昂是我国农民工落户意愿偏低的根本原因，也正是我国农民工市民化的瓶颈所在。从这里可以清晰地看到，面临什么样的政策设计，农民工就会采取与之相对应的行为决策，农民工市民化改革绝非简单的统一户口登记形式那么简单，将社会秩序置于农民工自主选择之上才是体制机制改革的关键。

三 农民工市民化的测度及其驱动

(一) 指标体系

农民工市民化是一个综合的概念，包含了一系列的权利获取。如果使用单一的收入、落户意愿或心理变化作为农民工市民化的代理指标，那么就会与现实相偏离。目前学界对农民工市民化的综合评价已经形成了系列成果，例如，费佐兰和黄盈盈从以收入为代表的经济生活、以心理和身体健康为代表的健康生活、以社交为内容的自由生活、以政治和社会参与为主体的民主生活、以信心和认同为中心的发展生活以及休闲生活六大方面来衡量农民工市民化[①]；洪银兴等使用包含平等城镇就业机会和城镇安居的基本生存条件、包含职业培训权利和随迁子女教育的权利、包含养老医疗和失业保险的社会保障、包含选举权与被选举权的政治参与四大层面来评价农民工市民化水平[②]；张心洁等从经济状况、受教育水平和成长背景、政治自由和公民权利、健康状况、社会保障、工作情况、居住环境、社会融入和心理认同八个维度对农民工市民化水平进行测量[③]；朱巧玲和甘丹丽则从包括收入和居住面积在内的经济层面、包括公民参与和社会机会在内的政治层面、包括社会环境和公共服务在内的社会层面、以文化素质为主的文化层面、包括自我认同和社会接纳在内的精神层面五大方面开展评价[④]；王腊芳和朱丹则从经济生活、居住条件、社会关系、政治参与、心理认同五个方面精炼测量了农民工市民化水平[⑤]。综合来看，学界对农民工市民化的刻画一般包括经济水平、居住状况、技能培训和子女教育、城市社会融入、心理变化等多个层面。

借鉴现有文献的思路，本研究从经济、居住、子女教育、社交、政治、观念六个维度来测度农民工市民化水平，其中前三者为客观层面的市民化状况、后三者为主观层面的市民化度量。囿于数据可得性，这里仅以

[①] 费佐兰、黄盈盈：《易地扶贫搬迁农民市民化评价及提升对策研究——基于贵州省1252个农民的调查》，《农业经济与管理》2022年第4期。

[②] 洪银兴、杨玉珍、王荣：《城镇化新阶段：农业转移人口和农民市民化》，《经济理论与经济管理》2021年第1期。

[③] 张心洁、周绿林、曾益：《农业转移人口市民化水平的测量与评价》，《中国软科学》2016年第10期。

[④] 朱巧玲、甘丹丽：《新型城镇化背景下农民市民化评价指标体系的构建》，《福建论坛》（人文社会科学版）2014年第5期。

[⑤] 王腊芳、朱丹：《城市农民工市民化水平及影响因素分析——基于长沙市的调查数据》，《现代城市研究》2018年第7期。

CSS2021 和 CMDS2017 来对中国农民工市民化状况进行评价。具体指标的衡量方式如表 6-3 所示，由于数据库的信息不一，故而在子女教育市民化、社交市民化、政治市民化等维度上，两大数据库的衡量方式略有差别。

表 6-3 农民工市民化评价指标体系

数据库	维度	衡量方式	指标方向	均值
CSS 2021	经济市民化	纯收入高于所在省区市或地级市城镇居民人均收入：是=1；否=0	正	0.355
	居住市民化	现居住房屋性质为自有住房：是=1；否=0	正	0.712
	子女教育市民化	过去一年您是否遇到子女教育费用高，难以承受的问题：是=1；否=0	负	0.287
	社交市民化	近两年您是否加入了邻居之间的社交群（如业主群、小区群或社区群）：是=1；否=0	正	0.714
	政治市民化	近两年您是否参与所在村居或单位的重大决策讨论：是=1；否=0	正	0.067
	观念市民化	就您目前的生活状况来说，您认为自己是本地人，还是外地人：本地人=1；外地人=0	正	0.804
CMDS 2017	经济市民化	纯收入高于所在地级市城镇居民人均收入：是=1；否=0	正	0.536
	居住市民化	是否居住自购商品房、自购保障性住房、自购小产权房、自建房：是=1；否=0	正	0.253
	子女教育市民化	目前在本地，您家有子女上学问题的困难吗：有=1；没有=0	负	0.334
	社交市民化	您业余时间在本地和谁来往最多：本地人及外地人=1；同乡=0	正	0.531
	政治市民化	去年以来您是否给所在单位/社区/村提建议或监督单位/社区/村务管理：是=1；否=0	正	0.089
	观念市民化	您是否同意"我觉得我已经是本地人了"这个说法：同意=1；不同意=0	正	0.741

此外，由于经济市民化使用"纯收入高于所在省区市或地级市城镇居民人均收入"来衡量，所以在数据清理过程中，还将两大数据库分别

与各省（自治区、直辖市）2021年城镇居民人均可支配收入、各地级市2017年城镇居民人均可支配收入相匹配①。其数据分别来自2022年《中国统计年鉴》和2018年各省区市《统计年鉴》（包括新疆生产建设兵团、黑龙江垦区）。

从表6-3可以看出，除子女教育市民化维度是负向指标外，其余维度皆为正向指标。CSS2021和CMDS2017的样本分布较好地吻合了国家宏观统计中的本地农民工和外出农民工的分布特征。一般而言，相对于本地农民工来说，外出农民工在经济方面高于本地农民工，但是在居住、子女教育、社交和观念等方面均与本地农民工有一定的差距。

（二）模型构建

1. 熵权法

为计算农民工市民化综合指数，本研究采用熵权法赋权。具体步骤如下。

第一步，数据无量纲化。为了数据处理和分析的严谨性，本研究采用了极差标准化的方法对数据矩阵进行标准化处理，具体公式为：

$$\text{正向指标}: y_{ij} = \frac{x_{ij} - \min(x_{ij})}{\max(x_{ij}) - \min(x_{ij})}, i=1,2,\cdots,n; j=1,2,\cdots,m \quad (6-1)$$

$$\text{负向指标}: y_{ij} = \frac{\max(x_{ij}) - x_{ij}}{\max(x_{ij}) - \min(x_{ij})}, i=1,2,\cdots,n; j=1,2,\cdots,m \quad (6-2)$$

式中，x_{ij}表示第j项指标的第i个指标值的原始数值，y_{ij}为其标准化后的数值，$\max(x_{ij})$和$\min(x_{ij})$分别代表第j项指标的第i个指标值的最大值和最小值。

---

① 这里的区别来自两个数据库行政区划编码信息的差异，CSS的区划信息只能识别到省级行政单位。

第二步，指标熵值计算。具体公式为：

$$e_j = -k \sum_{i=1}^{n} p_{ij} \ln(p_{ij}), i = 1, 2, \cdots, n; j = 1, 2, \cdots, m \quad (6-3)$$

其中，e_j 处于 0~1 之间，$k = 1/\ln(m)$；p_{ij} 表示第 i 个指标值在第 j 项指标中的比重，具体而言，$p_{ij} = y_{ij} / \sum_{i=1}^{n} y_{ij}$。

第三步，熵值权重确定。具体公式如下：

$$w_j = \frac{e_j}{\sum_{j=1}^{m} e_j}, i = 1, 2, \cdots, n; j = 1, 2, \cdots, m \quad (6-4)$$

式（6-4）中，w_j 为第 j 个指标的权重，e_j 为熵值函数，表示各个指标的差异性系数，熵值越小、指标间差异系数越大，指标就越重要。

第四步，计算融入指数。有了指标权重和无量纲化处理后的指标值，就可以计算农民工市民化的综合指数。具体为：

$$F = \sum w_j y_j \quad (6-5)$$

式（6-5）中，F 为农民工市民化综合指数，w_j 与 y_j 分别表示第 j 个指标的权重和进行无量纲化处理后的指标数值。

2. 最小二乘法

由于农民工市民化综合指数是介于 0~1 之间的连续变量，假设模型的累计分布函数服从标准的正态分布，选择普通最小二乘法（OLS）进行整体估计。模型如下：

$$inte_i = \alpha_0 + \alpha_1 G_i + \alpha_2 F_i + \alpha_3 Q_i + \alpha_4 CV_i + \varepsilon_i \quad (6-6)$$

式（6-6）中，$inte_i$ 表示第 i 位农民工的市民化综合指数，G_i 表示第 i 位农民工的个体特征，F_i 表示第 i 位农民工的家庭特征，Q_i 表示第 i 位农民工在城市的迁移状况，CV_i 代表省份固定效应。ε_i 为模型的随机扰动项。本研究重点关注系数 α_i 的符号及大小。

（三）分析结果

表 6-4 给出了熵权法计算出的农民工市民化指标权重。结果显示，政治市民化的权重最大，这说明无论本地农民工还是外出农民工，在政治参与上都表现有限，该指标在整体上较为混乱，携带的信息量较少。子女教育市民化、社交市民化、观念市民化的权重较小，指标内部系统具有较强的规律性，携带的信息量较大。经济市民化和居住市民化的权重在两个数据库之间存在差异，对应了本地农民工与外出农民工的区别。

表 6-4　农民工市民化指标权重

维度	指标权重	
	CSS2021	CMDS2017
经济市民化	0.263	0.107
居住市民化	0.037	0.241
子女教育市民化	0.065	0.109
社交市民化	0.067	0.070
政治市民化	0.549	0.420
观念市民化	0.019	0.053

农民工市民化综合指数评价如表 6-5 所示。就农民工市民化综合指数而言，CSS 和 CMDS 计算出的均值差异不大，前者为 0.239、后者为 0.276，说明本地农民工和外出农民工的市民化水平都不高，纵然党的十八大以来城乡融合快速推进、社会秩序更加符合农民工的自主选择，然而农民工市民化道路仍然任重道远，有极大的前进空间。

表 6-5　农民工市民化综合指数评价

维度	CSS 均值	CMDS 均值
农民工市民化指数	0.239	0.276
东部地区	0.237	0.219
中部地区	0.238	0.313
西部地区	0.252	0.303
东北地区	0.189	0.330
老一代农民工	0.224	0.274
新生代农民工	0.251	0.278
男性农民工	0.295	0.292
女性农民工	0.197	0.254

分区域来看（这里的区域是指农民工现在的居住和工作地而非户籍地），无论是本地农民工还是外出农民工，在中西部地区工作的农民工市民化水平均高于东部地区，这充分反映了农民工市民化的难点在东部地区；此外，东北地区的本地农民工和外出农民工市民化水平呈现极小和极大的对比，可能是因为东北人口流动与产业基础有关：一方面，东北人口迁出比例很高，未迁出的农村居民往往在人力资本等方面处于相对弱势，较难融入城市；另一方面，东北农业规模化经营程度高、资源消耗型工业发达且物价相对较低，外来农民工融入压力相对较小。分代际和性别来看，老一代农民工的市民化水平低于新生代农民工，女性农民工的市民化水平低于男性农民工。

表 6-6 呈现了农民工市民化的驱动因素分析结果。被解释变量是农民工市民化综合指数，解释变量主要包括三个方面内容：一是包括性别、年龄、婚姻、受教育水平的农民工个体特征；二是包括家庭规模、是否拥有承包地的农民工家庭特征；三是包括子女是否随迁、是否参加城镇职工或居民医疗保险、离家距离和对乡村的感情的迁移特征。估计方法采用普通最小二乘法，估计过程使用向后逐步回归的方法，同时控制省份固定效

应,使用稳健标准误来控制异方差问题。表 6-6 中前三列和后三列分别为 CMDS 和 CSS 数据分析结果。

表 6-6 农民工市民化驱动因素分析结果

变量	(1)	(2)	(3)	(4)	(5)	(6)
性别	0.031***	0.032***	0.033***	0.095***	0.094***	0.097***
	(17.454)	(17.218)	(18.045)	(11.467)	(11.296)	(11.682)
年龄	0.001***	0.001***	0.001***	0.000	0.000	0.000
	(5.341)	(6.358)	(7.574)	(0.122)	(0.165)	(0.534)
婚姻	0.065***	0.042***	0.028***	0.067***	0.067***	0.047***
	(24.435)	(12.959)	(8.549)	(5.929)	(5.890)	(3.651)
受教育水平	0.043***	0.044***	0.036***	0.028***	0.028***	0.027***
	(38.692)	(38.274)	(30.806)	(6.461)	(6.523)	(6.204)
家庭规模		0.014***	0.010***		-0.002	-0.004
		(14.330)	(9.255)		(-0.424)	(-1.030)
是否拥有承包地		-0.008***	-0.007***		0.011	0.015*
		(-4.022)	(-3.786)		(1.394)	(1.799)
子女是否随迁			0.036***			0.032***
			(17.370)			(3.204)
是否参加城镇职工或居民医疗保险			0.054***			0.027**
			(21.330)			(2.416)
离家距离			-0.026***			-0.011***
			(-18.617)			(-2.975)
对乡村的感情			-0.011***			
			(-10.423)			
省份固定效应	控制	控制	控制	控制	控制	控制
R 平方	0.139	0.142	0.170	0.119	0.119	0.130
观测值	43775	41312	41312	2102	2102	2098

注:括号中为稳健标准误,***p<0.01,**p<0.05,*p<0.1。

数据分析结果显示，男性、已婚或同居的样本具有更高的市民化水平。年龄在 CMDS 样本中对市民化有显著正向影响，但在 CSS 样本中对市民化并没有影响，并且其系数值接近零，因此可以认为年龄对本地农民工市民化并没有经济学上的显著影响。受教育水平对农民工市民化具有显著的正向激励，受教育水平越高其市民化程度越高，这充分验证了人力资本在农民工市民化中的重要作用。家庭规模在 CMDS 样本中会促进农民工市民化，在 CSS 样本中则并不显著，这可能与前者以外出农民工为主、后者以本地农民工为主密切相关。对于外出农民工而言，家庭规模意味着劳动力数量较大，具有更强的市民化条件；对于本地农民工而言，家庭规模可能更大概率是家庭抚养比较高的家庭，抚养、赡养、照料的压力大，这就会导致家庭规模越大反而越不利于市民化。是否拥有承包地在 CMDS 样本中会反向激励市民化发展，在 CSS 样本中的作用则并不明显，其原因依然与外出农民工和本地农民工的区别相联系。对于外出农民工而言，拥有承包地意味着在经济和文化上对乡村社会的依赖；对于本地农民工而言，拥有承包地则为其非农转移提供了社会保障支撑。子女随迁、参加城镇职工或居民医疗保险均显著正向促进农民工市民化，离家距离对农民工市民化具有显著的负向影响。可以发现，在 CMDS 样本中，农民工对乡村的感情对其市民化有显著的负向影响，说明对于外出农民工来说，与乡土的联系并不利于其市民化水平的提高，然而换个思路讲，与乡村社会的联系密切可能也在一定程度上意味着农民工无法在城市获得稳定的就业、买房定居和均等的公共服务，乡村社会作为市民化的退路具有重大意义，退出城市的权利也属于农民工自主选择的重要范畴，也统一于自主选择与社会秩序的交互之中。

第六章　农民工市民化的现实分析

第二节　农民工市民化的细节特征

农民工市民化是一个过程，不是简单的迁移决策或落户意愿，许多学者忽视了市民化的动态性和长期性，将市民化视为简单的乡城迁移行为或户口转换行为，这将导致理论分析浮于表面。事实上，农民工市民化是逐步深化的转型过程，与乡土中国到城乡中国的转型是一致的，因此农民工市民化包含了从物质到精神、从生产到生活、从父代到子代的全方位细节，这些特征才是理解农民工市民化"自主选择与社会秩序统一"的有力抓手。

一　农民工在城市的经济状况

农民工在城市的经济状况直接反映为收入水平的高低，换句话说，在城收入是农民工市民化的基础支撑。根据前述劳动力迁移理论，城乡间的收入差距是激励农民工进行乡城迁移的重要动力。金昌调查数据显示，57.00%的农民工认为"赚更多的钱"是外出务工的最主要原因。如图6-4所示，改革开放以来，尤其是伴随着社会主义市场经济体制改革，1992年之前，城镇居民与农村居民年人均可支配收入相差不大，从1992年开始，城镇居民年人均可支配收入与农村居民年人均可支配收入的差异越来越大。2022年，城镇居民年人均可支配收入为49283元，农村居民年人均可支配收入为20133元；两者的绝对差值为29150元，比2012年的15738元增加了13412元。这也是为什么即便在城镇没有平等的就业保障和福利待遇，仍然有数以亿计的农民工进城务工。从图6-4可知，农民工月均收入也从2013年的2609元增加到2022年的4615元。这充分说明，收入是影响农民工市民化的主要因素，也是农民工做出自主迁移决策的首要考量条件。

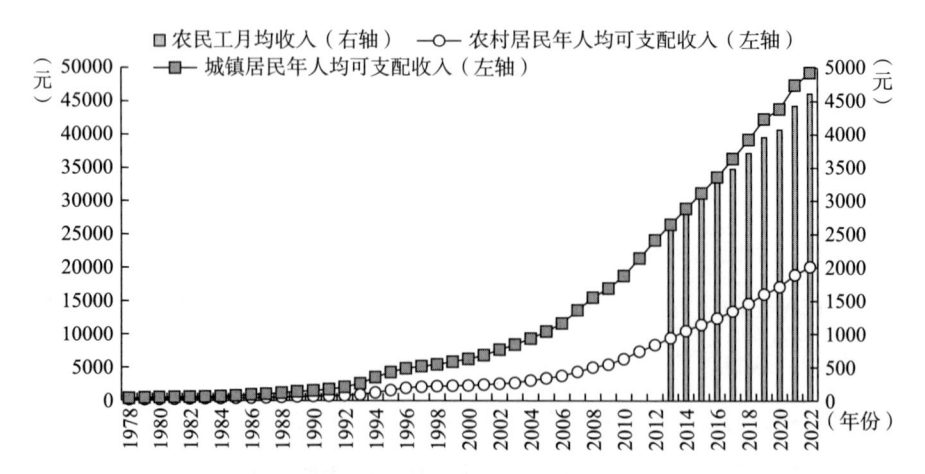

图 6-4　1978~2022 年城乡居民年人均可支配收入和农民工月均收入

数据来源：历年《农民工监测调查报告》、《中国统计年鉴》。

然而，对于农民工而言，与城市高收入相伴而生的是城市高昂的生产生活成本[①]。金昌调查数据表明，57.20%的农民工认为城市生活成本高是其成为城里人的主要障碍。表 6-7 给出了农民工收入与城镇居民收入的对比情况。可以发现，就 CMDS2017 样本来说，53.58%的农民工月均收入超过所在地级市城镇居民月均收入，除东部地区外，月均收入超过城镇居民的农民工占比皆高于 50%。同样，就 CSS2021 样本来说，35.49%的农民工月均收入超过所在省份城镇居民月均收入，且地区间也存在差异。考虑到两个数据的样本特征，前者是外出农民工样本，后者主要是本地农民工样本，故数据结果差异来自农民工类型的异质性。从国家统计数据来看，2022 年农民工月均收入普遍高于城镇居民月均收入，全样本中农民工月均收入为 4615 元，高于城镇居民的 4106.92 元，事实上，2022 年外出农民工月均收入 5240 元、本地农民工月均收入 4026 元[②]，这与前述微观数据库统计结果的异质性相一致。

---

① 金喜在等：《中国农民工市民化的路径与政策研究》，科学出版社，2017，第 81~82 页。
② 数据来源：《2022 年农民工监测调查报告》。

表 6-7　农民工与城镇居民收入比较

维度	CMDS2017 月均收入（元）	占比（%）	CSS2021 月均收入（元）	占比（%）	2022年居民月均收入 农民工（元）	城镇居民（元）
全样本	3904.66	53.58	4541.22	35.49	4615	4106.92
东部地区	4482.16	47.55	5068.78	36.87	5001	4871.66
中部地区	3766.54	58.61	3880.18	29.91	4386	3561.12
西部地区	3419.47	56.06	4221.47	40.97	4238	3514.44
东北地区	3566.75	58.27	4113.98	29.47	3848	3258.17

注：占比指月均收入超过城镇居民月均收入的农民工人数所占比重。
数据来源：《2022年农民工监测调查报告》、2023年《中国统计年鉴》。

为什么农民工收入水平相比城镇居民看起来比较乐观，但仍然有超过半数的农民工认为在城市的生活成本较高呢？从本质上来说，生活成本的高低往往是消费水平相对于收入水平及其稳定性来说的。虽然农民工的月均收入看起来已经高于城镇居民，但其就业稳定性较差、经济状况波动性较大，这种收入或生计的不稳定性是农民工在城市生活成本较高的重要生成机制。从国家统计数据的特征来看，2022年城镇居民月均收入是用年均收入除以12得到的，显然与此相比，农民工的真实年收入无法准确预测，因为农民工无法保证每个月都有等额的收入。从农民工社会经济状况来看，CMDS2017和CSS2021中分别有41.91%、17.56%的农民工样本的收入（见表6-8）相较于前几年有所减少，金昌调查数据中也有65.00%的样本社会经济状况与三年前相比基本保持不变，这反映了农民工在城市收入的不稳定性和收入增长的滞缓性，农民工经济状况的有效改善还需要长期的努力。此外，CSS2021数据显示农民工日均工作时间为9.09小时，这也反映出农民工的收入是以较高的精力耗费为代价的。从劳动合同签订情况来看，CMDS2017、CSS2021和金昌调查数据中分别有37.99%、44.82%、39.60%的农民工样本没有签订任何劳动合同，这也就意味着近半数农民工的工作是临时的且没有保障的。

表6-8 农民工社会经济和劳动合同状况

单位：%

维度		金昌调查数据	CMDS2017	CSS2021
社会经济状况年度变化	减少	—	41.91	17.56
	基本不变	65.00	44.39	20.75
	增加	—	12.06	61.68
	其他	35.00	1.64	0.00
劳动合同状况	签订合同	61.40	60.71	52.93
	没有合同	39.60	37.99	44.82
	不清楚	0.00	1.30	2.25

注：金昌调查数据、CMDS2017、CSS2021分别统计了农民工调查当年与3年前、1年前、5年前经济状况的变化。

为什么农民工的就业是不稳定的呢？接下来进一步从其所从事的职业类型（见表6-9）来分析。从三次产业的就业分布来看，CMDS2017、CSS2021和2022年国家监测数据中分别有63.28%、63.53%、51.70%的农民工从事第三产业，占比最高；从细分产业来看，制造业、建筑业、批发和零售业、住宿餐饮业、居民服务修理和其他服务业、交通运输仓储和邮政业是农民工最主要从事的行业，在CMDS2017、CSS2021和2022年国家监测数据中农民工在上述细分产业就业的比例分别达到84.81%、71.35%和82.40%。综合而言，农民工就业选择范围较广，但主要分布于制造业、建筑业、批发和零售业，这三个行业就业的农民工数量占全部农民工样本的比例超过50%。由于金昌以资源型工业为支柱，农民工同样也主要从事于制造业和建筑业。这充分反映了农民工普遍存在于低端体力劳动市场，可替代性大、流动性强①，相对较高的收入水平是以极高的精力耗费和放

---

① 黄锟：《城乡二元制度对农民工市民化影响的实证分析》，《中国人口·资源与环境》2011年第3期。

弃就业福利保障为代价所取得的。

表 6-9 农民工就业行业分布情况

单位：%

行业	CMDS2017	CSS2021	2022年国家监测数据
第一产业	3.41	1.30	0.5
第二产业	33.31	35.17	47.8
制造业	23.76	19.62	27.4
建筑业	8.54	12.72	17.7
第三产业	63.28	63.53	51.7
批发和零售业	24.37	20.08	12.5
交通运输仓储和邮政业	3.93	5.06	6.8
住宿餐饮业	11.99	8.28	6.1
居民服务修理和其他服务业	12.22	5.59	11.9

注：除了表中展示出来的几个细分产业外，第二产业和第三产业还有其他细分产业，本表只列示了占比比较大的产业。

农民工为什么主要从事低端体力劳动？这需要从其教育与技能水平来解释。表 6-10 给出了农民工受教育水平和技能培训在不同等级上的分布情况。

表 6-10 农民工受教育水平和技能培训情况

单位：%

维度		金昌调查数据	CMDS2017	CSS2021	2022年国家监测数据
受教育水平	小学及以下	26.00	18.86	22.62	14.1
	初中	35.00	49.14	35.60	55.2
	高中或中专	25.00	20.84	19.11	17.0
	大专及以上	14.00	11.17	22.67	13.7
是否有技能培训	有技能培训	48.00	—	34.26	—
	无技能培训	52.00	—	65.74	—

首先来看受教育水平。金昌调查数据中，农民工以初中文化程度占比最大，为35%；小学及以下、高中或中专的占比分别为26.00%、25.00%；大专及以上文化程度的农民工占比最低。CMDS2017、CSS2021和2022年国家监测数据与金昌调查数据的分布情况比较接近，初中及以下受教育水平的占比分别为68.00%、58.22%和69.30%。农民工受教育水平较低的原因在于，一方面是农村教育优质资源不足，优质教师呈现向城镇集聚的趋势，农村儿童在村就读的知识收益相对欠缺[①]；另一方面是高中、中专和高等教育对农村家庭的收益回报相对较低，特别关注毕业后工资收入和福利待遇的农村家庭有支持子女初中毕业即参加工作的倾向。

其次来看技能培训状况。金昌调查数据显示，52%的农民工表示外出打工以来，未接受过任何形式短期培训或职业训练，约60%的农民工不具有任何职业资格或技术等级证书，已获得职业资格证书的级别也相对较低，多属于技术型证书；CSS2021数据表明，仅有34.26%的农民工在过去12个月参加过单位提供的技能培训，仅有8.12%的样本在工作中有高级、中级或初级职称，9.40%的样本有高级工、中级工或初级工等技术等级，其余超过80%的样本没有或不知道非农工作中的专业职称或技术等级。从现有资料来看，农民工对于职业培训缺乏积极性：一方面，以政府为主导的农民工技能培训常常存在培训次数难以保障、培训内容缺乏针对性等缺陷，造成培训内容与就业岗位存在脱节的现象，即培训内容不能够满足农民工就业的真实需要；另一方面，技能培训在一定程度上占用了农民工工作时间，这份收入的损失对农民工来说是比较难以接受的。

综合上述分析，以教育和技能培训为主的人力资本积累在农民工群体

[①] 钱文荣、卢海阳：《农民工人力资本与工资关系的性别差异及户籍地差异》，《中国农村经济》2012年第8期。

中是比较匮乏的,面对城市中对于高素质和高技术人员需求更大的现状,农民工在就业方面处于严重的劣势地位,只能选择收入水平低、以体力劳动为主、稳定性差的职业。事实上,以教育和技能培训为主的人力资本决定了农民工的职业类型选择,进而决定了就业的稳定性。就业的不稳定与城市高昂的生活成本叠加,束缚了农民工在市民化过程中自主选择的空间①,往往出现虽然农民工居留城市的意愿强烈却被迫返乡的情况。同时,受教育水平也影响着农民工进入城市之后的精神融入程度,由于受教育水平跟不上城市飞速变化的思维观念和技术更迭,部分农民工在思想认知上具有一定的局限性,习惯于按照乡村文化思维处事,也不善于利用城市中各类丰富的资源,对于城市观念、新兴知识和技术的学习与接受能力不足,对于现代化的城市生活适应性比较弱②。从宏观角度来看,"民工荒"和"招工难"现象说明我国劳动力市场呈现一种结构性劳动力资源短缺状况,也说明需要加大对农民工的教育与培训,增加其人力资本积累、提升其职业选择空间、增强其就业稳定性,这不仅是优化农民工市民化的重要手段,也是推进国家整体工业化城镇化转型升级的必然要求。

二 农民工在城市的居住状况

居住问题是农民工市民化的关键问题,不安居则业不能立、家不能定。市民化的重要内容便是农民工能够在城镇妥善定居,然而与农民工的收入相比,城镇尤其是大城市极端高昂的房价成为市民化进程中较难逾越的大山。根据金昌调查数据,有53.2%的农民工认为房价太贵阻碍了自身

---

① 袁方、安凡所:《就业稳定性、市民化意愿与农民工消费》,《中国劳动关系学院学报》2019年第3期。
② 刘达、韦吉飞、李晓阳:《人力资本异质性、代际差异与农民工市民化》,《西南大学学报》(社会科学版)2018年第2期。

的市民化。

表 6-11 给出了农民工住房类型。金昌调查数据显示,居住在自己租的房屋与单位提供的宿舍(包括建筑工棚)或借住房的农民工占比达 48.00%;居住在自购商品房、经济适用房或两限房等保障性住房、小产权住房的农民工占比为 38.00%;居住在由政府提供的公租房或廉租房的占比为 9.4%。CMDS2017 数据表明,租住私房的农民工占比为 62.01%,自购商品房的占比为 17.55%,住在单位宿舍或借住房的占比为 7.73%。CSS2021 数据说明,租住私房的占比为 21.09%,居住在自建房或自购商品房的占比达到 71.21%。而 2018 年国家监测数据显示,进城农民工中 61.3%的样本租住私房、17.4%的样本自购商品房、12.9%的样本居住在单位提供的宿舍或借住房,这一样本分布特征与 CMDS2017 的样本分布基本一致。具体数字的差异来自各调查的样本特征,2018 年国家监测调查样本和 CMDS2017 样本主要是外出进城农民工,CSS2021 的样本则主要是在乡镇内从事非农就业的农民工,这也是为什么在该数据中自建房和自购商品房的农民工占比非常高。金昌市的产业支柱是镍等有色金属产业,一方面行业相对工资水平较高,能够相对有力地支持农民工在金昌城镇的购房和租房需求;另一方面金昌在城乡融合和农民工市民化领域实行了政府干预,提供政府优惠政策和购房补贴,部分农民工有能力购买城镇外围的搬迁性住房。

表 6-11 农民工住房类型

类型	金昌调查数据	CMDS2017	CSS2021	2018 年国家监测数据
单位宿舍或借住房	48.00	7.73	4.47	12.9
租住私房		62.01	21.09	61.3
公租房或廉租房	9.40	1.05	1.19	1.3

第六章　农民工市民化的现实分析

续表

类型	金昌调查数据	CMDS2017	CSS2021	2018年国家监测数据
自建房	—	4.31	71.21	—
自购商品房	38.00	17.55		17.4
自购保障性住房		1.06	—	1.6
小产权住房		2.40	—	—
其他	4.60	0.57	2.04	5.5

注：2018年国家监测数据来自《2018年农民工监测调查报告》。

图6-5呈现了农民工在城居住面积。可以发现，一方面，农民工在城居住面积较小，根据2013年《中国统计年鉴》可知，中国2012年中国城镇居民人均住房建筑面积为32.9平方米，农村居民人均住房面积为37.1平方米，而2016年农民工在城人均居住面积仅为19.4平方米；另一方面，虽然农民工在城人均居住面积在逐年增加但与城乡居民住房面积的差值依然较大，2022年农民工在城人均居住面积为22.6平方米，而根据《中国人口普查分县资料（2020）》可知，中国家庭户人均住房建筑面积为41.76平方米，城乡居民人均居住面积几乎为农民工住房面积的两倍。

图6-5　农民工在城居住面积

数据来源：2016~2022年农民工监测调查报告。

表 6-12 展现了农民工的居住、交通、通信条件。从表中可以发现，一方面，农民工拥有冰箱、洗衣机、洗澡设施、上网设施、生活或经营用汽车的占比不断提高，尤其是能够使用计算机或手机上网的农民工住房占比在 2021 年达到 95.6%，远高于 2023 年 6 月全国互联网普及率（76.4%）[1]；另一方面，诸如独用厕所等居住设施近年来几乎没有改善，另据《2019 年农民工监测调查报告》，农民工住房中有集中供暖设施的仅占 11.6%，可见其住房条件仍有很大的改善空间。同时，其他如环境卫生、垃圾处理等住房配套设施则未能纳入监测统计。

表 6-12　农民工居住、交通、通信条件

单位：%

年份	冰箱	洗衣机	洗澡设施	独用厕所	上网设施	汽车
2016	57.2	55.4	77.9	69.6	85.5	18.6
2017	60.1	58.4	80.2	71.4	89.6	21.3
2018	63.7	63.0	82.1	71.9	92.1	24.8
2019	65.7	66.1	83.7	69.6	94.8	28.2
2020	67.0	68.1	85.4	71.5	94.8	30.8
2021	68.9	70.8	86.5	71.7	95.6	34.1

数据来源：2016~2021 年农民工监测调查报告。

居住隔离是农民工在城居住的另一桎梏。居住隔离主要表现为，在居住成本、交通成本等综合因素的制约下，农民工在城居住地与城市居民居住地形成了空间上的分割[2]，大多数农民工在城市的居住地为城郊村、城中村或工作单位等区域，与城市居民之间存在明显的居住空间差异。这种空间的分化，一方面，加剧了城市空间和经济资源的争夺，为城镇社会从

---

[1] 喻思南、金歆：《我国互联网普及率达 76.4%》，《人民日报》2023 年 8 月 29 日。
[2] 戚迪明、张广胜：《空间隔离与农民工城市融入》，《华南农业大学学报》（社会科学版）2017 年第 2 期。

社会互动、公共资源和就业竞争等方面对农民工的社会排斥创造了外在的条件[1]；另一方面，虽然城中村等农民工集聚居住区属于非正规性居住地，但其存在具有现实的合理性，降低了农民工的居住成本，从而在一定程度上降低了工业化城镇化的社会成本[2]。事实上，居住隔离的现实存在是农民工在外在条件约束下"自我选择"的结果[3]，虽然可能属于其无奈的选择，但是仍然体现了农民工的主观能动性，在集聚居住区内农民工互帮互助、抱团取暖，乡村社会关系在这里得以部分复制和再造。

综合而言，当前农民工住房状况主要表现出以下几个特征：一是农民工住房主要为租住私人住房、单位或者雇主提供居住场所（如集体宿舍、建筑工地工棚），享受保障性住房的占比相对较小[4]；二是住房面积与城乡居民相比较小，环境条件较差；三是住房硬件条件逐年改善，尤其是接入网络的比例较高，但农民工住房的其他维度仍需持续关注[5]；四是农民工居住存在空间隔离，主要分散在城市周边的各个城乡接合部，地理位置较偏僻，与城市居民区相隔较远。农民工的居住特征表明我国农民工城市生活水平仍然较低，对城市融入较差，因此其市民化意愿和市民化自主选择受到限制。

三 农民工子女在城市的教育

子女教育是农民工家庭发展过程中极为重视的因素，同时由于子女教

---

[1] 徐清华、张广胜：《居住隔离与农民工市民化》，《华南农业大学学报》（社会科学版）2022年第1期。
[2] 叶俊焘、张凡：《居住隔离视角下城中村与农民工职业表现的内在逻辑——兼论城市非正规的合理性》，《行政管理改革》2021年第3期。
[3] 陆文荣、段瑶：《居住的政治：农民工居住隔离的形成机制与社会后果》，《中国农业大学学报》（社会科学版）2019年第2期。
[4] 赵国超、虞晓芬、许璐媛：《"工者有其居"理念下农民工居住满意度研究——基于2020年浙江流动人口抽样数据》，《浙江大学学报》（人文社会科学版）2022年第8期。
[5] 陶霞飞：《农民工住房需求的转型问题研究——兼论农民工住房问题研究的新转向》，《河北农业大学学报》（社会科学版）2020年第5期。

育关系到"农二代"在长期中的个体发展，因而子女教育问题可以说是农民工市民化的核心问题。金昌调查数据表明，69.1%的农民工认为成为城里人的最大好处是子女能够获得更加优质的教育，为子女提供更好的学习生活条件也是农民工不顾艰辛外出务工的最主要原因之一。表6-13给出了使用CMDS2017数据实证检验的农民工子女教育市民化对落户意愿影响的估计结果。由于落户意愿是虚拟变量，假设其累计分布函数服从正态分布，这里使用Probit模型进行估计，回归过程依然选用向后逐步回归的方法。根据前文的变量设定，子女教育市民化使用的是"农民工子女在城市上学有无困难"来衡量，是负向变量。实证检验结果表明，落户意愿与农民工子女在城教育之间存在显著的相关性，农民工子女在城市中有上学的困难时，农民工的落户意愿反而更高，这恰恰反映了户籍成为农民工子女在城受教育的严重桎梏[1]，因为户籍不在城市对农民工子女在城的受教育权利造成了负面影响，农民工对在城落户的愿望更强烈。

表6-13 农民工子女教育市民化对落户意愿的影响：Probit模型

变量	(1)	(2)	(3)
子女教育市民化	0.033***	0.036***	0.036***
	(0.01)	(0.01)	(0.01)
性别		0.003	0.005
		(0.01)	(0.01)
年龄		0.002***	0.001***
		(0.00)	(0.00)
婚姻		-0.080***	-0.081***
		(0.02)	(0.02)

---

[1] 刘传江、程建林：《双重"户籍墙"对农民工市民化的影响》，《经济学家》2009年第10期。

续表

变量	(1)	(2)	(3)
受教育水平		0.033***	0.024***
		(0.00)	(0.00)
家庭规模		-0.000	0.002
		(0.00)	(0.00)
是否拥有承包地		-0.062***	-0.062***
		(0.01)	(0.01)
是否参加城镇职工或居民医疗保险			0.051***
			(0.01)
离家距离			-0.001
			(0.00)
对乡村的感情			-0.031***
			(0.00)
省份固定效应	控制	控制	控制
Wald chi2	2158	2262	2354
观测值	24877	23793	23793
调整后的 R^2	0.0698	0.0765	0.0803

注：括号内为聚类稳健标准误，***p<0.01，**p<0.05，*p<0.1。

表6-14进一步给出了农民工子女教育市民化（即在城受教育的困难程度）与农民工市民化其他维度的相关性。可以发现，农民工子女受教育困难程度与农民工在城居住条件、社会交往状况、心理观念融入城市有负向相关性，纵然相关系数较小构不成显著的相关性，但也表明农民工子女在城受教育的困难程度与农民工市民化水平相关；农民工子女在城受教育困难程度与政治参与有正向相关性，这可能是因为子女教育困难在一定程度上会促使农民工通过各种途径表达观点、争取权益；农民工子女在城受教育状况与经济市民化之间的关系具有群体异质性，CMDS2017的样本主要是外出农民工，一方面子女随迁入城是在有更高收入基础上的家庭决策，另一方面子女随迁入城需要更多的消费支出，促使农民工增加收入，

因此二者之间呈现正相关关系；CSS2021 的样本主要是本地农民工，子女受教育困难并没有与收入水平呈现正相关关系。

表 6-14　农民工子女教育市民化与其他维度市民化的相关性

	经济市民化	居住市民化	社交市民化	政治市民化	观念市民化
CMDS2017	0.0061	-0.0246	-0.0245	0.0257	-0.0485
CSS2021	-0.0077	-0.0741	-0.0412	0.0080	-0.0883

进一步分析农民工随迁子女实际入学情况（见表 6-15）。其中，3~5 岁随迁儿童入园率和义务教育随迁儿童在校率呈升高趋势，在 2022 年两者分别达到 91.1% 和 99.8%，已经达到了比较高的比例。从幼儿园、小学、初中的类型看，3~5 岁随迁儿童主要进入的是民办幼儿园和其他类型的幼儿园，进入公办幼儿园的比例相对较低；义务教育随迁儿童超过 80% 是进入了公办小学和公办初中，农民工 3~5 岁和义务教育阶段的随迁子女在城入学状况有显著改善。

表 6-15　农民工随迁子女实际入学情况

单位：%

维度	2017	2018	2019	2020	2021	2022
3~5 岁随迁儿童入园率	83.3	83.5	85.8	86.1	88.2	91.1
公办幼儿园	26.7	26.0	25.2	28.9	61.6	69.7
民办幼儿园	33.8	35.2	35.7	37.2		
义务教育随迁儿童在校率	98.7	98.9	99.5	99.4	99.6	99.8
公办小学	82.2	82.2	83.4	81.5	84.4	88.3
民办小学	10.8	11.6	11.9	12.4	10.5	—
公办初中	85.9	84.1	85.2	87.0	88.2	87.8
民办初中	9.7	10	8.8	7.1	7.3	—

数据来源：2017~2022 年农民工监测调查报告。

那农民工子女教育在城市的困难主要存在哪些方面呢？图 6-6 给出了

2017~2020年农民工监测调查报告中统计的农民工子女在城受教育的主要困难。可以发现，费用高和本地升学难是农民工子女在城受教育面临的主要困难：就3~5岁儿童来说，农民工家长在2017年和2018年对费用高、本地升学难的认同率分别为50.4%、37.3%和51.4%、38.7%，而且费用高的问题更加突出；2019年后国家监测数据不再公布3~5岁儿童受教育的困难情况。就义务教育来说，农民工家长在2017年、2018年和2019年对费用高和本地升学难的认同率分别为26.4%、24.4%，27.2%、26.7%和28.9%、34.2%，可见农民工义务教育阶段子女的在城教育费用和升学难度也在增加；2020年后不再公布农民工子女义务教育阶段的困难。就全部样本来看，2020年农民工家长认同子女在城受教育费用高和本地升学难的比例分别为26.4%和29.6%，表明子女受教育情况对农民工市民化的影响仍然较大。

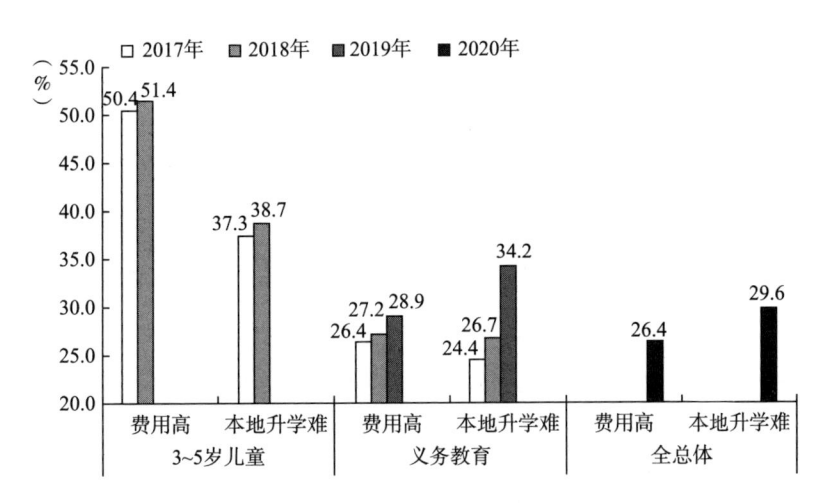

图6-6 农民工子女在城受教育的主要困难

数据来源：2017~2020年农民工监测调查报告。

事实上，农民工子女在城市受教育费用高和本地升学难的问题主要体现在入学门槛和高中升学等方面。一方面是农民工子女在城入学门槛较高，城市规模越大、区域经济越发达则农民工子女面临的入学门槛越高，如北京市要求农民工随迁子女入学的条件为户口簿、暂住证、务工证明、居住证明、户口所在原籍无人监护证明等"五证齐全",办齐这些材料难度较大,能够办齐这些材料的农民工少之又少;再如广东省,其农民工随迁子女数量较大,公办学校难以满足,普遍采用"积分入学"的政策,农民工集聚地的公办学校报录比甚至低于10%[①]。另一方面是农民工子女在城升学困难,主要是中考和高考,部分城市要求随迁子女回户籍地报名参加高考,再加上高中尚未纳入义务教育范围,农民工家庭在子女升入高中后感到教育负担沉重,农民工子女初中毕业后直接就业的现象普遍存在。显然这些门槛或障碍严重挤压了农民工在市民化过程中"自主选择"的空间,使其更多地处于被动决策和应对的境地。

更为严重的问题在于,城市较高的入学门槛和较高的教育费用使得农民工家长望而却步,有全国性专项调查数据显示,43.49%的农民工适龄子女虽然有随迁进入城市读书的愿望但是无法实现[②];金昌调查数据也表明,42.00%的农民工子女就读于家乡的学校,处于留守状态。这一问题的破解可能更为迫切,需要流入地政府以更大的决心来应对。笔者在实地调查中发现,金昌市在农民工子女随迁入学方面做出了卓有成效的努力:一方面是增加公办学校的数量、降低公办学校入学门槛,金昌市政府将农民工学前教育阶段随迁子女纳入公办幼儿园和普惠性幼儿园,高中阶段随迁子女可接受免费的中等职业教育。另一方面是加大教育帮扶力度,金昌市政府对贫困家庭幼儿实现"教育全覆盖、费用全免、伙食全包",义务教育阶段严格落实"两免一补"政策,即免费提供教科书、免杂费和补助寄宿生

---

① 陈锡文、韩俊主编《农业转型发展与乡村振兴研究》,清华大学出版社,2019,第215~220页。
② 李晓琳:《进一步完善农民工随迁子女教育政策——基于对46个地级及以上城市的问卷调查》,《宏观经济管理》2022年第6期。

生活费，并实行农村义务教育学生营养计划。这些政策也是金昌市城镇化率和农民工市民化水平较高的重要原因之一。

四 农民工在城市的社会融入

以社会关系网络为核心内容的社会融入是农民工市民化的重要组成部分。传统乡村社会中农民的社会网络呈现以血缘、亲缘、地缘为纽带的"差序格局"，而伴随着劳动力迁移，"乡土中国"逐渐朝"城乡中国"转型[1]。然而，从农民工对社会网络的利用情况来看，金昌调查数据显示，有57.8%的农民工是通过家人、亲戚、朋友、同村老乡介绍获得招工信息，这说明乡村传统的社会关系在农民工市民化中依然存在。CMDS2017数据表明，除顾客和亲属外，外出农民工在城市与同乡的往来最多，占比达到46.92%；而金昌调查数据同样表明，在农民工不工作时的主要交往人群中，一起打工的亲戚、同乡、非同乡占比为61%，而本地户籍的亲友或者同事仅占27%。这反映出农民工进城之后依然活跃于传统的乡土社交网络，这也与农民工在城市居住集聚的现象相互印证。CSS2021数据统计结果指出，农民工对自身社交生活的满意度较高，仅有19.94%的农民工对社交生活非常不满意或不满意。

从市民化的角度看，虽然乡村社会关系网络对农民工非农迁移和精神生活提供了支撑，但是这一社会关系状况不利于农民工在城市与城市居民的相互了解，也不利于农民工市民化水平的进一步提高。农民工重视乡村社会网络，是其在城市社会难以融入、乡村文化始终黏连的双重影响下的自主选择。农民工在城市的社会融入需要以经济、居住和子女教育等方面

---

[1] 刘守英、王一鸽：《从乡土中国到城乡中国——中国转型的乡村变迁视角》，《管理世界》2018年第10期。

的市民化为前提，如果缺乏必要的物质基础，即便农民工在思想观念、社会关系等方面与城镇市民相一致，也无法真正在城市安居乐业，终究无法成为真正的市民。

农民工在城市的社会融入是一个双向互动的过程，是"进入—适应—认同—融合"的过程，也是"抗拒—接纳—融合"的过程[①]。从农民工层面来看，在社会交往对象、城市生活和城市文化方面，农民工与城市居民表现出明显的差异，对城市生活还不适应；从社会层面来看，当前对农民工的歧视、排斥与隔离现象依然普遍存在，很多市民对农民工还处于抗拒阶段。因此，农民工自身、市民、城市社会等多重因素造成了当前农民工"融入城市难"的局面，而这一局面如果不能及时得到缓解，很有可能会导致我国农民工市民化不彻底，即"半城市化"趋势的长期化和结构化。

城市社会融入困难严重挤压了我国农民工在市民化过程中的自主选择空间，阻碍了部分具有市民化意愿的农民工市民化进程。究其原因，在于市民身份与市民地位的滞后性，即目前的社会体制机制无法满足农民工在城市定居和生活的需要。为了避免"半城市化"趋势继续发展，必须针对当前阻碍农民工市民化的相关社会秩序，即农民工进城落户的政策性、体制性和结构性障碍进行改革，以适应当前农民工市民化发展的现状，满足农民工在市民化过程中的需要。

笔者在调研中发现，金昌在农民工社会融入方面做出了较多努力。第一，在组织上，金昌建立了城乡一体、输入地党组织为主、输出地党组织配合的农民工党员教育管理服务工作制度；第二，在机制上，金昌设立了农民工综合服务所和专门服务平台，反映农民工利益诉求和权益表达，完善农民工法律援助工作机制；第三，在资源服务上，金昌打造出了社区综

---

① 方向新等：《农民工城市融入问题研究》，人民出版社，2019，第37页。

合文化服务中心和农民工文化服务点,实行免费开放,适应农民工时间和需求,增加服务项目,延长开放时间,为农民工就近提供公共文化服务。这些举措在促进农民工融入城市生活方面起到积极的作用,有利于扩大农民工在市民化过程中的自主选择空间。

五 农民工在城市的政治参与

在农民工向市民身份转化的过程中,政治参与作为一项重要的指标,影响着农民工市民化的自主选择。政治参与是指普通公民以各种法律规定的途径参加国家政治生活,对政治体系的构成、运行方式和规则产生影响的政治行为[1]。

政治选举是当前我国公民表达政治意愿和参与政治生活的最普遍方式之一。表6-16给出了农民工在城市参与村民委员会、社区居民委员会等基层自治组织和人民代表大会代表选举的情况。金昌调查数据表明,85%的受访农民工表示没有参加过城市人大代表选举/社区选举;CSS2021数据显示,分别有53.85%和64.51%的农民工没有在村居选举和人大代表选举中投票。显然,农民工在城市的政治选举参与程度非常低,这不利于农民工权利诉求的合法表达,由于农民工进城务工弱化了参与乡村政治的条件[2],农民工在政治身份上处于非农非工、非乡非城的"边缘人",无法在乡村行使政治权利,也无法在城镇行使政治权利,其政治权利事实上处于虚化状态[3],虽拥有法律赋予的选举权与被选举权,却难以在现实中落地。表6-16中的"其他"主要是指农民工因年龄、户口等原因没有投票资格。

---

[1] 王浦劬:《政治学基础》,北京大学出版社,2006,第207页。
[2] 高洪贵:《中国农民工政治参与研究》,中国社会科学出版社,2015,第82页。
[3] 周庆智:《农民工阶层的政治权利与中国政治发展》,《华中师范大学学报》(人文社会科学版)2016年第1期。

表 6-16　农民工在城市参与政治选举情况

单位：%

选项	人大代表选举/社区选举	村居选举	人大代表选举
	金昌调查数据	CSS2021	CSS2021
投过票	15.00	30.65	3.75
没投过票	85.00	53.85	64.51
其他	—	15.50	31.74

政治参与意愿与实际参与程度不协调是影响农民工市民化自主选择的又一重要因素。CSS2021数据显示，59.56%的农民工愿意参与村居委员会的选举，但实际参与的比例仅为30.65%，而参与过村民委员会或社区居民委员会重大决策讨论的农民工占比仅为6.75%。由此可见，农民工要求参与政治的意愿处于较高水平，但政治参与实际状况水平很低，这一强烈反差将农民工排斥在城市政治活动与管理活动之外，很大程度上增加了农民工融入城市的难度，导致部分农民工不愿定居城市。

那么为什么农民工政治参与意愿较高但参与行为较少呢？图6-7呈现了农民工对基层民主参与的态度。可以看出，68.36%的农民工样本比较同意或非常同意"关注村居选举"的观点，这与农民工政治参与意愿的比例相近。然而，就实际的选举评价来看，有51.74%的农民工同意"投票对选举结果没有影响"的观点，有42.71%的农民工认可"村居委员会不会在乎普通村民的想法"的观点。

图6-7反映出基层民主在实践中出现了偏差。超过半数的农民工对于选举结果没有积极态度，从侧面反映了基层村社民主组织在运行过程中、在发挥人民主体性方面有所欠缺，在信息公开等方面有很大的不足，没有完全将农民工纳入基层民主决策过程之中。

第六章 农民工市民化的现实分析

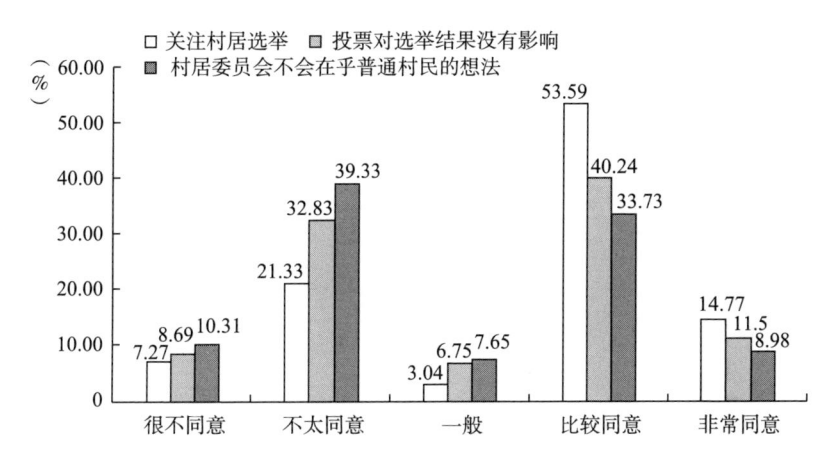

图 6-7 农民工对基层民主参与的态度
数据来源：CSS2021。

表6-17进一步给出了农民工在城市的其他政治参与情况。可以发现，90%以上的农民工没有给单位或村/社区提出过相关建议或开展民主监督、没有给政府反映情况、没有在网上发表评论、没有参与党团组织活动等；参与志愿活动的农民工比例相对较高，但仍然有60.20%的农民工没有参与过相关活动。

表 6-17 农民工在城市其他政治参与情况

单位：%

选项	给单位/村/社区提建议或监督	给政府反映情况	网上发表评论	参与党团组织活动	志愿活动
没有	91.08	94.99	93.21	96.15	60.20
偶尔	6.72	3.71	5.19	1.73	26.89
有时	1.67	1.09	1.26	1.16	10.26
经常	0.53	0.21	0.34	0.95	2.65

数据来源：CMDS2017。

中国工会是中国共产党领导的职工自愿结合的工人阶级群众组织[①]，图6-8呈现了进城农民工加入工会的情况。一方面，农民工加入工会总体占比太小，到2022年仅有16.1%的农民工加入工会；另一方面，农民工加入工会的占比总体呈现增长态势，但增长速度较慢。

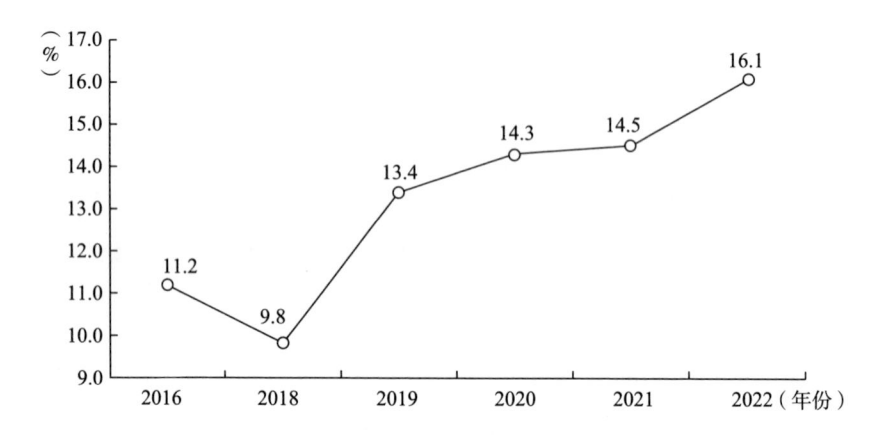

图6-8　加入工会的进城农民工占已就业进城农民工的比重

注：《2017年农民工监测调查报告》中没有加入工会的相关数据统计，故图中未反映2017年相关数据。

数据来源：2016~2022年农民工监测调查报告。

政治参与双重边缘化、政治参与意愿高与实际参与水平低的矛盾，是农民工政治参与市民化的关键障碍。长期以来，由于缺乏合理制度和有效法律的保障，农民工在城市中的角色一直模糊不清，虽然随着社会的发展，农民工政治参与进入新时期，为农民工的政治参与创造了许多途径，但是仍然缺乏农民工政治参与的完善制度和法律环境，许多政治参与的途径在实施过程中往往流于形式，导致农民工政治参与度低的情况。政治运行与农民工政治参与中的摩擦弱化了农民工在市民化过程中的自主选择权，制约了农民工市民化的良性发展。

---

① 《中国工会章程》，中国工会第十八次全国代表大会部分修改，2023年10月12日通过。

第六章　农民工市民化的现实分析

六　农民工在城市的心理观念

农民工在心理层面融入城市，是农民工市民化的较高层次[①]。一般而言，乡村文化被认为是传统文化，而城市文化被认为是现代文化，农民工市民化可谓文化碰撞的过程，农民工生活方式、价值观念和社会心理的转变在市民化过程中起着重要作用：一方面，这种从乡土观念到城市观念的转变是农民工良好嵌入工业社会的催化剂，有利于农民工在城市获得更高的精神满足；另一方面，农民工心理观念的城市化并不意味着消除乡村文化，而是在增强其对城市现代性文化认同的同时，寻求两种文化的融合发展。然而，值得注意的是，心理观念的市民化必须以经济、居住等物质层面的市民化为基础，缺乏经济基础的心理观念市民化恰如空中楼阁，停留于观念而无法付诸现实。

第一，融入心理。金昌调查数据显示，55.00%的农民工认为自己不是城里人。图6-9展现了国家监测数据中农民工心理认同的情况。可以发现，2016~2021年，认为自己是本地人的农民工不到半数，但占比在逐年增加。此外，CSS2021数据表明，50.57%的农民工认为穷人和富人之间的冲突已经到了比较严重甚至非常严重的地步，这从侧面反映了农民工在市民化过程中深刻体会到了城乡之间、区域之间、贫富之间的差异。

第二，休闲心理。根据金昌调查数据，63.00%的农民工在看电视、睡觉或没有任何娱乐方式中度过空闲时间。CSS2021数据显示，不包括教育支出在内的文化支出、娱乐支出和旅游支出总额占农民工家庭消费总支出的1.30%，文化、娱乐和旅游支出占总支出的比重在老一代农民工和新一

[①] 卢海阳、郑逸芳、钱文荣：《农民工融入城市行为分析——基于1632个农民工的调查数据》，《农业技术经济》2016年第1期。

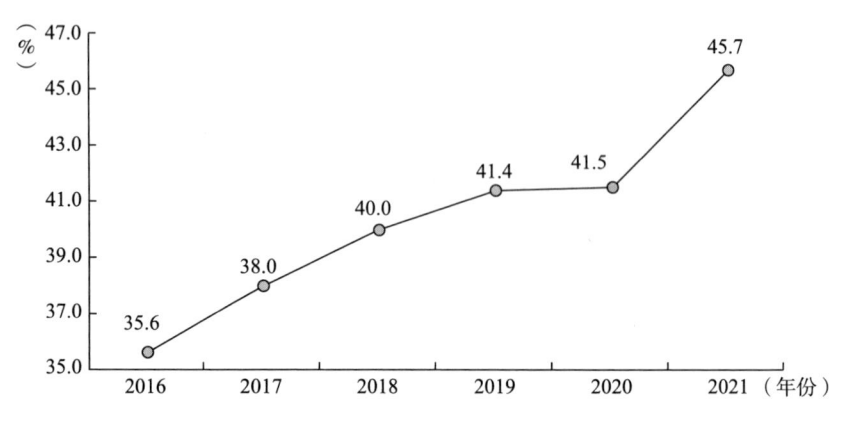

图 6-9　认为是本地人的农民工占比

数据来源：2016~2021 年农民工监测调查报告。

代农民工中分别为 0.53%、2.01%。这充分说明，一方面农民工的休闲生活不丰富，与城市繁华的休闲文化形成鲜明对比；另一方面新一代农民工相较于老一代农民工更加注重休闲娱乐。

第三，劳动心理。囿于家庭生计，恰亚诺夫笔下的传统农民以"自我剥削"的方式开展生产经营活动。对于农民工来说，以延长工作时间的方式进行自我剥削的现象依然存在。CMDS2017 数据显示，老一代和新一代农民工一周平均工作小时数分别为 60.67 小时和 57.9 小时，一周无休且日均劳动时间皆高于 8 小时。CSS2021 数据表明，老一代农民工和新一代农民工平均每天工作时间分别为 9.42 小时、8.88 小时，平均每月工作天数分别为 24.06 天、23.99 天，显然其日工作时间都超过法定劳动时间，月工作天数的计算与农业兼业等相联系，实际的休息时间有限。与休闲心理相似，农民工的过度劳动现象普遍存在，但同时老一代农民工与新一代农民工也存在异质性。

农民工市民化是农民工与城市居民、乡村社会和城市社会的互动，具体涵盖了农民工对城市的认同和城市对农民工的接纳两个方面。从农民工对城市的认同来看，有相当比例的农民工对于自我身份和城市生活表示认可，这部分农民工也更倾向于选择在城市定居落户。从城市对农民工的接纳来看，对于农民工的社会排斥仍然是一个较为普遍的现象，这种排斥一方面表现在城市居民对于农民工的思想偏见和文化歧视，另一方面表现在城市公共服务和社会保障体系没有完全将农民工纳入其中。因此，城市社会对于农民工的态度呈现双面性，一方面对于农民工在城市中创造的经济财富表示接纳，另一方面在社会服务和社会保障方面对农民工表示排斥，这一矛盾是农民工市民化的最大障碍，也在一定程度上降低了农民工对城市的心理适应性，很大层面上限制了农民工自主选择的余地。为了进一步提升我国农民工市民化和城镇化的水平，必须改善城市社会对农民工的排斥现象，增强城市社会对农民工的接纳能力，尤其是增强对新一代农民工的权益保护和关照。因为新一代农民工具有更强的城市认同感，在文化习惯和生活方式上与城市居民更接近，在劳动观念上也更加注重自身权益，所以他们将在未来持久稳定地提升农民工群体市民化倾向中发挥重要作用。

第三节　农民工市民化的制度性影响因素探究

农民工市民化涉及多个方面的制度安排，主要有户籍制度、土地制度和包括就业、住房、教育、医疗、养老等多个方面的社会保障制度，这些制度组成了市民化过程中社会秩序的主体架构，与农民工自主选择权利相呼应。本节以这三大制度为分析对象，解剖制度本体、明确现行制度特征、论证以正式制度为代表的社会秩序如何影响农民工市民化自主选择的决策空间。

一　户籍制度

户籍制度的本质是关于人口管理的制度安排，将在经济社会管理领域长期存在，其附属的社会福利权益也难以在短期内完全剥除[①]。本书前述"历史演进"章节已对户籍制度产生、改革与发展做了较为详尽的描述，本节着重探究现行户籍制度下落户门槛及其对农民工市民化的影响，对相关议题进行辨析，以明晰现行户籍制度下农民工实质性自主选择权利的状况。

（一）现行户籍制度

党的十八大以来，宏观社会秩序的改革与农民工自主选择权利的扩张协同推进，以放开放宽落户限制为主要内容的全方位、系统化户籍制度改革政策框架已经基本形成[②]。事实上，现行户籍制度下，人口已经实现了空间上的自由迁移流动，其关键症结在于自由定居、融入和福利权的赋予。表6-18给出了党的十八大以来涉及户籍制度改革的相关政策文件，从中可以发现，户籍制度改革正以渐进式、异质性、多元化的途径有序推进。

表6-18　党的十八大以来涉及户籍制度改革的相关政策文件

发布时间	文件名称	主要内容	发布单位
2013年11月	《关于全面深化改革若干重大问题的决定》	创新人口管理，加快户籍制度改革，全面放开建制镇和小城市落户限制，有序放开中等城市落户限制，合理确定大城市落户条件，严格控制特大城市人口规模	中共中央

[①] 欧阳慧、张燕、滕飞等：《农民工群体差别化落户思路与政策研究》，《宏观经济研究》2018年第2期。

[②] 欧阳慧、李智：《新时期中国户籍制度改革的问题与对策》，《宏观经济研究》2023年第8期。

续表

发布时间	文件名称	主要内容	发布单位
2014年7月	《关于进一步推进户籍制度改革的意见》	建立与统一城乡户口登记制度相适应的教育、卫生计生、就业、社保、住房、土地及人口统计制度。……建立居住证制度。……健全人口信息管理制度	国务院
2016年2月	《关于深入推进新型城镇化建设的若干意见》	实施财政转移支付同农业转移人口市民化挂钩政策，实施城镇建设用地增加规模与吸纳农业转移人口落户数量挂钩政策，中央预算内投资安排向吸纳农业转移人口落户数量较多的城镇倾斜	国务院
2016年9月	《关于印发推动1亿非户籍人口在城市落户方案的通知》	以农村学生升学和参军进入城镇的人口、在城镇就业居住5年以上和举家迁徙的农业转移人口以及新生代农民工为重点，促进有能力在城镇稳定就业和生活的农业转移人口举家进城落户	国务院办公厅
2019年4月	《关于建立健全城乡融合发展体制机制和政策体系的意见》	建立健全由政府、企业、个人共同参与的农业转移人口市民化成本分担机制，全面落实支持农业转移人口市民化的财政政策、城镇建设用地增加规模与吸纳农业转移人口落户数量挂钩政策，以及中央预算内投资安排向吸纳农业转移人口落户数量较多的城镇倾斜政策	中共中央国务院
2020年3月	《关于构建更加完善的要素市场化配置体制机制的意见》	推动超大、特大城市调整完善积分落户政策，探索推动在长三角、珠三角等城市群率先实现户籍准入年限同城化累计互认	中共中央国务院
2020年4月	《2020年新型城镇化建设和城乡融合发展重点任务》	加大"人地钱挂钩"配套政策的激励力度……维护进城落户农民土地承包权、宅基地使用权、集体收益分配权，不得强行要求其转让上述权益或将此作为落户前置条件；按照依法自愿有偿原则，探索其转让上述权益的具体办法	国家发展改革委
2022年5月	《关于推进以县城为重要载体的城镇化建设的意见》	全面落实取消城落户限制政策，确保稳定就业生活的外来人口与本地农业转移人口落户一视同仁。确保新落户人口与县城居民享有同等公共服务，保障农民工等非户籍常住人口均等享有教育、医疗、住房保障等基本公共服务	中共中央办公厅国务院办公厅

第一，强调城市规模异质性。囿于人口数量与有限资源之间矛盾的紧张程度，国家对不同规模城市的户籍制度改革策略不同，例如，2013年11月中共中央发布的《关于全面深化改革若干重大问题的决定》中指出，"全面放开建制镇和小城市落户限制，有序放开中等城市落户限制，合理确定大城市落户条件，严格控制特大城市人口规模"。诚如上一节所呈现的数据分析结果一样，城市规模越大往往农民工的市民化水平越低、市民化意愿越高。

第二，区分落户群体异质性。户籍制度改革的服务对象是全部的农业户籍人口，无论在城或不在城皆在此列，但在实际改革路径上，必然要着重优先安排已经进城的农业户籍人口在城市落户定居。例如，2016年国务院办公厅印发的《关于印发推动1亿非户籍人口在城市落户方案的通知》中，强调重点把握升学或参军进入城镇的农村学生、在城居住或就业超过五年的农民工、举家迁移的农民工、新生代农民工这几类人群，强调进城落户的农业转移人口一是要有在城镇就业和生活的能力，二是这种能力应当具有稳定性。在农民工群体中，特别强调新生代农民工的稳定就业和进城落户，包括公共服务在内的配套资源也要向新生代农民工倾斜。

第三，改革参与主体多元化。户籍制度改革涉及进城农业户籍人口、城市原有户籍居民、农业转移人口流入地政府、农业转移人口流出地政府等多元主体①，在户籍制度改革过程中，需要充分调动多方积极性，也需要在有侧重的条件下兼顾多方利益。例如，2019年中共中央、国务院印发的《关于建立健全城乡融合发展体制机制和政策体系的意见》中指出，农业转移人口市民化、城市化所需要的成本应当由政府、企业、个人共同分担，将财政转移支付和城镇建设用地规模作为吸纳农业转移人口落户的关

---

① 年猛：《中国户籍制度改革的演进逻辑与深化方向》，《经济社会体制比较》2023年第6期。

第六章 农民工市民化的现实分析

键政策。① 再如，2020年中共中央、国务院印发的《关于构建更加完善的要素市场化配置体制机制的意见》中明确，"推动超大、特大城市调整完善积分落户政策，探索推动在长三角、珠三角等城市群率先实现户籍准入年限同城化累计互认"②。这一改革方向说明流动人口落户准入条件的跨区域互认，有利于保障就业不稳定、工作地点流动的农民工的自由选择权。显然，在推进户籍制度实质性改革、加快农民工市民化的过程中，需要中央政府与地方政府、流出地政府与流入地政府、农民工与城市居民之间协同发力，通过土地建设指标调配、财政转移等多项激励机制构建多元主体参与的户籍制度改革体系。

第四，多项制度改革协同化。一是统一户口登记与公共服务改革相匹配，2014年国务院发布的《关于进一步推进户籍制度改革的意见》要求，取消农业户口、非农业户口、蓝印户口的户籍划分方式，将户口形式统一登记为居民户口，同时教育、卫生计生、就业、社保、住房、土地及人口统计制度要进一步改革以适应统一居民户口登记方式③。二是同步保障农民工在城市和乡村空间的权益，例如，2020年国家发展改革委制定的《2020年新型城镇化建设和城乡融合发展重点任务》指出，维护进城落户农民土地承包权、宅基地使用权、集体收益分配权，不得强行要求其转让上述权益或将此作为落户前置条件④。这些举措说明，户籍制度改革不是单项改革，无法通过基层探索的方式实现妥善解决，只能通过顶层设计与

---

① 《中共中央国务院关于建立健全城乡融合发展体制机制和政策体系的意见》，《农村工作通讯》2019年第10期。
② 《中共中央国务院关于构建更加完善的要素市场化配置体制机制的意见》，《社会主义论坛》2020年第5期。
③ 《国务院关于进一步推进户籍制度改革的意见》，《农村工作通讯》2014年第15期。
④ 国家发展改革委关于印发《2020年新型城镇化建设和城乡融合发展重点任务》的通知 https://www.ndrc.gov.cn/xxgk/zcfb/tz/202004/t20200409_1225431.html

基层探索相结合的方式,协调各方力量、调动各方资源,共同有序推进户籍身份与福利保障脱钩。

户籍制度的关键是附加在户籍之上的公共服务和社会保障权,从现行的户籍制度改革方向看,国家着重从两个方面赋予以农民工为主的农业迁移人口公共福利权:一是降低城市落户门槛,农民工通过获取城市户口进而享有公共福利权;二是增加对进城农民工在公共服务和社会保障方面的资源配置,缩小城市居民与农民工的在城福利差距,使农民工在不拥有城市户籍的情况下也可以拥有相应权利[1]。然而,从现实情况看,前者虽然在一定程度上忽视了意欲返乡的农民工在城福利获取,但是能够从整体上降低农民工获得城市户口的难度,能够获得完全的城市公共服务和社会保障权益;后者虽然有利于缩小农民工和城市户籍人口之间的社会福利差距,增强农民工的自主选择权益,但在短时间内还是难以消弭农民工和户籍人口在社会福利上的差距。可以说,两者都是实际推进的有益破局之策,但相较而言应该更加关注落户门槛的降低。故接下来本部分主要从落户门槛角度对户籍制度的现状及其在农民工市民化中的影响进行详细分析。

(二)现存落户门槛

落户门槛并不是一项政策,而是一系列关于调控流动人口户口迁移的政策集合,难以从单项政策去整体评判一个城市落户门槛的高低。本书选用西南财经大学经济与管理研究院公共经济与行为研究平台和中国家庭金融调查与研究中心联合公布的中国城市落户门槛指数进行分析[2]。该数据

---

[1] 俞央央:《地方政府户籍制度改革的两种模式及其来源》,硕士学位论文,浙江大学,2019。

[2] 张吉鹏、卢冲:《户籍制度改革与城市落户门槛的量化分析》,《经济学(季刊)》2019年第4期。

第六章 农民工市民化的现实分析

以直辖市、地级市落户政策为调研对象，户籍信息包括中国120个主要城市，在中国城市落户门槛测算方面具有较好的代表性，样本主要分布地级市见表6-19。

表6-19 落户门槛数据城市样本分布情况

地区	城市样本分布	样本
东部地区	北京市、天津市、石家庄市、邢台市、上海市、南京市、无锡市、徐州市、常州市、苏州市、南通市、泰州市、杭州市、宁波市、温州市、嘉兴市、湖州市、衢州市、台州市、福州市、厦门市、济南市、青岛市、淄博市、东营市、烟台市、潍坊市、威海市、日照市、德州市、聊城市、滨州市、菏泽市、广州市、深圳市、珠海市、汕头市、佛山市、江门市、湛江市、茂名市、惠州市、梅州市、东莞市、中山市、揭阳市、云浮市、海口市、三亚市	49
中部地区	太原市、晋城市、运城市、合肥市、芜湖市、蚌埠市、淮南市、马鞍山市、铜陵市、黄山市、滁州市、阜阳市、宿州市、六安市、亳州市、南昌市、宜春市、郑州市、鹤壁市、漯河市、武汉市、黄石市、宜昌市、襄阳市、鄂州市、长沙市、株洲市、岳阳市	28
西部地区	呼和浩特市、包头市、乌海市、赤峰市、阿拉善盟、南宁市、柳州市、梧州市、北海市、防城港市、钦州市、贵港市、玉林市、河池市、来宾市、重庆市、成都市、乐山市、六盘水市、铜仁市、黔西南布依族苗族自治州、昆明市、西安市、宝鸡市、咸阳市、渭南市、汉中市、榆林市、安康市、商洛市、嘉峪关市、西宁市、海东市、固原市、乌鲁木齐市	35
东北地区	沈阳市、大连市、本溪市、丹东市、盘锦市、长春市、吉林市、哈尔滨市	8

该数据的调查时间为2017年，通过检索北大法律信息网、法律之星、北大法宝、正保法律信息网、市政府以及市公安局、人力资源和社会保障局官网搜索有关落户的相关政策，同时对市政府公安局户籍科进行电话访问，利用山东、黑龙江、吉林、辽宁、海南和贵州等省份的城市户籍管理部门和档案馆等的资料进行核对和补充。该数据在具体政策搜集整理的基础上，对具体政策进行量化赋值，从投资落户、购房落户、人才引进和普通就业四个方面进行量化。例如，对于农民工来说，落户门槛显然主要以

"普通就业"门槛和"购房落户"门槛的形式存在。"普通就业"门槛的赋值方式为：一是学历赋值，小学、初中、高中或中专、大专、本科、硕士研究生、博士研究生分别赋值为6、9、12、15、16、19、22；二是就业稳定性，城市不要求此项则赋值为0，要求有稳定的就业则赋值为1，有具体年限的要求则赋值为具体年限；三是住所稳定性，城市不要求此项则赋值为0，要求有稳定的住所则赋值为1，有具体年限的要求则赋值为具体年限；四是社会保险缴纳门槛，没有相关要求则赋值为0，有缴纳社保的要求则赋值为1，有具体年限要求则赋值为具体年限；五是其他附加条件，实行累加赋值，比如一项附加条件为"经营两年且纳税"，那么经营两年赋值为2，纳税赋值为1，累加赋值为3。与此类似，购房落户门槛从房屋属性、购房面积、购房金额、购房区域、附加条件五个方面进行具体赋值。最后通过熵权法、投影法和等权法构建城市落户门槛评价指数，这样较为科学和全面[1]。由于该数据统计和赋值方法相对科学，得到了众多学者的认可和使用，如王蓉和黄桂田[2]、高琦[3]、刘启超[4]均采用这一数据探究落户门槛与迁移人口微观决策的关系。

表6-20呈现了分别使用熵权法、等权法、投影法计算的样本中落户门槛最高和最低的四个城市。通过熵权法和等权法计算的落户门槛指数是介于0~1之间的连续值，数值越接近1则该城市的落户门槛越高；投影法计算的落户门槛指数越大则表明该城市落户难度越大。可以看出，

---

[1] 王军鹏、谭诗文：《居何地：落户门槛与流动人口落户意愿》，《南方人口》2022年第4期。
[2] 王蓉、黄桂田：《城市落户门槛与异质性劳动力居留意愿》，《上海经济研究》2022年第6期。
[3] 高琦：《政府姿态如何影响流动人口居留意愿?》，《人口与经济》2023年第3期。
[4] 刘启超：《城市落户门槛、就业歧视与农民工同乡聚居》，《现代经济探讨》2023年第3期。

第一，北京、上海、深圳、广州等超大城市的落户门槛一直居高不下，无论是何种测算方法、无论是前期还是后期，这些城市的落户门槛稳定于高位，这与这些城市人口持续性流入有关系，超大城市的优质资源吸引了众多农民工，但因为要控制城市规模、资源调整困难等，超大规模城市不得不高筑落户门槛，从而限制了农民工的自主选择空间；第二，落户门槛指标排名靠后的城市主要分布在中西部人口流出地区，需要注意的是，这里指数最小的城市并不一定或者说一定不是中国落户门槛最低的城市，因为还有众多人口流出的地级市由于缺乏相关资料而没有纳入分析样本之中。

表6-20 部分城市落户门槛指数

赋权方法	落户门槛排名前四城市	落户门槛排名后四城市	年份
熵权法	北京市＝0.781；深圳市＝0.517；上海市＝0.463；广州市＝0.423	六盘水＝0.069；邢台市＝0.064；防城港＝0.059；运城市＝0.052	2000～2013
熵权法	北京市＝0.795；深圳市＝0.590；上海市＝0.529；广州市＝0.476	鄂州市＝0.072；运城市＝0.068；宝鸡市＝0.064；鹤壁市＝0.054	2014～2016
等权法	北京市＝0.733；深圳市＝0.507；上海市＝0.504；广州市＝0.445	邢台市＝0.139；运城市＝0.134；渭南市＝0.134；防城港＝0.096	2000～2013
等权法	北京市＝0.755；深圳市＝0.551；上海市＝0.580；广州市＝0.500	运城市＝0.151；鹤壁市＝0.149；太原市＝0.142；铜陵市＝0.121	2014～2016
投影法	北京市＝2.496；深圳市＝1.863；上海市＝1.832；广州市＝1.555	运城市＝0.307；嘉峪关＝0.245；邢台市＝0.223；防城港＝0.133	2000～2013
投影法	北京市＝2.628；深圳市＝2.003；上海市＝2.139；广州市＝1.789	渭南市＝0.314；宝鸡市＝0.307；衢州市＝0.294；防城港＝0.275	2014～2016

（三）落户门槛对农民工市民化的影响

本部分以实证方法检验城市落户门槛对农民工市民化水平的影响。将中国城市落户门槛指数与CMDS2017数据进行匹配，除菏泽市在CMDS2017数据中缺失外，其余119个城市（包括直辖市和地级市、旗、州等）都匹配成功。系数估计策略采用最小二乘法，被解释变量为农民工市民化综合指数，核心解释变量为城市落户门槛指数，这里分别使用熵权法、等权法和投影法计算城市落户门槛指数，同时考虑2000~2013年、2014~2016年两个阶段的城市落户门槛。为了与前述回归分析保持一致，选择个体特征、家庭特征和迁移特征作为控制变量，并控制省份固定效应带来的区域选择性偏差。

估计结果如表6-21所示。可以发现，城市落户门槛对农民工市民化具有显著抑制作用，城市落户门槛越高，则农民工市民化水平越低，与城市居民的距离越远。以熵权法计算的2014~2016年城市落户门槛指数为例，该指数每增加1个标准差，则农民工市民化水平降低0.081。具体而言，第一，从静态的角度来看，由不同确定权重方法计算的落户门槛指数对农民工市民化水平的边际影响并不一致，等权法下落户门槛指数的边际抑制效应较强、投影法下落户门槛指数的边际抑制效应较弱，这说明城市落户门槛本身并没有严格的衡量标准，通过赋值的方式进行量化有利于更好地理解城市落户门槛的生成、现状及变化，但这显然无法详尽刻画不同城市的落户政策差异。从某种意义上说，对于具有不同资源禀赋的农民工而言，城市落户门槛具有相对性。例如，某城市要求缴纳社保5年、有稳定就业便可落户，农民工甲工作相对稳定且已经缴纳社保4年、受教育水平为初中，农民工乙虽然受教育水平为大专，但工作调换频繁且缴纳社保仅2年，那么该城市对农民工甲的落户门槛相对较低，对农民工乙的落户门槛较高；然而，从整体来看，落户门槛与农民工市民化的负向关系是存在的。第二，从动态的角度来看，相较于2000~2013年的边际影响，2014~2016年城市落户门槛对农民工市民化影响的边际效应在增大，这表明户籍问题越来越成为挤压农民工市民化自主选择空间的重要因素，已经到了不得不改革的地步。正如习近平总书记在2020年12月中央农村工作会议上强调的那样，"今后15年是破除城乡二元结构、健全城乡融合发展体制机制的窗口期"①,因此,加快构建城乡统一的户籍制度,剥离人口管理功能与福利保障功能,关系到2035年社会主义现代化的基本实现,必须分类施策、妥善应对、有序推进。

表6-21 城市落户门槛对农民工市民化的影响

变量	2000~2013年			2014~2016年		
	熵权法	等权法	投影法	熵权法	等权法	投影法
落户门槛指数	-0.068***	-0.103***	-0.015**	-0.081***	-0.104***	-0.026***
	(-3.123)	(-4.047)	(-2.572)	(-4.528)	(-4.808)	(-4.832)
性别	0.035***	0.035***	0.035***	0.035***	0.035***	0.035***
	(15.442)	(15.430)	(15.438)	(15.423)	(15.424)	(15.430)
年龄	0.001***	0.001***	0.001***	0.001***	0.001***	0.001***
	(6.630)	(6.637)	(6.612)	(6.613)	(6.588)	(6.606)
婚姻	0.028***	0.028***	0.028***	0.028***	0.028***	0.028***
	(6.590)	(6.584)	(6.564)	(6.610)	(6.611)	(6.624)
受教育水平	0.040***	0.040***	0.040***	0.040***	0.040***	0.040***
	(27.232)	(27.257)	(27.196)	(27.319)	(27.311)	(27.330)
家庭规模	0.008***	0.008***	0.008***	0.008***	0.008***	0.008***
	(5.966)	(5.922)	(5.982)	(5.912)	(5.908)	(5.921)
是否拥有承包地	-0.010***	-0.010***	-0.010***	-0.010***	-0.010***	-0.010***
	(-4.128)	(-4.125)	(-4.124)	(-4.203)	(-4.207)	(-4.211)
子女是否随迁	0.043***	0.043***	0.043***	0.043***	0.043***	0.043***
	(16.277)	(16.275)	(16.265)	(16.301)	(16.296)	(16.291)
是否参加城镇职工或居民医疗保险	0.049***	0.049***	0.049***	0.049***	0.049***	0.049***
	(16.599)	(16.662)	(16.561)	(16.661)	(16.670)	(16.645)
离家距离	-0.022***	-0.022***	-0.022***	-0.022***	-0.022***	-0.022***
	(-10.890)	(-10.864)	(-10.890)	(-10.738)	(-10.758)	(-10.765)

---

① 习近平:《坚持把解决好"三农"问题作为全党工作重中之重 举全党全社会之力推动乡村振兴》,《农村工作通讯》2022年第7期。

续表

变量	2000~2013年			2014~2016年		
	熵权法	等权法	投影法	熵权法	等权法	投影法
对乡村的感情	-0.011***	-0.011***	-0.011***	-0.012***	-0.011***	-0.012***
	(-8.271)	(-8.276)	(-8.265)	(-8.293)	(-8.258)	(-8.303)
省份固定效应	控制	控制	控制	控制	控制	控制
观测值	25639	25639	25639	25639	25639	25639
R^2	0.177	0.178	0.177	0.178	0.178	0.178

注：括号内为聚类稳健标准误，***$p<0.01$，**$p<0.05$，*$p<0.1$。

进一步来分析城市落户门槛对农民工落户意愿的影响。被解释变量为农民工在城市的落户意愿，具体调查信息为"如果您符合本地落户条件，您是否愿意把户口迁入本地"，回答"愿意"则赋值为1，回答"不愿意"则赋值为0。核心解释变量依然为城市落户门槛指数，同样选择个体、家庭和迁移特征控制变量。由于落户意愿为哑变量，这里假设其累计分布函数服从标准的正态分布，选择Probit模型进行估计。表6-22给出了落户门槛对农民工落户意愿影响的实证结果。可以发现，落户门槛越高则农民工在城市的落户意愿越强烈，不同权重确定方法、不同时间段的估计系数均显著正向影响落户意愿。显然，这一结果并不意味着落户门槛越高越好，农民工落户意愿强烈也并非因为落户门槛高，而是因为落户门槛高则其代表的资源越丰富，正是这些城市的优质资源在吸引着农民工落户。有研究表明，农民工迫切希望落户，期望在就业地或居住地落户的占比达到77.80%，落户的动力便是城市优质公共服务和社会福利[①]。值得注意的是，"落户意愿"数据调查时强调了"落户条件"，即在假设落户条件都能满足的时候，农民工是否愿意落户，这实际上是理想化条件下的落户倾向。

---

① 欧阳慧、张燕、滕飞等：《农民工群体差别化落户思路与政策研究》，《宏观经济研究》2018年第2期。

表 6-22　落户门槛对农民工落户意愿的影响

变量	2000~2013年 熵权法	等权法	投影法	2014~2016年 熵权法	等权法	投影法
落户门槛指数	0.491***	0.634***	0.111***	0.364***	0.424***	0.125***
	(0.06)	(0.07)	(0.02)	(0.05)	(0.05)	(0.01)
性别	-0.008	-0.008	-0.008	-0.008	-0.008	-0.008
	(0.01)	(0.01)	(0.01)	(0.01)	(0.01)	(0.01)
年龄	0.001***	0.001***	0.001***	0.001***	0.001***	0.001***
	(0.00)	(0.00)	(0.00)	(0.00)	(0.00)	(0.00)
婚姻	-0.037***	-0.036***	-0.036***	-0.036***	-0.036***	-0.037***
	(0.01)	(0.01)	(0.01)	(0.01)	(0.01)	(0.01)
受教育水平	0.037***	0.037***	0.037***	0.037***	0.037***	0.037***
	(0.00)	(0.00)	(0.00)	(0.00)	(0.00)	(0.00)
家庭规模	-0.007**	-0.007*	-0.007**	-0.007*	-0.007*	-0.007*
	(0.00)	(0.00)	(0.00)	(0.00)	(0.00)	(0.00)
是否拥有承包地	-0.053***	-0.054***	-0.053***	-0.053***	-0.053***	-0.053***
	(0.01)	(0.01)	(0.01)	(0.01)	(0.01)	(0.01)
子女是否随迁	0.047***	0.047***	0.047***	0.047***	0.047***	0.047***
	(0.01)	(0.01)	(0.01)	(0.01)	(0.01)	(0.01)
是否参加城镇职工或居民医疗保险	0.039***	0.039***	0.041***	0.040***	0.040***	0.040***
	(0.01)	(0.01)	(0.01)	(0.01)	(0.01)	(0.01)
离家距离	0.001	0.000	0.001	-0.000	-0.000	-0.000
	(0.01)	(0.01)	(0.01)	(0.01)	(0.01)	(0.01)
对乡村的感情	-0.037***	-0.037***	-0.037***	-0.037***	-0.037***	-0.037***
	(0.00)	(0.00)	(0.00)	(0.00)	(0.00)	(0.00)
省份固定效应	控制	控制	控制	控制	控制	控制
Wald chi2	2926	2941	2905	2918	2913	2936
观测值	25639	25639	25639	25639	25639	25639
Pseudo R2	0.0907	0.0913	0.0900	0.0903	0.0902	0.0909

注：括号内为聚类稳健标准误，***$p<0.01$，**$p<0.05$，*$p<0.1$。

进一步考虑城市落户门槛对农民工实际居留计划的影响。以农民工在城市的实际居留意愿作为被解释变量，借鉴王蓉、黄桂田的思路[①]，综合数据库中的两个具体调查问题来衡量农民工实际居留意愿。第一个问题为"今后一段时间，您是否打算继续留在本地"，如果回答"否"赋值为0，回答"没想好"也赋值为0，因为这意味着犹豫和徘徊；第二个问题是"如果您打算留在本地，您预计自己将在本地留多久"，这一问题只包含在上一问题中回答是的样本，回答"1~2年"赋值为1、"3~5年"赋值为2、"6~10年"赋值为3、"10年以上"赋值为4、"定居"赋值为5，如果回答"没想好"留多久，则按照已经明确回答居留时间的样本均值3.642，将"没想好"赋值为3。估计方法采用普通最小二乘法。

表6-23给出了落户门槛对农民工居留意愿影响的估计结果。回归结果显示，2000~2013年城市落户门槛对农民工居留意愿并无显著影响，而2014~2016年城市落户门槛显著抑制农民工在城市居住停留的意愿，这说明城市落户门槛在农民工实际居留决策中的作用越来越大，经过打拼之后仍然定居无望的农民工不得不考虑返回乡村。这一结果与落户门槛对农民工理想化落户意愿的激励作用形成了鲜明对比，一方面，城市落户门槛越高，其优质资源越丰富，农民工越想落户；另一方面，城市落户门槛越高，实际落户难度越大，农民工不得不从现实出发考虑返乡或迁移至其他区域。这一对比突出反映了虽然新时代户籍制度改革不断深化，农民工自主选择权不断扩张，但现实中的自主选择权仍然是弱势的，仍有较大的增长空间。例如，虽然2016年起开展了1亿非户籍人口在城镇落户的计划，但根据公安部的统计信息，近年来转为城镇户口的农业转移人口中，

---

① 王蓉、黄桂田：《城市落户门槛与异质性劳动力居留意愿》，《上海经济研究》2022年第6期。

39.8%为城乡区域属性调整、17.6%为城中村改造①,更大数量的乡城迁移人口仍然无法有效翻越城市落户门槛。

表6-23 落户门槛对农民工居留意愿的影响

变量	2000~2013年			2014~2016年		
	熵权法	等权法	投影法	熵权法	等权法	投影法
落户门槛指数	0.104	0.313	-0.069	-0.388**	-0.466**	-0.110**
	(0.539)	(1.379)	(-1.321)	(-2.481)	(-2.455)	(-2.336)
性别	-0.047**	-0.047**	-0.047**	-0.047**	-0.047**	-0.047**
	(-2.254)	(-2.249)	(-2.255)	(-2.266)	(-2.265)	(-2.261)
年龄	0.007***	0.007***	0.007***	0.007***	0.007***	0.007***
	(4.942)	(4.938)	(4.941)	(4.942)	(4.929)	(4.939)
婚姻	0.149***	0.149***	0.150***	0.151***	0.151***	0.151***
	(3.739)	(3.733)	(3.759)	(3.782)	(3.780)	(3.784)
受教育水平	0.230***	0.230***	0.231***	0.232***	0.232***	0.232***
	(19.085)	(19.061)	(19.193)	(19.264)	(19.256)	(19.251)
家庭规模	0.102***	0.103***	0.102***	0.102***	0.102***	0.102***
	(8.357)	(8.378)	(8.333)	(8.296)	(8.297)	(8.307)
是否拥有承包地	-0.049**	-0.048**	-0.049**	-0.050**	-0.050**	-0.050**
	(-2.253)	(-2.243)	(-2.296)	(-2.338)	(-2.335)	(-2.332)
子女是否随迁	0.338***	0.338***	0.338***	0.338***	0.338***	0.338***
	(14.264)	(14.261)	(14.279)	(14.297)	(14.292)	(14.289)
是否参加城镇职工或居民医疗保险	0.396***	0.395***	0.398***	0.400***	0.399***	0.399***
	(16.259)	(16.208)	(16.336)	(16.395)	(16.394)	(16.376)
离家距离	-0.247***	-0.247***	-0.246***	-0.245***	-0.245***	-0.245***
	(-13.517)	(-13.538)	(-13.474)	(-13.385)	(-13.401)	(-13.411)
对乡村的感情	-0.152***	-0.152***	-0.152***	-0.152***	-0.152***	-0.152***
	(-12.332)	(-12.333)	(-12.321)	(-12.336)	(-12.317)	(-12.340)

---

① 欧阳慧、李智:《新时期中国户籍制度改革的问题与对策》,《宏观经济研究》2023年第8期。

续表

变量	2000~2013年			2014~2016年		
	熵权法	等权法	投影法	熵权法	等权法	投影法
省份固定效应	控制	控制	控制	控制	控制	控制
观测值	25639	25639	25639	25639	25639	25639
R-squared	0.107	0.107	0.107	0.107	0.107	0.107

注：括号内为聚类稳健标准误，＊＊＊p<0.01，＊＊p<0.05，＊p<0.1。

（四）相关议题辨析

围绕户籍制度改革与农民工市民化，政学两界产生了诸多讨论，这里仅对关乎农民工市民化过程中自主选择与社会秩序统一的两个议题进行简要辨析。

第一，户籍制度改革是负担吗？

长期以来，户籍制度改革的核心被认为是城市资源的再分配，即向为城市发展做出巨大贡献的农民工群体倾斜资源。其一，从地方政府的角度看，普遍会认为户籍制度改革就是要进行大量的政府投资，以提高农民工享受的各项公共服务水平，而这就需要耗费地方政府的财政收入；其二，从地方管理者的角度看，推进户籍制度改革、保障农民工权利、提高农民工自主选择空间，是一项长期的工作，很难在短期内完成，也无法体现在任管理者较强的政治治理能力；其三，从城市居民的角度看，一些市民很难接受农民工与市民享有相同的社会福利权。例如，因校舍腾退，苏州民办立新小学的800多名农民工子女被安排到公办勤惜小学，结果引发勤惜小学原学生家长的广泛抗议[①]。

然而，户籍制度改革或者说促进进城农民工市民化真的是负担吗？可

---

① 丁捷、汤佩兰：《苏州公办校隔离风波：拆不拆墙费踟蹰》，《云南教育》（视界综合版）2018年第9期。

以发现，前述三方主体对农民工市民化的排斥均来自短期的成本与收益，忽视了户籍制度改革的巨大长期效益。一方面，户籍制度改革的重大意义体现在需求侧，有利于扩大国内消费需求，打破需求对经济增长的常态化制约，对地方政府来说，只看到了改革成本，没有看到农民工市民化给城市消费带来的影响，扩大消费的效用在构建以国内大循环为主体的国内国际双循环体系中具有巨大价值；另一方面，户籍制度改革意味着农民工在城市稳定生活，能够更加稳定和长效地提供生产和服务，使得城市能够应对人口负增长的冲击，带来真金白银的改革红利[1]。

进一步来看，认为农民工市民化是负担的观点从本质上来自何处？从生产关系的角度来看，这种观点来自公共服务市场化趋势下利润最大化或成本最小化的决策目标。毋庸置疑，市场化改革提高了经济发展的效率，但是也在一定程度上忽视了公平，这其中就包括农民工自由选择权的缺失。因此，为了消除"户籍制度改革是负担"的主观障碍，在进一步推进户籍制度改革的过程中，就不能完全采取市场化的方式，必然需要以国家宏观调控的方式嵌入，理顺中央政府和地方政府的职责关系，加强对户籍制度改革过程中市场主体的管控，加强对户籍制度长期效益的宣传教育，才能促使全社会同心协力破解农民工市民化难题，赋予农民工平等的自主选择空间，完善社会秩序以期与农民工自主选择相统一。

第二，租房落户制度真可取吗？

早在2006年成都市出台的《关于深化户籍制度改革 深入推进城乡一体化的意见（试行）》中就提出租房办理常住户口的条件：一是拥有成都市户籍，二是租房地点在中心城区、区（市）县城、建制镇，三是租房类

---

[1] 蔡昉：《户籍制度改革的效应、方向和路径》，《经济研究》2023年第10期。

型为统一规划修建的房屋，四是租住一年以上且连续租住[①]。2009年全国"两会"期间，九三学社就提出应当允许城市流动人口在租房达到一定时间后可以落户城市，这一思路在后续改革中被付诸实践。2016年9月，国务院办公厅发布《关于印发推动1亿非户籍人口在城市落户方案的通知》中规定"大城市和特大城市要以具有合法稳定就业和合法稳定住所（含租赁）、参加城镇社会保险年限、连续居住年限等为主要依据，区分城市的主城区、郊区、新区等区域，分类制定落户政策，重点解决符合条件的普通劳动者落户问题"[②]。随后全国多地允许流动人口"租房落户"，如2019年海口[③]、2023年郑州[④]和青岛[⑤]都允许租房落户。

显然，租房落户政策的出发点是好的，是为了让农民工落户享受平等公共服务的有益探索。但理想与现实之间仍然存在诸多差距，"租房落户"的实践与政策之间存在着事实鸿沟。第一，租房落户以"稳定"为前提。实施租房落户的各城市都会将"稳定"置于"租赁"之前，如郑州市规定租房落户的人员是"在我市中心城区具有合法稳定就业或合法稳定住所（含租赁）"[⑥]，然而正如本章前节对农民工居住情况分析时所提到的，农民工往往依据价格和通勤时间来选择居住的地方，住所更换得较为频繁，长期稳定地租赁房屋实难实现。第二，租房落户有"区域"限制。例如，

[①] 丛峰：《成都户籍制度改革，租房也可落户》，《新华每日电讯》2006年10月26日。
[②] 《国务院办公厅关于印发推动1亿非户籍人口在城市落户方案的通知》，https://www.gov.cn/gongbao/content/2016/content_5124357.htm。
[③] 《城市快讯》，《小康》2019年第35期。
[④] 于丽丽、李贝贝：《郑州租房可全家落户》，《华夏时报》2023年1月9日。
[⑤] 庄灵辉、卢志坤：《租房即可落户 青岛进一步深化户籍制度改革》，《中国经营报》2023年11月27日。
[⑥] 《郑州市公安局关于进一步深化户籍制度改革的实施意见政策解读》，https://public.zhengzhou.gov.cn/D3602Y/7838264.jhtml。

海口市实施租房落户的范围是"省内户籍居民"[①]。第三，租房落户有"附加"条件，普遍有积分条件、社保年限和居住年限等附加要求。例如，宁波市要求租房落户"需要在当地就业并缴纳社会保险满2年且在市区城镇地区租住在同一镇（街道）满2年"[②]。第四，租房落户要"户主"的同意，显然租房落户需要征得房屋产权人的同意，然而理性的城市住房所有者与农民工仅是市场上的交易者，很难会同意农民工将户口落在自己的住房里，尤其担心农民工租房落户后会侵犯自己对住房的财产权利，从而形成租房落户的"隐性门槛"[③]。

这里讨论租房落户的实际成效问题，主要是想说明户籍制度改革不能仅写在文件上、流于形式，而要实质性推进，要赋予农民工完全的自主选择权，使得以正式制度为主的社会秩序能够与农民工的自主选择相统一，而不是通过各种途径挤压农民工自主选择的空间。可以说，租房落户、居住证等制度是户籍制度改革的重要内容，但这还远远不是终点，因为租房落户实际成效有限、居住证与城市户籍的含金量存在较大差距[④]，推动社会秩序与农民工自主需求相契合，仍然任重而道远。

二 土地制度

土地具有多功能性，从农民工市民化的角度看，土地一方面联系着农民工家庭的农业收入，另一方面保障农民工家庭的底线生存和发展。立足

[①] 《海口实施落户新政 省内户籍居民城镇社区租房可落户》，https://www.hainan.gov.cn/hainan/sxian/201911/bb07ccc211fb48e09f53e828bdaf9b27.shtml。
[②] 邢灿：《多地推行租房落户 探索租购同权》，《中国城市报》2022年1月10日。
[③] 李智、欧阳慧：《推进农民工在城镇实现安居梦——基于全国14省46个城市的问卷调查》，《宏观经济管理》2022年第7期。
[④] 欧阳慧、张燕、滕飞等：《农民工群体差别化落户思路与政策研究》，《宏观经济研究》2018年第2期。

历史唯物主义视角，可以发现户籍制度与农村土地制度之间存在着千丝万缕的联系，在社会主义革命和建设时期，伴随着城乡二元户籍制度的确立，城市居民的社会保障由国家解决，而农村居民的社会保障则由集体通过利用土地等资源的方式解决①。可以说，农村土地集体所有制建立之初，便承担着重要的社会保障功能，且与户籍制度紧密相连。早在2015年，习近平总书记就曾指出："维护好进城落户农民的土地承包经营权、宅基地使用权、集体收益分配权，将农民的户口变动与'三权'脱钩，以调动广大农业转移人口进城落户的积极性。"②本部分重点分析农地制度、宅基地制度和集体经营性建设用地制度，阐释农民工对土地的依赖与农民工市民化的关系，并对相关制度安排进行讨论。

（一）现行农村土地制度

1. 现行的农地制度

农地（农用地）是指直接用于农业生产的土地，包括耕地、林地、草地、农田水利用地、养殖水面等。③早在21世纪初笔者就曾提出所有权、承包权和经营权"三权分离"的农村土地股份合作制④，后政学两界围绕农村土地制度安排进行了诸多讨论。伴随着农业经济发展，承包权与经营权分置的趋势越发明显。2013年12月，中央农村工作会议首次明确了土地承包与土地经营权可以发生分离⑤。2014年9月，在中央全面深化改革领导小组第五次会议上，习近平总书记指出，在坚持农村土地集体所有的

---

① 孙晓勇：《宅基地改革：制度逻辑、价值发现与价值实现》，《管理世界》2023年第1期。
② 《习近平关于社会主义社会建设论述摘编》，中央文献出版社，2017，第132页。
③ 《中华人民共和国土地管理法》，http://www.moa.gov.cn/gk/zcfg/fl/202007/t20200716_6348746.htm。
④ 解安：《农村土地股份合作制：市场化进程中的制度创新》，《甘肃社会科学》2002年第2期。
⑤ 《中央农村工作会议在北京举行》，https://news.12371.cn/2013/12/25/ARTI1387911416091828.shtml。

第六章　农民工市民化的现实分析

前提下，形成"所有权、承包权、经营权三权分置、经营权流转的格局"①。农地三权分置的承包经营关系逐渐成为改革的方向。

伴随农地产权制度安排的清晰化，以国家为主导的农地产权界定开始大规模实施。2012年中央一号文件提出"稳步扩大农村土地承包经营权登记试点，财政适当补助工作经费"②，同年选择了28个省区市50个县（市区）开展农地确权、登记、颁证的整县试点工作③。2013年中央一号文件明确要求"用5年时间基本完成农村土地承包经营权确权登记颁证工作"④，农地确权开始以整省试点的方式全面落实。到2017年11月，农地确权登记颁证的比例超过80%⑤；到2020年11月，农地承包经营权证书发放农户占总承包农户的比重超过96%⑥；农地确权工作顺利收官。与此同时，党的十九大提出，第二轮土地承包到期后再延长三十年，这无疑对保持土地承包关系稳定、保障农户土地产权、推动土地流转和投资具有重大意义。

综合而言，除农地的抵押贷款功能在实践中遇到障碍外，农地的产权安排已经比较清晰，产权界定的清晰化也意味着农民土地产权强度的增强，这无疑给农村居民自主选择在城市从业定居还是返乡生产生活提供了有利条件。从现实情况来看，有些学者批评农地产权分置和界定会侵犯农民权益，但显然我们不能因噎废食，农地要素配置的市场化是大趋势，其

---

① 中共中央党史和文献研究院编《习近平关于"三农"工作论述摘编》，中央文献出版社，2019，第56页。
② 《中共中央　国务院关于加快推进农业科技创新持续增强农产品供给保障能力的若干意见》，《农村工作通讯》2012年第3期。
③ 张东生、吕一清：《中国农地确权政策演变、内涵与作用机制的梳理与思考——改革开放40年来的经验总结》，《生态经济》2019年第9期。
④ 《中共中央　国务院关于加快发展现代农业　进一步增强农村发展活力的若干意见》，《中国合作经济》2013年第2期。
⑤ 林远：《农业部：农地确权面积已超八成》，《经济参考报》2017年11月30日。
⑥ 高云才：《2亿农户领到土地承包经营权证》，《人民日报》2020年11月10日。

成效的发挥要从长期来看,"三权分置"和农地确权扩大了农村居民和农民工自主选择的空间,产权证书也有利于在优化资源配置的过程中保障农民的土地权益。

2. 现行的宅基地制度

由于宅基地关系到农民最基本的居住问题,国家在推进宅基地制度改革时往往强调"审慎"和"稳慎"。表6-24给出了党的十八大以来中央一号文件中宅基地制度改革相关政策。可以发现,宅基地制度改革主要从产权制度和管理制度两个方面以试点的方式推进,具体来看宅基地制度有以下特征。

表6-24 宅基地制度改革相关政策

时间	文件名称	主要内容	关键词
2013	《中共中央国务院关于加快发展现代农业进一步增强农村发展活力的若干意见》	改革和完善农村宅基地制度,加强管理,依法保障农户宅基地使用权	宅基地管理
2014	《中共中央国务院关于全面深化农村改革加快推进农业现代化的若干意见》	改革农村宅基地制度,完善农村宅基地分配政策,在保障农户宅基地用益物权前提下,选择若干试点,慎重稳妥推进农民住房财产权抵押、担保、转让	改革试点
2015	《中共中央国务院关于加大改革创新力度加快农业现代化建设的若干意见》	依法保障农民宅基地权益,改革农民住宅用地取得方式,探索农民住房保障的新机制	住房保障机制
2016	《中共中央国务院关于落实发展新理念加快农业现代化实现全面小康目标的若干意见》	加快推进房地一体的农村集体建设用地和宅基地使用权确权登记颁证	房地一体;确权
2017	《中共中央国务院关于深入推进农业供给侧结构性改革加快培育农业农村发展新动能的若干意见》	全面加快"房地一体"的农村宅基地和集体建设用地确权登记颁证工作……在充分保障农户宅基地用益物权、防止外部资本侵占控制的前提下,落实宅基地集体所有权,维护农户依法取得的宅基地占有和使用权	集体所有权;农户占有和使用权

第六章　农民工市民化的现实分析

续表

时间	文件名称	主要内容	关键词
2018	《中共中央国务院关于实施乡村振兴战略的意见》	探索宅基地所有权、资格权、使用权"三权分置",落实宅基地集体所有权,保障宅基地农户资格权和农民房屋财产权,适度放活宅基地和农民房屋使用权	所有权;资格权;使用权
2019	《中共中央国务院关于坚持农业农村优先发展做好"三农"工作的若干意见》	加快推进宅基地使用权确权登记颁证工作,力争2020年基本完成……研究起草农村宅基地使用条例	确权;法规
2020	《中共中央国务院关于抓好"三农"领域重点工作确保如期实现全面小康的意见》	严格农村宅基地管理,加强对乡镇审批宅基地监管,防止土地占用失控	加强管理
2021	《中共中央国务院关于全面推进乡村振兴加快农业农村现代化的意见》	稳慎推进农村宅基地制度改革试点,探索宅基地所有权、资格权、使用权分置有效实现形式	有效实现
2022	《中共中央国务院关于做好2022年全面推进乡村振兴重点工作的意见》	稳慎推进农村宅基地制度改革试点,规范开展房地一体宅基地确权登记	确权登记
2023	《中共中央国务院关于做好2023年全面推进乡村振兴重点工作的意见》	加快房地一体宅基地确权登记颁证,加强规范管理,妥善化解历史遗留问题,探索宅基地"三权分置"有效实现形式	有效实现

第一,宅基地所有权、资格权和使用权在法律层面是可以分离的。受到农地产权制度改革的影响,产权明晰化也始终是宅基地制度改革的关键。2017年中央一号文件提出"在充分保障农户宅基地用益物权、防止外部资本侵占控制的前提下,落实宅基地集体所有权,维护农户依法取得的宅基地占有和使用权"。这是一号文件中关于宅基地"三权"的最早表述。在总结试点改革经验的基础上,2018年中央一号文件进一步明确提出"探索宅基地所有权、资格权、使用权'三权分置',落实宅基地集体所有权,保障宅基地农户资格权和农民房屋财产权,适度放活宅基地和农民房屋使用权"。由此明确了宅基地产权制度的基本内容,即所有权归集体、资格权和使用权归农户,使用权可以流转。这一产权关系的清晰化,无疑给农

民工进城和市民化提供了良好的基础，扩大了农民工自主选择的权利。

第二，稳步实施"房地一体"的宅基地确权颁证登记。事实上，早在2013年以前，中央就强调要完成包括宅基地在内的农村集体土地所有权的地籍调查和确权工作。2016年中央一号文件正式提出"加快推进房地一体的农村集体建设用地和宅基地使用权确权登记颁证"，由此宅基地问题与农民住房问题便以整体的方式开展产权界定。2023年6月自然资源部发布《关于持续推进农村房地一体宅基地确权登记颁证工作的通知》后，房地一体确权颁证工作加快推进。

第三，始终要求强化宅基地管理制度和保障农民权益。中央始终如一要求强化对宅基地制度的管理，一方面是管理宅基地申请和使用的无序化，另一方面是防止宅基地成为资本扩张的牺牲品。例如，2013年中央一号文件就提出"改革和完善农村宅基地制度，加强管理，依法保障农户宅基地使用权"。2014年中央一号文件提出保障农户宅基地"用益物权"的思路。2015年中央一号文件强调对农民住宅用地的取得方式和住房保障的新机制进行探索和改革。2020年中央一号文件更是明确指出"严格农村宅基地管理，加强对乡镇审批宅基地监管，防止土地占用失控"。

综合来看，目前宅基地制度改革主要关注两个方面目标：一是农户宅基地合理合法使用权益；二是宅基地财产价值的实现机制。这两个内容与农户自主选择权的空间紧密联系。

3. 现行集体经营性建设用地制度

农村集体建设用地包括保障性的宅基地、公益性的公共设施用地（如学校等用地）、经营性的建设用地①。其中，农村集体经营性建设用地是20

---

① 伍振军、林倩茹：《农村集体经营性建设用地的政策演进与学术论争》，《改革》2014年第2期。

第六章 农民工市民化的现实分析

世纪80年代伴随着社队企业、乡镇（村）企业的兴起而产生的。其后，随着村办、镇办企业逐步退出历史舞台，农村集体经营性建设用地的优化利用便被提上日程。截至2013年底，农村集体经营性建设用地虽然在数量上仅占农村集体建设用地总量的13.3%[1]，但在土地要素市场化改革的今天则被赋予了特殊意义。一方面，农村集体经营性建设用地被看作撬动城乡土地市场利益格局、消解土地权利不公的关键[2]；另一方面，农村集体经营性建设用地也被看作发展农村集体经济的物质保障和主要动力[3]。

长期以来，农村集体经营性建设用地无法直接通过市场发挥资源效益，而是必须经过土地性质的转换才能进入市场，土地增值收益的大部分被地方政府占有。1992年11月国务院发布的《关于发展房地产业若干问题的通知》中明确指出"集体所有土地，必须先行征用转为国有土地后才能出让""集体土地股份不得转让"[4]。然而，一方面，在沿海发达地区由于建设用地需求巨大，农村集体经营性建设用地的隐形市场一直存在；另一方面，在高额土地出让收入的激励下，地方政府迸发征收土地的热情，产生了诸多因征地而起的群体性事件，同时征收农地也威胁到国家保护耕地、保障粮食安全的底线。21世纪以来，探索农村集体经营性建设用地直接进入市场的途径和机制成为土地制度改革的重要内容。2003年12月，中共中央、国务院印发《关于促进农民增加收入若干政策的意见》，明确提出"积极探索集体非农建设用地进入市场的途径和办法"[5]。2004年国

---

[1] 付宗平：《中国农村土地制度改革研究》，四川人民出版社，2022，第173页。
[2] 盖凯程：《基于农村集体经营性建设用地入市的土地利益协调机制研究》，经济科学出版社，2021，第86页。
[3] 宋洪远主编《新时代中国农村发展与制度变迁（2012~2022）》，人民出版社，2023，第327页。
[4] 《国务院关于发展房地产业若干问题的通知》，https://www.gov.cn/zhengce/content/2010-12/19/content_4913.htm。
[5] 《中共中央 国务院关于促进农民增加收入若干政策的意见》，《人民日报》2004年2月9日。

务院发布的《关于深化改革严格土地管理的决定》里提出，在规划的范围内，农村集体建设用地的使用权可以依法流转①。2008年党的十七届三中全会通过了《关于推进农村改革发展若干重大问题的决定》，提出"对依法取得的农村集体经营性建设用地，必须通过统一有形的土地市场、以公开规范的方式转让土地使用权，在符合规划的前提下与国有土地享有平等权益"②。

现行的农村集体经营性建设用地制度主要包括如下特征。

第一，允许直接进入市场，进行出让、租赁、入股。2013年，党的十八届三中全会通过了《关于全面深化改革若干重大问题的决定》，进一步明确要求"在符合规划和用途管制前提下，允许农村集体经营性建设用地出让、租赁、入股，实行与国有土地同等入市、同权同价"③。随后，经全国人大常委会批准，集体经营性建设用地入市改革在北京市大兴区等33个县（市区）进行试点。改革成效显著，至2018年12月，农村集体经营性建设用地入市地块1万余宗、面积9万余亩、涉及金额约257亿元④。2019年试点成果写入《中华人民共和国土地管理法》。

第二，经营性建设用地收入在多主体之间进行分配。2015年12月，中共中央、国务院发布《关于落实发展新理念加快农业现代化 实现全面小康目标的若干意见》中要求"适当提高农民集体和个人分享的增值收益，抓紧出台土地增值收益调节金征管办法"⑤。2016年12月，中共中央、

---

① 《国务院关于深化改革严格土地管理的决定》，《人民日报》2004年12月25日。
② 《中共中央关于推进农村改革发展若干重大问题的决定》，《人民日报》2008年10月20日。
③ 《中共中央关于全面深化改革若干重大问题的决定》，《人民日报》2013年11月16日。
④ 《国务院关于农村土地征收、集体经营性建设用地入市、宅基地制度改革试点情况的总结报告——2018年12月23日在第十三届全国人民代表大会常务委员会第七次会议上》，《中华人民共和国全国人民代表大会常务委员会公报》2019年第1期。
⑤ 《中共中央 国务院关于落实发展新理念加快农业现代化 实现全面小康目标的若干意见》，《中华人民共和国国务院公报》2016年第6期。

国务院发布的《关于稳步推进农村集体产权制度改革的意见》中指出,在集体经营性建设用地入市制度改革中"探索正确处理国家、集体、农民三者利益分配关系的有效办法"①。经营性建设用地收益是农民享有集体收益分配权的重要成员福利,根据前述内容可知,现有法律规定农民工进城落户后仍可保有集体收益分配权。

第三,经营性建设用地可由其他集体土地转化而来。2019年4月,中共中央、国务院发布的《关于建立健全城乡融合发展体制机制和政策体系的意见》中要求"允许村集体在农民自愿前提下,依法把有偿收回的闲置宅基地、废弃的集体公益性建设用地转变为集体经营性建设用地入市"②。这就为农村土地财产权益的扩大提供了可行通道。农民进城落户之后,闲置的宅基地等可以通过转化成集体经营性建设用地直接出让,这一财产权利对农民工市民化也存在重要影响。

(二) 土地制度与农民工市民化

通过前述对现行农地制度、宅基地制度和集体经营性建设用地制度的梳理,可以发现无论是农地制度,还是宅基地制度和集体经营性建设用地制度,其市场化改革的趋势明显。中央也特别强调保护进城农民的土地权益,早在2014年国务院发布的《关于进一步推进户籍制度改革的意见》中就明确指出"现阶段,不得以退出土地承包经营权、宅基地使用权、集体收益分配权作为农民进城落户的条件"③。随后党的十八届三中全会和十八届五中全会对保障农民权益、尊重农民意愿做了相关要求,并组织开展

---

① 《中共中央 国务院关于稳步推进农村集体产权制度改革的意见》,《人民日报》2016年12月30日。
② 《中共中央 国务院关于建立健全城乡融合发展体制机制和政策体系的意见》,《人民日报》2019年5月6日。
③ 《国务院关于进一步推进户籍制度改革的意见》,《人民日报》2014年7月31日。

相关试点。2018 年，"国家保护进城农户的土地承包经营权。不得以退出土地承包经营权作为农户进城落户的条件"被写入新修订的《中华人民共和国农村土地承包法》。2019 年中央一号文件也进一步强调"不得以退出承包地和宅基地作为农民进城落户条件"。2021 年实行的《中华人民共和国乡村振兴促进法》中强调"县级以上地方人民政府应当采取措施促进在城镇稳定就业和生活的农民自愿有序进城落户，不得以退出土地承包经营权、宅基地使用权、集体收益分配权等作为农民进城落户的条件"。这说明在法律层面，农村土地制度与农民工市民化之间已经实现了较好兼容，农民工市民化自主选择空间中包含了国家对其土地权益的保护。

然而，土地制度对农民工市民化自主选择的制约，在事实层面仍存在不少。第一，目前农地虽然能够比较自由地流转，但是流转收益相较于家庭总收入来说太少，由于仍面临在城市不能定居和失业等风险，农民工更倾向于持有农地的承包经营权；同时在延长承包期的要求下土地的长期收益更加明显，这就使得农民工进城落户后会产生对下一轮承包权利的担忧，进而不愿意转换户籍类型。第二，宅基地确权之后，如何进行产权实施依然需要探索，由于宅基地与农房联系在一起，存在更多的历史遗留问题，在应对这些问题的基础上激活财产权能是个不小的挑战。第三，集体经营性建设用地入市的出让收益是以成员权身份为标准进行分配的，农民工进城落户后，在身份上已然不是集体成员，长期享有集体资产收益分配权存在成员边界问题，这一分配权持有的时间、享有的程度都面临着不确定性，落户城市从长期潜在收益看并非农民工的理想决策。第四，随着社会主要矛盾的变化，人民的生态需求越发凸显，而农村土地恰恰承担着重要的生态功能，农地和农家小院的生态休闲价值日益彰显，这也是农民工即便达到城市落户条件也不愿意落户的原因之一。

(三) 土地依赖对农民工市民化的影响

利用数理模型推导农民工对土地的依赖程度与其市民化的关系，或许可以形成更清晰的看法。借鉴 Min et al.[①] 和成威松[②]的逻辑思路，首先假设农民工家庭拥有承包地和宅基地，据此设定农民工家庭的收入函数[③]为：

$$I = p \times z + (1-p) \times y + l_\alpha \times w \qquad (6-7)$$

式（6-7）中，I 表示农民工家庭的总收入，它由土地转出的租金收入、农业经营收入和非农就业的工资收入组成，p 表示土地转出的比例，z 表示单位面积土地的转出收益，y 表示农民工家庭单位面积土地经营收入函数，l_α 表示农民工家庭的非农劳动供给，w 表示非农就业的工资率。

随后，进一步假设农民工家庭单位面积土地经营收入函数：

$$y = \int (l_\beta, 1-p, a_i) \qquad (6-8)$$

农民工家庭单位面积土地经营收入是关于农业劳动供给、家庭经营土地面积和家庭农业生产技术的函数，其中农业劳动供给用 l_β 表示，家庭农业生产能力（即家庭农业生产技术）设定为 a_i。

然后，进一步假设农民工家庭的农业生产技术函数：

$$a_i = \int (H_i, m) \qquad (6-9)$$

式（6-9）中，H_i 表示农民工家庭的人口特征，m 表示农民工家庭的经济特征。农民工家庭的农业生产能力与家庭人口的经济特征呈正相关关系。

[①] Min S., Waibel H., Huang, J., "Smallholder Participation in the Land Rental Market in a Mountainous Region of Southern China: Impact of Population Aging, Land Tenure Security and Ethnicity", *Land Use Policy*, Vol. 68, No. 8, 2017.
[②] 成威松：《劳动力老龄化对农地流转的影响》，硕士学位论文，浙江大学，2022年。
[③] 这里将农民工家庭承包地拥有量模型化为1个单位，因为是家庭决策，不需要考虑承包地具体面积。

再后，进一步设定农民工家庭的农业劳动供给函数：

$$l_\beta = \frac{Q_i}{\int(inte, H_i)} \qquad (6\text{-}10)$$

式（6-10）中，Q_i 表示农民工对土地的依赖程度、$inte$ 表示农民工市民化水平。具体来看，农民工家庭农业劳动供给与土地依赖程度成正比，与农民工市民化水平成反比。此时，我们考虑实现一个最大化的家庭收入 I_o，当农民工家庭收入达到 I_o 时，使其满足如下条件：

$$\frac{\partial I_o}{\partial p} = z - y(l_\beta, 1-p, a_i) \qquad (6\text{-}11)$$

联立式（6-10）与式（6-11），进行静态分析。此时，在其他因素不变的情况下，当农民工的土地依赖程度 Q_i 较高时，农民工家庭的农业劳动供给 l_β 会增多，于是土地产出 $y(l_\beta, 1-p, a_i)$ 增多，$z-y<0$，$\frac{\partial I_o}{\partial p}<0$，进而土地转出的比例 p 会较小，农民工的市民化水平 $inte$ 较低。同样，在其他因素不变的情况下，当农民工的土地依赖程度 Q_i 较低时，农民工家庭的农业劳动供给 l_β 会减少，于是土地产出 $y(l_\beta, 1-p, a_i)$ 降低，$z-y>0$，$\frac{\partial I_o}{\partial p}>0$，进而土地转出的比例 p 会增大，农民工的市民化水平 $inte$ 提高。

进一步使用实证模型来检验农民工对土地的依赖程度与其市民化的关系。依然使用 CMDS2017 数据。借鉴相关文献，将土地依赖分为经济依赖和文化依赖两类[①]：一是使用"土地收益占纯收入的比例"来衡量农民工对土地的经济依赖程度，其中土地收益包括耕作收益、转租收益和分红收

---

① 段培、王国峰：《农地依赖会抑制经营权转出吗？——基于607个小麦种植户的调查》，《农村经济》2021年第7期。

第六章　农民工市民化的现实分析

益。二是使用农民工对自身卫生习惯与城市居民差距的评价来衡量农民工对土地的文化依赖程度，具体调查问题是"您是否同意'我的卫生习惯与本地居民存在较大差别'这个说法？"，完全不认同赋值为1、不认同赋值为2、认同赋值为3、完全认同赋值为4，在这一变量上，老一代农民工的均值为2.01、新生代农民工的均值为1.94。当被解释变量为"农民工市民化指数"时，采用最小二乘法估计；当被解释变量是"落户意愿"和"居留意愿"时，采用Probit模型估计。结果如表6-25所示。

表6-25　土地依赖对农民工市民化的影响

变量	农民工市民化指数		落户意愿		居留意愿	
	(1)	(2)	(3)	(4)	(5)	(6)
土地经济依赖程度	-0.349*** (-3.965)		0.474* (0.24)		-2.680*** (-2.978)	
土地文化依赖程度		-0.008*** (-5.076)		-0.023*** (0.00)		-0.172*** (-11.772)
性别	0.035*** (15.476)	0.035*** (15.444)	-0.008 (0.01)	-0.008 (0.01)	-0.045** (-2.159)	-0.047** (-2.272)
年龄	0.001*** (6.585)	0.001*** (6.667)	0.001*** (0.00)	0.001*** (0.00)	0.007*** (4.891)	0.007*** (5.063)
婚姻	0.027*** (6.379)	0.028*** (6.502)	-0.034*** (0.01)	-0.035*** (0.01)	0.147*** (3.685)	0.146*** (3.666)
受教育水平	0.040*** (27.003)	0.039*** (26.660)	0.039*** (0.00)	0.037*** (0.00)	0.230*** (19.087)	0.220*** (18.211)
家庭规模	0.008*** (5.834)	0.008*** (6.024)	-0.007** (0.00)	-0.007** (0.00)	0.101*** (8.217)	0.103*** (8.385)
是否拥有承包地	-0.007*** (-2.923)	-0.010*** (-4.186)	-0.058*** (0.01)	-0.055*** (0.01)	-0.030 (-1.350)	-0.055** (-2.555)
子女是否随迁	0.042*** (16.132)	0.042*** (16.150)	0.048*** (0.01)	0.047*** (0.01)	0.335*** (14.148)	0.332*** (14.077)

续表

变量	农民工市民化指数		落户意愿		居留意愿	
	(1)	(2)	(3)	(4)	(5)	(6)
是否参加城镇职工或居民医疗保险	0.049***	0.048***	0.042***	0.041***	0.397***	0.386***
	(16.542)	(16.328)	(0.01)	(0.01)	(16.309)	(15.914)
离家距离	-0.023***	-0.022***	0.001	0.003	-0.248***	-0.238***
	(-11.066)	(-10.751)	(0.01)	(0.01)	(-13.582)	(-13.027)
对乡村的感情	-0.012***	-0.010***	-0.037***	-0.033***	-0.152***	-0.126***
	(-8.302)	(-7.209)	(0.00)	(0.00)	(-12.285)	(-10.036)
省份固定效应	控制	控制	控制	控制	控制	控制
观测值	25583	25639	25583	25639	25583	25639
(伪) R^2	0.178	0.178	0.0887	0.0894	0.107	0.112

注：括号内为聚类稳健标准误，*** $p<0.01$，** $p<0.05$，* $p<0.1$。

从估计结果可以看出，无论是土地经济依赖程度还是土地文化依赖程度，均显著负向影响农民工市民化指数，这也是土地制度安排影响农民工市民化的重要佐证。对比第（3）和第（5）列可以发现，如果农民工对土地经济依赖程度强，那么他们具有更强的落户意愿，但他们实际的居留意愿会更低，这与前述分析结果一致，验证了在落户门槛和福利差别存在的情况下，虽然农民工想市民化却不得不返回乡村，从而其自主选择的空间受到了挤压。对比第（4）列和第（6）列可以发现，如果农民工对土地文化依赖程度较强，那么他们不仅在实际居留行为上要离开城市，而且在理想落户意愿上也要离开城市。从这里也可以看出，农民工的市民化是一个长期的历史过程，需要保有恒久的耐心，而且农民工市民化的实现更应该关注新生代农民工，因为他们对土地的依赖程度更弱，也更有能力回应以正式制度为主要内容的社会秩序变迁。

（四）制度安排讨论

在农民工市民化过程中还有一些涉及农村土地制度安排的问题值得讨

第六章 农民工市民化的现实分析

论,此处就有争议的两个话题进行简要辨析。

第一,农地流转会造就"不在地主"吗?

当前部分学者和市场经营者对农民工进城务工、落户仍然保留农村承包地承包权的政策持有异议,认为农民工进城落户之后已经不是集体成员、不从事农业生产,却不退出农村土地,会成为"不在地主"[①],掌握着农地租金,构成城镇对农村财富的掠夺[②]。

然而,结合前述对农民工现实状况的描述,从历史与现实的视角分析,便可以发现"农民工市民化过程中流转农地形成'不在地主'"的观点是站不住脚的。首先,从根本性质上看,农村土地的集体所有制度是党和国家始终坚持和强调的,不会因农民工市民化而改变;其次,从经济事实上看,农民工家庭所承包的土地通过流转获得的租金收入无法支撑其家庭正常生存,CMDS2017 中农民工家庭每亩承包地流转的年均收益为656.04 元,按照一家 4 口人的规模,土地流转收益甚至无法支付在城市的租房费用,而且从现实农地流转的费用来看,相当比例的土地是以无偿的方式流转给亲友耕种的;再次,从生计状态看,农民工往往是兼营农业和非农产业,即便是在研究农村土地退出的相关调查中,兼业农户也占了绝大多数,如在刘同山的研究数据样本中,2014 年的兼业户占比为 88.16%,2018 年占比为 78.33%[③];最后,现行政策中的农村土地退出一定是有条件的,如农民工家庭在城市有自有住所、稳定就业和稳定收入的条件下才容易落户,如果没有这些前提条件,那么推动土地退出将带来极大的社会稳定风险。

---

① 郭熙保:《市民化过程中土地退出问题与制度改革的新思路》,《经济理论与经济管理》2014 年第 10 期。
② 刘同山:《农村土地退出:理论、意愿与实践》,经济管理出版社,2020,第 3 页。
③ 刘同山:《农村土地退出:理论、意愿与实践》,经济管理出版社,2020,第 44 页。

事实上，我们无须过分担心农民工进城落户依然保有农村土地权益的问题，根据金昌调查数据可知，样本中47.00%的农民工持自愿退出态度、39.8%的农民工表示希望保有土地并通过转租等方式获取一定的经济收益、13.2%农民工没有对土地退出机制表明态度。调查中发现，在假设拥有自主选择权的情况下，18.6%的农民工表示未来想回到农村生活。这表明，一方面，农民工在城市能够获得稳定生活（住房、收入等）的情况下，愿意退出农村土地的成员权；另一方面，农民工中也蕴含着新型农业经营主体的基因，关键是要赋予农民工完全自主选择的权利。

第二，农民工进城浪费土地资源吗？

近来有部分学者批判中国农民工进城的同时不退出宅基地和建设用地，造成了土地资源的浪费。例如，黄奇帆认为农村居住分散、城市居住集约，农民进城之后在城乡之间"两头占地"，并认为城市房价高是因为建设用地资源稀缺，农民工进城的同时退出宅基地就能降低建设用地的稀缺程度，进而使房价下降[1]；再如，陆铭等利用2020年土地遥感监测数据、人口普查数据叠加发现，在河北、河南、山东等地，村庄用地多的地区和人口增长缓慢的地区高度重合，进而认为这些地方出现了大量闲置的农村建设用地[2]。

毋庸置疑，上述观点有一定的合理性。然而，评判农民工进城浪费土地资源必然需要从整体视角来分析。一是从土地财产特征来看，固然农民工进城务工是在城市居住的同时，在农村有住房，然而只见土地不见人就会陷入以"地权"侵犯"人权"的问题，根据前述数据可知，外出农民工在城市以租住私房为主，占比在60%以上，另有10%左右是住在单位宿舍

---

[1] 黄奇帆：《中国房地产市场：过去、现在和未来》，《管理现代化》2022年第2期。
[2] 陆铭、楼帅舟、李鹏飞：《大国的城乡融合：城市化和相关改革的进展与问题》，《中央财经大学学报》2023年第12期。

或借住房，这些住房显然是临时性的或在农民工进城以前就已经存在了，这些土地的财产收益显然属于城市政府和城市居民；二是从市场价格机制来看，城市住房价格并非完全来自建设用地的稀缺性，很大程度上是由土地出让权的垄断和对房价的行政干预造成的，故而即便农民工在农村的住房全部退出，城市房价依然不会有大幅度下降；三是从事实状况来看，持有农民工进城浪费土地资源观点的学者普遍认为农村住房闲置率很高，然而"闲置"的概念如何界定，是闲置几个月还是常年？目前农民工以兼业为主，农忙和年底时往往会返乡，这与农业生产时间与劳动时间的不一致相联系。根据国家电网对居民住房空置率（年用电量低于20千瓦时）的统计，城镇居民住房空置率为12.2%，其中大中城市为11.9%、小城市为13.9%，农村居民住房空置率为14.0%[①]，因此农村住房闲置率与城市相近。

三　社会保障制度

完全社会保障权的获取是农民工在户籍制度与土地制度束缚下的本质需求，这也是农民工实现彻底市民化的途径和标志。本部分将要阐述的就业制度、住房制度、教育制度、医疗制度、养老制度等社会保障制度恰恰是农民工市民化水平的物质层面，没有这些物质基础，即便农民工在思想和心灵上已经与城市居民无二，其市民化也终究是空中楼阁。因此社会保障制度对农民工市民化的重要性不言而喻。

（一）现行农民工社会保障制度

社会保障制度是政府通过立法的形式对公民享有的基本生活权利进行

---

① 陈锡文：《从农村改革四十年看乡村振兴战略的提出》，《行政管理改革》2018年第4期。

保障的制度体系①，在结构上主要包括社会保险、社会救助、社会福利和优抚安置，在内容上主要指包括工伤保险、医疗保险、养老保险、失业保险、生育保险、住房公积金在内的"五险一金"和其他社会帮扶。本部分对与农民工相关的主要社会保障制度进行阐述。

1. 就业保障制度

农民工的就业保障涉及两类制度：一类是以失业保险和工伤保险为主的社会保险，另一类是以最低生活保障为主的社会救助。总体而言，现行农民工就业保障制度处于不稳定不完全的状态，政策改革与现实保障权的获得仍有差距，就业不稳定、流动状态下的农民工成为城乡社会保障之间的"漏出群体"②。

第一，失业保险。1999年国务院发布的《失业保险条例》中对农民工的失业保险做了规定，一方面规定农民合同制工人的失业保险费不由本人缴纳，另一方面要求农民合同制工人领取失业保险金或失业补助金需要单位缴纳失业保险且连续工作满一年③。此外，规定劳动合同期满未续订或提前解除劳动合同的，为农民工支付一次性生活补助。2020年，考虑到新冠疫情对就业的影响，人力资源和社会保障部、财政部联合印发《关于扩大失业保险保障范围的通知》，对不同参保类型的失业农民工发放临时补助的标准进行了规定，一是对参保未满一年的失业农民工，应该参照参保地的城市低保标准发放临时生活补助；二是对参保缴费标准与城镇职工同

---

① 马玉海：《新生代农民工社会保障研究》，吉林大学出版社，2021，第35页。
② 周明、雷雁淘：《迈向共同富裕的就业保障制度：逻辑、困境和路径》，《西北大学学报》（哲学社会科学版）2023年第4期。
③ 《失业保险条例》，http://www.mohrss.gov.cn/xxgk2020/fdzdgknr/zcfg/fg/202011/t20201103_394936.html。

等的失业农民工，应该参照参保地的失业保险或补助金的标准发放。① 这意味着农民工购买失业保险能够与城镇职工享有同等福利。然而，截至2017年2.87亿名农民工中参加失业保险的只有17.09%②。其原因可能在于当前就业与失业登记制度不完善，失业登记主要依靠行政记录逐级汇总③，但农民工多为流动性就业，登记困难且无法证明非自愿失业的事实。

第二，工伤保险。2003年国务院发布了《工伤保险条例》，并在2010年进行了修订，该条例规定，境内所有企业单位、事业单位、社会团体等各类组织和有雇工的个体工商户都应当为单位职工或雇工缴纳工伤保险费④。2006年国务院印发的《关于解决农民工问题的若干意见》中明确规定"依法将农民工纳入工伤保险范围"，要求用人单位为农民工缴纳工伤保险费，并在发生工伤后支付费用⑤。然而，截至2017年农民工参与工伤保险的比例仅为27.25%⑥。更为严重的问题在于，农民工长期从事体力劳动，工作环境相对较差，患职业病和慢性病的比例很高，这种情况很难获得用人单位的赔偿⑦。

在就业保障方面，甘肃金昌围绕失业保障做了较为成功的尝试，在整合现有公共服务资源的基础上，在县（区）设立农民工综合服务中心，在

---

① 《关于扩大失业保险保障范围的通知》，http://www.mohrss.gov.cn/SYrlzyhshbzb/shehuibaozhang/zcwj/202006/t20200609_375841.html。
② 《2017年度人力资源和社会保障事业发展统计公报》，http://www.mohrss.gov.cn/SYrlzyhshbzb/zwgk/szrs/tjgb/。
③ 周明、雷雁淘：《迈向共同富裕的就业保障制度：逻辑、困境和路径》，《西北大学学报》（哲学社会科学版）2023年第4期。
④ 《国务院关于修改〈工伤保险条例〉的决定》，https://www.gov.cn/zhengce/content/2010-12/24/content_7254.htm。
⑤ 《国务院关于解决农民工问题的若干意见》，https://www.gov.cn/jrzg/2006-03/27/content_237644.htm。
⑥ 《2017年度人力资源和社会保障事业发展统计公报》，http://www.mohrss.gov.cn/SYrlzyhshbzb/zwgk/szrs/tjgb/。
⑦ 梁鸿：《出梁庄记：当代中国的细节与观察》，台海出版社，2016。

农民工较为集中地区建立农民工综合服务所，设立民办人力资源服务机构，初步形成了以劳务工作机构为主导，各民办职业中介机构为补充的就业服务体系，为用人单位和劳动者提供全天候服务。每年输转城乡富余劳动力8万人以上，创劳务收入15亿元左右，不断提高劳动力组织输转率和就业稳定率。这种开源性的就业保障形式有相当大的借鉴意义。

2. 住房保障制度

21世纪以来，农民工的住房问题逐渐被国家纳入重点推进的民生议题，尝试扩展城镇住房保障体系，将农民工纳入其中①。在此问题上主要有保障租赁、改善环境、稳定价格等思路，具体包括保障性住房、公积金等制度在内的社会福利和社会救助。

第一，保障性住房。保障性住房主要有经济适用房、廉租房、公租房等类型，用以解决中低收入群体的住房问题。2007年建设部等9部门发布的《廉租住房保障办法》，并未将农民工纳入保障范围。2007年建设部等5部门联合印发了《关于改善农民工居住条件的指导意见》，明确要求"多渠道提供农民工居住场所""用工单位是改善农民工居住条件的责任主体""可以采取无偿提供、廉价租赁等方式向农民工提供居住场所""农民工自行安排居住场所的……给予一定的住房租金补助"②。2010年住建部等7部门联合发布的《关于加快发展公共租赁住房的指导意见》中提出"有稳定职业并在城市居住一定年限的外来务工人员纳入供应范围"③，开始尝试将农民工纳入城镇住房保障体系。2012年住建部发布的《公共租赁

---

① 祝仲坤：《保障性住房与新生代农民工城市居留意愿——来自2017年中国流动人口动态监测调查的证据》，《华中农业大学学报》（社会科学版）2020年第2期。
② 《关于改善农民工居住条件的指导意见》，https://www.gov.cn/govweb/gzdt/2008-01/10/content_855264.htm。
③ 《关于加快发展公共租赁住房的指导意见》，https://www.gov.cn/gzdt/2010-06/13/content_1627138.htm。

第六章 农民工市民化的现实分析

住房管理办法》，首次明确将在城镇稳定就业的外来务工人员纳入城镇公共租赁保障性住房范围①。自 2014 年开始，公租房或廉租房开始并轨运行，统称公共租赁住房。同年，住建部规定并轨后的公共租赁住房保障对象包括稳定就业的外来务工人员②。然而，结合前述农民工居住现状可知，农民工在城镇以租住私房为主，各数据中农民工居住公租房或廉租房的比例不到 2.0%，金昌调查数据中居住公租房或廉租房的比例相对较高，但也不到 10.0%。

第二，住房公积金。1999 年国务院制定通过了《住房公积金管理条例》，后在 2002 年和 2019 年进行了修订。该条例对城镇职工的住房公积金做了详细规定，但并未对农民工或外来务工人员的住房公积金做出特别要求。2006 年国务院发布的《关于解决农民工问题的若干意见》中明确要求"有条件的地方，城镇单位聘用农民工，用人单位和个人可缴存住房公积金，用于农民工购买或租赁自住住房"③。然而，到 2014 年全国农民工缴纳住房公积金的比例仅为 5.5%，外出农民工缴纳比例为 5.6%、本地农民工缴纳比例为 5.3%④。有研究表明，缴纳公积金与农民工幸福感之间存在显著的负相关关系⑤，这说明住房公积金并未产生实质性的保障效应，反而可能因为减少了到手工资收入、使用限制较多而影响了农民工福利水平。

---

① 《公共租赁住房管理办法》，https://www.gov.cn/gongbao/content/2012/content_2226147.htm。
② 《关于并轨后公共租赁住房有关运行管理工作的意见》，https://www.mohurd.gov.cn/gongkai/zhengce/zhengcefilelib/201407/20140701_218350.html。
③ 《国务院关于解决农民工问题的若干意见》，https://www.gov.cn/jrzg/2006-03/27/content_237644.htm。
④ 《2014 年全国农民工监测调查报告》，https://www.gov.cn/guowuyuan/2015-04/29/content_2854930.htm。
⑤ 祝仲坤：《市民化、住房公积金与新生代农民工幸福感》，《社会发展研究》2023 年第 1 期。

3. 教育保障制度

涉及农民工的教育保障制度主要包括两部分：一是成年农民工的职业教育保障，二是农民工子女的义务教育保障。教育保障关系农民工个人的就业和家庭的未来发展，深刻影响着农民工市民化过程中的自主选择方向。

第一，农民工在城继续教育。农民工的技能培训和职业教育，一直以来都备受关注，2016年，教育部和中华全国总工会印发了《农民工学历与能力提升行动计划——"求学圆梦行动"实施方案》，该方案尝试建立学历与非学历教育并重的农民工继续教育模式，着重提升农民工的学历层次和技术技能水平，为此制定了在有学历提升需求且符合入学条件的农民工中资助150万人接受继续教育的目标[1]。随着新生代农民工的占比超过50%，2019年人社部印发《新生代农民工职业技能提升计划（2019～2022年）》，要求加强对新生代农民工职业技能培训，提高培训覆盖率，提高培训可及性[2]。然而，正如前述对农民工教育培训现状的分析一样，《2017年农民工监测调查报告》显示，接受过农业或非农职业技能培训的农民工占比仅为32.9%；《2022年度人力资源和社会保障事业发展统计公报》中指出，当年全国农民工总量为29562万人，组织农民工参加补贴性职业技能培训717万人次[3]，约占农民工总量的2.42%。

第二，农民工随迁子女教育。党的十八大以来，农民工随迁子女教育保障制度改革已经取得较大进展，但总体上的教育不均衡状况依然存在。

---

[1] 《农民工学历与能力提升行动计划——"求学圆梦行动"实施方案》，http://www.moe.gov.cn/srcsite/A07/zcs_cxsh/201603/t20160324_235014.html。
[2] 《人社部组织实施新生代农民工职业技能提升计划促进农民工队伍技能素质全面提升》，https://www.gov.cn/xinwen/2019-01/18/content_5358971.htm#1。
[3] 《2022年度人力资源和社会保障事业发展统计公报》，http://www.mohrss.gov.cn/SYrlzyhshbzb/zwgk/szrs/tjgb/。

第六章　农民工市民化的现实分析

2012年，教育部等4部门联合印发《关于做好进城务工人员随迁子女接受义务教育后在当地参加升学考试工作的意见》，号召落实"以流入地政府为主，以全日制公办中小学为主"政策，要求地方政府根据农民工稳定的职业、住所、社会保险年限和随迁子女在当地连续就学年限等情况，制定随迁子女在当地升学考试的具体办法①。同年，国务院印发《关于深入推进义务教育均衡发展的意见》，明确指出"在公办学校不能满足需要的情况下，可采取政府购买服务等方式保障进城务工人员随迁子女在依法举办的民办学校接受义务教育"②。2014年，国务院发布的《关于进一步做好为农民工服务工作的意见》强调，城镇公办义务教育学校要对农民工随迁子女开放，并与城镇户籍学生混合编班，实施统一管理③。2016年，国务院印发《关于统筹推进县域内城乡义务教育一体化改革发展的若干意见》，明确要求"公办和民办学校都不得向随迁子女收取有别于本地户籍学生的任何费用"④。2020年，教育部等10部门联合发布《关于进一步加强控辍保学工作健全义务教育有保障长效机制的若干意见》，对农民工随迁子女辍学劝返工作做了相关规定，明确了流出地和流入地的职责⑤。然而，政策目标与现实状况之间仍然存在着一定的差距，诚如前文的数据分析所显示的那样，农民工随迁子女的受教育状况并不乐观。诸如收费高、异地升

---

① 《关于做好进城务工人员随迁子女接受义务教育后在当地参加升学考试工作意见》，https://www.gov.cn/zwgk/2012-08/31/content_2214566.htm。
② 《国务院关于深入推进义务教育均衡发展的意见》，http://www.moe.gov.cn/jyb_xwfb/xw_zt/moe_357/jyzt_2017nztzl/ztzl_xyncs/ztzl_xy_zcfg/201701/t20170117_295047.html。
③ 《关于进一步做好为农民工服务工作的意见》，https://www.gov.cn/gongbao/content/2014/content_2764683.htm。
④ 《国务院关于统筹推进县域内城乡义务教育一体化改革发展的若干意见》，https://www.gov.cn/zhengce/content/2016-07/11/content_5090298.htm?eqid=b37d877700038fc4000000046463a5f5。
⑤ 《关于进一步加强控辍保学工作健全义务教育有保障长效机制的若干意见》，https://www.gov.cn/zhengce/zhengceku/2020-06/29/content_5522512.htm。

学等问题仍然较为突出,甚至在金昌调查样本中有 42.0% 的农民工子女没有随迁进城上学,全样本中仅有 47.0% 的农民工子女就读于城镇公办学校,10.9% 的农民工子女就读于农民工子弟学校。显然,这些因素无不弱化了农民工自主选择权的行使空间,降低了农民工市民化意愿。

4. 医疗保障制度

中国的医疗保障制度以医疗保险为主要内容,包括城镇职工医疗保险、新型农村合作医疗保险、城镇居民医疗保险等具体保险类别,以社会医疗保险为主,商业医疗保险为补充,以个人缴费、集体或企业筹资、政府财政补贴为主要保费来源。

目前农民工可以参加城镇职工基本医疗保险。1998 年,国务院发布《关于建立城镇职工基本医疗保险制度的决定》,标志着城镇职工医疗保险制度的建立;2004 年,劳动和社会保障部办公厅印发《关于推进混合所有制企业和非公有制经济组织从业人员参加医疗保险的意见》要求"以与城镇用人单位建立了劳动关系的农村进城务工人员为重点,积极探索他们参加医疗保险的有效途径和办法"[1]。开始尝试将农民工纳入城镇职工基本医疗保险保障范围。

新型农村合作医疗保险(简称"新农合")是农民工的主要医疗保障项目。2003 年,国务院办公厅发布《关于建立新型农村合作医疗制度的意见》,开始建立农民自愿参加、以大病统筹为主的农民医疗互助共济制度[2]。相较于城镇职工医疗保险,新农合有如下特征:一是报销比例低,以北京市为例,2014 年新农合一级医疗机构的普通门诊报销比例为 50%,城镇职工基本医疗保险在职人员社区门诊报销比例为 90%;二是缴费较

---

[1] 《关于推进混合所有制企业和非公有制经济组织从业人员参加医疗保险的意见》,《中国社会保障》2004 年第 7 期。
[2] 裴长洪、赵静:《中国基本社会保险制度》,中国社会科学出版社,2017,第 190 页。

少，以财政补贴为主，2023年个人缴费标准达到每人每年380元[①]；三是起付线比较低；四是报销额度相对较少。

城镇居民医疗保险是针对城市非就业人员、老人和少年儿童的医疗保障项目。2007年，国务院印发《关于开展城镇居民基本医疗保险试点的指导意见》，开始尝试建立城镇居民医疗保险制度[②]。一方面，就起付线来说，城镇居民医疗保险的起付线低于城镇职工医疗保险、高于新农合；另一方面，就报销比例来说，城镇居民医疗保险与新农合接近，明显低于城镇职工医疗保险[③]。2016年国务院发布《关于整合城乡居民基本医疗保险制度的意见》，开始推进新农合和城镇居民医保的整合，尝试建立统一的城乡居民基本医疗保险制度，该意见也明确规定"农民工和灵活就业人员依法参加职工基本医疗保险，有困难的可按照当地规定参加城乡居民医保"。

当前农民工医疗保障最大的问题在于"户保分离"和"业保分离"。由于农民工在乡村和城镇之间、农业和非农业之间流动，农民工参与城镇职工医疗保险的比例较低，CMDS2017和CSS2021农民工样本中分别有17.64%、18.77%的比例参加了城镇职工医疗保险，70%左右的农民工仍以新农合为主要医疗保障。异地就业报销比例较低，虽然异地结算政策提升了报销便利性，但无法解决卫生服务利用率低和保障水平低的问题，从而造成了"有保险无保障、有保险低保障"的问题[④]。

---

① 《关于做好2023年城乡居民基本医疗保障工作的通知》，https://www.gov.cn/zhengce/zhengceku/202307/content_6895391.htm。
② 《国务院关于开展城镇居民基本医疗保险试点的指导意见》，https://www.gov.cn/gongbao/content/2007/content_719882.htm。
③ 《国务院关于整合城乡居民基本医疗保险制度的意见》，https://www.gov.cn/zhengce/zhengceku/2016-01/12/content_10582.htm。
④ 李珍：《基本医疗保险参保机制改革的历史逻辑与实现路径》，《暨南学报》（哲学社会科学版）2022年第11期。

5. 养老保障制度

养老保障制度是社会保障的重要内容，以社会养老保险为主要保障方式。目前在中国主要有城镇职工养老保险、新型农村社会养老保险和城镇居民养老保险，强调个人缴费责任与国家财政共同参与。

当前农民工可以参加城镇职工养老保险。1997年，国务院发布《关于建立统一的企业职工基本养老保险制度的决定》，要求城镇各类企业职工和个体劳动者都应该参加职工养老保险，中国现代养老保险制度开始建立[①]。2005年，国务院发布《关于完善企业职工基本养老保险制度的决定》，将灵活就业人员纳入养老保险覆盖范围，这意味着农民工可以参与其中[②]。长期以来机关事业单位人员在养老保障上沿用了计划经济时代的退休金制度，为了解决其中存在的缴费不平等和待遇不平等问题，2008年和2015年国务院分别出台文件，推进机关事业单位人员退休金并入职工养老保险。

新型农村社会养老保险（简称"新农保"）是农民工的基本养老保障。2009年，国务院发布《关于开展新型农村社会养老保险试点的指导意见》，开始尝试建立新的农村社会养老保险制度，加大财政补贴，改变了"老农保"农民自我储蓄、自我保障的性质[③]。相对城镇职工养老保险来说，新农保的缴费以财政为主，但保障水平也相对较低，在制度建立之初国家规定的养老金最低标准是每人每月55元，随后各地有所增加。例如，河北、河南、贵州规定的2023年养老金最低标准分别为每人每月133元、123元、128元，而2015年城镇职工养老保险每人每月养老金达到2353

[①]《国务院关于建立统一的企业职工基本养老保险制度的决定》，《中华人民共和国国务院公报》1997年第28期。
[②]《国务院关于完善企业职工基本养老保险制度的决定》，《中国劳动保障》2006年第1期。
[③]《国务院关于开展新型农村社会养老保险试点的指导意见》，《人民日报》2009年9月8日。

元，新农保的保障效果还有较大的增长空间[1]。

城镇居民养老保险制度的主要对象是16岁以上但不符合城镇职工基本养老保险条件的城镇居民。[2] 2011年，国务院发布《关于开展城镇居民社会养老保险试点的指导意见》，要求建立城镇居民社会养老保险制度，并提出有条件的地方可以实施城镇居民养老保险与新农保的衔接合并[3]。2014年，国务院发布《关于建立统一的城乡居民基本养老保险制度的意见》，正式提出建立城乡统一的居民社会养老保险制度，开始将城镇居民养老保险与新农保合二为一[4]。

目前农民工养老保障最大的问题在于保障水平较低、缴费较高，新型农村养老保险的养老金难以保障基本的食品支出[5]，而城镇职工养老保险的个人缴费比例又相对较高，这对农民工也形成了较大压力，从而挤压了其自主选择的决策空间。2019年农民工参加城镇职工养老保险的人数为6155万，参保率为21.17%[6]。CSS2021数据显示，农民工参与新农保、城镇职工养老保险、城乡居民养老保险的比例分别为44.42%、36.44%和19.07%。

6. 其他保障制度

除前述各类社会保障形式之外，我国还有诸如最低生活保障等各类社会救助和社会福利，本部分着重对生育保险制度进行分析，原因是：一方

---

[1] 王奇：《多地上调城乡居民基础养老金最低标准》，《经济参考报》2023年2月22日。
[2] 方观富、唐天裕：《"城居保"改变了中国城镇居民的养老模式吗》，《产业经济评论》2020年第2期。
[3] 《国务院关于开展城镇居民社会养老保险试点的指导意见》，《中国劳动保障报》2011年6月15日。
[4] 《国务院关于建立统一的城乡居民基本养老保险制度的意见》，《中国劳动》2014年第3期。
[5] 卢文秀、吴方卫：《患寡亦患不均：双轨制基本养老保险与农民工过度劳动》，《中国农村经济》2023年第7期。
[6] 程郁、赵俊超、殷浩栋等：《分层次推进农民工市民化——破解"愿落不能落、能落不愿落"的两难困境》，《管理世界》2022年第4期。

面,生育保险列于"五险一金"之中,是城乡社会保障水平中的重要一环;另一方面,在人口负增长的背景下生育保险的价值越发重要。

1988年,国务院发布《女职工劳动保护规定》,规定所有用人单位的女职工都应享受生育待遇①。1994年,劳动部制定了《企业职工生育保险试行办法》,开始建立覆盖城镇企业及其职工的生育保险制度,同时规定生育保险费的提取比例不超过工资总额的1%,职工个人不缴纳生育保险费②。2010年制定的《社会保险法》从法律层面对生育保险做了规定。2012年,国务院颁布《女职工劳动保护特别规定》,将生育保险的适用范围扩大到个体经济组织及其女职工,并对产假、生育津贴等做了规定③。2017年,国务院办公厅发布《关于印发生育保险和职工基本医疗保险合并实施试点方案的通知》,开始推进生育保险和职工基本医疗保险的合并改革。

然而,对于农民工而言,生育保障仍然以家庭自我保障为主,生育保险的参与率在几类保险中最低。根据《2014年农民工监测调查报告》的数据,农民工生育保险参与率仅为7.8%,这与农民工灵活的就业方式相关,也与农民工的年龄结构和生育状况相对应,因而需要着重保障有生育意愿的新生代农民工群体的生育福利。

(二)农民工社会保障制度的特征

透过农民工社会保障的现实状况,可以发现农民工社会保障的具体特征与乡城迁移行为密切相关,他们或是享受农村居民的社会保障,或是享受城镇职工的社会保障,没有自身单独的社会保障制度。现行社会保障政

---

① 《女职工劳动保护规定》,https://www.gov.cn/banshi/2005-08/05/content_20642.htm。
② 《企业职工生育保险试行办法》,https://www.mohrss.gov.cn/wap/zc/fgwj/201705/t20170522_271169.html。
③ 《女职工劳动保护特别规定》,https://www.gov.cn/govweb/flfg/2012-05/07/content_2131582.htm。

策与农民工实际社会保障状况之间的差距,恰恰反映了市民化过程中农民工的自主选择需要与社会秩序相统一。

第一,以农村居民保障为基础。从实际享有的社会保障权益来看,无论是养老保障和医疗保障,还是教育福利和住房福利,农民工以农村居民的身份享有社会保障的比例是最大的。乡村的社会保障为农民工市民化提供了物质基础和返乡退路,不仅关系农民工群体的生存发展,而且影响着社会整体的稳定大局。因此,虽然以农村居民身份享有的社会保障水平不高,但对于市民化进程中的农民工来说是意义非凡的,赋予了农民工"从零到一"的自主选择权,即可以实现空间上的自由流动。

第二,以城市职工保障为方向。从现有社会保障相关政策内容来看,国家逐步引导农民工从"农村居民"的社会保障转向"城市职工"的社会保障,这一制度的转型贯穿了整个农民工市民化进程,体现了以正式制度为代表的社会秩序对农民工自主选择的回应。然而,不同区域、不同城市的职工社会保障水平不同,尤其是在大城市中人口需求与有限资源的矛盾更加严重,这无疑限制了在市民化过程中农民工自主选择权利的增长空间。因此,以城市职工身份享有的社会保障,将赋予农民工"从一到无穷"的自主选择权,即可以做出无障碍的居留决策。

第三,社会保障制度联系广泛。社会保障制度与其他社会秩序存在着广泛而紧密的联系,诚如前述户籍制度章节中提到的社会保障福利是隐藏在户籍制度背后的深层次因素,户籍与福利几乎是绑定在一起的;同时农村土地制度与社会保障制度之间也存在密切联系,对农民工家庭而言,土地本身起着生产功能和保障功能,这一保障功能与社会保障制度之间存在着替代互补的关系。因此,推动社会保障制度改革,显然不可能通过单项制度的改革来实现,而是要与其他制度进行联动改革才能有效推进。

(三) 社会保障制度与农民工市民化

在前文对农民工社会保障制度的梳理中，已经较多地涉及了社会保障制度影响农民工市民化的事实阐释，此处再对社会保障制度影响农民工市民化的内在机制进行归纳分析。

第一，社会保障制度对农民工市民化过程中的自主选择空间产生影响。农民工自主选择的权利空间受到社会保险、社会福利等各类社会保障因素的影响，农民工在融入城镇职工社会保障体系的过程中会遇到各类成文或不成文的障碍，正是这些障碍减少了农民工可以选择的决策方案，迁移与否、居留与否并非仅仅根据个人意愿，而是在很大程度上不得不做出某项生计决策，因此也就导致了农民工市民化程度难以得到实质性提高。

第二，社会保障制度与其他制度一起构成了社会秩序的主体框架。从特征来看，社会保障制度与户籍制度、土地制度等制度密切联系在一起，都是影响农民工自主选择的制度性因素，在本质上形成了以正式制度为代表的社会秩序。农民工市民化"自主选择与社会秩序统一"的分析范式，恰恰在户籍制度、土地制度和社会保障制度等制度性影响因素回应农民工自主选择的需求、谋求制度转型的过程中得到充分体现。

第三，社会保障制度乡城转型本身就是农民工市民化的应有之义。从内容来看，农民工社会保障制度的改革和转型，内生了就业、住房、教育、医疗、养老、生育等多个方面保障水平的提高、投入资源的扩大，这恰恰与本章农民工市民化综合指数的六个维度和市民化水平的分项描述相对应，可以说社会保障制度的改革发展本身便是农民工市民化程度提高的生动体现。

第四节 农民工市民化的推进议题与时代本质

根据总体水平和分项状况的分析可知,中国农民工市民化是综合且复杂的社会变迁过程。基于农民工市民化这种综合多元的现实表现,立足"自主选择与社会秩序统一"的价值追求,本节进一步从综合层面、自主选择层面、社会秩序层面讨论在新时代农民工市民化推进议题,以社会主要矛盾、人与物的关系为切入点探究农民工市民化的时代本质。

一 农民工市民化的推进议题

(一)市民化未成为农民工自主选择的首要目标

根据农民工在城市务工与落户的现实状况可知,当前推进农民工市民化的核心议题为:"市民化"不是农民工进城的首要选择。在社会的普遍认知中,农民工个人与家庭会执着于进城并完成身份转换。然而,随着经济发展方式的转变与制度改革的推进,纳入农民工理性决策的因素越来越多,除在城市的收入和福利等因素之外,落户能力与乡土眷恋等因素的影响力也越发凸显。当前,不以成为城市市民为进城目标的情况主要有以下两种。

第一种情况,对于没有能力落户的农民工群体,不以"市民化"为目标是源于现实与理想的差距。根据前文分析,党的十八大以来,我国的落户限制以城市规模为依据逐步放开,目前建制镇和小城市的落户限制已经全面放开,但是城市高房价和高成本等隐性门槛依然高筑,这让农民工望而却步,只好仅追求在城市务工获取工资性收入,消费和生活都返回农村,如农民工年老后多数会返乡生活。与此同时,乡土眷恋也调节着落户能力对农民工市民化意愿的影响。在落户能力相似的情况下，对乡村生活、乡村文化的眷恋程度越高，那么农民工市民化意愿会越弱。

第二种情况，对于有能力落户的农民工群体，不以"市民化"为目标是因为保留农村集体成员身份的渴望。根据前文对制度性影响因素的分析可知，经过持续的制度改革，当前农民工进城落户不需要放弃承包地与宅基地等集体成员福利，同时允许农民工参加城镇职工医疗与养老保险。在这种情况下，一方面农民工进城的一般性就业和生活并不受农村户籍的限制，另一方面保有农村户籍可以继续享有具有较大升值潜力的农村资源所带来的财产性收入。

事实上，更普遍的情况是，农民工家庭的分工式市民化，即一部分成员保持农村户籍，另一部分成员转换为城市户籍，例如，只让未成年子女落户享受城市教育，但是农民工本人并不落户。这种情况的出现引发了对"市民化"本质的反思，市民化是现代化的内在组成部分，核心是让人民更好地参与现代化建设、分享现代化成果。如果微观个体不选择成为市民，那么能不能被纳入现代化潮流之中呢？换句话说，在从传统社会向现代社会的转型过程中，从传统市民到现代市民的转变是现代化，那么从传统村民到现代村民的转变是不是现代化呢？答案是肯定的。

总体而言，市民化未成为农民工自主选择的首要目标，充分反映了城市化观念的转型。长期以来，城市化水平和市民化水平越高越好的价值判断深入人心。然而，农民工群体中市民化意愿存在差异，部分农民工即便有能力落户城市也缺乏市民化的意愿。这一现实状况彰显了"自主选择与社会秩序统一"分析范式的持久解释能力，"有能力落户也不选择市民化"是社会秩序跟进自主选择的必然结果，社会秩序的跟进意味着农民工个体选择权的增加，他们不会再被城市化潮流所裹挟。因此，进一步推动城市化，并不一定是指市民化，而应该指现代公民化，无论有没有落户城市，农民工都能公平地参与现代化进程、分享现代化成果。

(二) 自主选择复杂多元：农民工市民化水平存在内在结构异质性

结合前文对农民工市民化总体水平和分项状况的分析，农民工市民化是一个涵盖多维度的综合概念，这意味着不同的农民工群体对进城落户的态度不同，同一个农民工在不同时期对进城落户的态度也不同，从而决定了农民工自主选择的复杂性与多元性。

第一，农民工市民化的性别异质性。根据对农民工市民化驱动因素的分析可知，男性农民工比女性农民工具有更高的市民化水平。从自主选择的角度来看，女性农民工囿于社会角色、身体力量，一方面，在就业决策上往往只能选择非正式工作，职业流动性偏低、职业等级不高[1]，因此享受的劳动权与福利权更弱；另一方面，在迁移决策上往往是本地迁移，以兼顾赡养父母与照料子女，因此女性农民工受生命周期的影响较大，由于缺乏城镇社会保障，女性农民工只能返回农村完成生育并肩负起照料幼年子女的责任，这就导致女性农民工被迫长期离开劳动力市场。事实上，女性与家庭的联系更加紧密，家庭层面的乡城迁移模式能够极大地提高女性农民工的市民化意愿[2]，可以说，女性农民工的市民化是提升市民化水平的关键所在[3]。

第二，农民工市民化的代际异质性。由于对城市生活更加适应、对乡村眷恋程度更低，相比于老一代农民工，新生代农民工具有更高的市民化意愿。从迁移模式看，新生代农民工更倾向于选择"离土又离乡"，老一

---

[1] 李旻、谭晓婷：《人力资源能力对女性农民工职业流动的影响分析——基于1242份农民工调查数据》，《中国农业资源与区划》2021年第8期。
[2] 张敏、郑晓敏、卢海阳：《迁移模式对农民工市民化意愿的影响研究——基于福建省2635名农民工的实证分析》，《调研世界》2020年第9期。
[3] 钟曼丽、杨宝强：《性别、圈层与嵌入：女性农民工城市融入研究》，《新疆社会科学》2021年第3期。

代农民工更倾向于选择"离土不离乡";从迁移目标看,无论有没有市民化的能力,新生代农民工都更加倾向于将成为城市市民设定为目标,更加关注城市福利权的获取,而不仅像老一代农民工那样只寻求工资性收入;从迁移特征看,面对市民化的显性与隐性门槛,如果难以跨越,老一代农民工会选择返乡务农,而新生代农民工往往会继续留在非农产业,并从大城市向小城市迁移。可以说,进一步推动农民工市民化,关键在于赋予新生代农民工更加充分的自主选择权,具体表现为更加充分的城市福利权的授予。

总体而言,由于身体素质、价值观念、社会角色等的影响,农民工内部分化为不同的群体,多元群体意味着市民化态度必然是多元的。从上面的分析来看,现阶段推进农民工市民化的关键在于女性农民工与新生代农民工,需要给予这些个体选择以尊重和政策支持,核心举措仍然是城市福利权的授予,尤其是全面的医疗、养老、生育社会保险与教育等公共服务的均等供给。

(三)社会秩序跟进不足:农民工市民化出现"早退"与"半城市化"现象

制度性影响因素分析显示,以户籍制度、土地制度、社会保障制度为核心的社会秩序的跟进显著影响着农民工市民化的发展进程。经过系统的改革,目前的社会秩序已经发生了重大变化,更加贴合农民工自主选择需求。然而,当前的制度改革已经进入深水区,正式制度的调整难度增加,进一步的社会秩序跟进仍然不足,主要表现在如下方面。

第一,社会秩序跟进不足导致出现农民工"早退"现象。农民工"早退"指的是男性农民工60岁之前、女性农民工55岁之前便退出城市非农劳动力市场,返回乡村从事农业经营的现象。事实上,农民工"早退"主要强调的是退出城市劳动力市场,返回农村后从事农业生产和必要的非农

第六章　农民工市民化的现实分析

劳动,并非完全退出非农产业[①]。农民工"早退"的驱动因素来自两个方面:一方面是城市的排斥力增强,由于特殊的土地制度安排,农民工被"制度化",集体成员身份权与农民工绑定在一起,农民工在住房安居、成家生育、子女教育、医疗养老等具体事项中难以享受到与城市居民同等的社会福利,不得不回到农村[②];另一方面是农村吸引力增强,随着新农村建设与乡村振兴战略的接续实施,乡村生活设施和生活环境发生重大变化,例如,到2022年中国农村电网平均供电可靠率达到99.883%[③],到2023年12月中国农村互联网普及率达到66.5%[④]、农村公路总里程达到460万千米[⑤]、农村自来水普及率达到90%[⑥]等,这不仅为农民工返乡提供了现代化的生活条件,也为农民工提供了更多的就业与创业机会,被动返乡的过程中也存在着主动选择。

第二,社会秩序跟进不足导致出现农民工"半城市化"问题。"半城市化"指的是农民工介于彻底返乡与彻底市民化之间的一种悬停状态,表现为农民工既不与城市系统衔接,也不与乡村系统融合[⑦]。"半城市化"现象的产生,来自支持劳动力流动的市场经济体制与限制城市福利授予的计划经济体制的结合,换句话说,"半城市化"源于城市劳动力市场与公共产品供给体制中的"双轨制"设计[⑧]。因此,破除"半城市化"现象的关键举措在于实现城乡公共产品供给制度的"并轨",具体难点堵点是土地

[①] 樊纲、郭万达等:《农民工早退:理论、实证与政策》,中国经济出版社,2013,第45页。
[②] 樊纲、郑鑫:《"农民工早退"与新型城镇化——基于刘易斯模型对中国当前一些经济问题及对策的系统分析》,《劳动经济研究》2014年第3期。
[③] 苏伟:《用户平均供电可靠率达99.896%》,《中国电力报》2023年9月19日。
[④] 第53次《中国互联网络发展状况统计报告》。
[⑤] 唐旭:《建设和美乡村　擦亮幸福底色》,《农民日报》2024年3月11日。
[⑥] 《扎实推进乡村建设行动》,《经济日报》2024年4月12日。
[⑦] 王春光:《农村流动人口的"半城市化"问题研究》,《社会学研究》2006年第5期。
[⑧] 李英东:《双轨制、半城市化现象与持续经济增长》,《江汉论坛》2017年第2期。

制度与社会保障制度的城乡统一。就土地制度来说,农村集体土地所有的制度安排,一方面强化了农民工的乡土身份,另一方面为农民工进城提供了支撑与退路,如果实现了土地制度与农民身份的脱钩,可能会因资本下乡形成失地农民和城市"贫民窟"。就社会保障制度来说,如果实现了城乡居民社会保障制度的统一,国家财政可能会出现困难;按照城市居民缴纳保费的比例让农民工缴纳保费,可能会造成农民工实际的经济损失。

总体而言,无论是农民工早退现象,还是农民工"半城市化"问题,都是"自主选择与社会秩序"不统一的现实映射,是社会秩序跟进不足的具体表现。当前社会秩序回应农民工自主选择的难度不断增加,不完全、不彻底的跟进状态越发显现,一方面强调给予农民工平等待遇,强调保障农民工的各项权利,另一方面又对农民工所享有的待遇和应有的权利做出约束性规范。

二 农民工市民化的时代本质

(一) 农民工市民化归根结底是不平衡不充分的发展问题

农民工市民化问题是农村劳动力进入城市非农就业市场与社会福利权停留在乡村范域的综合产物。简单来说,农民工市民化是"人"实现了乡城迁移,但人所享有的"福利"没能实现乡城流动。这种矛盾现象的产生,源于社会整体资源的相对稀缺性,在有限的资源条件下,只能优先满足城镇居民的各项需求,同时有条件地满足部分农民工的需求。这充分表明,农民工市民化问题的时代本质是不平衡不充分的发展问题。

第一,发展不充分。经济社会发展的不充分,主要体现在发展总量不够丰富、发展程度不够高级、发展状态不够稳定[1],这意味着可用于解决农

---

[1] 邓纯东:《我国发展不平衡不充分体现在哪些方面》,《人民论坛》2019年第20期。

第六章　农民工市民化的现实分析

民工市民化的资源不足。破解农民工市民化问题，实现城乡福利制度的并轨，需要支付直接成本与间接成本、当期成本与潜在成本，这些成本的加总给政府财政与经济发展带来巨大压力。例如，有学者测算，一个农民工实现市民化，政府需要负担4.2万元的直接成本[1]，如果按照全国2.9亿农民工总数计算，实现农民工市民化的总成本达到12.18万亿元；此外，有学者测算了实现一个农民工市民化的间接成本，包括社会救助风险成本、社会保险风险补贴、新建学校与保障性住房的土地机会成本和未来成本在内的农民工市民化间接成本在一线、二线、三四线城市分别为87.77万元、25.72万元、11.14万元[2]，显然这一成本问题难以在现阶段完全解决。

第二，发展不平衡。经济社会发展的不平衡，主要体现在区域发展不平衡、城乡发展不平衡与维度发展不平衡，这表明资源分布在空间上是不均衡的，例如，东部地区的资源集聚水平远远高于中西部地区，城市的资源集聚水平远远超过农村，物质层面的资源总量远远超过精神文化层面的资源投入[3]。这一状况表明，需要从国家层面综合协调，通过资源调度提高弱势地区解决农民工市民化的能力。

因此，从这个角度来说，农民工市民化无法按照理想主义的方式推进，实现"自我选择与社会秩序统一"需要长期的努力。一方面，需要持续推动经济的稳定增长，创造新的增长动能，为全体国民提供更加丰富的可以分配的社会资源；另一方面，需要不断改革现有资源的社会分配方式，努力使社会秩序回应农民工自主选择的变化，在可控的范围内将资源向农民工等弱势

---

[1] 钟晓敏、童幼雏：《农业转移人口市民化成本分析：基于浙江省数据的估算》，《财经论丛》2019年第12期。
[2] 寇建岭、谢志肖：《市民化成本的科学测算与我国城市化模式问题》，《城市发展研究》2018年第9期。
[3] 李海舰、杜爽：《发展不平衡问题和发展不充分问题研究》，《中共中央党校（国家行政学院）学报》2022年第5期。

群体倾斜，避免资源的过度集中和由此带来的不公平现象。

（二）城镇化的经济理性与农民工市民化"人"的主体性错位

从价值观念的角度看，农民工市民化问题产生的本质是"土地"的城镇化超越了"人"的城镇化，是对物质增长的重视程度超越了对个人福利权的重视程度，是土地财政收益的增长超过了人民收入与福利水平的增长。长期以来，以城镇化推动经济发展是社会各界的共识，但是在这个过程中过分注重经济要素的变动，忽略了农民工的主体性，农民工付出了巨大的劳动，但没有获得相匹配的社会福利。这更加直观地表现为土地城镇化快于人的城镇化，从而形成了不合理城市规划、过度拆迁建设、高额地方政府债务等一系列问题[①]。

从"自主选择与社会秩序统一"的角度来看，城镇化不是单纯的空间扩张、土地面积扩大，也不是简单的经济评价指标得分的提高，而是"人的城镇化"，是农民工生产生活方式、社会福利保障从农民向市民的转变[②]。推动农民工市民化，必须转变思想观念，将经济理性转换为人文理性，树立包容性和伦理生态思维[③]，促进发展成果的全民共享，赋予农民工更多的社会福利权益，提高农民工的幸福感、获得感与安全感。

第五节　小结

从宏观现实状况看，农民工市民化问题着重体现在常住人口城镇化率与户籍人口城镇化率之间的差异上，这一问题在东部发达地区的外来农民

---

① 文丰安：《新型城镇化建设中的问题与实现路径》，《北京社会科学》2022 年第 6 期。
② 史玉丰：《城镇化的关键是人的城镇化》，《人民论坛》2019 年第 21 期。
③ 陈忠：《城镇化的伦理自觉与人文经济的空间实现》，《江海学刊》2024 年第 2 期。

第六章　农民工市民化的现实分析

工身上尤为明显；从微观现实状况看，农民工有成为城镇居民的意愿，但60%以上不愿在城市落户，同时农民工市民化综合指数不到0.3，因此农民工市民化的现实状况并不乐观。从细节特征来看，农民工收入高与就业不稳定问题同时存在，农民工缺乏必要的技能和知识积累；农民工的住房以租住私房为主，硬件条件逐年改善但与城市居民存在空间隔离；农民工随迁子女教育存在困难，主要是费用高和本地升学难；农民工在城镇的社会关系以亲缘、血缘关系为主，与城镇居民的联系相对较少；农民工的政治参与意愿较高与参与行为较少并存，政治参与在城乡双重边缘化；农民工认为自己是城镇居民的比例不到半数，但数值在逐年增加。

户籍制度、土地制度和社会保障制度均为农民工市民化过程中的制度性影响因素。在现行户籍制度下，人口已经实现了空间上的自由迁移流动，其关键症结存在于自由定居、融入和福利权的赋予上；在现行土地制度下，农民工享有农地的承包经营权、宅基地的资格权和使用权、集体经营性建设用地的收益分配权，可以流转农地经营权和宅基地使用权，且进城落户不再以退出农村土地经营权、使用权和收益分配权为条件；在现行社会保障制度下，国家尝试将农民工纳入以社会保险为主的城镇社会保障体系，然而在就业、住房、教育等方面的改革仍然任重道远，目前国家允许农民工参与城镇职工基本医疗保险和城镇职工养老保险，但参与现状并不乐观，这充分反映了制度的改革需要综合推进，单项制度回应农民工的自主选择难以起到有效作用。

农民工市民化问题的本质是不平衡不充分的发展问题，是经济理性与人的主体性之间的错位。因此，在追求农民工市民化目标的道路上，我们必须深刻认识到市民化所具备的意义既包含了经济因素，又蕴含着深刻的人文价值。这个价值观就是实现真正意义上的"人"的城镇化，避免城镇化进程与农民工市民化进程的脱节，以实现双方的共生共荣为己任。"人"的城镇化强调尊重农民工及其家庭的自主选择，强调为农民工群体的需求提供有效供给，强调发挥农民工的主体性与创造性。因此，从这个角度来说，除了正式制度的跟进之外，文化意识、思想观念等非正式制度也需要革新，尤其是在市场经济中，资本和具有创新能力的人被重视，其余人员或其他要素，都容易被歧视或忽视。因此，在短期无法突破资源约束的情况下，规范资本运营模式、树立劳动至上的社会价值观具有重要意义。

第七章 农民工市民化的比较研究

当前，我国城市化正处于加速发展的关键时期。为了促进我国城市化的持续健康发展，吸收和借鉴全球城市化发展的经验与教训显得尤为重要。本章横向上选取了欧美国家（包括英国、美国和德国）、东亚国家和地区（包括日本、韩国和中国台湾地区）以及拉美国家作为研究对象，纵向梳理并总结了这些国家和地区在城市化过程中的自主选择、社会失序现象、社会秩序的跟进以及对中国城市化发展的启示。之所以选择比中国发达地区、与中国相近地区、比中国落后地区作为三类考察对象，理由在于：欧美国家的城市化进程早于中国，并且已经达到了相当高的发展水平，它们在城市化过程中，形成了相对成熟的政策体系和社会管理机制；东亚国家和地区，包括日本、韩国与中国台湾地区，都和中国大陆有着文化上的相似性；一些拉美国家出现了"过度城市化"，跌入了"中等收入陷阱"，这为中国提供了经验教训。

第一节 欧美国家乡城迁移的自主选择与社会秩序

城市化进程之所以肇始于西方国家，与其工业化历史是分不开的。城市化进程从某种意义上说，就是劳动力迁移的过程。劳动力的迁移，从资本主义发展史来看，与工业化的兴起紧密相连。正是伴随着工业化的快速推进，"羊吃人"运动导致大批农村剩余劳动力涌入城市，导致城市人口急剧增加，并进而引发了一系列"城市病"，为此，这些国家实施了一系列改革措施。从这些国家城市化的轨迹来看，"自主选择与社会秩序统一"作为客观规律，左右着其城市化发展的进程。

一　英国乡城迁移的自主选择与社会秩序

英国是最早开启城市化进程的国家。在英国开启城市化进程以前，"城"和"乡"执行的是不同的社会功能，并没有今天意义上农村是城市附庸的社会现象。这一历史性的转变根植于13世纪开始直至19世纪中叶的"圈地运动"，整整历时逾6个世纪。"圈地运动"开启了英国社会结构和经济模式的根本变革，因为"羊吃人"的目的是城市工业的发展。仔细思考起来，我们一旦不自觉地做此主张，就会发现"工业"压倒了"农业"；同样，"城市"压倒了"农村"，"物"压倒了"人"。

早期的"圈地运动"影响相对有限。尽管部分农民因此失去了土地，但这一时期，被圈围和驱逐的仅是英国少数村庄的农民。农村面临的主要问题仍然是劳动力的短缺，而非土地资源的不足。毕竟农村仍然保有大量的土地资源，因此，被驱逐的农民往往能在其他地区找到耕作的机会。所以，严格来说，早期"圈地运动"对农民的直接影响并不显著[①]。然而，后来的"圈地运动"对城市化进程产生了深远的影响。特别是在18世纪至19世纪的"议会圈地运动"期间，政府对"圈地"行为的支持和合法

[①] 沈玉：《论英国圈地运动与工业革命的劳动力来源》，《浙江大学学报》（人文社会科学版）2001年第1期。

第七章　农民工市民化的比较研究

化使其规模和范围大为扩张。在这一时期，大量农民选择迁往城市，主要涌入工业和服务业领域。虽然也有一部分农民成了无业游民，但由于他们自身存在素质和技能局限，大多数迁入城市的农民未能成功融入稳定的城市生活。这一过程在英国城市化的历史中发挥了重要作用，不仅促进了城市人口的增长，也为后续的社会和经济变革奠定了基础。

按照历史唯物主义的观点，人的第一历史活动是从事满足生存需要的物质生产活动。在"圈地运动"的影响下，英国传统农业经济结构的重大转型不可避免地影响了农村人口的物质生产方式，其结果便是农民直接或间接地脱离传统农业生产活动。这一变化的意义是深远的，因为它标志着英国逐渐脱离了传统农业国家的范畴，由此步入从传统农业社会迈向现代社会的过渡阶段。尽管"圈地运动"的目的并非加快英国城市化的步伐，但它在最终结果的意义上，对英国农村的非农化发展以及由此导致的城市化进程起到了非常重要的推动作用[1]。这一运动带来了农村社会结构和经济结构的根本变革，为之后一个世纪内大规模的农村劳动力向城市的转移及城市化运动奠定了坚实的基础。无论如何，这是历史学界关于"圈地运动"和英国城市化关系的主流观点。历史学家想要努力说明，"圈地运动"没有直接导致城市化，出发点更不是推动城市化，但最终结果是尽管这场运动虽未立即引发广泛的城市化，却为工业革命时期英国城市人口的激增和社会经济结构的深刻变革创造了必要的前提条件[2]。

在工业革命前，英国是典型的农业社会。之所以称其为农业社会，是因为农业是社会经济的支柱。然而，随着工业革命的兴起，英国农村地区开始采用更先进的机械、技术和管理方法。我们可以想象，彼时的英国因

---

[1] 谷延方：《重评圈地运动与英国城市化》，《天津师范大学学报》（社会科学版）2008年第4期。
[2] 王勇辉等：《农村城镇化与城乡统筹的国际比较》，中国社会科学出版社，2011，第40页。

为农业技术显著进步和农产品产量的增加,大量农业劳动力得以从传统耕作中解放出来。劳动力从农业中解放出来的历史意义是巨大的,这为农村人口提供了自主选择不同生计的可能性,同时为加速城市化进程提供了重要的动力。与此同时,工业革命在促进工业快速发展的同时,提升了城市居民的生活水平,壮大了中产阶级群体。这样一来,城市对服务业的需求就极大地增加了。这种需求的增加导致服务业在城市中兴起,并创造了大量的就业机会。于是,伴随着工业革命,大量农村剩余劳动力开始向非农产业和城市迅速转移,使英国成为世界上第一个基本实现城市化的国家[1]。

那么,如何看待这种特殊历史情境下发生的城市化呢?我们应当承认,英国劳动力从农村向城市的转移,虽然在一定程度上是"羊吃人"的结果,是某种意义上的经济压力导致的,但同样是农村劳动力自主选择的结果。随着英国从自然经济向市场经济的转型,工业革命带来的社会分工细化为农村劳动力提供了多样化的职业选择,创造了更多的就业机会。大量工厂的设立为农村劳动力提供了广泛的就业机会,使得劳动力在职业选择和地理迁移上拥有更大的自主性。

英国农村劳动力向城市迁移在某种程度上体现了农民的自主选择,不是以暴力的、血腥的、殖民的、奴隶制的形式发生的,这有其历史意义。我们不能以今天的目光审视历史,认为恩格斯笔下的城市污染与工人阶级的悲惨生活条件,竟然也能"吸引"英国农民进城务工并且称这种进城务工为"自主选择"。我们需要提醒自己的是,任何脱离历史条件看历史的方式都是不被允许的。诚然,这种自主性或许是一种传统生计被剥夺之后的"妥协"与"无奈",并深受当时社会和经济环境的影响。但是,如果我们用马克思所说的三种社会形态来理解这一历史进程的意义的话,我们

---

[1] 赵煦:《英国城市化的核心动力:工业革命与工业化》,《兰州学刊》2008年第2期。

就会发现,那些进城的"无产者"摆脱了人身关系的依附,虽然陷入了"物"的依赖性之中,却因此获得了某种意义上的"自由"。这种自由尽管还受社会结构的约束,但已经不妨碍我们称其为"自主性"。

无论如何,在工业革命时期,英国城市工业的迅猛发展和中产阶级的崛起引起了社会结构的重大变化。政府实施的吸引劳动力政策和新设立的工厂为劳动力提供的广泛就业机会,共同提升了农村劳动力向城市的迁移速度和规模。然而,需要辩证地看待这一社会历史进程。我们说的这种"自主性"的获得是以"物"的依赖性为代价的。虽然英国是世界上第一个迈进城市化门槛的国家,也是迄今为止城市化程度最高的国家之一,但在此过程中也出现过社会失序现象[1]。

从农村来看,由于英国城市化是伴随工业革命而发展的,因此在这一过程中,工业和农业的相对地位也逐渐发生了改变,并出现如下问题。一是农业被削弱和依赖进口粮食。随着城市化的推进,农业在社会经济结构中的地位逐渐下降,而城市对食品的需求不断增加。英国在城市化进程中,大量土地被用于城市建设,导致了可耕地面积的减少。这就使得英国越来越依赖粮食进口,从而造成粮食供应的不稳定。二是环境破坏。环境破坏并不是英国那个历史时期的城市化的直接后果;相反,是环境破坏加剧了城市化进程中农民生活境况的恶化。确切地说,在英国城市化进程中,工业包括矿业的迅猛发展破坏了环境,这种环境破坏主要发生在农村地区。此外,英国煤炭开采和铁路建设也引发了环境问题,包括土地污染、景观破坏和生态平衡的丧失等,反映了资本主义在兴起和发展中未能有效保护自然环境。三是社会不平等和阶级分化对立。在英国城市化进程中,不同阶级之间的社会不平等问题加剧了。在这里,笔者对"阶级"和

---

[1] 邹延睿:《英国城市化对我国城镇化的启示》,《法制与社会》2011 年第 25 期。

"阶层"两个概念做一点简单的说明。毋庸置疑，这两个概念是有其范畴上的重合性的，但是阶级的标准是唯一的，并且指向经济关系和生产资料所有制，阶层的标准则是多元的，比如我们可以用收入、文化、教育、职业等特征来划分各种各样的群体（阶层）。无论如何，工业化和城市化的发展通常带来了属于一部分人的繁荣，但也使另一部分人失去土地、工作和生计。这种不平等导致阶级分化对立，加剧了社会的紧张和冲突，进一步导致社会失序[1]。

　　从城市来看，重点是要理解英国实行的是自由放任的城市化模式，关于这一点，可以用自由主义的市场经济的无序性来理解。但更重要的是，城市化是作为英国工业化的副产品而发生的，因此，对农村劳动力向城市流动过程中出现的各种各样的问题缺乏有效治理。一是失业问题。在城市化进程中，大量农村剩余劳动力进入城市就业市场，然而，城市就业岗位的增长速度不及劳动力涌入的速度，从而导致大规模的失业。这种失业问题进而引发了社会不满和经济困难，并增加了社会不安定性。二是出现贫民窟和居住条件恶化。这一时期的英国可以说没有任何的工人保护制度和福利制度。事实上，工人保护制度和福利制度是社会主义国家诞生以后才有的，对于资本主义国家来说，采用工人保护制度和福利制度是一种被迫的"跟进"。无论如何，由于这一时期城市没有及时跟进公共基础设施、服务设施和住房建设，大量移民只能生活在贫民窟中，生活条件恶化。这导致了城市内部的社会不平等和贫富差距加大。三是环境问题。城市内部环境问题，如垃圾、粪便、工业废水和生活污水的随意堆放和排放，以及城市生态环境的恶化，导致了健康问题和生活质量下降，进一步加剧社会失序。四是教育和道德问题。城市内部流动人口缺乏法治观念和道德观

---

[1] 高德步：《英国工业革命时期的"城市病"及其初步治理》，《学术研究》2001年第1期。

第七章　农民工市民化的比较研究

念，导致了社会风气恶化，物欲横流，拜金主义盛行。这种社会价值观的变化会影响社会的稳定性和社会秩序。五是阶级冲突。与农村一样，这一时期英国城市也面临着阶级冲突问题，甚至准确地说，面临着比农村更为严峻的阶级冲突问题，并且这种阶级冲突就是今天我们耳熟能详的无产阶级和资产阶级的冲突（这种冲突的历史是从这里开始的）。工人要求更好的工作条件和生活条件，而资本家追求更多的利润，这种冲突导致了罢工和社会动荡[①]。

总的来说，这些社会失序现象反映了城市化过程中的各种社会和经济问题，包括资源分配不均、环境破坏和社会不平等等。英国政府为了巩固社会秩序，采取了相应措施。当然，重点是要理解这种社会秩序的所谓"跟进"，是一种被迫的、应对统治危机的反应，因而其最终目的是维护资产阶级利益和统治者利益，并不是真的提高农民和工人的社会福利水平和生活质量。

从农村来看，一是实行农业保护政策。英国的国土空间狭小，土地资源较为匮乏，城市化的快速推进占用了大量的土地资源，在一定程度上影响了农业的发展。为了缓解农业的发展困境和避免过度依赖进口，避免影响英国的霸主地位，英国政府实行了农业保护政策。或许，英国政府的行为对于那个时代来说在某种意义上是典型的（typical）。对此，可以从重农主义流行一时的历史中窥见一二，显然，农业劳动和生产在彼时欧洲国家的国民财富积累中一度被赋予了重要地位。二是在技术层面改进农业技术，提高农业劳动生产率。在工业革命的刺激下，大量新式农具和农业机器被运用到农业生产中来，农业机械化和产业化发展加快，农业实现了规

---

① 冯奎：《中国城镇化转型研究》，中国发展出版社，2013，第63页。

模经营，农产品产量不断提升。在此期间，农业劳动生产率提高了60%～100%[①]。农业现代化的发展，使得农村能够以较少的农业劳动力养活日益增多的城市人口，从而为城市化的加速发展奠定了坚实的基础。三是在经济层面对农民进行直接经济补贴。工业革命期间，在农业利益和制造业利益之间，英国政府逐渐偏向制造业，导致农业一定程度上的衰退。此后，英国政府在摇摆之中，一定程度上恢复了对农业发展的支持，也因此实现了对农民利益的保护，根据1996年联邦农业改进与改革方案，英国政府对农民种植的各种农作物按一定比例进行补贴，2000年英国政府支付给农民的直接补贴超过了100亿美元[②]。

上述措施对英国农民的市民化进程具有重要的意义。我们可以做几点简单的讨论。比如，保障农业的可持续发展、确保农村地区的粮食供应和农民的生计，对工业化进程中减少社会不安定来说是极为重要的。再如，通过改进农业技术和提高农业劳动生产率，减少了对农业劳动力的需求，从而有利于释放更多的劳动力进入城市工业和服务行业，这在无形之中促进了"乡—城"迁移人口的市民化，提高了他们的经济地位和生活水平。当然，这些举措也有助于减少城市贫民窟，促进社会的均衡发展。总的来说，这些政策措施降低了城市化进程中社会失序的可能性，一定程度上反映了英国政府在城市化过程中维护社会秩序的努力。我们虽然不能把英国政府维护社会秩序的努力，当作维护社会公平的努力（历史告诉我们显然不是如此），但是确实在维护社会秩序的过程中间接缓和了社会矛盾和缓解了社会不平等。

[①]〔英〕F.H.欣斯利编《新编剑桥世界近代史》第11卷，中国社会科学院世界历史研究所组译，中国社会科学出版社，1999，第210页。
[②] 王勇辉等：《农村城镇化与城乡统筹的国际比较》，中国社会科学出版社，2011，第56～57页。

第七章　农民工市民化的比较研究

从城市来看，一是颁布了《工人住宅法》《都市警察法》《公共卫生法》《城市规划法》等法律。尽管这些法律仍然非常粗糙，实际作用也极其有限，而且主要目的是维护资产阶级统治，但仍然在一定程度上缓解了城市人口急剧膨胀、住房短缺、环境污染、贫富分化、治安混乱等"城市病"问题，而且加强了交通、住房、供水、供电等公共基础设施建设和教育、医疗卫生等公共服务设施建设。二是城市化由集中型向分散型转变，即逆城市化。顺应客观规律，随着大城市的扩张以及周边中小城市的发展，英国逐渐形成了城市密集区和功能互补的城市群。英国城市化率从1851年的54%提升到1901年的77%，进入高度城市化阶段，基本形成了大伦敦市、兰开夏东南部城市群、西米德兰城市群、西约克城市群、莫西地带城市群和泰因地带城市群六大城市群，这六大城市群人口占英国城市人口的52.8%[1]。城市化由集中型向分散型即大力发展卫星小城市转变。

英国小城市按其特色及出现的不同阶段大致可以分为以下三种类型。一是农村小镇，特征是位于农村地区中间，历史悠久，是经济社会自然演化的结果。二是田园城市，这种小城市受到霍华德"田园城市"思想的影响，兴起于19世纪末、20世纪初，是具有理想主义色彩的小城市[2]。三是新城，英国的新城建设也被称为"新城运动"，是在霍华德"田园城市"理论的基础上，为了解决中心城区的压力问题、城市低收入群体的居住问题而发起的[3]。分散型城市化一般发生在一个国家或地区城市化发展的高级阶段，在大城市市郊及其非城市地域迅速发展的前提下，城市功能不断

---

[1] 新玉言主编《国外城镇化——比较研究与经验启示》，国家行政学院出版社，2013，第30页。
[2] 于晓滨：《重庆市三类功能区小城镇经济发展差异及对策研究》，硕士学位论文，重庆工商大学，2014。
[3] 新玉言主编《国外城镇化——比较研究与经验启示》，国家行政学院出版社，2013，第151~152页。

向外扩散，城市文明不断向乡村地区扩散，实现逆城市化，城乡差别逐渐消失，从而实现城乡融合发展。

我们前面提到，英国作为世界上最早完成工业革命的国家，工人阶级争取权利的斗争也爆发得最早，从而促使英国最早建立了初步的社会保障体系。当然，这种社会保障体系是粗糙的并且在某种程度上具有虚伪性，并不是为了增进工人阶级（或者说无产阶级）的福祉。但无论如何，在20世纪以前，英国主要以贫民和失业者为保障对象，制定了《济贫法》，并进行了多次修订。20世纪初，英国政府开始关注居民养老问题，注重发挥保险在社会保障中的作用，制定了《老年赡养法》《国民保险法》等一系列法案。到20世纪中叶，在资本主义制度与社会主义制度的竞争背景下，英国加快推动社会保障体系的完善和发展[1]。

英国政府采取的这些措施对于乡—城迁移人口的市民化具有重要意义，主要体现在以下几个方面。一是有助于改善城市居住和生活条件，尽管这不能看作资本主义对社会公平的承诺。但颁布《工人住宅法》《都市警察法》《公共卫生法》等法律以及提供公共基础设施和服务设施，确实缓解了城市贫民窟增多、环境污染和治安混乱等社会问题，一定程度上增强了社会的稳定性。二是城市规划和分散型城市化反映了政府对城市发展的战略规划和对社会包容的追求。从《资本论》中提供的角度来看，这种分散型的城市化模式，当然是为了应对利润率下降规律的做法。但是在客观结果上，确实有助于解决大城市的过度拥挤问题，也为农村劳动力提供了更多的就业机会和生存空间。三是间接减少了社会分层和不平等。我们需要承认的是，在马克思、恩格斯去世以后，英国工人阶级的斗争转向了议会斗争形式，而这种转变与英国政府在农村转移劳动力市民化过程中维

---

[1] 卢海元：《实物换保障：完善城镇化机制的政策选择》，经济管理出版社，2002，第80页。

护社会秩序的努力是分不开的。

英国的城市化进程展现了一个工业化国家在深刻的社会经济变革过程中，是如何通过综合性策略最终有效应对了社会阶层分化对立和社会失序所带来的挑战的。在这一过程中，英国政府在农村和城市两个方面均采取了不同程度且有效的措施。在农村方面，政策重点在于保护农业，提高生产效率，通过经济补贴支持农民，其直接目的是维护农业的可持续性，同时稳定农村社会；在城市方面，英国通过法律制度、城市规划和社会保障体系的建立，有效应对了城市贫困、环境污染和社会不平等等问题。与此同时，英国农村劳动力乡城迁移过程中的自主选择与社会秩序之间的关系揭示了城市化进程中的多重挑战。比如，自主选择引致的城市人口激增导致了劳动力市场的不平衡，城市劳动力过剩和失业问题突出，同时农村地区则可能遭遇劳动力短缺。再如，在城市化进程中，城市基础设施和公共服务（比如住房、卫生、教育和交通等）面临的巨大压力，导致资源紧张和生活质量下降，社会不平等和阶层分化加剧。此外，环境和生态问题随着工业发展和城市扩张而加剧，包括空气污染、水污染和其他环境问题，这些都是值得我们警惕的。

二　美国乡城迁移的自主选择与社会秩序

如果以城市化率指标来统计的话，可以简单认为，美国城市化于19世纪七八十年代开始加速，于20世纪60年代末基本结束。有学者将这一过程分为四个阶段[①]。第一阶段是城市化起步阶段，主要发生在美国内战之前，城市化的区域主要在东部地区。1810~1860年，美国城市化率从7.3%增加到19.8%，年均提高0.25个百分点。第二阶段是城市化加速阶

---

① 卢海元：《实物换保障：完善城镇化机制的政策选择》，经济管理出版社，2002，第53页。

段,时间是从19世纪七八十年代到20世纪20年代,城市化的区域是全国性的。这一阶段以农村劳动力向城市的大量转移为主要内容,尤其是内战后南方黑人农民大规模进入城市,掀起了美国历史上农村人口城市化的第一个高潮。1890~1920年,美国城市化率从35.1%提高到51.2%,从根本上改变了美国城乡结构,初步实现了城市化。这一时期,美国工业化和城市化的扩张速度比以往任何时候都快,工业化尤其是机器大工厂的出现,使得更加精细的劳动分工成为可能,工业所需要的劳动力数量大幅度增加,从而刺激了城市化,最终实现城市人口和物质规模的双重增长[①]。第三阶段是城市化成熟阶段,时间是从20世纪20年代到20世纪60年代末。在20世纪五六十年代,美国农业人口占比下降到最低点,城市人口趋于饱和,出现了城市化的第二个高潮,也是这个阶段,美国的城市化水平基本见顶。第四阶段是城市化缓慢发展阶段,时间是从20世纪70年代初至今。在这一阶段,美国出现了逆城市化现象,城市人口开始从大城市向中小城市和农村地区回流。经济学家和社会学家普遍认为,逆城市化是城市化发展到一定阶段后必然出现的现象。

美国的城市化进程有一个非常典型的特征,就是自由放任经济理论和市场机制主导对城市化进程产生了显著影响。换言之,美国政府主张让市场自发调节经济关系,这在很大程度上塑造了美国城市化的特点。首先,在劳动力转移和城市化过程中,市场机制的作用是决定性的。与英国城市化进程具有某种相似性,城市的经济活动和就业机会的集中,特别是城市工业和服务业的迅速发展,吸引了大量农村人口迁往城市。这种由经济机会驱动的人口流动加速了城市化进程。我们在这里看到了其与英国城市化

---

① Rees, Jonathan, "Industrialization and Urbanization in the United States, 1880-1929", *Oxford Research Encyclopedia of American History*, 2016, https://doi.org/10.1093/acrefore/9780199329175.013.327.

第七章 农民工市民化的比较研究

历史的相似性。其次，美国与英国城市化历史不同的地方在于其独特的政治体制。在城市化的早期和中期，美国政治体制和自由放任经济原则限制了联邦政府在城市规划和城市调控中的主导作用。这导致了政府在引导城市化发展方面的能力相对薄弱，城市化在很大程度上是按照市场需求和资本导向自由发展的。然而，尽管政府调控手段有限，美国还是成功构建了一个多层次、开放式的城市体系。这个体系包括国际性大都市、全国性中心城市、区域性中心城市、地方小城市和中心镇等不同层次的城市。大中城市的辐射带动作用得到了充分发挥，促进了区域间的经济联系和资源共享。最后，美国的城市化进程特别强调打破传统的区域界限，通过构建大都市区等形式统筹整体区域资源。在保护环境、布局产业及开展项目建设方面，美国努力实现同步发力，促进经济和环境的可持续发展。

进入20世纪后，美国出现了大都市区，其数量持续增加、规模迅速扩大，大都市区的要素集聚规模及产出价值在全国的占比快速提高。1910~1940年，美国大都市区的数量从58个增加到140个，容纳的人口数量从占全国人口的31%增加到48%，可以说此时的美国已经成为大都市、大城市遍布各地的现代国家[1]。美国大都市区在空间布局上，形成了三个大的城市群。第一大城市群是东北部城市群，核心城市有华盛顿、纽约、费城、波士顿等，它们是政治中心、经济和金融中心、文化中心，同时辐射了广阔地域的中小城市和小城镇，形成横跨100千米、纵向达700千米的复杂的都市区域。第二大城市群是五大湖城市群，主要位于五大湖南部地区，这里是老工业基地，核心城市包括芝加哥、底特律、匹兹堡、密尔沃基和克利夫兰。第三大城市群是西部城市群，从太平洋沿岸延伸到墨西哥

---

[1] 孙群郎：《20世纪70年代美国的"逆城市化"现象及其实质》，《世界历史》2005年第1期。

边境，核心城市有旧金山、洛杉矶、圣地亚哥等。三大城市群覆盖了广袤的腹地，要素流动与信息扩散在城市群内畅通无阻，大量的中小城市在大都市区的内部分工中得到快速发展，美国城市空间布局形成了包括大都市区、大城市、中小城市的层次分明、功能互补的体系[1]。

美国城市化进程的区域发展阶段展示了该国如何通过内生因素驱动，逐步实现经济和城市的转型与增长。从美国建立之初到现代，美国城市化的不同阶段反映了经济活动的地理转移和产业结构的演变。美国建立初期至19世纪初，美国的经济活动主要集中在东北部，这一地区由于商业贸易的兴起而成为城市化的主要动力源。其后，美国内战结束至20世纪20年代，随着重工业的崛起，中西部地区成为新的工业中心，这一转变促进了新的城市增长极的出现和区域经济的繁荣，这是美国工业化和城市化的鼎盛阶段。20世纪60年代以来，高技术产业和服务业的快速发展推动了太平洋沿岸地区的崛起，使之成为高科技产业的集聚地，曾经落后的南部地区也因新兴产业的发展而在经济上崛起，由此城市体系进一步扩大，并开始出现了大城市区域不断扩展背景下显著的郊区化现象。

尽管美国政府在城市化过程中出台了一些促进城市化的政策和法规，但严格来说，这些措施主要起辅助作用。城市化的主导因素仍然是内生性的，如经济增长、产业结构调整和技术创新。这就是我们前面说的，市场自发调节经济关系在很大程度上塑造了美国城市化的特征。相对而言，美国的城市化进程较少受到战争、自然灾害、国际势力等外部性、偶然性、不确定性因素的干扰[2]。

笔者认为，可以对美国城市化历史做这样一个总体性的概括：它展示

---

[1] 李军国：《美国城镇化发展的经验与启示》，《中国发展观察》2015年第12期。
[2] 崔裴、李慧丽：《城市化与产业结构升级的两种模式》，《城市问题》2012年第6期。

第七章 农民工市民化的比较研究

了一个国家如何通过其内在的经济和社会动力,逐步实现从以农业为主到工业和服务业主导的经济结构的转变,同时伴随着城市规模的不断扩张和城市体系的发展。美国城市化的动力来自市场经济条件下的自发调节关系和产业升级要求,这自然是美国城市化的一大特征,然而这一特征并不足以将美国与英国城市化历史各自的特殊性凸显出来,反而在某种意义构成两者的共同之处。在笔者看来,如果英国城市化历史的特殊性在于工业革命的先导作用发挥了强大作用的话,那么美国城市化历史的特殊性就在于城市规模的不断扩张和城市体系的发展,而这恰恰是在英国城市体系中所看不到的。

当然,美国城市化还有一个非常特殊的地方,那就是城市化进程中的种族隔离和经济隔离问题。尽管美国城市化取得了诸多成功,但也面临着一系列的社会失序问题。其中,最典型的城市问题是种族隔离和经济隔离,这种问题根源于美国根深蒂固的自治传统,地方政府的碎片化导致许多政策和制度互不统属、各自为政[1],最后通过影响种族和经济的分化催生出众多底层阶层[2]。这种种族和经济隔离问题,如果从城市化的视角加以观察和描述的话,或许可以说其表现为不同种族和收入水平的群体在城市中居住的区域分布不均。当然,种族隔离与经济隔离在美国的历史进程中虽然是紧密交织在一起的,但我们仍然可以对种族隔离和经济隔离做一个区分。种族隔离在某种意义是指与种族歧视相关的政策制度和社会结构,比如不同种族之间的教育和就业机会不平等,以及住房市场上的种族歧视等。经济隔离则体现为不同收入水平的人群居住在城市的不同区域,这影响了社会流动性和资源分配的公平性。前面提到,地方政府的碎片化是这种种族隔离和经济隔离的一个原因。碎片化意味着城市和郊区有很多

---

[1] David R., *Cities without Suburbs*, New York: The Woodrow Wilson Center Press, 1993, p.1.
[2] 曹升生:《推进美国城市史研究的新尝试——评〈美国新城市化时期的地方政府〉》,《美国研究》2010年第3期。

独立的小型政府，它们在税收、教育和土地使用等方面各自为政。这种情况可能导致资源和服务的不均等分配，从而加剧社会和经济的分裂。

从今天来看，种族隔离和经济隔离以及地方政府的碎片化对美国来说是很难根治的，而且美国的城市化进程实际上加剧了种族隔离和经济隔离。或许也正是出于这种原因，美国在治理城市化问题上，主要是在其他更一般的、更普遍的问题上发力。

第一，积极推动城市化内涵式发展。美国城市化内涵式发展的特征体现在推动力和发展力上。一方面，美国城市化的根本推动力量来自工业化的深度发展，现代化机器大生产线的模式吸纳了大量农村剩余劳动力，触发了重化工业、制造业的蓬勃发展，产业结构逐渐从以第一产业为主转向以第二产业和第三产业为主，在第二产业的产值占比达到最高点后，第三产业逐渐成为经济发展的主导产业；另一方面，随着信息技术和数字技术的发展，三次产业通过信息和数据的驱动，实现了传统产业的转型升级，进一步改变了城市化的发展内涵，不仅促进了城市的现代化水平，也提高了城市管理和服务效率。工业化和信息化驱动城市化，提升了城市化的稳定性，推动了城市建设效率和要素利用效率的长期提高①。

第二，积极完善交通等设施。交通运输业在工业化和城市化过程中起着基础性和保障性的作用，其往往是产业发展的先导，其发展对于劳动力流动、产品的跨区域流通、产业链的延长具有重大意义，有利于城市经济协调发展、城市社会有序运行、城市生态良性发展。在推动交通运输和基础设施建设的过程中，美国主要通过全国与州级两个层面进行落实。一是全国性铁路贷款和补贴。在19世纪60年代，美国国会通过了《太平洋铁

---

① 赵一农：《中国城镇化前瞻与线路图解析》，《管理观察》2013年第36期。

路法案》和《现金补偿法》，规定铁路公司修筑铁路可以获得政府贷款，同时规定所铺设铁轨附近的土地的开发利用权也归属铁路承建单位[①]。在一系列财政和土地政策的激励下，横跨美国本土东海岸和西海岸的铁路线建设起来，北太平洋和南太平洋铁路线、圣菲铁路线也相继建立起来。铁路线组成了要素流动的大动脉，为美国城市化提供了坚实的支撑。二是州级公路建设优惠。公路是联动小乡村与大城市的主要路径，是铁路动脉延伸出的毛细血管，只有公路网的建构和完善才能实现城乡要素的流动畅通。一方面，美国联邦政府出台《资助道路建设法案》和《高速公路法》，主要做法是为地方政府修建普通公路和高速公路提供拨款、建立联邦公路信用基金、将征收的汽油和车辆轮胎消费税收用来资助公路建设等；另一方面，州政府发行公路债券，逐步建构起完整的综合交通运输体系，为各种要素在城市的集聚和扩散到小城市和乡村提供了路径。国家铁路网与公路网的建设，大大加强了区域城市化发展，提升了城市和乡村的互相渗透与融合度[②]。

第三，政府干预与市场的结合。在城市化进程中，美国积极吸收国际城市化的经验，落实双轮驱动，综合运用了政府和市场两种手段、两种资源，推动政府干预与市场机制的有机结合。一方面，实施自由放任的经济政策，让市场充分配置资源，通过经济发展相关法律法规的设立，建立法治化、规范化、完善化的市场环境，调控产业发展和生产要素的流动。另一方面，大力实行政府干预，开展宏观调控。美国政府吸收了工业化国家的经验教训，在城市化率达到50%左右时，以最佳的切入节点开展政府政策调节。一是开展区域协调，处理市场解决不了的区域矛盾和经济摩擦，

---

① 周小粒、项超英：《浅谈采矿业与美国远西部城市化的关系》，《历史教学问题》2008年第2期。
② 刘岩：《美国如何推进城镇化》，《宁波经济（财经视点）》2013年第2期。

主要方法是进行行政机构调整（如市县合并），以建立具有主导地位的大都市区政府，建立具有政府背景的公共组织，从而强化了在城市化过程中的区域交流、合作和联合；二是开展城市规划，按照资源集约、绿色发展、精明增长的理念，美国政府通过立法和行政执法，推动城市规划、产业规划[①]。

三 德国乡城迁移的自主选择与社会秩序

世界银行2023年数据显示，德国的国土面积为35.8平方千米，2023年人口数量为8448.2万人，人口密度为每平方千米235.98人，可以说是人口非常稠密的国家。当前德国超过90%的公民居住在城市区域，然而却很少受到交通拥堵、住房价格高企、城市垃圾遍地等诸多"城市病"的困扰[②]。这一特征使得德国城市化模式显得尤为独特。

19世纪40年代以前，德国是一个以农业为主的国家，城市人口比重低，城市规模小，大部分是小城市，只有一些作为行政、军事和宗教中心的传统城市初具规模。19世纪40年代，德国工业化开始进入起飞阶段，兴起了一批以资源型煤炭钢铁产业为主导产业的城市，如鲁尔区的诸多城市。这些城市充分利用丰富的煤炭、铁矿石等自然资源和便捷高效的水陆交通，大量吸纳农村劳动力和社会资金，聚集的劳动、土地、资本等要素的规模越来越大，从而城市规模也不断扩大，城市数量也迅速增加，城市日益成为包含经济、政治、文化和交通功能的多元性区域。19世纪70年代，随着德国工业和服务业的发展，劳动力向城市的自主

---

① 刘恩东：《美国推进城镇化的经验》，《江苏农村经济》2013年第4期。
② 王伟波、向明、范红忠：《德国的城市化模式》，《城市问题》2012年第6期。

第七章　农民工市民化的比较研究

流动加速，城市化率不断提高，到1910年城市化率上升到60%左右[1]。

虽然随后经历了两次世界大战，德国的城市化发生过停滞，但二战后，德国经过战后恢复，经济又迅速发展起来，同时城市化高速发展。20世纪中叶以前，大城市由于具有丰富的自然和劳动资源、雄厚的资本积累、天然的优越区位、四通八达的交通设施和丰厚的科学技术基础，吸引了大量的工商业企业和劳动力，像磁铁一样将辐射区域内的资源源源不断地吸入城市，从而导致大城市规模以很快的速度膨胀。20世纪中叶之后，德国大城市的发展出现衰退迹象，城市化从要素集聚进入要素扩散的阶段，这是城市化高度发展的必然结果[2]。

这一阶段，德国城市化开始由集中型发展逐步转变为分散型发展，城市的规模结构和空间布局都发生了明显变化，主要表现就是大城市数量减少，中小城市和小城镇发展水平和人口比重不断上升，在这一过程中，现代通信交通设施的完善起到了关键的作用。2022年，德国接近60%的人口居住在规模在2000人至10万人的中小城市，只有34%的人口居住在规模在10万人以上的大城市，只有柏林、汉堡、慕尼黑的人口数量在百万人以上[3]。伴随着大城市的增速放缓和中小城市的快速发展，德国城市化造成的城市与乡村之间、大城市与小城市之间、区域之间的经济发展差距趋于缩小。随着联通大城市与中小城市之间的高速公路、城际铁路等交通网络的建设和完善，以及私人汽车、电视电话等在中小城市的普及，生活在中小城市的居民，一方面能够获得大城市的资源，有着较为可观的收入；另

---

[1] 新玉言主编《国外城镇化——比较研究与经验启示》，国家行政学院出版社，2013，第37页。
[2] 何志扬：《城市化道路国际比较研究》，博士学位论文，武汉大学，2009。
[3] 李卫波：《德国交通运输促进城市协调发展的经验及启示》，《宏观经济管理》2023年第9期。

一方面又能够享受中小城市良好的生态和闲适的文化①。伴随着城市文明在更为广泛的地域扩散和发展，城乡之间、区域之间、不同规模的城市之间的差距逐步缩小，各种规模的城市之间比例趋于合理，城市的空间分布更为均衡。

从上述内容可知，德国的城市化是均衡的城市化，没有呈现人口和资源过度集中于几个大城市的局面。具体原因如下。一是历史原因，德国工业化最早开始于矿产资源、水力资源丰富的小城市，这为中小城市的人口集聚提供了基础，而德国的大城市在历史发展中逐步形成了以商业和服务业为主要产业的经济结构，相对缺少大规模的工业来吸纳劳动力。二是人口流动原因，德国的劳动力迁移主要是在较近空间内的个体流动，远距离流动和群体流动较少，在德国小城市星罗棋布的情况下，德国农村劳动力可以就近转移到小城市，所以德国劳动力的空间集聚发生在全国各地，而不是只在大城市②。

在工业化和城市化过程中，德国对社会秩序的维护表现出一定的稳定性。这可以通过以下几个方面来理解。

第一，历史传统的现代影响。在德国的历史上，长期存在着独立的邦国结构，城邦拥有相对独立的经济、政治、文化中心，这种历史传统影响着德国城市化、现代化。影响机制主要是通过文化认同、历史观念影响农村劳动力的迁移决策，促使从乡村到城市的迁移主要发生在较近的空间范围内，从而使得城市化的集聚与扩散效应在全国相对均衡地发生，增强了城市布局的合理程度。德国在历史发展中形成了功能互补的多极城市群，

---

① 新玉言主编《国外城镇化——比较研究与经验启示》，国家行政学院出版社，2013，第37页。
② 新玉言主编《国外城镇化——比较研究与经验启示》，国家行政学院出版社，2013，第57~58页。

突出表现为"莱茵-美茵区""慕尼黑区""大汉堡区""斯图加特区""柏林-勃兰登堡区"等 11 个大型都市圈,这些都市圈较为均匀地分布在德国各地,覆盖 70% 的人口,提供了 70% 的就业机会①。例如,著名的工业区鲁尔区,有 5 个人口在 50 万人以上、相互距离在几十千米内的大城市,这些城市通过发达的铁路网络和公路网络紧密联系;再如,"莱茵-美茵区"有多个类似法兰克福的人口集聚规模较大的城市,法兰克福等城市虽然是国际化的大都市,但主要发展金融产业;与此同时,这一区域众多的中小城市和小城镇具有各自的经济、社会、文化功能,从而吸引了许多大城市居民迁入,反而造成法兰克福等大城市中心区域的常住人口数呈减少趋势②。

第二,空间层面的协调干预。德国城市化建设非常重视区域主体的协调和配合,主要有如下干预措施。首先是实施"区域行动"发展战略。这一战略主要是针对首都柏林,1990 年德国统一之后,首都柏林面临着巨大的人口流入压力和土地资源开发压力,为了应对这些问题,柏林与相邻的勃兰登堡州沟通协调,在柏林周围以"区域自然公园"的名义划定了包含 138 个小城市、2866 平方千米的城市远郊区③。在这片生活着 60 万人的区域内,发达便捷的公共交通网络连接着小城市与小城市、小城市与柏林,由此形成了"分散化的集中型"城市布局。一方面,这一区域从全国角度看具有人口高度集中的特征,另一方面,这一区域内部的人口布局又相对分散。其次是注重大中小城市协调发展。德国宪法规定,联邦、州、乡镇共同承担城市建设发展任务,强调大中小城市的协调发展,既要发挥大城市的辐射和带动作用,又要激活中小城市和小城镇的良好生态和文化优

---

① 范云芳:《基于国外城镇化发展的中国城镇化战略选择》,《中国发展》2014 年第 1 期。
② 柴野:《"德国模式"值得借鉴》,《光明日报》2013 年 1 月 28 日。
③ 傅阳:《从德国城乡建设的经验看江苏省城市化战略的实施》,《东南大学学报》(自然科学版)2005 年第 S1 期。

势，构建以完善的交通网络、良好的小城市基础设施为基础，以大城市、中小城市、小城镇的产业分工为核心，大中小城市协调发展的城市建设体系。最后是注重城乡协调发展。德国在城市化中坚持公平原则，实现了城乡协调发展。德国城市化的规划和产业政策均以中小城市为重点，既顺应市场经济规律，又坚持公平原则，促进了城乡和大中小城市的协调发展。德国城市中90%以上是中小城市，这些城市虽然规模不大，但功能完备、基础设施齐全，居住在小城市的居民生活与大城市无异。城乡差别消失，农业生产方式已转变为产业化的大生产，农民已成为一种职业，居住在小镇上的农民生活与城市居民没什么差别，实现了城乡一体化发展。

第三，城乡规划的系统机制。德国城乡规划分为联邦规划和州规划两级。联邦层面主要负责指导城乡建设，联邦政府在1993年制定了具有指导性的城乡规划，在日常经济发展中监测区域建设现状和发展趋势，发布规划报告；州层面主要负责制定具体的城市规划，各州有区域规划法，据此制定城市规划并执行[1]。但是在各州执行规划的过程中，必须遵守土地使用规划和建筑规划，如果某一城市由于特殊需要不得不突破土地使用规划，必须按照法律规定向上级政府进行申报，上级政府同意后才能修改土地使用规划。这样就形成了对州、市执行土地规划的监督，避免城乡建设与规划不一致。与此同时，土地使用规划对土地使用的规定往往不是特别精细，给各地提供了自由操作的空间[2]。此外，德国城乡规划特别强调公众的参与，比较注重保障公民的知情权、监督权等合法权益，同时也强调

---

[1] 崔裴、李慧丽：《城市化与产业结构升级的两种模式》，《城市问题》2012年第6期。
[2] 傅阳：《从德国城乡建设的经验看江苏省城市化战略的实施》，《东南大学学报》（自然科学版）2005年第S1期。

第七章 农民工市民化的比较研究

增强规划方案的科学性、合理性、可操作性[①]。事实上,公众的参与和监督也对德国各地执行规划的自由操作形成了客观约束,从而在一定程度上确保了城市建设更加符合公众利益。综合来看,德国的城乡规划编制与执行系统是由联邦政府、州政府、城市政府和公众共同组成的。这种贯通上下的参与和监督,与德国城市化进程中既防止大城市无序扩张又发挥地方的积极性和创造性是分不开的[②]。

如果要对德国城市化进程面临的挑战做一个特征性描述的话,或许可以说德国在其城市化进程中遭遇到的问题和挑战具有温和性。这种温和性主要体现在如下几个方面。

首先是人口老龄化挑战。人口问题是"温水煮青蛙",这是学界的一个共识——很难找到比人口问题更"温和"的社会问题了,这是因为人口问题的能量是一点点积蓄起来的。但"温和"的问题并不代表这个问题不严峻。如果我们愿意思考一下"灰犀牛"的隐喻,就会知道人口问题的严峻性。人口问题对德国城市化发展的挑战来说同样如此,并且其典型表现就是人口老龄化。老龄人口的增长会导致对医疗保健和社会支持的需求增加,并影响劳动力市场的活力。有研究观察到,人口萎缩和人口老龄化进程极大地影响了德国的土地利用模式。由于老龄人口的居住偏好,德国城市正在收缩,而且受人口老龄化的影响,德国城市增长和景观破碎化正在发生某种协同效应[③]。

其次是社会融合问题。说德国的社会融合问题是"温和性"的,主要

---

① 王华春、段艳红、赵春学:《国外公众参与城市规划的经验与启示》,《北京邮电大学学报》(社会科学版) 2008 年第 4 期。
② 王勇辉等:《农村城镇化与城乡统筹的国际比较》,中国社会科学出版社,2011,第 100 页。
③ Lauf S., Haase D., Kleinschmit B., "The Effects of Growth, Shrinkage, Population Aging and Preference Shifts on Urban Development—A Spatial Scenario Analysis of Berlin, Germany", *Land Use Policy*, Vol. 52, 2016, pp. 240-254.

是相对于美国和英国的说法。随着移民数量的增加，社会融合成为德国城市化面临的挑战之一。如何有效整合不同文化背景的居民并促进社会和谐，是德国城市化的一个重要议题。但坦诚地说，今天，在欧美发达资本主义国家中，德国对社会融合问题的治理是最为出色的。

如果还要再追加一点的话，那就是经济重组的挑战。事实上，经济重组是每一个国家在每个经济发展阶段都要面临的问题，比如美国、中国、俄罗斯、日本、韩国、拉美国家和非洲国家等，不论是否正在经历城市化，都面临着经济重组的挑战。今天美国的城市化水平已经见顶，但是经济重组仍是美国的重要挑战。从这个意义来说，虽然经济重组，特别是德国传统工业区面临经济结构转型升级的需要，可以看作德国城市化的副产品，但这终究还是温和的。德国需要做的是寻找新的经济增长点，同时解决由旧有工业衰退带来的就业和社会问题。

总体来说，德国的城市化问题较为温和，但依然需要应对老龄化、住房市场紧张、基础设施压力增大、社会融合、环境保护和经济重组等多方面的挑战。

四　对中国推进农民工市民化的启示

从共同点来看，英国、美国和德国的城市化模式，都体现了工业革命（或技术革命）与城市化的结合过程，市场机制在这一过程中发挥着主导作用。承认市场机制在城市化进程中的资源配置作用无疑是重要的。简单地说，城市化进程是某种意义上的经济要素打破空间区隔和信息差的一种资源再配置手段。从这个角度来说，虽然以市场机制为主导，欧美国家在城市化进程中遇到了这样那样的问题和挑战，但也确实在较大程度上促进了经济的增长和社会的发展。对于中国来说，需要的是以历史唯物主义和辩证唯物主义为方法论指导，科学发挥市场机制的作用。

第七章　农民工市民化的比较研究

分开来看，这些国家的城市化模式为中国正在进行的新型城镇化、农民工市民化提供了重要启示。

首先，英国城市化模式表明，工业化是城市化的重要推动力。对于中国而言，这意味着可以通过发展工业特别是通过推动中西部和欠发达地区的工业化来带动当地的城镇化。这不仅有助于城市人口的增长，也能促进经济发展和就业机会的增加。在今天中国学界有这样一种声音，认为必须推动中国产业结构升级和加快发展高新技术产业，而把传统工业向周边国家转移。这种观点固然有其合理性，但忽视了发展的非均衡性这一中国国情。尽管东部沿海地区处于产业结构转型升级的战略机遇期，但是中部地区和西部地区的发展水平仍然滞后，因此有必要鼓励将这些传统工业向内地省份和西部省份转移。

如果以工业化推动城市化的发展，必然会面临两个问题：一是环境污染，二是产业结构失衡。在产业转移和升级换代的过程中，我们需要注意工业布局的合理性，防止环境污染和资源过度集中。这一点十分重要，笔者在下面还将展开讨论。但现在，不妨让我们把目光聚焦在农业、农村和农民问题上。可以说，世界上没有任何一个人口大国、任何一个发展中国家，像中国这样重视"三农"问题。工业化是以一种"剪刀差"的价格优势，通过提取农业剩余的方式来确保工业发展的，并在此过程中减少农业生产中的劳动力需求和扩大城市服务业发展对劳动力的需求，从而带动城市化的发展。如此一来，我们就会遭遇英国城市化进程中的农业发展问题和农民福祉问题。既然有教训在先，如果我们以工业化来带动城市化并以此促进农民工市民化，就不会再重蹈覆辙。

其次，美国城市化的成功在很大程度上依赖于市场力量，以此实现城市规模的扩张和城市体系的发展。对于中国来说，我们的经济体制是中国特色社会主义市场经济体制。这意味着，一方面，我们需要也可以在城市化进程中采取市场导向策略，比如通过刺激社会资本和鼓励企业创新来促进城市经济发展，同时借助市场力量推动城市规划更加完善，并以此提高经济效率和促进经济多元化。但是，资本到底是"文明的暴行"，资本的现代性有其文明的一面——文明按照历史唯物主义的话语来说就是以物质生活的生产为基础的人类社会活动，我们可以利用资本来创造更多的物质财富，但是也有其"恶"的一面。资本的"恶"会使我们远离善良的愿望——社会的"善"治。因此，中国需要坚持党对经济工作的集中统一领导。政府需要在必要时介入以纠正市场失灵，如制定房地产市场调控政策、建设基础设施和提供公共服务、保护环境以及确保住房的可负担性等。在这一过程中，中国政府需要始终确保经济增长的包容性和公平性，并且综合考虑环境保护、交通、住房和社会设施等多方面因素，以促进城市化进程中人的全面发展。

最后，德国城市化模式的核心特征在于城市发展的均衡性和可持续性。从德国的经验中，中国可以获得以下几个方面的启发。一是注重均衡的城市网络发展。德国城市化的一个显著特点是城市发展的分散性，这避免了对单一或少数大城市的过度依赖。中国在推进城市化的过程中应致力于均衡发展各个地区的城市，包括中小城市和小城镇，以促进城市化在全国范围内的均衡发展。这种均衡发展的城市化策略，对于农民工的市民化进程显然是有益无害的。事实上，中国也正在积极推进大中小城市协调发展的城市体系建设。早在2002年党的十六大就提出"坚持大中小城市和小城镇协调发展，走中国特色的城镇化道路"[1]。然而在实际推进大中小城市和小城镇协调发展的过程中，一些客观存在的障碍削弱了政策实施效果。其中主要的障碍来自市场失灵导致的负向外部性，表现为要素和资源

---

[1] 《全面建设小康社会 开创中国特色社会主义事业新局面》，《人民日报》2002年11月9日。

第七章 农民工市民化的比较研究

过度集聚到大城市，要素和资源的扩散效应薄弱，导致小城市和小城镇发展乏力。正是基于此，2024年党的二十届三中全会明确提出"健全城市规划体系，引导大中小城市和小城镇协调发展、集约紧凑布局"①。一方面要"深化城市建设、运营、治理体制改革，加快转变城市发展方式"，促使城市进入高科技、高质量、高效能的发展阶段，增强大城市在要素和资源扩散中的带动作用；另一方面是"深化赋予特大镇同人口和经济规模相适应的经济社会管理权改革"，通过经济社会管理权的赋予，提升小城镇的要素和资源集聚能力。

当然，并不是说欧美国家等的城市化模式就没有值得中国吸取的教训。一是城市过度集中。英国和美国城市化早期的经验表明，城市过度集中会导致"城市病"，如交通拥堵、住房短缺等。这个问题在中国也一定程度上发生了，中国已经意识到这一问题，并且做出了必要的努力，但是仍有不足。二是环境破坏。英国和美国在城市化过程中的环境污染和生态破坏问题，值得中国重视。近年来，中国已经意识到了这些问题，在加强环境保护立法和监管、增加绿色建筑和清洁能源的使用、促进低碳经济和循环经济发展方面，做出了艰苦努力，以便实现绿色发展。三是推动经济结构转型。美国和德国的一些传统工业区域正面临着经济结构转型的挑战，既要找到新的经济增长点，又要解决因旧有工业衰退带来的就业和社会问题。对中国来说，这个问题同样重要。中国有许多依赖传统制造业的城市，在推进城市化的同时，需要在这些地区推动经济结构的转型，鼓励创新和科技发展，同时提供就业支持和社会保障，以平稳过渡到新的经济模式。对中国式现代化的推进来说，这无疑既是挑战，又是机遇。四是贫

---

① 《中共中央关于进一步全面深化改革推进中国式现代化的决定》，《人民日报》2024年7月22日。

富分化和社会不平等加剧。美国城市化过程中出现的社会不平等问题也值得中国重视。近年来，党和国家对共同富裕问题比以往历史上的任何时候都重视。未来，中国在城市化进程中需要更加注重社会公平和包容，通过合理的收入分配政策、教育机会的均等化和社会福利体系的完善，努力减少贫富差距，避免社会矛盾和冲突。

综上所述，中国在未来的城市化进程中，需要学习和借鉴英国、美国和德国等国家城市化发展的有益经验。比如，将工业化与城市化紧密结合，充分发挥市场机制在城市化进程中的积极作用，重视城市发展的均衡性和可持续性，科学规划城市体系等。与此同时，中国也应吸取它们的教训，比如城市过度集中、社会不平等和环境污染问题等。特别是在促进社会融合、缓解社会阶层分化对立，以及对待经济结构转型升级问题上，我们需要采取更为细致和深思熟虑的策略。唯有如此，中国才能在城市化道路上摸索出一条符合国情特点、更加均衡和可持续的发展模式。

第二节　东亚国家和地区乡城迁移的自主选择与社会秩序

从文化相似性角度来看，东亚其他国家和地区与中国大陆在城市化方面有着许多共同点。这些国家和地区的城市化特点，通常表现为起步较晚但发展迅速，因而其遭遇的挑战和问题也可以为我们提供重要的参考。

一　日本乡城迁移的自主选择与社会秩序

明治维新后，日本开始学习西方实行资产阶级改革，进入现代化进程，同时也因此拉开了城市化的序幕。明治政府采取的一系列改革措施推

第七章 农民工市民化的比较研究

动了日本经济的发展。在农村进行土地制度改革，废除封建土地所有制，确立土地私有制，允许土地自由买卖[①]。在工业革命和对外战争的推动下，不仅轻工业迅速发展，重工业和交通运输业也都有了突破性进展，生产力有了极大的提高。因此，大量人口选择涌入城市寻找工作，到1920年时，日本的城市化率达到18%，第一产业就业占比下降到53.8%，第二产业就业占比增长到20.5%，第三产业就业占比达到23.7%[②]。日本工业的进一步发展需要更多的劳动力，1920~1930年，日本大约有半数的人口在第二产业和第三产业工作，1/4的日本人居住在城市中[③]。总而言之，1868~1930年，日本逐渐从第一产业占绝对优势的农业国转变为工业国，越来越多的人选择到城市寻找就业机会，城市数量不断增加，城市化处于起步阶段。

20世纪30年代，日本又开始了对外掠夺，一直持续到1945年，这一时期的城市化处于动荡甚至停滞中。20世纪30年代爆发的经济大萧条使日本加快了对中国侵略的步伐，通过战争掠夺而来的资源和原材料被用于满足本国工业的发展，在城市经济发展的刺激下，大批农村人口向城市迁移，主要是向东京、京滨、阪神和北九州工业带进行流动。1930~1940年，日本城市化水平从24%增长到37.7%，城市化率平均每年超过1.3个百分点[④]。但是太平洋战争的爆发中断了日本的城市化进程，大量居民为了躲避轰炸回流到农村，城市人口急剧下降。这一时期日本城市化率大起大落。

二战之后，日本实行了一系列政治、经济和社会改革，借助朝鲜战

[①] 门晓红：《日本城市化：历史、特点及其启示》，《科学社会主义》2015年第1期。
[②] 刘国新：《中国特色城镇化制度变迁与制度创新研究》，博士学位论文，东北师范大学，2009。
[③] 李清娟等：《大城市城郊一体化发展问题研究：理论·策略·案例》，上海人民出版社，2012，第15页。
[④] 国家建设部编写组：《国外城市化发展概况》，中国建筑工业出版社，2003，第24页。

争，在美国的帮助下用 10 年时间迅速实现了经济的崛起，之后日本经济一直保持高速增长，大量人口再次涌入城市，城市人口再次激增。1956~1973 年，日本的国民生产总值年均增长 9.7%，尤其是在 1959~1970 年，日本的国民生产总值年均增长率均在 10% 以上，工业化处于加速阶段，由此造就了日本城市化发展的黄金时期。日本的城市化率从 1955 年的 56.1% 增长到 1975 年的 75.7%[①]。这一时期，选择进入城市的人口主要向大都市区集中，以东京、大阪和名古屋三大都市圈为主导，日本形成了沿太平洋东岸的城市连绵区。

20 世纪 70 年代，由于受到 1973 年和 1979 年两次石油危机的冲击，以及美国宣布美元与黄金脱钩，日本的经济开始进入衰退阶段。第二产业受到成本的影响不得不向郊区和国外转移，日本的第三产业逐渐成为国民经济最重要的部门，到 2010 年，第三产业的产值占到国民生产总值的 73.6%。随着产业的转移，城市对劳动力的吸纳能力下降，城市人口增长幅度变小，城市化速度变缓[②]。20 世纪 70 年代之后，人口从农村向城市的集中变慢，甚至有终止的趋势，人口流动主要表现为城市间的人口流动，人们开始向三大都市圈之外转移，到城市化后期时，随着城乡差距的缩小和城乡融合发展，城市与乡村的界限逐渐模糊，城乡之间的生活相近，出现了城乡一体化的格局。

日本用几十年的时间完成了欧美国家几百年的城市化进程，不可避免地造成了一些社会失序现象。在农村，一是农村人口过疏化、老龄化。一方面，伴随着日本工业化的快速发展，大量农村人口涌入城市，尤其是青年劳动力，在为城市经济发展提供劳动力的同时，也导致农村人口不断减

---

① 王莉：《日本城市化进程·特点及对中国的经验借鉴》，《安徽农业科学》2018 年第 15 期。
② 门晓红：《日本城市化：历史、特点及其启示》，《科学社会主义》2015 年第 1 期。

第七章　农民工市民化的比较研究

少，出现了过疏化和老龄化。另一方面，随着日本农地改革的不断深化，日本的农业逐渐实现了机械化和现代化，生产力提高，农业生产所需要的劳动力减少，大量劳动力从农业生产中解放出来，他们选择流入城市寻找就业机会，进一步加剧了农村人口过疏化的问题。二是兼业化和离农化导致农业生产功能下降。从20世纪60年代开始，工业化不断向农村地区扩展，大量农民为了增加经济收入，在进行农业生产的同时开始从事其他产业的生产，甚至开始完全脱离农业生产，即在农村出现了人口兼农化和离农化趋势，严重影响了农业生产规模的扩大和正常的农业生产，也导致农村阶层分化，农业生产功能下降，从而引发一系列问题。

在城市，一是城市过密。城市过密是指人口与产业迅速集中，而相应的城市环境与设施的配套建设却没有跟上，从而造成了供需不平衡[1]。在日本工业化进程不断加快的情况下，越来越多的人口向城市转移，尤其是三大都市圈，1955~1975年，三大都市圈总人口增长到了5215.6万人，占日本总人口的46.6%[2]。二是环境问题。二战之前，日本就已出现了环境污染的问题，但是由于日本政府的忽视，问题一直未得到解决。二战之后，日本政府更是一味追求经济的快速发展，片面追求工业的发展，最终导致环境污染问题大量出现，并且引发了一些公害，给居民的身体健康造成了严重危害。三是空间不均衡问题。日本选择的是一条大城市主导的城市化道路，或者说是集中型城市化模式，即少数大城市优先发展，以东京、大阪、名古屋三大都市圈为主导，形成了日本沿太平洋东岸的大都市连绵区，这种模式虽然能够推动日本快速实现工业化和城市化，但是过度集中的经济活动必然导致空间不均衡问题。

---

[1] 王勇辉等：《农村城镇化与城乡统筹的国际比较》，中国社会科学出版社，2011，第165页。
[2] 王勇辉等：《农村城镇化与城乡统筹的国际比较》，中国社会科学出版社，2011，第166页。

为此，日本政府在社会秩序方面，采取了如下措施。

一是通过制定法规和提供财政支持，促进过疏化地区经济社会发展。为了促进农村经济发展，防止过疏化现象继续恶化，1970年，日本政府出台了《过疏地域对策紧急措置法》。其后，日本政府又先后颁布了《振兴过疏地域特别措置法》《过疏地域活性化特别措置法》《促进过疏地域自立特别措置法》，在保障农村生活环境和产业基础方面起到了重要的作用，防止了农村地区过疏化问题的恶化。1999年，日本政府实施了《食物、农业、农村基本法》，也被称为新农业基本法，新农业基本法与旧农业基本法相比，最重要的不同是，扩大了法律所涉及的范围，不仅着眼于提高农业劳动者的地位和促进农业发展，而且给农业和农村的作用做了重新定位，强调要发挥农业及农村在保护国土、涵养水源、保护自然环境、形成良好自然景观、保留传统文化等方面所发挥的作用[①]。同时，日本政府还加大对于过疏化地区的财政支持力度，国家拨款支持农村地区学校的建设以及过疏化地区自主发展的事业，还加大对落户过疏化地区企业的优惠力度。通过制定法规和提供财政支持，过疏化地区的基础设施有了极大的改善，进一步缩小了与城市的差距，促进了商品经济的发展。

二是实施农业保护政策，提高农民收入，实现粮食自给。在吸取以往农业与工业发展的经验教训的基础上，从20世纪上半叶开始，日本政府开始实施一系列农业保护政策，在提高农民收入与保障国家粮食安全方面起到了至关重要的作用[②]。农业保护政策在具体实施过程中也发生过变化，主要包括以下几个方面。第一，重视农业立法，实行"依法保农"。日本

---

① 蒋立峰主编《社会发展与现代田园主义：发达国家社会发展得失谈》，中国社会科学出版社，2013，第338页。
② 陈玉平：《地区开发视角下的日本新农村建设及其对中国的启示——以北海道为例》，《文史博览（理论）》2013年第1期。

第七章　农民工市民化的比较研究

政府颁布了综合性的《农业基本法》和专项性的《农产品价格稳定法》《农地法》《农业改良促进法》《农业机械化促进法》等法律法规，有力地保护了农业发展、维护了农民利益。除此以外，还有一些保护性的条例和计划，共同形成了完备的农业法律体系。第二，建立和实行农产品价格保护体系。日本政府通过建立不同的农产品价格管理制度，实现对于价格的控制，还通过各种形式的补贴增加农民收入。第三，减轻农民税收负担，实行"以公养农"政策。1950年，日本政府开始实行农税改革，减轻了农民的税收负担。当日本经济进入高速增长阶段之后，开始实行"以公养农"政策，农村不再是国家税收的主要来源，而成为财政支出的一个重要领域。第四，保护农地，推进农业现代化。日本政府根据实际情况，使日本走出了一条先水利化，继之以良种化、化学化，后机械化的独特现代化道路。第五，构建"农协"网络，实行农民"联保"。自1947年开始，日本政府要求在全国普遍设立农业协同合作组织，这些组织在发展农业和保护农业利益方面扮演着重要的角色[1]。

三是规划先行，促进城市化健康发展。日本政府在处理城市化过程中出现的空间不均衡和大城市问题时，出台了一系列全国综合开发计划。这些规划跨越不同的时期，针对各个阶段城市化发展的特点和挑战，制定了相应的策略和措施。在1961～1968年的第一次全国综合开发计划期间，日本重点解决人口向大城市过分集中的问题，并通过推动工业向地方扩散，实现了国土的均衡发展。随后的第二次全国综合开发计划（1969～1976年）更加重视交通运输业的发展，从而带动国土开发由"点"向"线"和"面"发展，具有重要的战略意义。在1977～1986年的第三次全国综合

---

[1] 王勇辉等：《农村城镇化与城乡统筹的国际比较》，中国社会科学出版社，2011，第187～189页。

开发计划期间，日本主要关注中小城市的发展和城乡一体化，这一策略有效缓解了大城市的压力，同时促进了区域间的平衡发展。第四次全国综合开发计划（1987~1997年）转向重点关注大城市的再开发，同时国土开发策略从"点"和"线"全面转向"面"的开发。1998年开始的第五次全国综合开发计划，主要关注解决老龄化问题，反映出日本城市化对社会人口结构变化的适应和应对。

四是构建完善的轨道交通，建立宜居城市。面对城市人口过度集中所引发的交通拥堵和环境污染问题，日本政府采取了一系列有效的解决方案。坦诚地说，日本在这一方面的努力是值得称道的。首先，为了解决交通拥堵问题，日本政府实施了严格的停车收费制度和限制公务用车的措施，有效地减轻了城市交通压力。其次，日本政府大力投资于公共交通建设，特别是轨道交通的建设，以确保交通的便捷性和高效性。从举措来说，不过是"限制汽车"和"鼓励轨道交通"，似乎没有什么特别之处，但汽车行业是日本经济的支柱产业之一，对这一行业的发展做出限制是很难的。尽管今天日本东京的交通拥堵问题并没有完全解决，但已经在很大程度上得到了缓解，城市居民享受到更加便捷的出行方式。

五是环境保护。日本政府在其城市化和工业化过程中及时认识到了环境污染的严重性，并积极采取立法措施，严格保护环境。日本分别在1972年和1993年颁布了《自然环境保全法》和《环境基本法》，不仅确立了保护自然环境的基本原则和框架，还将环境保护的权利和责任赋予国民，激发了民众参与环境保护的积极性。

二 韩国乡城迁移的自主选择与社会秩序

当我们讨论韩国城市化时，需要做一个历史阶段的划分。在20世纪初期，今日韩国所在的地区正处于日本殖民统治下。日本殖民政府推动了韩

第七章　农民工市民化的比较研究

国某些城市基础设施的建设和工业的发展，但这主要是为了满足日本殖民统治的需要。因此，这一时期的韩国城市化是被动发生的，韩国人口的迁移多是被迫的，比如为了逃避战乱，受到了外部政治因素的干扰。这种被动的城市化对韩国后来的城市结构和人口分布产生了深远影响，但同时也为日后的城市规划和发展留下了一些结构性问题。不过，我们不打算展开讨论这一阶段的城市化历程及其特征。我们的关注点集中在二战以后，特别是在 20 世纪 60 年代以后。这一时期，韩国不仅经历了快速的经济发展和城市化，而且城市化进程是主动和自发的。与此同时，韩国政府也实施了一系列以工业化为中心的政策，特别是推动重工业的发展。这些政策不仅促进了经济增长，也引发了大规模的人口迁移。随着首尔等大城市的快速扩张，韩国城市化的特征逐渐明显，城市人口激增。然而，这种快速的城市化也带来了诸多挑战，比如城市迅速扩张导致了住房、交通和环境等多方面的问题。特别是人口和资源过度集中在首尔等大城市，造成了地区发展不平衡，以及城市中的贫富差距和社会问题。

韩国城市化模式具有以下几方面的特征。

一是城市化进程快速。从历史上看，多数国家的城市化进程都是渐进的。然而，20 世纪 60 年代至 80 年代，韩国的城市化进程却经历了一个快速的发展过程。这一时期，韩国的国家战略集中于经济的快速增长和工业化，这导致了大规模的人口从农村迁往城市。这种迅速的城市化不仅改变了韩国人口的空间结构，也对社会经济发展产生了深远影响[①]。韩国快速城市化与渐进城市化的鲜明对比给我们的启示是："快"有"快"的好，但"快"也有"快"的问题。城市化快速发展的好处在于，能够在较短时间内创造大量的就业机会，并吸引大批农村人口进入城市务工，从而带动

---

① 李辉、刘春艳：《日本与韩国城市化及发展模式分析》，《现代日本经济》2008 年第 4 期。

建筑业、房地产业和服务业的发展。与此同时，能够较快促进基础设施和城市设施的建设。然而，快速城市化也对城市的治理能力提出了极高的要求，即把在渐进城市化过程中可以渐进适应和治理的问题，一下子集中暴露在一个较短的过程中，不仅使城市治理策略难以及时跟进和响应，也使普通民众无所适从，住房价格的高涨、生活成本的提高、城市交通的拥堵等都随之而来。更为重要的是，城市化只是硬币的一面。快速的城市化意味着农村地区劳动力年龄人口的快速流失，这种人口流失加剧了韩国地区农村的人口老龄化问题。

二是韩国的城市发展是政府驱动的。这一点非常有意思。我们在欧美等国的案例分析中提到，市场经济国家的城市化一般依靠市场经济机制的内生驱动，也就是说城市化是自发演进的。然而，在韩国城市化的历史中，政府扮演了至关重要的角色。特别是在20世纪中后期，韩国政府通过制定和执行一系列战略性政策，如新村运动（Saemaul Undong）和重化工工业化政策，有效地推动了国家的工业化和城市化进程。这些政策不仅促进了经济的快速增长，也引导了城市化的方向和速度[1]。韩国的新村运动是一个值得我们了解的例子。新村运动始于20世纪70年代，旨在促进农村地区的现代化，提高农民的生活质量。韩国政府希望通过这个运动鼓励村民自发地改善他们的生活和工作环境，为此提供了必要的资金和技术支持。尽管这一政策最初是针对农村地区的，但它也间接地促进了城市化，因为它提高了农村地区的生产力和生活水平，缩小了城乡差距，加快了城市与农村地区的经济和社会融合。在某种意义上，可以说新村运动是一个城乡融合发展的范例。此外，重化工工业化政策更直接地推动了城市化。政府投资于重工业和化学工业，创建了大量的工作岗位，这吸引了大量农村人

---

[1] 刘黎明：《韩国的土地利用制度及城市化问题》，《中国土地科学》2000年第5期。

第七章 农民工市民化的比较研究

口迁移到城市寻求就业机会。这些政策不仅促成了城市人口的激增，也带动了城市基础设施的建设和现代化，包括交通网络、住房、公共设施等。

正如我们指出的，韩国政府驱动的城市化发展模式在全球范围内较为罕见。它通过中央规划和国家介入的方式来推进城市化进程，与许多国家市场驱动或私人部门主导的城市化模式形成鲜明对比。然而，韩国的城市化模式在很大意义上是成功的，并创造了一时的经济奇迹。这种模式的成功在于政府的策略和资源投入能够有效地引导城市化的方向，加速城市和经济的发展。然而，这种模式也带来了不少挑战，今天我们可以看到韩国经济难以提振，城市发展似乎遇到瓶颈，而且城市规划的柔性不足，对市场变化的反应迟缓，这些也都是韩国城市化模式所带来的独特问题。

三是首尔的超级城市地位。从直觉角度来看，首都具有超级城市的地位，似乎并不能算作一国城市化模式的特征。比如，作为英国首都的伦敦、作为日本首都的东京、作为法国首都的巴黎等，无一例外都因为特殊的政治、经济、文化功能而作为超级城市存在。然而，事实上首尔的超级城市地位严重挤占了其他城市的发展空间，韩国并不像美国一样有一个比较完整的城市体系。相反，作为韩国的首都和最大城市，首尔在国家城市化进程中占据了核心和领先的地位。比如，首尔地区的 GDP 占全国的大部分，拥有众多国际和国内企业总部、金融机构和商业中心，首尔也是韩国的文化中心和教育重镇，拥有包括首尔大学在内的多所著名大学和研究机构，并且发挥着韩国对外开放和国际交流的重要窗口作用。然而，这种以首尔为中心的城市化也带来了不少的问题和挑战。比如，首尔与其他地区的发展不平衡加剧了地区间的经济和社会差异，对首尔的过度依赖也一定程度上影响了韩国的整体稳定和可持续发展。总的来说，首尔作为超级城市的地位不仅展示了其在国家城市化中的重要作用，也反映了韩国城市化的特点和面临的挑战①。这种模式在国际上较为少见，但对于理解韩国的城市化进程和城市发展模式具有重要的参考价值。

三 中国台湾地区乡城迁移的自主选择与社会秩序

从台湾地区城市化发展历史来看，台湾地区城市化属于同步型城市化，这也是台湾地区城市化发展的一大特点。本部分以台湾地区工业化进程为切入点，分析其城市化过程中自主选择的重要作用。

二战后，经过几年的经济恢复，1953 年，台湾地区开始实行"以农业培养工业，以工业发展农业"的政策，农业得到了快速发展，对劳动力具有重要的吸纳作用。整个 20 世纪 50 年代，台湾地区以传统农业为主，大多数人口集中在农业，工业占比较小，且主要是轻工业，农村人口迁出较少，1960 年农业的劳动力吸收率达 39%，居三次产业之首，城市化水平增长缓慢，由 1953 年的 48.1% 上升到 1960 年的 50.2%②。

进入 20 世纪 60 年代之后，台湾地区进入工业化阶段，在进口替代—出口扩张—第二次进口扩张的经济策略下，重点发展工业，轻工业与重工业都得到了快速发展，实现了从农业经济到工业经济的转型，促进了经济的起飞。城市工业的发展与农业科技的进步，吸引了大量人口进入城市。由于进城的农民与城市居民享受同等的公共服务与社会保障，因此，20 世纪 60 年代和 70 年代台湾地区城市化快速发展，到 80 年代初城市人口增加至 1509 万人，且进一步向大城市集中，城市人口占比上升至 70.3%③。

进入 80 年代，随着科学技术的发展，台湾地区劳动密集型产业和重工

---

① 赵丛霞、金广君、周鹏光：《首尔的扩张与韩国的城市发展政策》，《城市问题》2007 年第 1 期。
② 杨荣南、张雪莲：《台湾省产业结构演进与城市化初探》，《经济地理》1996 年第 3 期。
③ 盛九元：《台湾都市化发展的经验与缺陷》，《台湾研究集刊》2010 年第 5 期。

第七章 农民工市民化的比较研究

业面临着严峻的挑战。由于缺乏创新的核心能力，台湾地区工业升级压力巨大，提出了"科技导向"的"加速经济升级，积极发展策略性工业"政策。同时，这一时期由于工业发展的不利条件，台湾地区当局积极推进产业结构调整，号召工业与服务业平衡发展。服务业的发展对于吸纳农村劳动力具有重要作用，到1993年，服务业就业占比达到49.4%，工业则下降至39.1%，服务业成为台湾地区城市化发展的重要动力，1992年台湾地区城市化水平已达80.3%[①]。此外，这一时期台湾地区城市规划倡导建立卫星城市，促进都市圈的形成，在这一政策的倡导下，大量人口开始迁居到大都市的周边城市，台湾地区的城市化表现出明显的郊区化趋势。

20世纪90年代中期以来，随着高科技产业与服务业的继续发展，至2007年，台湾地区非农就业人口占比和工业产值占比分别为98.06%和27.5%[②]。在这一时期，台湾地区工业在整体经济中的地位逐渐下降，台湾地区已进入以服务业为主导的工业化晚期阶段，城市人口占比虽有所增长，但是增长速度极为缓慢，城市人口逐渐稳定，城市化进入缓慢发展阶段。同时，在建立卫星城市政策的推动下，卫星城市数量从20世纪80年代中期的417个增加至441个[③]，人口逐渐分散至城市周边卫星城市，郊区化趋势更为明显。

从台湾地区城市化与工业化进程来看，其城市化与工业化同步发展，农村剩余劳动力随着产业结构的调整自主选择进入城市，在经济发展的促进下，台湾地区也被视为二战以来最成功的新兴工业化经济体之一，台湾地区城市化发展具有速度快、程度高的特点。工业化是台湾地区城市化发展的主要动力，由于台湾地区基本上走的是一条以中心城市为基础实现工

[①] 杨荣南、张雪莲：《台湾省产业结构演进与城市化初探》，《经济地理》1996年第3期。
[②] 杜雪君、黄忠华：《台湾工业化与城市化发展经验及启示》，《台湾研究》2009年第5期。
[③] 盛九元：《台湾都市化发展的经验与缺陷》，《台湾研究集刊》2010年第5期。

业化的道路，其城市结构布局基本保持平衡状态。

由于台湾地区的城市化基本保持着与经济同步发展的节奏，城市化走的是一条中小城市密集发展的道路，因此几乎没有出现传统的大城市过度发展的"城市病"以及社会发展失衡的现象。台湾地区城市化持续健康发展，一方面在于其自身的地理位置优势，另一方面在于合理的经济与城市发展规划政策，为城市化的高速度与高质量发展奠定了基础。

一是通过合理的城市规划，促进城市化健康发展。20世纪50年代之前，台湾地区都市规划主要以个别城市发展为重心，形成台北的都市化雏形和相对均衡的中小城市发展格局。随着工业化的发展，自50年代后期开始，台湾地区都市规划开始转向以区域规划为重点的发展方向，这一时期兴起了许多新兴工业城市。随着经济的进一步发展，城市功能的发展不断综合化，到70年代后期，都市规划进一步朝综合开发的方向演化[1]。目前的综合发展规划主要包括四个等级：台湾综合开发计划、区域计划、县市综合发展计划、都市计划，形成了从上到下的全面综合的空间开发计划。同时，台湾地区还通过法律手段将都市规划制度化，1964年对《都市计划法》进行了修订，1973年进行了第二次修正，到1976年发布《都市计划法台湾省实施细则》[2]，逐渐形成了完善的都市计划法制体系。合理的综合开发计划与完善的都市计划法制体系为台湾地区的都市规划建立了坚实的基础，也给台湾地区城市化的健康发展提供了制度与法律保障。

二是通过科学的人口分散政策，保持城市化高质量发展。台湾地区城市化实现高速度发展，但是几乎没有出现传统的"城市病"问题，也没有引发社会失衡，始终保持着适度的人口增长速度与人口地区分布，主要在

---

[1] 盛九元：《台湾的都市化与经济发展互动之研究》，《世界经济研究》2009年第7期。
[2] 汤韵：《台湾城市化发展初探》，《长春大学学报》2011年第11期。

第七章　农民工市民化的比较研究

于其坚持人口分散政策。20世纪70年代之前，台湾地区通过土地制度改革，增加农业的经济收入，吸引了大量农村新增人口，在一定程度上延迟了农村人口向城市的流动。同时，还通过发展第二中心城市的策略，分散了台北的人口，避免出现两极分化问题。比如，高雄的发展提供了大量的就业机会，极大地分散了台北过多的人口与部分城市职能。此外，还通过发展中小企业促进人口合理流动，台湾地区大多企业都是中小企业，这些企业广泛分散在全岛，对于分散人口起到了重要的作用。70年代之后，面对以台北为中心的北部地区和以高雄为中心的南部地区的快速发展，为了促进平衡发展，1971年台湾地区发布了《全台自然分区综合规划》，目的是合理布局经济发展与人口流动，保护自然资源。在这一规划的实施下，台湾地区不断完善欠发达地区基础设施，发展高收入产业，提供了更多就业机会。此后，还相继通过工业用地发展计划、农村再开发计划、都市发展计划等促进人口的分散化。在相关政策的指导下，台湾地区城市规模分布均衡，形成了大中小城市同步发展的格局。

三是大力推进农地制度改革，促进农业全面发展。台湾地区农地制度改革共经历了三个阶段：第一阶段主要是"公地放领""三七五减租""私地征收放领"；第二阶段是实施"农地重划"，促进经营权与所有权分离，推广农业耕作机械化和产品商品化；第三阶段是分等管理农田，以尽地利[1]。通过三次农地制度改革，不仅增加了农民的经济收入，而且满足了城市建设对于土地的需要。从台湾地区农业发展过程来看，台湾地区的城市化是建立在农业充分发展的基础上实现的。20世纪50年代初期，为了改善农业粗放经营的形式，台湾地区农业开始向技术和劳动密集型农业转型，不仅大大增加了农业的收入，而且解决了农村大量剩余劳动力的就

---

[1] 严圣明：《城镇化发展模式：台湾经验及其对大陆的启示》，《科技和产业》2011年第4期。

业问题。到 50 年代中期，为了进一步促进农业收入的增加，台湾地区农业更加趋向于追求经济效益，这一时期的经济农作物开始走向全球市场，大量出口。发展到 60 年代，台湾地区农作物大量面向全球市场，经济效益不断提高，直到 80 年代，随着经济全球化的发展，农业利润不断下降，大量农村劳动力转移到工业就业。由此可见，台湾地区农村劳动力的转移是农业自然发展的过程，是建立在农业充分发展的基础之上的。

四是通过产业结构转移，促进劳动力转移多元化。台湾地区经济的发展，相继经历了五个发展阶段：农业占优势阶段、轻纺工业为主阶段、重化工业发展阶段、策略性工业发展阶段和服务业发展为主阶段①。这五个发展阶段也是台湾地区产业结构升级的演进过程，台湾地区经济实现了飞速发展，成为当时世界上经济增长最快的经济体之一。在经济快速发展的同时，台湾地区城市化实现了持续高速高质量发展，关键因素就在于台湾地区不断进行产业结构的转移，经历了农业—轻工业—重工业—工业与服务业—服务业主导的发展历程，农村剩余劳动力在这一发展过程中实现了有效配置。在经济发展的前期，由于当局对于农业的重视，农产品增收，农民收入增加，农业对于劳动力的吸附作用增强。然后，随着工业化的发展，台湾地区逐渐以工业发展作为中心，促使大量农村劳动力流向城市；随着科学技术的创新，台湾地区的劳动力优势不再明显，面临着经济转型的压力，服务业迎来了蓬勃发展的机会，对于吸纳劳动力具有极为重要的作用。这一产业结构升级的过程，促进了劳动力转移多元化，实现了城市化的持续发展。

综合来看，台湾地区的城市化模式特点可以概括如下。一是注重政策引导与经济动力的协同作用。韩国的城市化模式主要受政策驱动，美国的

---

① 杨荣南、张雪莲：《台湾省产业结构演进与城市化初探》，《经济地理》1996 年第 3 期。

城市化模式主要受市场驱动，台湾地区的城市化模式则介于两者之间。政策在台湾地区城市化过程中发挥了重要的引导作用，比如农业政策的调整促进了农业现代化，工业政策推动了经济结构的转型，服务业的发展又为城市化提供了新的增长点。二是注重城市规划的科学性和前瞻性。从早期的以单一城市为中心的规划，到后来的区域规划和卫星城市的发展，显示了台湾地区对城市化规划的前瞻性管理模式，从而避免了城市过度集中带来的问题，也在一定程度上促进了城市和郊区的均衡发展。三是注重产业结构的适时调整与升级。台湾地区的产业结构调整有其成功之处。从依赖农业到轻工业的兴起，再到重化工业和服务业的发展，整个过程都伴随着劳动力的合理流动和资源的有效配置，这可以看作台湾地区能够跻身"四小龙"的重要原因。四是注重环境保护和可持续发展。通过实施环境保护政策和推广绿色技术，台湾地区努力实现了经济发展与生态平衡的双赢。

当然，台湾地区的城市化模式还有一些特点，目前我们还无法简单做好与坏的价值判断，而是需要继续观察一段时间。比如，台湾地区的城市化模式呈现明显的郊区化趋势，即存在人口向城市周边的卫星城市迁移的现象。相对来说，这种郊区化趋势在全球城市化进程中还是较为独特的，因为台湾地区的地理面积并不大。一般郊区化趋势更容易出现在大都市，对于台湾地区来说，郊区化的城市化模式并非必须采取的模式。然而，在某种意义上，郊区化的城市化模式，其实对城乡的融合发展、对生态环境的保护以及城乡居民的生活水平提升来说，又是有益的。因此，对于台湾地区的郊区城市化模式，我们还可以再观察。此外，台湾地区同样也面临着产业结构转变和劳动力市场需求变化的挑战。一直以来，台湾地区都是劳动密集型产业集聚的重要制造业基地，而产业升级对劳动力市场带来的影响较为显著，因此，未来台湾地区的城市化模式如何发展以适应这种产业结构的转型升级，仍然值得我们进一步观察和分析。

四　对中国大陆推进农民工市民化的启示

下面，我们分别来讨论韩国、日本和中国台湾地区的城市化模式，对中国大陆推进农民工市民化的启示。

日本城市化模式值得我们借鉴的地方不少，但其中最值得借鉴的当属城市化进程中的环境保护立法与实施经验。不会有人否认环境保护的重要性，然而当我们面对生态利益和人类利益（个人利益）之间的某种矛盾和冲突时，如何协调和管理这种矛盾，并对生态环境实施最大程度的"善治"措施，就变得极具挑战性了。日本在环境保护方面的法律体系比较完善，包括《环境基本法》《自然环境保全法》等，这些法律不仅规定了环境保护的基本原则和目标，还明确了政府、企业和公民在环境保护中的责任和义务。通过对污染排放标准的严格控制、推广环保技术和产品以及实施环保教育，日本有效地控制了城市化进程中的环境污染。各国都应制定更严格、更具前瞻性的环境保护法律，推动环保技术的应用和普及，通过教育、媒体和社会活动，提升公众的环保意识，鼓励更多公民参与到环境保护行动中来。

韩国城市化模式的突出之处，就是政府在城市化进程中的积极作用。这种经验的独特性在于韩国政府通过战略性的规划和政策实施，有效引导了城市化进程，同时促进了经济快速发展。比如，我们在前面提到，韩国政府在城市化过程中，通过制定和实施一系列政策，如新村运动和重化工工业化政策，有力地推动了国家的工业化和城市化。中国在现代化进程中，国家是重要的力量，因此对中国来说，在操作上强化政府在城市化进程中的引导作用是可行的。但是我们前面也提到欧美国家城市化给中国的启示是要充分发挥市场力量。因此，如何在中国特色社会主义市场经济体制下，有规划、有引导地促进城市化进程并与国家发展战略相协调,同时充分发挥市场机制的积极作用,对中国来说仍然是一项挑战。此外,韩国城市化进程中出现的城乡差距和区域不平衡问题,也值得我们重视,提示我们需要在推进城市化的同时,加强对农村地区和欠发达地区的支持,促进区域间的均衡发展。

中国台湾地区的城市化模式值得我们借鉴的经验是平衡城市化发展与农业现代化的关系。这种经验的独特性在于台湾地区在城市化快速发展的同时,有效推动农业现代化,保持了城乡发展的平衡。对特别重视"三农"问题的中国大陆来说,台湾地区的经验是需要认真对待的。比如,台湾地区在城市化进程中始终注重农业的发展,通过农地制度改革和农业技术的提升,保持农业的竞争力和可持续性。而且,在这一过程中,台湾地区成功地实现了从农业到工业再到服务业的产业结构转型。这启示我们,在推进城市化的同时,同样需要重视农业的现代化和农村的综合发展,确保城乡发展的协调和平衡,并且通过发展多元化产业和产业结构的优化升级,为城市化提供多方面的动力和支撑。当然,我们前面也提到对台湾地区城市化进程中的郊区化现象需要予以特别关注,虽然目前来看其效果有待进一步观察,但笔者认为,通过合理的城市规划和区域发展策略促进城市与农村、大城市与小城市之间的均衡发展是有必要的。只有通过科学的人口分散政策,才能有效避免"城市病"问题。

第三节 拉美国家乡城迁移的自主选择与社会秩序

我们在全球视野下介绍其他地区的城市化,是从英国开始的,并且强调了现代化(某种意义上表现为工业化)对推动城市化发展的重要意义。

其实，并不是所有类型的城市化都伴随着现代化的进程，至少应该在理论上存在城市化与现代化脱节的情况。一些拉美国家的实践就是这样的典型例子。拉美国家是亚非拉国家中最早走上现代化道路的，也是城市化发展速度最快的，但是由于其现代化与城市化发展的脱节，一系列城市与社会问题出现，严重影响了拉美国家经济的健康发展。同样作为后发国家的中国，吸取拉美国家城市化的教训、避免"过度城市化"，是实现城市化健康发展的重要前提。

一 拉美国家乡城迁移的自主选择

与韩国的历史具有相似性，第二次世界大战以前，拉美国家的城市化主要是殖民活动的产物。在殖民时期，欧洲殖民国家在拉美建立了大量的城市。这种城市化并不是传统意义上伴随着现代化的城市化，而是更多地反映了殖民宗主国利益的需要。第二次世界大战结束后，拉美地区的许多国家开始了现代化进程，然而拉美国家的城市化步伐却明显快于工业化的进程，因此被称为"过度城市化"。

20世纪30年代至50年代，拉美国家经历了工业发展战略的重大转变，其标志是从初级产品出口导向的工业化战略向进口替代工业化战略的转变。这意味着它们寻求在国内生产替代进口的工业品，以降低对外部经济的依赖。战略目标是推动国内工业部门发展，提高本国产业的竞争力。随着进口替代工业化战略的普及，拉美国家的工业化进程开始加速。这导致了工业部门的迅速扩张，涵盖了制造业、矿业、能源等领域。工业化的快速发展带动了其他领域的兴起与繁荣，形成了多元化的经济结构。这些部门的兴起创造了大量的就业机会，吸引了大量农村人口进入城市。由于工业部门的蓬勃发展，城市成为了吸引农村劳动力的重要中心。这种人口迁移现象促使城市化迅速发展，并塑造了拉美国家的现代社会和经济格

第七章 农民工市民化的比较研究

局。分析到这里,我们似乎没有看到前文说的拉美国家城市化与工业化脱节的情况,相反,工业化是城市化的直接诱因。我们不妨来看一组数据:20世纪50~80年代,拉美地区的城市化水平由1950年41.4%发展到1980年的65%[1]。到了20世纪80年代,拉美国家经济遭遇挫折,对城市化发展产生一定影响,城市化发展速度虽有下降,但仍然在持续,到1990年时城市化率达到70.3%,2010年为79.6%,2013年已达到80%[2]。通过这一组数据,我们可以发现,虽然拉美国家的城市化进程在某种意义上始于工业化的推动,但在后来的发展进程中,已经严重脱离了现代化水平。要知道,80%的城市化率一般是美国等最发达国家的"见顶水平",除了城市国家和拉美国家的这种特例以外,很少可以见到这种情况。当然,拉美国家的高城市化率,在某种意义上也与当地的气候环境和地理条件相关。无论如何,拉美国家这种高水平的城市化与其经济发展严重脱节,城市工业的发展并不能为大量涌入的劳动力提供足够的就业岗位,使其面临着劳动力供给严重大于需求的困境。

拉美国家"过度城市化"还与其不合理的土地制度和农业现代化密切相关。长期以来,拉美国家实行以大地产为基础的土地占有制,庄园主、资本家和国内外大垄断组织掌握大量土地,数量众多的小农户只拥有极少的土地[3]。拉美各国虽然进行过土地制度改革,但是其土地结构并未发生根本改变,大多数农民无地或者少地,只能沦为农业雇工,土地分配不均导致拉美国家农村就业严重不足。在土地改革未取得明显效果的情况下,拉美国家政府走上了农业现代化的道路,通过提升农业机械化、绿色化水

---

[1] 韩琦:《拉丁美洲的城市发展和城市化问题》,《拉丁美洲研究》1999年第2期。
[2] 郑秉文:《贫民窟:拉丁美洲城市化进程中的一个沉痛教训》,《国家行政学院学报》2014年第5期。
[3] 林玉国:《战后拉丁美洲的城市化进程》,《拉丁美洲研究》1987年第2期。

平改变传统农业的经营方式，技术的提升导致对于劳动力的需求进一步减少，从而导致更多的劳动者失业，纷纷涌入城市以求生存。

此外，拉美各国政府将现代化片面地理解为工业化，采取重工轻农、以农养工的政策，导致城市化发展基础不稳，这些因素都成为农村剩余劳动力向城市转移的推动力。1950~2010年，拉美地区总人口从1.7亿人增加到5.9亿人，而城市人口从6800万人增加到4.8亿人，这也就意味着60年间新增人口的98%在城市[1]。由此可见，不合理的土地制度与农业现代化政策不仅没有解决农村农业发展问题，反而增加了拉美国家城市就业的压力，加剧了"过度城市化"的程度。

事实上，拉美国家"过度城市化"与其对人口增长和人口流动缺乏调控具有重要的关系。19世纪末以来，随着拉美国家产业的发展，拉美各国出现了劳动力不足的现象，为了弥补产业发展所需劳动力的缺口，拉美各国开始实行鼓励生育的政策。在这一政策的推动下，20世纪50~70年代拉美形成"人口爆炸"期，人口年均自然增长率达到2.6%，这进一步加剧了人口从农村向城市的迁移[2]。伴随着工业化的发展，农村剩余劳动力向城市转移本属正常现象，但是由于拉美各国将这种城乡流动当作缓解农村问题的解决之道，不仅对于无节制与混乱的城乡流动缺乏基本的管控措施，而且积极鼓励农村剩余劳动力向城市转移，由此导致城乡流动无序化。1950~1990年，每个10年期间城乡移民对城市人口增长的贡献率分别为46.4%、45.8%、42.3%和41.6%，这一趋势在后来的发展中有所下降，

---

[1] 郑秉文：《贫民窟：拉丁美洲城市化进程中的一个沉痛教训》，《国家行政学院学报》2014年第5期。
[2] 苏振兴：《拉美国家的过度城市化，福兮？祸兮？》，《光明日报》2013年4月18日。

1990~2000年，其贡献率只占38.4%，但仍较高[1]。

在20世纪90年代，整个地区的收入不平等和贫困加剧，旨在解决结构性问题的经济措施未能发挥作用。大多数拉美国家所经历的社会经济转型具有分化效应，在很大程度上表现为传统城市化模式的变化以及新的人口分布和流动模式的出现[2]。同时，拉美各国对于国际移民也缺乏必要的管控举措。为了加快工业化发展的进程，解决国内经济发展的资金与劳动力短缺问题，拉美各国陆续制定了一系列支持外来移民迁入与投资的优惠政策与措施，这些移民一般聚集在城市，这一举措虽然一定程度上解决了国内劳动力与资金短缺问题，满足了经济发展的需要，但是移民的直接影响就是增加了本国总人口，国际移民成为影响拉美各国城市化的重要因素。

二 拉美国家乡城迁移的社会失序

从20世纪60年代至21世纪，拉美国家的城市化率先后达到了60%、70%、80%的水平，在短短的50年左右完成了"三级跳"，而绝大多数发达国家的城市化从30%上升到70%，花费了将近100年的时间。由此可见，拉美国家的城市化取得了世界瞩目的成绩，但是城市化发展背后蕴藏着种种危机，它们已经对拉美国家的现代化和工业化产生了严重的不利影响。

（一）失业与非正规就业问题

由于拉美国家的城市化与经济发展严重脱节，大量农村劳动力涌入城

---

[1] Cerrutti M, Bertoncello R, "Urbanization and Internal Migration Patterns in Latin America", *Centro de Estudios de Población*, Argentina, 2003, pp. 1-24.
[2] Cerrutti M, Bertoncello R, "Urbanization and Internal Migration Patterns in Latin America", *Centro de Estudios de Población*, Argentina, 2003, pp. 1-24.

市，再加上城市人口自然增长率居高不下，城市人口急剧膨胀，然而拉美国家的现代化发展水平并不足以容纳所有劳动力就业，导致大量移民长期处于失业状态。拉美经济委员会统计数据显示，2003~2009年，拉美国家的失业率分别为11.0%、10.3%、9.1%、8.6%、7.9%、7.4%和8.3%[①]。失业率的上升直接影响了居民的生计和生活质量。为了生存，许多失业人员转向非正规经济部门工作，直接导致以非正规经济部门为主的城市在拉美国家普遍存在。这些非正规经济部门包括了家庭企业、小商贩、手工业者和临时工等，那些在非正规部门工作的人通常没有稳定的工资和社会保障，他们面临着更大的经济风险和不稳定的生计。因此，失业和非正规就业的普遍存在导致了社会不平等和贫困问题的加剧。

据统计，拉美国家城市中非正规就业人数占就业总人数的比重从1950年的13.9%增加到2000年的38.2%，最终在2005年拉美国家城市非正规就业占比超过正规就业，非正规就业成为吸纳就业的主要方式[②]。笔者把这种经济现象称为拉美经济的非正规化，并且认为拉美经济的非正规化是拉美地区难以跨越"中等收入陷阱"的主要原因。很显然，非正规经济的生产方式有其存在意义，可以作为一种补充性质的经济形态，但当这种本来应该作为补充性质的经济形态占据了主导地位时，我们可以预想到一个"失序社会"的到来。

（二）贫困问题严重，贫富差距扩大

由于流入城市的移民长期处于失业或者非正规就业状态，经济收入较低，缺乏社会保障，他们成为城市生活的"边缘群体"，长期以来在

[①] Eclac, Statistical Yearbook for Latin America and Caribbean, 2009, http://www.eclac.org, 2010, p.46.
[②] 杜凤姣、宁越敏：《拉美地区的城市化、城市问题及治理经验》，《国际城市规划》2015年第S1期。

贫困线边缘徘徊甚至生活在贫困线以下，贫困问题已经成为拉美国家的社会问题之一。颇具讽刺意味的是，拉美国家极高的城市化水平和极高的贫困率并行不悖地发生在城市。在我们的文化观念中，与城市相关的概念，似乎总是文明、进步、整洁、发达这样具有积极意义的词语。然而，在一些拉美国家，我们看到的是与这些词语意义相反的概念。拉美国家多数人口生活在城市，这导致贫困人口主要集中在城市，这与非洲和亚洲贫困人口主要集中在农村具有显著的区别。这也就是拉美国家独特的"城市贫困化"问题。

数据显示，拉美国家的贫困发生率一直居高不下，1990年贫困率高达48.4%，即便随着经济的发展，拉美国家贫困率在2013年下降至22.6%，但其依然是贫困人口占比最高的地区之一[1]。据世界银行和IMF的调查，拉美国家的收入分配已达到了世界上最不平等的地步，占总人口10%的富人占有总收入的60%[2]。贫富差距日益扩大，导致拉美各国的贫困化表现出代际传递的趋势，低收入者往往工作不稳定，难以摆脱经济贫困问题，无法为子女提供良好的教育，再加上这一群体往往被排除在社会保障体系之外，导致其子女往往也就业在非正规部门，因此贫困化具有代际传递倾向。此外，许多城市贫困群体被排除在正规的社会保障体系之外，缺乏医疗保险、养老金和失业救济等基本福利。这使得他们更加脆弱，在面对健康和经济风险时无法获得支持。这种极端不平等的分配模式导致了社会的不稳定和贫困人口的不满情绪。

（三）城市首位度高，城市结构不合理

"城市首位度"是指某一国家中最大的城市人口与第二大城市人口的

---

[1] 郑秉文：《贫民窟：拉丁美洲城市化进程中的一个沉痛教训》，《国家行政学院学报》2014年第5期。
[2] 程洪、陈朝娟：《论20世纪拉美城市化进程及其对中国的启示》，《拉丁美洲研究》2006年第2期。

比值。城市首位度指标可以用来衡量一个国家或地区内部城市化水平的差异。城市首位度高，说明这个国家的城市化水平区域差异大、城市发展不平衡，反映了一个国家或地区的城市规模结构和人口集中程度[①]。公认的城市首位度警戒线是2%，小于2%则表示区域城市结构正常、要素集中程度适当；大于2%则表示区域城市结构失衡、要素过度集中在少数大城市[②]。据测算，拉美各国城市首位度极高。比如，1970年，纽约的城市首位度是1.7%，而秘鲁利马的城市首位度高达13.1%，智利圣地亚哥的城市首位度高达8.6%[③]。由此可见，拉美各国的人口大多集中在首都城市，这种"一城独大"的局面带来的不良影响就是地区间发展不平衡，不利于本国经济的平稳运行。

同时，城市首位度高也反映了拉美国家城市结构不合理的状况。1950年，拉美国家100万以上人口的大城市有7个，而2000年已经发展到49个，而这49个大城市占拉美国家总人口的42.2%[④]。这表明拉美国家大城市过于集中，而中小城市的发展相对滞后。这种特征对于城市化的健康发展具有严重的不利影响，使得一些大城市面临过度拥挤、交通拥堵、住房短缺等问题，同时中小城市未能充分发挥其潜力。

（四）贫民窟不断扩张，住房供应体系不健全

由于贫困人口的经济收入低，而城市房价又高，加之缺乏必要的社会保障，大量的拉美国家居民住房购买能力不足。在城市化水平畸高的背景下，拉美各国政府无法提供足够的住房，导致一部分群体只能用非法的手

[①] 韩琦：《拉丁美洲的城市发展和城市化问题》，《拉丁美洲研究》1999年第2期。
[②] 程洪、陈朝娟：《论20世纪拉美城市化进程及其对中国的启示》，《拉丁美洲研究》2006年第2期。
[③] 李其荣：《对立与统一——城市发展历史逻辑新论》，东南大学出版社，2000，第246页。
[④] 杜凤姣、宁越敏：《拉美地区的城市化、城市问题及治理经验》，《国际城市规划》2015年第S1期。

段占用城市公共用地或私人土地，如通过自建房的方式满足基本的生存需要。这些自建房，形成环绕在拉美各国城市周边的规模巨大的贫民窟。

贫民窟的英文单词叫作"slum"，主要用来形容城市中的贫困区，这些地方的居住环境往往较差，房屋建筑密集且维护不良，并且大多缺乏基本的公共服务和设施，如清洁的水源、卫生设施和稳定的电力供应。相比英文，中文的"窟"更为形象生动。在汉语中，"窟"这个词的感情色彩一般是消极的，它多与各种非法活动联系在一起。可见，"贫民窟"是用来形容恶劣的、不卫生的住房环境，甚至是隐藏着各种犯罪活动和传染病肆虐的场所。无论如何，贫民窟问题已经成为拉美国家最严重的城市病之一。

从历史来看，拉美国家的贫民窟经历了不同的发展阶段，包括非法化、合法化和正规化。在人道主义立场上，笔者并不愿意使用其中的任何一个术语。试想，如果贫民窟是一种"非法化"存在的话，就意味着忽视或剥夺这些"无产者"的基本生存权利，使他们处于法律和社会保护之外。但如果贫民窟作为"合法化"存在的话，虽然"贫民窟"在某种意义上具备了法律的财产权地位，但这不一定伴随着改善居住条件或基本服务的实际行动。相反的，笔者更愿意将这种"合法化"称为：以一种"承认"的方式拒绝了正义的关于社会进步和改造的"想象"。当贫民窟成为一种"正规化"存在时，我们甚至因此感受到了"恶"。这种正规化是否意味着这种不平等的生活条件被正当化，贫困和社会分隔成了被接受和被预设的社会结构的一部分？从而，似乎再也看不到根本性的社会改革和真正的解决方案了。

无论如何，以上关于贫民窟的非法化、合法化和正规化的历史进程解读，只是一种伦理学层面的尝试。我们还是要回到经济学层面上来做进一步的分析。在某种意义上，伦理学的批判是无力的，经济学的分析却可以给我们的实践带来一些经世致用的启示。

拉美国家贫民窟问题不断加剧，与当地住房供应体系的不健全显然有直接的关系。当地政府提供的住房大多以商品房形式出售且售价较高，非贫困人口难以承受；而公租房的占比又有限，贫困人口很难有获得经济适用住房的机会。事实上，拉美国家的住房自有率较高，这与住房体系的统计逻辑有关：既然贫民窟是居民自己建房居住的，那么这些住房就被视为私有住房，这导致住房自有率异常高。但显然，这并不反映实际的住房质量和生活条件。高住房自有率限制了公共住房的发展，因为拉美各国政府可能认为住房需求已经得到满足。这就导致了住房体系的恶性循环，最终大量贫困人口无法购买正规住房，只能依赖自建房或居住在贫民窟中。事实上，住房问题不仅是一种经济问题，还涉及社会公平。高收入人群能够购买高质量的住房，而贫困人口被迫生活在恶劣的条件下。这不仅是拉美国家在城市化进程中贫富差距扩大的直接体现，而且对当地社会的稳定与和谐发展产生了极为负面的影响。

三 拉美国家相关社会秩序并未及时有效跟进

我们有理由说，拉美国家的过度城市化，反映了社会秩序跟进方面的滞后性，从而在城市化发展过程中引发了一系列社会失序现象。理解拉美国家的过度城市化，可以从以下几个方面来着眼。

一是城市化速度超过社会秩序的建设能力。拉美国家的城市化进程之所以如此快速，与多重因素密切相关，包括农村人口大规模向城市转移、工业化进程的推动、国际移民等。然而，政府和社会制度在适应这一迅猛的城市化进程方面存在明显的滞后性。我们可以对上述分析做个适当的概括。首先，许多拉美国家缺乏有效的城市规划，导致城市扩张无序，建筑物乱象丛生，不仅影响城市的美观，还带来了交通堵塞、环境污染等问

第七章　农民工市民化的比较研究

题。其次，拉美国家在城市化进程中，基础设施（如道路、桥梁、水电等配套建设）未能及时跟进，导致城市居民面临交通不便、供水不足等问题。再次，就业机会不足、城市失业率高也是拉美国家城市化速度过快的结果。此外，拉美各国政府对贫民窟和非正规居民区的管理也存在很大不足，最明显的是未能提供足够的基本公共服务，如清洁饮水、卫生设施、医疗保健等。最后，在城市化过程中，住房供应不足导致房价上涨，许多低收入家庭无法负担购房成本，从而无法摆脱贫民窟的居住条件，并且形成贫困的代际传递。由于上述种种原因，在拉美国家城市化过程中，迁移者面临着健康挑战，不少研究证实从农村到城市的迁移者在初期往往比长期居住在城市的居民承受更高的死亡率和发病率[1]。

二是不完善的土地制度和政策体系。首先，在一些拉美国家，土地所有权分配极不均衡，大片土地掌握在少数富人、大地主和国内外大垄断组织手中，而占农户数很大比重的小农和半无产者却只拥有有限的土地或根本无地可依。这种不公平的土地制度导致了土地的集中化，使贫困人口难以获得土地用于农业或住房建设。其次，拉美各国政府在土地制度改革方面的不足也是一个关键因素。尽管一些国家曾尝试进行土地改革，但往往未能取得明显效果。在这一点上，正如笔者曾撰文指出的那样，虽然拉美国家近年来的农民运动一直主张将粮食主权和美好生活作为指导国家机器运转的基本原则，然而即使国家希望重建乡村并干预土地分配，但在资本垄断背景下能够动用的土地资源仍然有限[2]。最后，缺乏有效的土地管理

---

[1] Dufour D. L., Piperata B. A., "Rural-to-urban Migration in Latin America: An Update and Thoughts on the Model", *American Journal of Human Biology*, Vol. 16, No. 4, 2004, pp. 395-404.
[2] 解安、林进龙：《中国式现代化对西式现代化的超越：乡村发展视域的解释》，《理论探讨》2023 年第 1 期。

363

和规划也是一个问题。许多贫民窟和非正规居民区缺乏规范的土地使用和建设规划，这导致了城市扩张的无序和不规范①。可见，不完善的土地制度和政策体系在拉美地区城市化问题中发挥了重要作用。

三是贫富差距扩大。我们反复指出，在拉美地区的城市化进程中，贫富差距扩大是一个显著的挑战。在拉美国家城市中，少数富裕人群控制着大部分财富和资源，而大量贫困人口则生活在城市边缘地带，富人和贫困人群之间的居住区域存在着明显的分界。这不仅造成了社会分裂，还影响了社区间的互动和团结，削弱了社会凝聚力。社会凝聚力的削弱不利于城市的和谐与整体发展。此外，贫富差距的扩大还对拉美城市的经济发展构成影响②。虽然城市化为经济增长提供了动力，但贫困人口往往无法充分参与和受益于这一进程，这导致劳动力资源不能充分利用和经济增长潜力不能完全发挥，从而影响了城市的长期可持续发展。

当然，拉美国家的城市化速度之所以超过社会秩序的建设能力，还有一部分原因是历史遗留问题。在殖民地时期，许多拉美国家的城市规划和社会制度是根据殖民者的需求而建立的，没有考虑到长期的城市化发展。

幸运的是，尽管中国历史上也曾遭受过列强的侵略，但这些因素并未阻碍中国城市化的健康发展。尽管如此，拉美国家的案例仍提供了深刻的教训，我们应当引以为鉴。

四 对中国推进农民工市民化的启示

当前我国正处于城市化发展的加速时期，拉美国家作为发展中国家城

---

① 宋洪远、江帆：《土地制度安排与城镇化进程——基于中国与拉美国家的比较分析》，《华中农业大学学报》（社会科学版）2022年第3期。
② 房连泉：《社会分化、贫富差距与社会保障——拉美国家福利体制变革的经验教训》，《拉丁美洲研究》2008年第2期。

市化发展最快的地区，对其城市化发展历程进行剖析，借鉴和汲取其经验与教训，避免陷入其经济发展与城市化的危机，对于推进我国城市化具有重要的现实意义。

（一）城市化必须与产业发展相协调

从拉美农业发展来看，不合理的土地制度与农业现代化模式导致大量农村剩余劳动力过早地被挤出农村，在城市还不能提供足够的就业机会时盲目进入城市。农业的发展是城市出现和成长的基础，城市化是农业生产力发展到一定阶段的产物。农业基础是决定城市化模式和道路的关键因素之一[①]。然而，拉美国家城市化并不是建立在农业生产力充分发展的基础上的，因而引发了一系列的问题。从拉美国家工业发展来看，20世纪50年代，拉美国家工业化进程加快，依托工业化的发展，城市化进程迅速加快，导致城市化发展速度大大超过工业化，进而导致城市人口过度增长。从拉美国家第三产业发展来看，虽然第三产业在拉美就业结构中占比最大，然而拉美国家的第三产业并不是在第一、第二产业发展的基础上自然壮大的，而是脱离工业发展而存在，大量人员集中在低端的生活服务业中，导致低端的传统的第三产业过度膨胀。因此，为了推进我国城市化持续健康发展，必须以产业发展为基础和动力，积极构建合理的产业结构，为城市化发展提供有力支撑。

（二）合理引导和调控人口流动

虽然城市化与经济发展脱节，是拉美过度城市化的根本原因。但是政府对于人口的盲目无序流动缺乏必要的引导和调控也是引发拉美城市化一系列问题的重要因素。拉美各国政府将农村人口向城市流动作为城市化发展的必然现象，甚至作为解决农村问题的重要途径，因此，对前期的大规

[①] 张惟英：《拉美过度城市化的教训与北京人口调控》，《人口研究》2006年第4期。

模迁移放任不管,导致后期对于大量的城市移民束手无策。同时,拉美各国政府对于人口流动放任不管还表现在人口向不同规模城市的转移上,导致极高的城市首位度,城市结构失衡,地区间发展不协调。从我国城市化发展现状来看,农村人口向城市转移也表现出热衷于大城市的特点,导致我国部分大城市常住人口过度膨胀,国内各地区人口布局不合理,城市化发展地区差异大。为了避免走上拉美国家过度城市化的道路,必须建立长效的人口管理机制,完善人口调控制度,引导劳动力合理有序流动,对于人口压力过大的大城市,要严格落户条件,积极引导人口向中小城市流动,适当放宽中小城市落户条件,以优惠的条件和政策吸引人们定居。

(三) 健全社会保障体系

拉美各国大量贫民窟的存在与政府无法提供基本公共服务具有很大的关系。面对农村剩余劳动力大规模向城市迁移、城市难以提供足够就业岗位的矛盾时,政府应该建立健全失业救济、生活救济机制,缓解农村移民在城市形成的全面压力,降低城市化的社会成本[①]。面对大量流入城市的移民,拉美政府并未将这一群体纳入社会保障体系之内,城市基本公共服务仅面向中高收入阶层,导致低收入群体只能通过非正规渠道搭建临时住房。由此可见,在我国城市化进程中,要不断打破城乡二元体制,为农民工提供与城市居民同等的公共服务和社会保障,不断完善劳动力市场,搭建完善的劳动力市场平台,保障劳动力的就业与经济收入。同时,要完善社会保障体系,为农民工提供基本的公共服务,包括教育、医疗、住房等方面,保证他们的基本生存条件,由此,才能够防止出现类似拉美各国的"城市病",保持我国城市化的健康持续发展。

[①] 徐斌:《拉美城市化问题及其对中国城镇化过程的启示》,《〈资本论〉研究》2013年第9卷。

总之，拉美国家的过度城市化和"中等收入陷阱"问题是一个鲜明的案例，它们表明了城市化发展过程中如果无法及时使社会秩序同步发展，将可能带来严重的后果。城市化速度超过社会秩序建设的能力，将导致失业、贫困、住房危机等问题的积累，最终威胁社会的稳定和可持续发展。

第四节 小结

总结梳理不同国家和地区城市化模式的独特性具有重要意义。然而，客观来说，以往研究在考察城市化的全球经验时，相当程度上流于空泛。换句话说，学界在考察不同国家（地区）的城市化模式时，往往忽视了各自的多样性和独特性。因此，笔者在这里的一项工作，就是通过系统性地识别和强调各国（地区）城市化模式的独特性，以便更深入地理解每个国家（地区）在城市化进程中所面临的独特挑战、采取的策略和取得的成就，为全球城市化进程的可持续发展提供更加深刻的理论和实践洞见。

需要指出的是，笔者对这里的归纳和总结，做了相当程度的抽象。恐怕不做相当程度的抽象，是得不出真正典型的特征来的。然而，一旦做了高度抽象，就意味着舍弃了事物的其他"质料"。这是一个取舍问题。无论如何，下面是笔者关于英国、德国、美国、日本、韩国、中国台湾地区和拉美国家的城市化模式独特性的讨论和总结。

英国城市化模式的独特性在于，英国是最早经历工业化和城市化的国家之一。真正意义上的城市化应该是工业化驱动的。尽管今天不少历史学家极力澄清，"圈地运动"与英国城市化之间没有直接的因果关系，但在某种意义上，对英国的"圈地运动"和城市化，倘若将其从工业革命的历史背景下抽离出去，是无法理解的。正是城市化过程与工业革命的结合，使英国城市不仅成了英国工业活动的中心,而且一度成为全球经济活动的中心。正是在这一过程中,农业机械化的大规模应用减少了对农村劳动力的依赖,从而释放了大量的农村劳动力并加速了劳动力从农村向城市的转移,为城市化提供了必要的人口基础。这一解释模型是最为经典的城市化模型,其实它就肇始于英国的工业革命和现代化进程。直到今天,我们在不同版本的各国城市化历史中都能或多或少找到这种解释模型的印记,并且它仍然左右着我们对城市化和工业化的理解。

关于美国城市化模式的独特性,我们可以将之概括为以市场机制为主导作用的多层次的城市体系和城市规划。在美国城市化进程中,市场机制起核心作用,城市发展依赖于经济机会的驱动,比如就业机会的增长和投资机会的增加。受此模式的影响,美国形成了国际大都市、区域中心城市和地方小城市等多层次城市体系,多层次的城市体系促进了区域间的经济联系和资源共享,避免了对某一个或几个大城市的过度依赖。例如,纽约是全球金融、媒体和文化中心,洛杉矶以其娱乐业(特别是电影和电视产业)而闻名,芝加哥在金融和商业方面具有国际影响力。此外,亚特兰大作为美国东南部的中心城市,丹佛作为落基山区的主要城市,以及西雅图作为太平洋沿岸西北地区的中心城市,都是我们熟悉的美国著名城市。当然,美国城市规划和管理大量依赖市场需求和资本导向,展现了较高的灵活性和适应性,使其能够更好地适应经济和社会的变化,为城市提供了可持续发展的空间。

关于德国城市化模式的独特性,我们可以将其概括为分散型的城市化和城乡一体化。德国的城市化模式避免了城市化过程中对首都或大城市的过度集中,实现了全国范围内的城市网络均衡分布。这一点是颇为神奇的。今天走在柏林的街头,人们甚至会产生一种"缺少首都气派"的疑问。其实,这正体现了德国城市化的独特策略——强调城市功能的分散而

第七章　农民工市民化的比较研究

非集中，以及高效的地区间协调。柏林虽然是德国的首都，但与其他国家的首都相比，它没有那种压倒性的中心集聚效应。德国的其他城市，如汉堡、慕尼黑和法兰克福等，各自也拥有强大的经济力量和文化影响力，共同构成了一个多中心的城市网络。此外，德国强调城乡之间的协调发展，推动城市和乡村的一体化，促进了城市和农村的相互依赖和互动，缩小了城乡发展差距。也正是由于对城乡一体化发展的重视，德国城市化模式强调保护农村生态环境，这也提高了农村居民和城市居民的生活质量。

日本城市化模式的独特性体现在环境保护和公共交通建设策略中。或许是由于资源天生匮乏的缘故，日本对生态、环境和资源更加敏感。比如，传统的节能住宅设计、精致的庭院和城市绿化项目，都体现了对自然和谐共生的追求。在城市化的现代化进程中，日本政府在环境保护方面立法手段也极为严格，其颁布的《自然环境保全法》和《环境基本法》在一定程度上展示了日本在环境管理和可持续发展方面的追求。此外，正如我们前面指出的那样，在城市化过程中，日本政府采取了一些相对独特的环境保护和公共交通建设策略。为了解决交通拥堵和环境污染问题，日本政府实施了严格的停车收费制度和限制公务用车的措施，同时大力投资于公共交通建设，特别是轨道交通的建设。这些举措在一定程度上缓解了城市交通问题，为居民提供了便捷的出行方式。这些环境保护和交通建设策略凸显了日本在城市化过程中对环境和城市交通的独特关注。

关于韩国城市化模式的独特性，恐怕难以用一个维度或者一种表述将其完全覆盖。韩国的城镇化模式确实是特殊的，它至少体现在三个方面。一是城市化进程快速。这种快速的城市化模式与其他国家的渐进城市化过程形成了鲜明对比，既为韩国经济增长提供了强大动力，同时也带来了一系列问题和挑战。二是政府扮演了关键角色。简单来说，政府通过制定和执行战略性政策（如新村运动和重化工工业化政策），有效地推动了国家的工业化和城市化进程。然而，这也带来了一些挑战，如城市规划不足和发展不平衡的问题。无论如何，韩国这种依靠政府驱动的城市化模式在全球范围内是相对罕见的。三是突出首尔的超级城市地位。在韩国，首尔不仅是政治和行政中心，还是国家的经济、文化和教育中心。然而，这样的集中化趋势挤占了其他城市的发展资源，使韩国受到地区发展不平衡的挑战，影响了其整体稳定和可持续发展。

对于中国台湾地区城市化模式的独特性，如果要突出其最独特的一点的话，笔者认为是城市周边的郊区化趋势。与许多其他地区相比，台湾地区的城市化呈现明显的郊区化趋势，这在全球尤其是在亚洲的许多快速城市化地区中较为罕见。通常，快速城市化的区域会见证大量人口直接涌向中心城市，导致城市中心区域人口密度急剧增加、房地产价格飙升以及基础设施压力增大。相反，在台湾地区的城市化模式中，大量人口选择迁居到大都市周边的小城市和郊区，这种分散的发展模式有助于减轻中心城市的压力。今天，中国大陆的大都市无疑也面临着负荷过重的挑战。毫无疑问，北京、上海等一线城市的城市化水平已经很高，然而由于这些城市集中了独特的政治、经济、文化、教育、医疗等资源，仍然吸引着大量的外来人口，使疏解人口尤为困难。

拉美国家城市化模式的独特性在于过度城市化。我们看到，"城市化"在这里走向了它的对立面即"过度城市化"。这在其他地区也相对少见。与拉美国家的情形不同，德国、日本等在城市化进程中都努力实现工业化与城市化的同步发展。之所以拉美国家会出现过度城市化，根源在于现代化进程滞后于城市化进程。这种现象导致了大量人口迅速集聚到城市，但城市的工业和服务业发展却未能跟上这种人口增长的速度，结果是城市内部的基础设施、住房、就业机会和社会服务均未能充分满足新增人口的需求。这种脱节的发展模式引发了许多社会经济问题，比如贫民窟的增加、城市贫困和社会不稳定。由此可见，城市化不等同于现代化，也并不一定会带来现代化。因此，我们需要时刻提醒自己：发展的目标是城市化还是现代化？或者换种提问方式：城市化是发展的手段还是目的？

我们完全可以结合英国、德国、美国、日本、韩国、中国台湾地区以及拉美国家的例子来阐述城市化进程中个体自主选择与社会秩序统一的重要性。比如，英国作为最早经历工业化和城市化的国家之一，城市化过程与工业革命紧密结合。个体劳动力基于经济机会选择迁往城市，城市成为工业活动的中心。然而这也带来了问题，如工业污染和劳工状况恶化。英国政府通过《工人住宅法》和《公共卫生法》等立法来改善居住环境，反映了社会秩序的介入。再如，美国的城市化模式依赖市场机制，市场发挥主导作用。城市体系多层次，避免了对某一个或几个大城市的过度依赖。城市规划灵活，依赖市场需求和资本导向。政府在城市规划和基础设施建设中采取了市场导向的政策，反映了自主选择与社会秩序的统一。又如韩国的城市化发展快，政府在城市发展中扮演了关键角色，制定战略性政策推动工业化和城市化。政府驱动的发展模式反映了社会秩序的介入。同样，拉美国家的城市化模式与其他地区有所不同，工业化进程滞后于城市化，低端服务业和非正规经济部门占据经济的主体。这反映了城市化发展中自主选择与社会秩序之间的相互关系，以及社会秩序跟进的重要性。或许，我们甚至可以绝对地说，任何城市化模式的得失成败，关键在于是否处理好了个体自主选择与社会秩序统一的关系。无疑，个体的自主选择推动了城市化的发展，同时，社会秩序的跟进也是确保城市化可持续发展的关键。这些国家和地区的案例启示我们，理解这对范式的难点在于对自主选择概念的把握。自主选择在某种意义上反映了市场经济下个体的自由意志和理性选择，这是城市化发展的推动力之一。但我们需要指出的是，认为一切劳动力迁徙、就业机会选择、居住地点决策都是市民化过程中自主选择的结果，显然是错误的。其实，不少时候，社会底层民众的"自主选择"并不自主，而是一种无奈的"妥协"。拉美国家的城市化进程及其贫民窟化现象就是最好的例证。笔者主张的自主选择在某种意义上不是"实然"状态，更不能用自主选择概念去"合理化"一些不合理的经济社会现象。在笔者看来，自主选择应该是一种"应然"状态，它表达的是对社会"善治"的理想和愿望。正是基于对这种"善治"的期待，社会秩序的建设才成为至关重要的任务。

中国国土面积大、区域广泛、人口众多，因而其城市化进程也有自身的独特性。与欧美发达国家相比，中国城市化起步晚、水平较低、发展速度快，而欧美国家则是起步早、水平高、发展速度缓慢，甚至出现了逆城市化现象。中国无论是在地理位置上还是在国情上都与东亚其他国家和地区表现出更多的相似性，因此其城市化发展过程中可借鉴的经验对中国而言更具参考价值。在拉美国家，片面追求城市化的快速发展导致了过度城市化，经济发展陷入了"中等收入陷阱"，这为中国城市化提供了反面教材，我们应避免走上拉美国家的城市化发展路径。

当前，中国正处于城市化快速发展的时期，农村劳动力持续涌向大城市，这一趋势在短期内不大可能改变。为确保中国经济和城市的持续健康发展，也为了全面实现人的现代化，我们必须不断深化改革，特别是为破解城乡二元体制和完善社会保障体系做出更大的努力。在此过程中，中国需要根据自身的国情，制定符合自身特点的城市化战略，同时借鉴全球其他国家和地区经验，以避免遇到过去一些国家和地区在城市化过程中出现的问题。只有这样，中国才能实现更加高效、均衡和可持续的城市化，为全球城市化的发展提供新的范例和思路。

第八章　农民工市民化的逻辑与路径：自主选择与社会秩序统一

农民工市民化是中国式现代化的重要组成部分，深刻反映着生产关系的内在变革。有力有效破除农民工市民化难题必然呼唤自主选择与社会秩序统一的分析范式。本章将以这一分析范式为核心，系统性总结全书内容，针对性提炼理论要点，探索性阐释政策建议，切实推动自主选择与社会秩序统一的分析范式在"农民工市民化"相关学术探讨与民生实践中的深度应用，明确以自主选择权利授予为核心的制度设计理念，重点把握市民化过程中城市与乡村、大城与小城、政府与市场、中央与地方、正式制度与非正式制度等多方关系，明晰农民工市民化的重要性、长期性和整体性，理顺"顶层设计"与"基层探索"的互动逻辑，阐述宏观制度的联动式改革、农民工主体性的激活和县域市民化的落地方案等政策思路，讨论在现行制度框架下具体可行的改革方向。

第一节　研究结论

锚定"农民工市民化"的研究主题，本书在阐述研究背景、界定基础概念、回顾学界争论的基础上，创造性提出了"自主选择与社会秩序统一"的全新分析范式。综合运用文献研究、案例研究、实证研究、对比分析、逻辑演绎等方法，从理论与实践、纵向与横向的视角着手，系统性地探究了自主选择与社会秩序统一分析范式的理论来源、历史依据、现实经验与比较参照，全方位论证了这一分析范式的科学性、发展性、实践性与适用性，有力回应了中国式农业农村现代化、新型城镇化等重大现实关切，为指导中国式现代化实践提供了有效价值支撑。具体研究结论如下。

第一，自主选择与社会秩序统一的分析范式是研究农民工市民化的开拓性工具。农民工市民化是复杂的社会演进过程，关涉城市与乡村、工业与农业、城市居民与农村居民等多种平衡关系，统一于个体与总体、人民与国家、微观与宏观的非平衡视角之下。围绕"农民工市民化"的争辩主题，政学两界的现有研究虽然在平衡关系上做到了综合统筹，但是在非平衡视角下则缺乏统一的研究探索，或侧重于微观影响因素的讨论、或侧重于宏观政策效果的检验，这种分化发轫于西方主流经济学在微观和宏观上的分野——边际革命后微观经济学和宏观经济学领域难以通过数理模型直接衔接。立足生产力与生产关系、经济基础与上层建筑辩证统一的唯物史观，自主选择与社会秩序统一的分析范式把微观和宏观两大领域联结起来，推动了学理逻辑与政策思路的创新。一方面，自主选择与社会秩序统一的分析范式革新了应对农民工市民化问题上的价值观念，将调动"现实的个人"的积极性与能动性作为解放物质生产力的根本途径，突出农民工个体和家庭在其市民化进程中的自由决策权和改革参与权。虽然学界有诸多观点也强调了"农民工"的地位，但在这类观点中农民工是作为政策的被动接受者出现的，而不是影响改革方向的参与主体；另外，自主选择与社会秩序统一的分析范式形成了破解农民工市民化难题的新方法论，建构自下而上的"基层探索"与自上而下的"顶层设计"相统一的改革道路，

第八章 农民工市民化的逻辑与路径：自主选择与社会秩序统一

明确了农民工自发与行政有效干预的互动机制。这一分析范式还具有普适性特征，贯穿了农民工市民化过程中相关制度改革的整体架构，在户籍制度、土地制度、社会保障制度等诸项制度的变迁过程中，自主选择与社会秩序统一的分析范式都有很强的指导性。

第二，自主选择与社会秩序统一的分析范式来源于多元理论的时代化发展。思想的火花是阶梯式迸发的，自主选择与社会秩序统一的分析范式是前人思想在新时代发展的必然结果，具体来说有三大理论来源。一是马克思主义经典作家的思想资源。马克思和恩格斯认为，工业和农业的分工推动了劳动生产率的提高，要素集聚带动工农业在空间的布局进而引发了城乡分离，最终生成了劳动力的乡城迁移；马克思和恩格斯观察到人口的乡城迁移对社会秩序的冲击，这种冲击体现为城市环境污染和人口健康等问题、乡村产业凋敝和人口流失等问题的双重社会失序。在马克思主义经典作家看来，社会主义制度下通过国家权力的介入，开展自觉性、计划性和系统性的工作，能够推动城乡社会秩序从"无序"走向"有序"。可以说，马克思主义经典作家思想中时刻闪耀着的唯物史观是本书分析范式创新的立论基础。二是西方经济学代表性学者的理论学说。从工业化和城市化的现象层面出发，西方经济学者在微观层面提出了农户理论、劳动力迁移模型，在宏观层面总结了产业结构变迁、城市化发展规律。简言之，西方经济学代表学者研究的市场经济条件下农民工决策逻辑与经济秩序变动逻辑是本书分析范式提出的有益参考。三是中国共产党人的相关探索与论述。围绕中国社会主要矛盾的变动，农民工市民化问题根源于社会主义革命和建设时期的城乡差别化管理、形成于改革开放与社会主义现代化建设时期的市场化浪潮、应对于新时代城乡融合的实践。简而言之，中国共产党人关于"人民主体性"的施政理念是本书分析范式的有力支撑。

第三，自主选择与社会秩序统一的分析范式经过了国家历史的实践性检验。新中国70余年的发展实践为自主选择与社会秩序统一分析范式的科学性做了对照检验，提供了分析范式的历史证据。笔者将新中国的历史依据自主选择与社会秩序需求的匹配程度划分为五个阶段，即相对自主选择与计划秩序构建期（1949~1957年）、限制自主选择与计划秩序强化期（1958~1977年）、恢复自主选择与社会秩序跟进期（1978~2002年）、自主选择与社会秩序统一的初步形成期（2003~2012年）、自主选择与社会秩序统一的深度完善期（2013年至今）。经验材料表明，哪个历史阶段违背了"自主选择与社会秩序统一"的规律，则其城市化发展就会遭遇挫折；哪个历史阶段遵循了"自主选择与社会秩序统一"的规律，则其城市化发展便一路高歌。从更广阔的视野来看，新中国的社会失序来自工业化对传统乡村社会的颠覆性冲击，这种冲击打破了乡村社会初始的低水平均衡状态，使得个体需要更多的选择权来优化资源配置，也就是自主选择与社会秩序之间出现了裂痕；而当经济转型走向深化，工业化和城市化达到较高程度，政府和市场能够有效回应农民工的需求和权益时，社会秩序也将从"失序"重新走向"有序"，社会整体达到高水平均衡状态。故就本质而言，农民工"自主选择"强调的是包括自由迁移权、平等公民权、均等保障权在内的整体性权利选择，显然这些权利的选择迫切呼唤以正式制度为核心的社会秩序的有效跟进。

第四，自主选择与社会秩序统一的分析范式生成于社会实践的深层次要求。现实状况是分析范式的最有力论证和最坚强支撑，城镇化与工业化的时代特征决定了中国破解农民工市民化问题必须也必然要遵循自主选择与社会秩序统一的逻辑理路。本书借助国家统计局宏观数据、甘肃金昌调查数据、中国社会状况综合调查数据和中国流动人口动态监测调查数据，采用实证分析与案例分析相结合的研究手段，详细探究了农民工市民化的总体水平、细节特征、制度性影响因素和时代本质。从总体特征来看，农

第八章 农民工市民化的逻辑与路径：自主选择与社会秩序统一

民工市民化难题反映为常住人口城镇化率和户籍人口城镇化率的差值，2022年该值达到17.52个百分点，体现在农民工市民化意愿较高与城镇落户意愿较低的矛盾之中，表现为农民工市民化综合指数低于0.3。从细节特征来看，农民工市民化具有动态性和长期性，在经济层面，收入高与生活成本高、就业不稳定的矛盾凸显；在居住层面，高房价背景下租住私房与居住隔离状况并存；在子女教育层面，随迁儿童入学状况改善与升学难、费用高并存；在社会交往层面，进城农民工群体仍以维持乡土社交关系为主；在政治参与层面，农民工在城乡的政治参与中处于双重边缘化、参与意愿高与参与水平低的矛盾明显；在心理观念层面，乡村文化与城市文化在农民工身上寻求融合。从深层制度因素来看，现行户籍制度已经全面取消了县城落户限制，城市也依等级对农民工开放落户，但户籍背后的生存与保障问题仍然存在；现行土地制度要求不得将退出农村土地权益作为农民工进城落户的条件，但农民工对土地的物质与精神依赖依然存在；现行社会保障制度下农民工可以参与城镇职工的养老与医疗及其他保险，但收入稳定性、住房产权、家庭发展等问题决定了农民工难以融入城市社会保障。从时代本质来看，农民工市民化归根结底是一种发展的不平衡不充分问题。详细的现实分析表明，农民工具有以农村权益兜底、以城市权益为追求的选择倾向，这是在既有生计水平和生计状况下的必然结果，也是以正式制度为代表的社会秩序回应农民工自主选择的逻辑起点。概论之，农民工市民化的现实状况强力证明了社会秩序有效跟进才能充分调动农民工的积极性和能动性。

第五，自主选择与社会秩序统一的分析范式借鉴了全球其他地区城市化的多方面经验。全球其他地区的城市化发展经验和教训为自主选择与社会秩序统一分析范式的提出提供了横向对照和有益借鉴。比中国发达的欧美国家地区由于没有及时解决工业化带来的负面影响，城市人口膨胀导致了城市环境污染、交通拥堵、设施颓坏等各类问题，走到了"逆城市化"的发展阶段，这是社会秩序未能有效满足农业转移人口需求而带来的社会问题；与中国发展水平相近的东亚国家和地区，在市场与政府的共同推动下，做出了城乡统筹发展的有益尝试，给中国运用自主选择与社会秩序统一的分析范式提供了良好参照；比中国落后的拉美国家，由于片面追求城市化发展速度，城市化超越了工业化发展阶段，导致了"过度城市化"问题，城镇中出现了众多贫民窟，经济发展陷入"中等收入陷阱"。全球视野下的横向比较展现了自主选择与社会秩序统一的规律，这一规律表现为：一方面，社会秩序未能跟进自主选择对经济社会的冲击，就会造成社会失序，欧美的"逆城市化"就是典型代表；另一方面，社会秩序超越了自主选择的运作空间，或者说社会秩序强制个体做出选择，同样会造成社会失序，拉美国家的"过度城镇化"就是典型代表。这些事实充分证明了自主选择与社会秩序统一分析范式的普遍适用性。

第二节 中国特色市民化理论提炼与发展原则

自主选择与社会秩序统一的分析范式引发了对更深层次的中国特色农民工市民化理论的思考，中国特色农民工市民化过程既有全球市民化发展的一般特征，也有立足民族经济与文化实际的中国特色。本节立足于生产力与生产关系、经济基础与上层建筑的辩证逻辑，剖析中国特色农民工市民化的特征与内容，明确在推进中国特色农民工市民化的道路上应当贯彻的原则底线，展望城乡融合发展、人口自主定居的和谐蓝图。

第八章　农民工市民化的逻辑与路径：自主选择与社会秩序统一

一　中国特色农民工市民化理论提炼

立足于自主选择与社会秩序统一的分析范式，中国特色农民工市民化理论强调了微观与宏观、个体与总体、农民与市民的互动，是与中国具体实际相结合、与中华优秀传统农耕文化相结合的市民化，是符合中国国情的必然道路。从内容来看，中国特色农民工市民化理论包括特色的农民工市民化发展阶段、特色的农民工市民化发展前景、特色的农民工市民化内在特征等部分，凸显了市民化一般规律与中国实际的有机统一，贯穿着自主选择与社会秩序统一的主线。

（一）中国特色农民工市民化理论是中国式现代化的应有之义

中国特色农民工市民化理论内生于中国式现代化中，市民化作为工业化和城市化的伴生过程，本身便是现代化的应有之义。中国式现代化是人口规模巨大、共同富裕、物质和精神协同、人与自然和谐、走和平发展道路的现代化[①]，除人口规模是基础特征之外，其余四个特征表述的是四种内在关系，即城市和乡村、经济与文化、人类与自然、中国与外国的关系组合。可以发现，中国式现代化内涵中的基础特征与关系组合在农民工市民化过程中得到了深刻的体现。从基础特征来看，中国拥有超大规模的农民工群体，根据《2022年农民工监测调查报告》，全国农民工总数是29562万人，本地和外地农民工分别为12372万人、17190万人，约占全国人口总数的20%，这一数量已经超过了除印度、美国以外的其他各个国家的人口数量；从关系组合来看，中国的农民工市民化一直在朝着城乡融合发展、物质与精神协同发展、人与自然和谐发展的方向努力，同时中国的农民工市民化是原住民的市民化，而非殖民者的市民化，是依靠内生资本

[①]　陈鹏：《中国式现代化是世界现代化理论和实践的重大创新》，《人民论坛》2023年第6期。

积累逐步发展起来的市民化，贯彻了和平发展的基调。同时，农民工市民化问题是伴随着"农民工"概念的产生而产生的。

如何满足乡城迁移人口的公共服务和社会保障需求，是世界各国城市化发展的必然难题，这一难题的本质是为新进城农民提供公共服务的资源从哪里来的问题。一定地区的资源禀赋是有限的，工业化推动城市化生成了资源集聚的特性，引导着人口的乡城迁移。根据刘易斯模型，新进入城市工业的劳动力报酬是低于城市居民平均收益的，需要行政力量干预为其提供公共服务资源。第一种情况是资源来自国家外部，通过广泛的殖民剥削、产业结构的比较优势获取资源。例如，欧美国家工业化起步较早，通过对外扩张可以获取到丰富资源，从而轻易地在不降低原有城市居民福利水平的条件下提高新进入城市的居民福利，进入城市的新居民能够安稳定居。然而这种类型的资源供给，一方面由于要素过度集聚带来了"城市病"，另一方面，这种建立在不平等国际贸易基础之上的高福利政策伴随着第三世界国家的崛起而不可持续。第二种情况是资源来自国家外部，但并非采取殖民扩张的方式获取资源，而是作为国际斗争的工具被扶持。例如，日本、韩国等依附型国家，二战结束后作为资本主义国家对抗社会主义国家的"桥头堡"，被输入大量资源，强势助推了工业化和城市化进程，然而依附的代价是主权的丧失。第三种情况是资源来自国家内部，通过城乡分工和行政干预，以乡村资源为新进城农民提供初始公共服务，以中国为主要典型代表，当进城农民实现在城市安居乐业之时，乡村公共服务会随着户籍的转变而转变为城市公共服务；当进城农民没有能力融入城市成为城市居民时，那么乡村会始终提供兜底保障。第四种情况是资源无力供给，无法从外部获得资源，也无法从内部获得资源，即无法在保持原有城镇居民公共服务水平的基础上，为新进城农民提供均等服务。例如，拉美国家等停滞型国家没有对外扩张的能力，也没有外部资源的输入，也无法

第八章　农民工市民化的逻辑与路径：自主选择与社会秩序统一

通过人口组织化实现国内的资源集聚，进入城市的新居民无法安居乐业、也无法退回到乡村社会，于是陷入了"中等收入陷阱"。

综合上述四种城市化资源集聚路径可知，中国的城市化是独立自主、平和稳步发展起来的，农民进城的初期成本和兜底成本由乡村承担，由此形成了超低成本的城市化道路。然而，市民化意味着农民进城之后的各类服务成本需要由城市承担，从而生成了城市化与市民化的矛盾，即常住人口城市化与户籍人口城市化之间的冲突。随着工业化步入后期，超低成本的城市化道路逐渐变得不可持续，一方面，低成本的城市化道路意味着进城农民与乡村经济和文化联系密切，保持着进城农民对乡村社会的依赖，一定程度上阻碍了农业的规模化和现代化进程，进一步形成了对城市发展的束缚；另一方面，低成本的城市化道路意味着进城农民难以获得良好的社会福利和社会保障，风险承担能力弱，从而降低了进城农民的消费能力，造成内需拉动经济发展的能力疲弱。故而从这个角度讲，现阶段推动农民工市民化，必然需要变革城市化路径，促进社会秩序的跟进，满足农民工自主选择的需求。

（二）横向来看，中国特色农民工市民化拥有区别于他国的发展阶段

与殖民型国家、依附型国家、停滞型国家不同，中国的工业化和城市化是独立自主发展起来的，既不侵害他国发展权益，又保持了国家主权的独立完整。这一模式根植于深厚的乡土基础，生成了强大的经济韧性，塑造了独具特色的市民化发展阶段。对比而言，全球典型国家和地区的市民化呈现线性发展趋势，要素持续向城市集聚，城乡之间缺乏互动，城市化产生的诸多问题只能以"逆城市化""贫民窟"的形式实现"硬着陆"。中国特色的农民工市民化则呈现波浪式的发展趋势，在要素向城市集聚的过程中，城市要素也在向乡村扩散，城乡之间处于广泛而猛烈的互动之中，城市化的弊端通过乡村得以"软着陆"。根据城市与乡村的关系演进，

中国特色市民化可以划分为三个阶段。

第一阶段，乡村支持城市、农业支持非农产业。中国特色市民化是以乡村为城市输血为起点的。首先，进城农民工除获得微薄的工资收入之外，没有失业保险、医疗保险、养老保险和工伤保险，进城务工的风险基本由农民工家庭和农村集体来承担；其次，进城务工的成本同样由农民工家庭承担，务工的路费、生活费主要来自农业剩余；最后，通过农用地转为非农用地的制度设计，乡村以低廉的价格为城市化提供土地。通过上述路径，城市资本以极快的速度积累起来，工业化和城市化迅速推进，市民化水平也快速提高。

第二阶段，城市反哺乡村、非农产业反哺农业。初始阶段的城市化给乡村和农民带来了沉重的负担，"三农"问题在21世纪初也被广泛提及，国家开始逐步改革乡村承担市民化风险和成本的制度。一方面，推进养老保险、医疗保险制度改革，提高农村养老保险和农村医疗保险的待遇，允许农民工参与城镇职工保险，转移乡村承担的务工风险；另一方面，取消农业税费、开展新农村建设，由国家主导进行大规模的乡村建设，加强对乡村的转移支付，力推"以工补农，以城带乡"。虽然这一阶段开始了城市要素向乡村的扩散，但这种扩散仍然具有城市偏向性，如资本下乡开拓乡村消费市场、以龙头企业的形式占据农业产业链上的大部分增值收益等。进城务工仍然是农民工的理性选择，市民化水平持续提高。

第三阶段，城乡融合发展、产业融合发展。党的十八大以来，国家重点回应了农民工自主选择的需求，持续推动城乡关系走向"互补互促"。首先，继续加大了对乡村的转移支付，实施了乡村振兴战略、开展了乡村建设行动，不断改善乡村环境和乡村基础设施状况，在要素向城市集聚的同时，推动要素在乡村的扩散；其次，推动了农业产业化发展、农村一二三产业融合发展，形成了乡村百业振兴的良好局面，确定了以家庭农场和

第八章 农民工市民化的逻辑与路径：自主选择与社会秩序统一

农民专业合作社为主的新型农业经营主体，分享工业化和城市化带来的增值收益；最后，确定了以县域为空间的城乡融合方向，更有利于形成县域内部的乡村产业体系，有利于农民工在县域内实现就业创业。这一阶段市民化水平提高速度可能会减慢，但农民向非农产业的转移会持续增加。

（三）纵向来看，中国特色市民化拥有城乡融合的发展前景

根据前述中国特色市民化的三个阶段，结合经济社会发展实际，当前我国正处于第三阶段的初期。展望未来，中国特色市民化的发展前景是城市与乡村除分工之外再无区别、市民和农民除职业之外再无区别，农民拥有在县域内市民化的能力，要素集聚与扩散形成良性循环，自主选择与社会秩序实现有机统一。

第一，中国特色市民化是城乡融合的市民化，城乡间没有分工之外的差别。自城乡分化之初，城市和乡村便存在着职能分工，在中国历史上，城市普遍承担着政治职能、商品集散职能和安全保卫职能，乡村承担着农业生产和百业流通的职能。工业革命以后，城市成为大工业、大资本的集聚地，生产效率突飞猛进；乡村借助现代机械和生物化学技术，也实现了生产效率的迅速发展；因此，当工业化进入后期，非农产业和农业、城市和乡村的劳动收益是趋于一致的。中国特色农民工市民化的首要目标就是实现城乡、工农业中劳动力平均收入的均衡，农业劳动中单位时间获得的报酬应当略低于或趋近于非农劳动的单位时间报酬，劳动收入差距仅来自城乡分工。城乡分工中，城市比较优势主要体现在经济效率、基础设施和发展机会等方面，乡村比较优势主要体现在文化特征、社会氛围、生态状况等诸多方面。一是经济分工，城市集聚效率更高、就业机会更多，乡村也有非农就业机会但收入相对略低；二是文化分工，乡村文化直接传承了更深厚的中华传统农耕文化，城市文化更多的是现代文明；三是社会分工，产业分工塑造了城乡之间不同的社会氛围，城市的生活节奏紧张、快

捷，乡村的生活节奏松弛、淡然；四是生态分工，乡村拥有广阔的自然空间，与自然紧密联系，城市的自然空间相对较小，拥有更多社会活动。当农民对优美生态、闲适生活和传统文化具有更强的选择偏好时，就选择融入乡村；当农民对更高收入、便利设施、发展机会具有更强的选择偏好时，就选择融入城市。除了这一选择偏好之外，再无其他因素影响农民的迁移和居住决策。

第二，中国特色农民工市民化是服务均等的市民化，公民间没有职业之外的区别。在中国特色农民工市民化的前景中，农村居民和城市居民的含义只有居住地域差别、农民和市民的含义只有职业的不同，包含就业保障、住房保障、教育保障、医疗保障、养老保障、失业保障在内的社会保障和公共服务在城乡之间均等供给，农民和农民工享有的保障水平应当略低于或趋近于城市居民享有的保障水平，户籍制度完全转化为人口管理制度，社会保障制度与户籍制度脱钩，转变为与职业身份挂钩。

第三，中国特色农民工市民化是选择自由的市民化，农民拥有在地市民化的能力。中国特色农民工市民化应当建立在以县域为空间推进城乡融合的基础上，在县域内实现一二三产业的融合发展。换言之，农村居民居住在农村，不仅能够选择从事农业生产，还有选择非农就业的权利。自古以来，乡村就是百业存在之地，现代工业摧毁了乡村手工业，却无法完全消除县域特色小企业、小作坊和小市场的比较优势，这些产业恰恰是农民实现在地非农转移的有利途径。

概而论之，中国特色农民工市民化擘画了这样的蓝图：农民可以自由选择是在农村从事现代农业，还是在县域内从事非农产业，抑或在城市从事非农产业。无论选择在何处就业，都能够获得社会平均收益，享有的社会保障和公共服务只与职业身份挂钩，不同职业间的基本公共服务均等化，影响农民流动、定居决策的因素有且只有城乡分工产生的差异。

第八章　农民工市民化的逻辑与路径：自主选择与社会秩序统一

（四）系统来看，中国特色农民工市民化拥有复杂交互的内在特征

相较于其他国家的市民化，中国的农民工市民化过程具有更加复杂的内在特征。作为城乡联系的灵活主体，农民工同时与农村和城市构建了社会联系，任何微小因素的变动都将引起连锁反应。各方面因素相互联系、不断交织，塑造了中国特色市民化过程的复杂性。

第一，中国特色农民工市民化的行政主体复杂。中国的市民化是各级行政主体协同参与的市民化。首先是中央和地方的分工协作，农民工市民化政策的"顶层设计"来自中央，这是市民化的一般规定和普遍要求；农民工市民化的具体政策由地方制定，需要结合地方经济社会发展实际。其次是流出地和流入地的工作联系，农民工市民化意味着区域间的流动，尤其是外出农民工存在跨省、跨市迁移流动的状况，户籍转换、社会保障变更等市民化行为必然与流出地、流入地同时产生联系；最后是地方政府内部不同部门之间的联系，市民化中的诸多事项都是跨部门、跨领域的，例如，推进农民工子女在城教育制度改革往往需要教育部门、民政部门、财政部门等多部门的共同努力。

第二，中国特色农民工市民化的生成系统复杂。中国特色农民工市民化不仅受到正式制度的约束，而且与非正式制度密切联系。一方面，在市民化的过程中，农民工不仅会考虑政策规定，还会考虑风俗习惯、文化环境等因素，如饮食习惯、生活习惯等；另一方面，中国不同地区均有相对独特的历史文化、民族文化，文化观念、思维习惯也在一定程度上影响着城市居民对农民工的接纳程度和主观评价，如果文化相近、习惯相似，那么城市居民对农民工的主观态度会更有利于市民化的推进。

第三，中国特色农民工市民化的建构空间复杂。与其他国家的市民化相比，幅员辽阔的中华大地不是只存在几个孤零零的大城市，而是散布着星罗棋布的中等城市、小城市、小城镇和村庄，即便是一个小村庄也可能拥有久远的历史、特色的文化。从经济关系的角度来看，大城市、中小城市、小城镇形成了互为补充的产业分工，中小城市和小城镇作为大城市的经济腹地，既分享着一部分现代经济发展的成果，又避免了大城市中存在的诸多市民化问题。中国庞大的人口总量和复杂的内在关系决定了中国特色农民工市民化是大城市、中小城市和小城镇共同存在的市民化，大城市无法满足所有农民工个体的选择需求，中小城市和小城镇通过要素的集聚和扩散与广大乡村的联系更加紧密，形成了复杂多元的城市化建构空间。

简言之，复杂交互的内在特征存在于中国特色农民工市民化的任何一个发展阶段、任何一个系统分支，这是中国推进农民工市民化必须考虑的关键变量，既对农民工市民化提出了各方面挑战，也给农民工市民化提供了发展策略。因此，在推进农民工市民化的过程中，应当立足横向的复杂特征，锚定纵向的发展目标，不断优化农民工市民化政策体系。

二 中国特色农民工市民化发展原则

中国特色农民工市民化的有关理论指导着农民工市民化实践，贯彻了中国特色农民工市民化的发展原则。中国特色农民工市民化发展原则，适用于自主选择与社会秩序统一的分析范式，强调了市民化的人民性、发展性和公共性，突出了尊重农民工意愿与引导农民工选择、发挥市场作用与规范市场运行、激发行政力量与避免政府失灵的复杂目标。

（一）坚持以人民为中心的发展思想

中国特色农民工市民化反映了人民对美好生活的向往，贯穿着以人民为中心的根本原则。市民化中的"以人民为中心"，显然是以农民工为中心，围绕农民工的发展需求制定相应的政策，构建多元的实践路径，完善强基固本的民生保障体系。

第一，以人民为中心体现在制度生成逻辑上。按照全球一般市民化经

第八章 农民工市民化的逻辑与路径：自主选择与社会秩序统一

验，相关制度的设计往往遵循着"自上而下"的逻辑。而中国特色农民工市民化的制度生成遵循"自上而下"与"自下而上"相结合的逻辑，尊重农民工的自主选择，以制度革新来回应农民工的需求，这也是自主选择与社会秩序统一范式的良好体现，实现了行政政策的制定主体与受用客体的统一。一方面，制度的产生路径转变为"问题产生—制度需求—回应需求—制度供给"，虽然具有一定的滞后性，但是能有效规范政策制定过程，使其不偏离现实需求，更有利于解决农民工关注的迫切需要解决的问题；另一方面，制度的产生理念从管理导向转变为服务导向，让农民工主动参与到市民化规划设计之中，而非被动接受大市场和大政府的市民化方案。

第二，以人民为中心体现在多元市民化内涵中。中国农民工特色市民化并不意味着农民工必须完成从乡到城的迁移，更不意味着必须迁移到大城市，以人民为中心的根本原则体现在对多元市民化的认可上。毋庸置疑，市民化是社会发展的必然选择，但市民化不是单一的、单调的，而是多元的、丰富的。一方面，中国市民化的行政主体、生成系统、建构空间都是复杂的，这意味着，各地市民化路径和市民化重点是不同的，多元市民化模式是中国特色市民化的必然应允；另一方面，农民工的价值观念与利益诉求是多元并且不断变化的，进入城市或大城市并不是农民工的唯一选择，返回乡村和小城镇也可以是市民化的应有之义，尤其是随着我国经济结构的不断完善与改革的不断深入，乡村社会生活水平和配套设施更加健全，农民工在乡村实现就地化非农转移是理性的。故而中国特色农民工市民化必须从农民工的主体性出发，尊重农民工的自主选择，为农民工全面发展提供保障，增强其就地市民化的可能性与可行性。

第三，以人民为中心体现在始终抓牢民生保障上。有序推进农民工市民化需要为农民工的生存和发展提供保障，中国特色农民工市民化意味着要赋予农民工群体均等的社会保障权，使农民工无论在城还是在乡都能享受平等的公共服务和社会保障。一方面，抓牢民生保障强调了农民工在城市的社会保障权，包括就业、住房、医疗、养老和子女教育等多方面的保障内容；另一方面，抓牢民生保障意味着保护农民工在乡村的成员权益，包括农地、宅基地、农房和集体收益等多个方面的分配和使用权。同时，保障民生意味着防范资本对农民工利益的侵蚀、对乡村财富的占有，让农民工拥有在地发展权。

（二）构建高水平社会主义市场经济

市场是推进农民工市民化的重要手段，在相关资源配置中发挥着决定性作用。在自主选择与社会秩序统一框架下实现中国特色市民化，意味着对农民工自主理性选择的支持和鼓励，放宽行政性的干预和限制，让农民工能够自由选择；意味着给农民工提供人力资本和信息资源，增强农民工的决策理性，让农民工能够做出最优选择。然而，以市场为手段并不意味着完全依靠市场，市场主体的本质具有逐利性，完全依靠市场必然引致资本侵蚀和贫富分化，尤其是农民工市民化过程中具有公共性的产品和要素不能完全依靠市场配置。

长期以来，市场在劳动力要素的配置中发挥着决定性作用，通过不同产业部门之间、不同区域之间的劳动力价格，调节着劳动力的需求和供给，助推了农民工市民化的浪潮。在现阶段，以市场为手段推进农民工市民化，意味着回应农民工的需求，为农民工提供更加广阔的选择空间，如利用市场手段发展中小城市和小城镇、开发能够吸纳就业的多行多业、提供自主创业的氛围等，有助于形成农民工市民化的良好经济生态。

然而，农民工市民化是复杂的、综合的问题，其中的诸多要素既有公共性，又有经济性，从而导致了市场手段的局限性。例如，可以使用市场手段激活宅基地和农房的财产性价值，但是集体成员的分配权益不能市场化；再如，可以利用市场手段实现农地的流转和集中，但是不能以此作为

第八章　农民工市民化的逻辑与路径：自主选择与社会秩序统一

进城落户的条件；对于农民工来说，土地不仅有重要的经济价值，而且有重要的公共价值，即保障兜底功能和文化传承功能，因此就无法完全依靠市场来配置农村的土地资源。农民工市民化问题的复杂性决定了尊重市场机制不等于尊重农民工的自主选择权益，对市场的适当必要限制恰恰是保障了农民工选择权。

（三）完善政府宏观调控和治理能力

农民工市民化具有公共性，体现在对激活消费、拉动内需、发展文化都具有重大意义，由于存在巨大的公共价值，公权力介入农民工市民化是必要而且重要的。根据"自主选择与社会秩序统一"的分析范式，以正式制度为代表的社会秩序也呼唤着政府干预，以实现对农民工自主选择需求的回应。

第一，以政府为统领体现于改革宏观制度。包括户籍制度、土地制度、社会保障制度在内的宏观制度体系是农民工市民化的制度基础，其改革和完善依托于政府。在农民工市民化之初，宏观制度的"基层探索"和"单项优化"都是可行的；随着市民化步入高级阶段，宏观制度之间的关联性越发凸显，牵一发而动全身，宏观制度的基层探索和单项改革难以有效，制度的综合改革和顶层设计只有依靠行政力量才能实现。

第二，以政府为统领体现于应对市场失灵。市民化过程中的市场失灵存在两种状态：第一种状态是市场应该发挥作用但没有发挥作用，如因缺乏信息而无法就业、因担心风险而不流转土地等情况；第二种状态是市场无法发挥作用，如农民工子女教育、农民工医疗和养老保障等公共服务。前者需要政府激活市场作用，如通过建设网络基础设施、交通道路设施等促进就业信息的传播，通过土地确权颁证激活农地经营权流转市场；后者需要政府替代市场发挥作用，如建立公共基础教育体系、医疗体系和养老体系。

第三，以政府为统领体现于引领自主选择。农民工的自主选择不是盲目的选择，而是建立在有限的空间之中，自主选择权是在国家必要限度范围之内。换句话说，农民工的自主选择必须在国家根本和基本制度的约束下进行，与城市居民一样承担相关社会责任、履行相关社会义务。例如，农民工进城务工流转土地，流转的只能是经营权，而不能流转土地所有权；再如，农民工参加城镇职工养老保险和医疗保险，同样要按照规定缴纳保费，而不能不缴费就享有城镇职工的保障水平。本研究建议进一步论证放开土地流转和参与城镇职工保险的限制，给予农民工选择权，能够选择流转或不流转、参保或不参保。同时，政府引领农民工自主选择的原则体现在政府对现代文化的宣传、对农民工的技能培训和知识传授、对公共基础设施的建设上，通过这些方式引领农民工改变思想、提升认知和技术能力、拥有迁移和融入的个体条件。

第三节　农民工市民化的推进理念与政策建议

中国特色农民工市民化理论指出，农民工市民化既有全球市民化的一般规律，又有立足中国实际的运行机理。推动农民工市民化，要牢牢把握中国特色，重点关注农民工自主选择与社会秩序统一，赋予农民工更多的选择权，扩大农民工决策的选择空间，理顺城市与乡村、非农产业与农业、要素集聚与要素扩散的关系，构建兼顾公平与效率的社会秩序。

一　农民工市民化的推进理念

推进农民工市民化需要坚持科学的发展理念，与其他国家相比，中国推进农民工市民化具有独特的经济、社会与文化实际，从而生成了农民工

第八章　农民工市民化的逻辑与路径：自主选择与社会秩序统一

市民化的重要性、长期性和整体性等性质，而这恰恰是农民工市民化需要树立的推进理念，不仅为中国改革相关政策、优化社会秩序提供了指导理念，也为其他发展中国家开展农民工市民化实践提供了有益参考。

第一，农民工市民化具有特殊重要性。农民工市民化作为中国式现代化的重要组成部分，其重要性是不言而喻的，它是撬动宏观经济和微观民生的有力抓手。从宏观角度来看，农民工市民化关系到产业结构的转型升级，关系到激活超大规模内需市场，关系到共同富裕目标的实现进度，没有农民工的市民化就无法充分提高资源利用效率，就无法保持社会长期稳定发展，就无法真正突破中等收入陷阱。从微观的角度来看，农民工市民化关系到2.9亿农民工与5.1亿农村居民的生计状况[1]，关系到农民工家庭的幸福感、获得感与安全感。

第二，农民工市民化具有发展长期性。农民工市民化问题深刻体现在为新进城农民提供均等服务的困难上，由于资源的有限性与人口需求的无限性矛盾将会持续存在，农民工市民化问题也将长期存在。就宏观角度而言，农民工市民化水平的提高与人口总量和人口结构的变动、工业化后期的产业发展、现代科技的创新和应用紧密联系，庞大的人口规模、经济体量和制度改革的渐进性决定了农民工市民化问题的解决不是一蹴而就的，也不是铁板一块，而是多元化、逐步深入的。就微观角度而言，农民工与乡村文化的依恋是长期存在的，这种选择偏好根植于历史悠久的中华农耕传统，相较于物质因素，思想观念的变动更加缓慢，这决定了农民工市民化的长期性。

第三，农民工市民化的推进具有整体性。联系城乡两域、横跨多个产业，农民工市民化具有综合性和复杂性。一方面，市民化与现代化的

---

[1] 数据来自《第七次全国人口普查公报》。

其他组成部分之间存在联系，例如，市民化与工业化、农业现代化、交通通信现代化等相互影响、相互作用，单纯推进市民化是不可取也是不可能的；另一方面，市民化的内部诸要素之间存在紧密联系，城乡之间、非农用地与农用地之间、户籍制度与社会保障制度之间都处于联动状态，任何一部分的改革必然引起其他部分的变动。尤其是伴随着中国市民化步入高级阶段，单项政策改革将会缺乏成效，推进农民工市民化的综合性和整体性越发凸显。

综合而言，坚持重要性、长期性和整体性的农民工市民化推进理念是当前中国生产力与生产关系深度发展的必然选择，反映了农民工自主选择与社会秩序统一的规律，体现了中国特色农民工市民化的实践原则。

二 农民工市民化的政策建议

农民工市民化的推进规律是全球发展规律与中国实际的结合，是市场配置资源与政府宏观调控的结合，是农民工个体选择与社会总体环境的结合。基于农民工市民化的推进理念，本部分将以中国特色农民工市民化理论为指导，运用自主选择与社会秩序统一的分析范式，按照顶层设计—基层探索—实践策略的逻辑链条，针对现阶段如何跟进社会秩序、如何提升农民工自主选择空间、如何在实践中推动自主选择与社会秩序的统一等问题，开展系统性政策探讨，提出制度创新的可行思路。

（一）以党的领导加强顶层设计

农民工市民化的本质要求是农民工与城市居民享有均等的公共服务，当前的矛盾点在于人的城镇化不断发展与公共服务供给不足及非均等化之间的矛盾[①]。根据前文阐述的农民工市民化的重要性、长期性和整体性可

---

① 吴业苗：《"人的城镇化"困境与公共服务供给侧改革》，《社会科学》2017年第1期。

第八章　农民工市民化的逻辑与路径：自主选择与社会秩序统一

知，推进农民工市民化已经不是单一、易行的，而是复杂、多元的，跨系统的经济联系、跨部门的资源调度成为制度改革的基础环境。面对这种情况，只有通过中国共产党的领导来综合推进顶层设计，才能保证改革成效。在农民工市民化的推进过程中，党总揽全局、协调各方的能力有利于多个系统间的协作、多个部门间的互促。例如，城市和乡村、市场与政府、正式制度与非正式制度都可以通过党的基层组织紧密联系起来。具体而言，党领导下的顶层设计改革主要体现在户籍制度、土地制度和社会保障制度之间的联动改革之中。

1. 改革户籍制度，形成农民工自主选择机制

改革户籍制度的关键在于公共福利权的授予，对此国家采取了降低城市落户门槛与提高农民工福利水平两种模式。事实上，现阶段国家已经全面放开了建制镇和小城市的落户限制，有序放开了中等城市的落户限制，但这对农民工市民化的推动作用仍然较为有限。例如，珠三角城市群虽然是城市化的典型，但在 2010 年后仍然存在城市间差距大、常住人口增长乏力、人口城市化空间分布非均衡等问题[1]。再如，在笔者调研的甘肃省金昌市，即便在 2019 年就达到了 70.47% 的常住人口城市化率，却仍然存在着吸纳外来劳动力能力不足、公共资源配置不够完善等问题。这说明改革户籍制度仅降低城市落户门槛或仅提高农民工福利水平都难以取得良好效果，应当两种模式联动推进户籍制度改革。

第一，户籍制度改革应当与社会保障制度改革联动推进。户籍制度改革之所以困难重重，是因为社会资源的分配以户籍为标准，人口管理制度与公共福利分配制度形成重合。户籍制度改革应当通过降低落户门槛和提

---

[1] 韩靓：《珠三角城市群人口城市化特征及机制演化——兼与长三角、京津冀城市群比较分析》，《深圳社会科学》2019 年第 4 期。

升农业转移人口的社会福利两种方法开展。一是降低落户门槛，往往因为城市对于劳动力吸引力不足、农民工在城市生计不稳定，农民工缺乏落户意愿，所谓放开落户条件会造成财政压力的设想实为虚幻；二是选择提升农业转移人口社会福利，在这种改革模式下，一旦非户籍人口获得了与户籍人口相同的公共服务和社会保障，就会拥有广阔而充足的自主选择空间，然而地方政府的财政压力和原城市居民的不同声音使得增加农民工的社会保障资源较为缓慢，现实情况中提升农民工在城市的社会保障水平是以地方财政收入增加和原城市居民福利提高为前提的。因此，推动户籍制度改革，不能只考虑如何设计更合理的地方落户条件，更重要的是要将各项社会福利制度与户籍制度解绑，同时推进医疗、养老、教育、住房等社会保障制度同步改革，努力为农民工提供和城市居民相同的社会福利。

第二，户籍制度改革应当尝试建构规范的人口管理模式。中国的户籍制度建立于计划经济时期，兼具人口信息登记、人口流动管控、资源分配等功能，是一种综合性的社会管理制度。国外的人口管理模式与中国有很大差异，如加拿大将出生证作为个人身份信息的证明、社会保险卡作为享受社会保障的证明、健康卡作为享受医疗保障的证明等；日本的户籍也只具备登记出生、死亡、婚姻等基本信息的作用，功能单一且明确。当前中国对进城农民工实行全面的居住证管理制度，居住证除信息收集与统计功能外，也兼具人口管理和服务功能，有一定的强制管理色彩，但在我国区域发展不平衡、无法全面放开落户限制的情况下，居住证制度可以为我国户籍制度改革提供缓冲的空间。在我国建设社会主义市场经济、实施居住证制度的过渡时期，要充分考虑我国各区域发展不均衡的国情，探索能与国际模式接轨的、以人为中心的证件化管理体系，为流动人口、为农民工提供能自主选择的制度环境。

第三，户籍制度改革应当积极强化地方政府主体性价值。户籍制度改

第八章 农民工市民化的逻辑与路径：自主选择与社会秩序统一

革对于中央政府、地方政府、城市户籍人口和流动人口有着不同程度的影响，不同主体对于户籍制度改革有着不同的需求和偏好。中央政府是宏观政策的制定者，地方政府由于和农民工的工作、生活直接相关，是户籍制度改革的资源调配者和政策实施者。然而，地方政府出于地方财政利益最大化的考量，在推行户籍制度改革的过程中，依然以经济利益为导向，倾向于吸纳高技术型人才促进城市发展、减少非户籍人口的福利资源以控制财政支出。这样就导致技能水平偏低的农民工一方面无法享受和城市户籍人口同等的福利待遇，另一方面很难达到在城市落户的条件，这有悖户籍制度改革的初衷，阻碍了城市化的发展。但实际上，城市不只需要高技术型劳动力，合理的劳动力结构才能促进城市更好的发展，对农民工等低技术型劳动力的限制反而会影响城市经济发展[1]。农民工本身也为城市建设和发展做出了巨大贡献，农民工市民化需要的财政投入，本身就是他们为城市创造的财政收入的再分配。因此，地方政府作为户籍制度改革的直接执行者，要加强主体性意识，充分认识推动户籍制度改革对于地方发展的重要性，以地方实际情况为基础建立合理的户籍制度改革体系，让农民工在我国市民化进程中拥有自主选择的权利。

2. 改革土地制度，构建合理的要素流动机制

中华人民共和国成立以来，土地制度经历了农民土地私有制下的家庭经营、集体土地所有制下的集体经营、集体土地所有制下的家庭经营等阶段。伴随着我国工业化和城镇化的发展，大量农村劳动力向城市转移，原有土地制度的缺陷也逐渐显露。模糊的土地产权、有待完善的土地流转制度、农村土地的社会保障功能等，造成了农村土地流转困难、土地利用率

---

[1] 刘欢、席鹏辉：《户籍管制与流动人口家庭化迁移——基于2016年流动人口监测数据的经验分析》，《经济与管理研究》2019年第11期。

低等，这些增加了农民工市民化的成本，弱化了农民工市民化意愿。显然，土地制度的改革需要转移其社会保障功能，激活其经济要素财产价值，保护其文化承载的资源特性。

第一，推动土地制度与其他制度的联动改革。我国土地制度的变革和户籍制度的变革始终联动推进，如户籍制度的建立与土地集体所有权的确立、户籍制度的松动与土地集体所有农户承包的实施、户籍制度的优化与土地"三权分置"的变革，这些历史演进无不表明我国农村土地制度与户籍制度存在联动改革的关系[①]。土地制度对于农民工市民化的影响，主要体现在土地制度的社会保障功能上，农民工对于土地社会保障功能的依赖弱化了其市民化意愿。城乡二元户籍制度赋予了城市户口隐性福利，土地的社会保障功能也可以看作农村户口的隐性福利。因此，推进户籍制度的关键就是要将户籍制度与依附在其上的社会福利制度解绑。同理，要推动户籍制度改革，实现城乡一体化发展，同样需要转移土地的社会保障功能，恢复其作为生产要素的重要作用。推动土地制度与相应制度的联动改革，一方面需要实现农村生产要素的自由流动，另一方面需要政府建立完善的资源配置制度，提升农业转移人口的社会保障，让农民工无论是否决定市民化、是否退出土地，都能享受和城市居民均等的资源和福利。

第二，推动公平高效农地经营管理制度改革。依据自主选择与社会秩序统一的分析范式，创新农地经营管理制度是破解现阶段我国城镇化发展瓶颈的重要一环[②]。对于农民工而言，要想实现自主选择，应当从盘活其在农村承包土地的潜在价值入手。自家庭联产承包责任制实施以来，农民实现了对土地生产资料的占有，但农民工群体由于两地兼业，虽然占有了

[①] 韩立达、史敦友、韩冬等：《农村土地制度和户籍制度系统联动改革：历程演进、内在逻辑与实施路径》，《中国土地科学》2019年第4期。

[②] 解安：《三产融合：构建中国现代农业经济体系的有效路径》，《河北学刊》2018年第2期。

第八章 农民工市民化的逻辑与路径：自主选择与社会秩序统一

生产资料，但是并未能够实现其承包土地的效用最大化，更无法发挥土地的财产权能。基于"自主选择与社会秩序统一"改革框架下的农地经营管理制度的创新，是希望能够通过农地股份合作制等形式，让农民工将土地通过承包经营权入股，由村集体牵头建立土地股份合作社以及村民联合统一外包，所得收益按股份进行分配。现阶段，创新农地经营管理制度需要进一步深化农地确权颁证成果，在产权界定的基础上扎实推进产权实施，发展家庭农场和农民专业合作社等新型农业经营主体。通过这样一系列的方式，一方面，能够在农村土地集体所有制的前提下，让农民工真正从土地中获得财产性收入；另一方面，也能够使农民进一步从对土地的依赖关系中解放出来，在农村财产得到保障的前提下，完成市民化的选择。

第三，推动构建长效且有序的土地退出机制。对于那些在城市有稳定生计、有产权住房、适应了城市生活、在物质和心理层面基本脱离乡村的农民工，为了防止土地闲置、利用效率低等土地资源浪费的情况，应当建立长效有序的土地退出机制。具体来说应当做好如下工作。一是为农民工及其家庭退出土地提供有竞争力的经济或实物补偿。土地是农民工的特殊财产性资源，国家应当为农民退出土地做出一定的补偿，在遵循市场规律的基础上，根据地区实际情况制定户口、社保、住房或经济相关的补偿办法，保障农民工从农村进入城市的财产有效转换。二是为农民工及其家庭退出土地设定前提条件。农民工退出承包地和宅基地，必须先在城市有稳定的收入与住所，否则将形成潜在的社会不稳定因素。事实上，当前学界对土地退出制度的讨论缺乏前提限定，正如本书第六章对农民工市民化制度性影响因素的讨论中所提到的，部分学者讨论土地退出时所使用的样本是兼业化的小农户，以此为依据得出的结论很容易引起行政权力或资本势力对土地的强制性占有。三是对农民工退出土地后的生计状况进行监测。设立农民工土地退出生计状况监测系统，掌握农民工退出土地后的常态化收入水平与居住条件、社会保障，以避免出现土地的恶性兼并。

3. 改革社会保障制度，逐步建立城乡一体的社保体系

长期以来，城乡居民在保障性资源方面就存在差异，且随着农民工市民化的不断推进，城乡分异的社会保障制度的缺陷逐渐显露。由于缺乏统一的保障体系，城乡之间、不同城市之间的社保很难有效转移，大大损害了农民工群体的利益。我国在社会保障制度改革的过程中，应当分批次分步骤进行，逐步建立完善的城乡一体化的社会保障体系。我国当前仍属于发展中国家，经济发展水平仍处于赶超阶段，一蹴而就地建立普惠性的社会保障体系将会给财政带来极大的压力，甚至对经济发展造成不利影响从而陷入"高福利陷阱"。因此，社会保障制度改革应当分批进行、逐步完善。

其一，在改革客体方面，当前我国城市居民已经具有了相对完善的住房、医疗、养老和教育等社会保障制度，相比于农村而言，由于城市人口聚集、工业体系发达、基础设施完善，在社会保障供给上具有更高的地理和成本优势，因此，在社会保障体系的普及对象上，现阶段重点要解决的是农民工群体及其家庭的社会保障普及与完善，建立与务工当地城市居民同等标准的社会福利与社会保障体系，然后逐步向农村人口普及，最终建立普惠型的现代化社会福利体系。

其二，在改革主体方面，保障性制度改革的推进需要政府、用人单位、农民工个人三大主体的共同努力。政府层面要建立完善的保障性制度体系和监管体系，并规范用人单位在劳动合同签订、社会保险缴纳、农民工工资发放等方面的行为，严格惩戒失信单位；为农民工提供就业服务、职业技能培训、相关政策解读、法律知识普及等帮助。用人单位要明确自己与农民工之间的共赢关系，避免为了利益最大化损害农民工的权益，依法签订劳动合同、提供职业培训及发展机会、为农民工购置保险，依法接

第八章 农民工市民化的逻辑与路径：自主选择与社会秩序统一

受政府和公众的监督。农民工要努力提升个人素质，增强自身在劳动市场的竞争力；增强法律意识，了解国家相关保障制度，并学会运用法律手段维护自己的合法权益。

其三，在改革内容方面，应当从解决农民工最紧要的住房和医疗两方面入手，同时完善就业培训、子女教育、老人看护等多方面资源供给。对于农民工市民化的社会保障跟进而言，最重要的还是解决城市融入的成本问题，因此改革重点应当是"降门槛"。住房方面，金昌调查数据显示，城市廉租房建设大大降低了农民工的城市居住成本。医疗方面，建议对农民工开放医保、大病核准，提高医疗费用报销额度，避免农民工因病致贫返贫；教育方面，建议将国家禁止收取择校费等相关政策落到实处，为农民工提供再就业技能教育等。

总的来说，自主选择与社会秩序统一框架下的现代化社会保障体系的改革是社会秩序有效跟进的重要举措，其根本目标是建立与国情国力相匹配的社会福利体系，从而为农民工的自主选择提供有效保障。

(二) 坚持农民工的主体地位

从政策产生的逻辑看，诸多宏观制度源自基层的探索，勤劳勇敢的中国人民在应对市民化难题的实践中展现了无穷的灵感和智慧，而市民化制度改革的基层探索有赖于农民工的参与。毋庸置疑，农民工在市民化中拥有绝对的主体地位。让农民工参与市民化就必须发挥其主体作用，这就应当提高农民工个体能力，建立农民工群体组织，创造农民工参与机会，激发农民工的创造性和能动性。

1. 改革教育培训体制，提升农民工人力资本

发挥农民工在市民化中的主体性，农民工的参与意识、参与能力是基础，因此，应该着力改革现有的教育培训体制，提升农民工的人力资本，为巩固农民工主体地位提供条件。事实上，当前我国农民工群体受教育水平和技能水平偏低的现象长期存在，影响了农民工在市民化中的主观能动性。同时，农民工参加培训的积极性不高，这主要是因为培训内容与工作岗位需要脱节，现有的针对农民工的教育培训体制成效不高，进一步的改革是重要且迫切的。

笔者在甘肃金昌调研时，对当地农民工教育培训制度特点进行了总结。其一，在教育培训内容上，让农民和农民工参与到教育培训内容的设计中来，如金昌市制定了"让农民点菜定项目、政府买单送培训"的工作思路，大力实施"送培训到乡镇、进村社"民生工程；其二，在教育培训时间上，紧紧抓住农闲季节和外出务工人员返乡的有利时机，降低农民工参加教育培训的机会成本，提高农民工的参与意愿；其三，在教育培训组织上，采取委托企业培训和指派培训机构驻企培训的方式，引导企业开展订单式、定向式岗位技能提升培训，采取"滚动教学、适时鉴定"的模式开展教育和技能培训；其四，在教育培训方式上，除常规课堂教学和实践教学外，还通过零散活动提供指导，例如，金昌市每年多次组织开展以工商登记、项目选择、资金筹措、经营管理、市场营销、开业指导等为主要内容的创业培训，对返乡农民工进行创业支持。事实证明，金昌市的教育培训机制是有效的，调查资料表明，该地每年能完成技能培训7000人以上，截至调研时已有1386名农民工创业成功，2019年户籍人口城镇化率达到59.47%，高出全国平均水平15个百分点。

结合案例经验，对农民工的教育培训体制改革建议如下。第一，改革培训内容设计思路，将学习内容的选择权交给农民工，把培训内容与产业结构转型升级的需要联系起来，实行"企业订单、农民工选单、政府买单"的一体化工作机制，增强培训的针对性与科学性，鼓励农民工自觉参加服务型、技能型、基础型实用技术培训，提高教育培训的课堂吸引力。第二，改革培训组织模式，建立科学的多层次培训体系，完善教育资金的

第八章　农民工市民化的逻辑与路径：自主选择与社会秩序统一

投入，充分利用中等和高等职业院校等现有技术教学资源，逐步构建起针对农民工的完整技能培训体系[①]。第三，改革教育培训机制要关注农民工的异质性。例如，培训实施时间可以多元化，充分利用下班后、放假后、回乡后的时间开展教育培训；再如，新生代农民工是我国农民工的主力军，这一群体较为年轻，对新事物的接受能力更强，在当前互联网快速发展的时代，应加强对新一代农民工的多媒体培训，为新生代农民工提供多样化选择。

2. 优化工人组织管理模式，提高农民工组织能力

极度分散的农民工个体缺乏与大市场、大政府对接的能力，才会被拖欠工资、权益受到损害。坚持农民工在市民化中的主体地位，就应当提高农民工的组织化程度，提升农民工在社会问题中的议价能力和应对能力。虽然农民工的总量巨大，但由于其就业分散、学历和就业层次较低，仅有以地缘关系、血缘关系等为纽带建立的小型非正式组织抱团取暖，仍然缺乏能够与用工单位进行有效博弈的权威性团体或组织。虽然我国的工会是党领导下职工自愿结合的工人阶级群众组织，其基本职责是维护职工合法权益、竭诚服务职工群众，但是在组织农民工等工作方面依然存在缺陷。

第一，工会的职工立场相对于中介立场要更加模糊。《中国工会章程》明确规定"中国工会在企业、事业单位、社会组织中，按照促进企事业和社会组织发展、维护职工权益的原则，支持行政依法行使管理权力……保障职工的合法权益，调动职工的积极性，促进企业、事业单位、社会组织的发展"[②]。这在一定程度上体现了中国工会的第三方角色，帮扶协调的职责特征较为明显。用人单位建立工会能够显著维护劳动者参与社会保障、

[①] 张斐：《新生代农民工市民化研究》，北京师范大学出版社，2015，第177页。
[②] 《中国工会章程》，《工人日报》2023年10月15日。

签订劳动合同和获得加班补偿等法定权利，但同时对劳动者工作时间、单位时间工资等可以协商提升的群体权益影响力还不够大①。

第二，工会对流动性强的农民工群体的吸纳空间依然很大。《中国工会章程》中明确的"中国工会努力巩固和发展工农联盟"的具体职责也为维护农民工权利、提升农民工权益提供了基本遵循。由于就业相对灵活分散、流动性较强、与用工单位劳动关系相对复杂，农民工加入工会的比例相对较低，其中比较有代表性的是货车司机、网约车司机、快递员、外卖配送员等新就业形态劳动者。为了吸纳这些群体加入工会组织，2022年全国总工会印发了《关于深入推进"兜底建"工作的指导意见》，要求打通联系服务职工的"最后一公里"。

第三，工会对农民工的服务具有较强的授予性而非组织性。我国各级工会对农民工群体主要做了维权、服务和福利三方面工作。一是维护农民工法定权利。例如，以解决欠薪问题为主要目标，全国总工会于2023年11月召开专题会议部署工会推动治理拖欠农民工工资专项工作，并于2024年发布第四批工会推动治理拖欠职工工资典型案例。二是为农民工提供流动服务。例如，以就业服务为主要内容，人力资源社会保障部联合总工会等10部门于2024年1月印发《关于开展2024年"春暖农民工"服务行动的通知》，要求为农民工提供就业指导、返乡返岗交通服务。三是为农民工提供各项福利。例如，在劳动奖章评选时，全国总工会印发的《关于推荐评选2024年全国五一劳动奖和全国工人先锋号的通知》中明确要求农民工的比例不低于10%。

结合上述分析可知，对于涉及农民工群体的工作，我国工会需要在防

---

① 孙兆阳、张博：《中国工会对劳动者权益的影响机制探究——基于CLDS2012—2016年数据的分析》，《社会发展研究》2022年第4期。

第八章 农民工市民化的逻辑与路径：自主选择与社会秩序统一

范资本对劳动的剥削、提升劳动者法定权利之外的权益水平、提高农民工自我组织能力等方面继续努力。具体建议如下。一是在组织建设上，考虑到农民工群体的巨大规模，可以在各级工会中设立专门的农民工事务办公室，负责统筹农民工权利与权益的有关工作，同时设置纠纷解决、政策宣传、就业咨询以及金融融资等职能部门，通过"干中学"逐步完善和丰富部门职能。二是在吸纳能力上，从指令干预向指导规划转变，增强在党的领导下农民工自我组织的能力，以"自下而上"与"自上而下"相结合的方式广泛吸纳农民工群体加入工会并参与工会事务。三是在具体服务上，以农民工事务办公室为责任部门，围绕各项工会工作内容设置农民工专项。例如，在评选劳动奖章时，在农民工群体内部设置一些专项奖；再如在开展年末慰问时，制定服务农民工的专门计划等。通过上述措施，力图提升农民工组织能力，从而为农民工自主选择与社会秩序的互动提供机会。

3. 完善市民化推进模式，保障农民工参与机会

在有能力、有组织的前提下，发挥农民工在市民化中的主体作用，就需要为其提供参与机会。农民工群体庞大、结构复杂，决定了我国农民工市民化问题的长期性、复杂性、多面性，不同农民工群体市民化的选择不同，必须采取具有群体异质性的市民化推进模式，才能保障农民工参与市民化的机会。

第一，实行体现性别异质性的农民工市民化模式，保障女性农民工的主体地位。中国传统性别歧视观念的存在，以及城乡二元体制的禁锢，导致我国女性农民工市民化与男性农民工市民化自主选择的差异，女性在市民化过程中更容易受到城市工作和生活的排斥，其市民化难度更大，这一差异反映了我国农民工的个体特征在市民化过程中的影响。根据《2022年农民工监测调查报告》，女性农民工占比为36.6%，总数量超过1亿人，其中外出农民工中女性占比为31.1%、本地农民工中女性占比为41.7%。

一般而言，女性是后于男性实现乡城转移的，女性农民工也往往承担着照顾子女和父母的责任，女性农民工市民化占比提升意味着市民化步入更高级阶段。故而推进农民工市民化应当照顾到女性农民工的特殊性，扩大女性农民工的自主选择空间，发挥其市民化的主体作用。

第二，实行具有代际异质性的市民化模式，发挥新生代农民工的主体作用。《2022年农民工监测调查报告》显示，40岁以下的农民工占比为47.0%，接近农民工总量的一半，新生代农民工的重要性不言而喻。诸多研究表明，新生代农民工在务工动机、落户意愿、政治参与、身份认同等方面与老一代农民工群体相比，表现出巨大差异，对于政治参与、平等权利、城市融入的需求日益凸显。可以说，新生代农民工是农民工群体中最可能实现市民化的组成部分，是市民化的先导者。因此应当进一步完善农民工市民化推进模式，向新生代农民工侧重，回应他们的诉求，深化体制机制改革，激发新生代农民工的积极性与创造性。

面对我国农民工市民化的群体异质性，必须尊重不同农民工群体对于市民化的选择，尤其是要完善女性农民工和新生代农民工的市民化推进模式，在坚持差异性的基础上，保障有能力、有组织的农民工的参与机会，发挥农民工在市民化中的主动性。

（三）落实县域城乡融合发展的实践策略

超大规模人口需求与有限资源之间的矛盾，决定了农民工自主选择与社会秩序的统一很难在大城市甚至中等城市层面实现，而是应该最先在县域内完成统一，这就应当推进县域城乡融合发展。县域是实现农民工市民化最可能的空间。一方面，与大中城市相比，县域与乡村的联系更加密切，是非正式制度与正式制度的结合点，推进市民化的宏观成本相对较低；另一方面，与小城镇相比，县域具有较为齐全的经济要素，也有一定的运作空间，要素集聚与扩散的能力相对较强。故而推进农民工市民化，

第八章　农民工市民化的逻辑与路径：自主选择与社会秩序统一

应当落实县域城乡融合发展的实践策略，完善县域就业市场、发展县域特色产业，以新型城镇化和乡村全面振兴促进县乡间要素配置。

1. 改革就业制度，创造农民工自主选择机会

以县域城乡融合推进农民工市民化，首先就要解决农民工在县域内的就业问题，较高水平且稳定的收入是农民工在县城可持续生计的有力保障。基于自主选择与社会秩序统一的分析范式，推进县域就业制度改革，主要从消除就业歧视、建设城乡统筹的就业市场以及完善非正式就业制度等方面入手。

第一，消除观念层面的就业歧视。消除就业歧视在本质上属于社会秩序的跟进，观念的改变、思想的进步也是社会秩序的组成部分。实际上，城乡用工就业歧视是存在已久的问题，对于用人单位而言，除就业能力外，由于务工人员在户口、社会关系和工作稳定性等方面的差异，用人单位往往倾向于优先聘用城市就业人员，以减少落户、社保补缴和重复录用等隐性成本；对于农民工而言，虽然在城市务工，但家庭成员和社会关系主要还留在农村，城市务工的不稳定性成为其就业过程中的显著劣势。然而，在县域内消除就业歧视具有显著可能性，因为县城与乡村的产业差异、地理差距、文化差异相对较小，应当将消除城乡就业歧视纳入法律法规范畴，同时结合县域具体情况对录用农民工的企业给予适当的补贴。消除城乡就业歧视，既能够让农民工在城市就业过程中，增加和增进与城市职工的交流和理解，为其市民化提供条件；又能有利于农民工维持生计，降低县域生存风险。

第二，建设城乡统筹的就业市场。改革就业制度不仅要消除县域内在用人单位招工歧视，而且应当建立城乡统筹的就业市场，在用工报酬、待遇方面也应当实现城乡平等、同工同酬。自主选择和社会秩序统一框架下城乡一体化劳动力市场的建设，就是旨在打破城乡间的壁垒，增加农民工的自主选择权益，增强农民工的自主选择空间。同时，城市工人也能够进入乡村，即城乡间只有产业就业的职业选择区别，在劳动保障、社会福利等方面不因城市和乡村的分异而产生区别。这不仅能够有效满足农民工市民化中的个性化选择，同时对于增进城乡互动、实现产业融合、稳定社会秩序都具有积极意义。

第三，创造县域非正式就业岗位。要为农民工创造县域内自主选择机会，就需要重视非正式就业的作用，建立合理的经济生态。从产业结构来看，农民工就业主要集中在工业和低端服务业；从就业形式来看，农民工就业主要以非正式就业为主，最为典型的案例是小作坊、小工厂以及流动摊贩等。根据经济生态理论，经济发展层次应当是多样的，健康合理的经济生态不仅需要规模较大、体系健全的大工厂、大企业、大超市，也需要流动性强和经济活力强的中小企业、小作坊和农贸市场等，而后者也是农民工就业的主要渠道。地方政府应当在广泛征集城市居民意见的基础上，在追求市容市貌与经济发展平衡的原则下，创新规划县域内非正式部门的发展，在不违反环保治理等标准的情况下，简化农民工创业的审批手续，规划城市农贸商品的摊贩区域并减少摊位费，对吸纳农民工就业占比较高的中小企业给予财政补助和政策支持。

2. 做到因地制宜，改善县域农民工市民化发展环境

中国幅员辽阔，地方资源千差万别，各县应该做到因地制宜，塑造各具特色的县域农民工市民化发展环境。县域内的资源包括劳动力资源、土地资源、矿产资源、文化资源、生态资源等丰富内容，县域农民工市民化的具体落实也不可能"千县一面"，应当结合地区资源优势因势利导、因地制宜。例如，杭州市淳安县有着风景秀丽的千岛湖旅游区，自然资源和旅游资源十分丰富，若不考虑这一现实情况，以传统的工业化推动城市化的方式推动农民工市民化，不仅难以实现理想目标，也会对生态环境造成极大的破坏。应当以发展旅游业为契机，一方面引进发达国家先进的生态

第八章　农民工市民化的逻辑与路径：自主选择与社会秩序统一

旅游发展经验和城市的资金、技术以及人才等要素开发当地生态旅游产业；另一方面引导当地农业剩余劳动力向旅游业转移，提升农民工的收入水平，从而就地实现城市化和市民化。再如，山东与河南等地的平原地区，文化底蕴深厚、人口众多、耕地资源丰富，应当充分发挥其劳动力优势、文化优势和土地优势，通过非农就业、文化价值转化、土地规模化经营助推农民工的市民化。再如，部分少数民族聚集县域由于文化中的家族、氏族互助意识较强，虽然部分农民工通过劳务输出的方式"走出去"，但仍更倾向于回乡发展、购置资产等。如兰州、海东等地的"拉面经济"发展模式就是充分利用了少数民族文化，一方面在劳务输出的过程中充分发挥了家族的带动、互助作用，整体改善了当地的生活水平；另一方面许多外出打工的农民工将收入汇回家乡，支持家乡经济发展，有效推动了当地的产业发展，对实现农民工就近市民化发挥了积极作用。

3. 全面振兴乡村，促进县乡间要素优化配置

城市化的本质是缩小城乡经济差距、实现城乡思想观念和行为习惯的一体化[①]。因此推进县域农民工市民化不仅要关注县城和城镇的发展，而且要全面振兴乡村，建立健全县乡之间要素双向流动体制机制，以乡村全面振兴助推县域农民工市民化发展进程，以县域农民工市民化带动乡村全面发展。2024年中央"一号文件"对此做了精准阐述："统筹新型城镇化和乡村全面振兴，提升县城综合承载能力和治理能力，促进县乡村功能衔接互补、资源要素优化配置。优化县域产业结构和空间布局，构建以县城为枢纽、以小城镇为节点的县域经济体系，扩大县域就业容量。"[②] 可以说，推动农民工市民化实践，应当树立县域市民化和就地市民化的观念，

[①] 甘丹丽：《城乡融合背景下市民化困境及实现路径》，《创新》2019年第5期。
[②] 《中共中央　国务院关于学习运用"千村示范、万村整治"工程经验　有力有效推进乡村全面振兴的意见》，《人民日报》2024年2月4日。

因此，那些没有完成从农村居民向城市居民身份转换的农民工回到县域乡村，以农村居民的身份参与非农就业、享受均等公共服务，也是另一种农民工市民化。

优化县乡间资源要素配置，应当疏通劳动、土地、资本和技术要素在县乡间的双向流动通道。第一，建立城乡人口双向流动机制，为进城农民工提供市民化服务，为下乡就业创业的城镇居民提供参与平台，让乡村成为出得去、进得来、留得住的舞台[①]；第二，深入推进集体建设用地入市制度改革，使集体土地与国有土地同权同价，将土地增值收益留在乡村；第三，制定县域内金融支持政策，对乡村的非农产业、县城和小城镇的公共品供给提供资金帮扶；第四，建立以信息技术为核心的现代技术互联互通系统，完善县域互联网基础设施，构建县域网络信息交互机制，通过短视频、文字推送等形式实现县域信息传播机制。

根据自主选择与社会秩序统一的分析范式，在中国特色农民工市民化理论的指导下，推进农民工市民化需要立足宏观、关注微观、落脚于县域中观，需要在党的领导下开展户籍制度、土地制度和社会保障制度的联动式改革，以顶层设计实现综合推进；需要发挥农民工在市民化中的主体作用，加强对农民工的教育培训、组织带动、机会供给，使农民工在市民化实践中有能力、有组织、有机会，贡献基层探索的创造性智慧；需要落实县域城乡融合发展的实践策略，开拓县域就业市场，发展县域特色产业，建立县乡要素双向流动机制，以县域市民化、就地市民化等方案推动农民工自主选择与社会秩序统一的市民化理念落地生根。

---

① 钱文荣、郑淋议：《构建城乡人口双向流动与融合的制度保障体系——从权利开放理论到村庄开放实践的分析线索》，《南方经济》2021年第8期。

参考文献

[1]《马克思恩格斯文集》第 1 卷，人民出版社，2009。

[2]《马克思恩格斯文集》第 7 卷，人民出版社，2009。

[3]《马克思恩格斯文集》第 7 卷，人民出版社，2009。

[4]《马克思恩格斯选集》第 1 卷，人民出版社，2012。

[5]《马克思恩格斯选集》第 3 卷，人民出版社，2012。

[6]《资本论》第 1 卷，人民出版社，2018。

[7]《列宁全集》第 36 卷，人民出版社，2017。

[8]《列宁全集》第 38 卷，人民出版社，2017。

[9]《列宁全集》第 41 卷，人民出版社，2017。

[10]《列宁全集》第 43 卷，人民出版社，2017。

[11]《列宁选集》第 1 卷，人民出版社 2013。

[12]《列宁选集》第 4 卷，人民出版社，2012。

[13]《斯大林文集（1934~1952）》，人民出版社，1985。

[14]《毛泽东选集》第 4 卷，人民出版社，1991。

[15]《毛泽东文集》第 6 卷，人民出版社，1993。

[16]《毛泽东年谱（1949~1976）》第 5 卷，中央文献出版社，2013。

[17]《邓小平文选》第 3 卷，人民出版社，1993。

[18]《江泽民文选》第1卷,人民出版社,2006。

[19]《江泽民文选》第2卷,人民出版社,2006。

[20] 江泽民:《论社会主义市场经济》,中央文献出版社,2006。

[21]《陈云文选》第2卷,人民出版社,1995。

[22] 胡锦涛:《高举中国特色社会主义伟大旗帜 为夺取全面建设小康社会新胜利而奋斗——在中国共产党第十七次全国代表大会上的报告》,人民出版社,2007。

[23] 胡锦涛:《坚定不移沿着中国特色社会主义道路前进 为全面建成小康社会而奋斗——在中国共产党第十八次全国代表大会上的报告》,人民出版社,2012。

[24] 叶剑英:《中华人民共和国宪法关于修改宪法的报告》,人民出版社,1978。

[25] 习近平:《决胜全面建成小康社会 夺取新时代中国特色社会主义伟大胜利——在中国共产党第十九次全国代表大会上的报告》,人民出版社,2017。

[26] 习近平:《高举中国特色社会主义伟大旗帜 为全面建设社会主义现代化国家而团结奋斗——在中国共产党第二十次全国代表大会上的报告》,人民出版社,2022。

[27] 习近平:《论"三农"工作》,中央文献出版社,2022。

[28] 薄一波:《若干重大决策与事件的回顾》下卷,人民出版社,1997。

[29] 中共中央党史和文献研究院:《习近平关于"三农"工作论述摘编》,中央文献出版社,2019。

[30]《建国以来毛泽东文稿》第19册,中央文献出版社,2023。

[31]《建国以来重要文献选编》第7册,中央文献出版社,1993。

[32]《建党以来重要文献选编》第26册,中央文献出版社,2011。

[33]《十四大以来重要文献选编》上，人民出版社，1996。

[34]《十六大以来重要文献选编》上，中央文献出版社，2005。

[35]《十六大以来重要文献选编》中，中央文献出版社，2006。

[36]《十六大以来重要文献选编》下，中央文献出版社，2008。

[37]《十七大以来重要文献选编》上，中央文献出版社，2009。

[38]《十八大以来治国理政新成就》上册，人民出版社，2017。

[39]《中共中央关于进一步加强农业和农村工作的决定》，人民出版社，1991。

[40] 中共中央文献研究室、国务院发展研究中心：《新时期农业和农村工作重要文献选编》，中央文献出版社，1992。

[41] 中共中央文献研究室编《中共十三届四中全会以来历次全国代表大会中央全会重要文献选编》，中央文献出版社，2002。

[42]《中华人民共和国国民经济和社会发展第十二个五年规划纲要》，人民出版社，2011。

[43]《中共中央文件选集（一九四九年十月～一九六六年五月）》第26册，人民出版社，2013。

[44] 中共中央文献研究室编《中共中央文件选集》第12册，人民出版社，2013。

[45]《中共中央国务院关于"三农"工作的一号文件汇编（1982～2014)》，人民出版社，2014。

[46] 全国人民代表大会常务委员会办公厅：《中华人民共和国第十三届全国人民代表大会第二次会议文件汇编》，人民出版社，2019。

[47]〔美〕迈克尔·波特：《国家竞争优势》，李明轩、邱如美译，华夏出版社，2002。

[48]〔美〕迈克尔·托达罗：《第三世界的经济发展》，于同申等译，中

国人民大学出版社，1988。

[49]〔美〕西奥多·舒尔茨：《穷人经济学》，王宏昌译，中国社会科学出版社，1986。

[50]〔美〕西蒙·库兹涅茨：《各国的经济增长》，常勋等译，商务印书馆，2005。

[51]〔美〕新都市主义协会编《新都市主义宪章》，杨北帆、张萍、郭莹译，天津科学技术出版社，2004。

[52]〔美〕伊利尔·沙里宁：《城市：它的发展、衰败与未来》，顾启源译，中国建筑工业出版社，1986。

[53]〔苏联〕恰亚诺夫：《农民经济组织》，萧正洪译，中央编译出版社，1996。

[54]〔英〕F.H 欣斯利编《新编剑桥世界近代史》第11卷，中国社会科学院世界历史研究所组译，中国社会科学出版社，1999。

[55]〔英〕霍布斯：《利维坦》，黎思复、黎廷弼译，商务印书馆，1985。

[56]〔英〕埃比尼泽·霍华德：《明日的田园城市》，金经元译，商务印书馆，2000。

[57]〔英〕威廉·配第：《政治算术》，陈冬野译，商务印刷馆，1978。

[58]〔英〕亚当·斯密：《国富论》，张兴、田要武、龚双红编译，北京出版社，2007。

[59]曹萍等：《中国特色城镇化道路推进机制研究》，人民出版社，2017。

[60]陈吉元、韩俊等：《人口大国的农业增长》，上海远东出版社，1996。

[61]陈立等编著《中国国家战略问题报告》，中国社会科学出版社，2002。

[62]陈锡文、韩俊主编《农业转型发展与乡村振兴研究》，清华大学出版社，2019。

[63]陈映：《论共同富裕与区域经济非均衡协调发展》，人民出版社，2011。

[64] 邓力群主编《中华人民共和国国史百科全书》，中国大百科全书出版社，1999。

[65] 樊纲、郭万达等：《农民工早退：理论、实证与政策》，中国经济出版社，2013。

[66] 方向新等：《农民工城市融入问题研究》，人民出版社，2019。

[67] 冯奎：《中国城镇化转型研究》，中国发展出版社，2013。

[68] 付宗平：《中国农村土地制度改革研究》，四川人民出版社，2022。

[69] 傅帅雄等：《农民工市民化成本分摊机制研究》，商务印书馆，2019。

[70] 盖凯程：《基于农村集体经营性建设用地入市的土地利益协调机制研究》，经济科学出版社，2021。

[71] 高洪贵：《中国农民工政治参与研究》，中国社会科学出版社，2015。

[72] 辜胜阻、刘传江主编《人口流动与农村城镇化战略管理》，华中理工大学出版社，2000。

[73] 国家建设部编写组：《国外城市化发展概况》，中国建筑工业出版社，2003。

[74] 何沁主编《中华人民共和国史》，高等教育出版社，1999。

[75] 贺韶伶：《城市化：一个不可逆转的过程》，中国文史出版社，2005。

[76] 贺雪峰：《大国之基：中国乡村振兴诸问题》，东方出版社，2019。

[77] 胡顺延、周明祖、水延凯等：《中国城镇化发展战略》，中共中央党校出版社，2002。

[78] 胡玉鸿主编《城镇化研究成果综述与评析》，苏州大学出版社，2016。

[79] 黄宗智：《华北的小农经济与社会变迁》，中华书局，2000。

[80] 黄宗智：《长江三角洲小农家庭与乡村发展》，中华书局，2000。

[81] 蒋立峰主编《社会发展与现代田园主义：发达国家社会发展得失

谈》，中国社会科学出版社，2013。

[82] 解安：《"三农"有解——"三农"重大现实问题研究》，人民出版社，2018。

[83] 金喜在等：《中国农民工市民化的路径与政策研究》，科学出版社，2017。

[84] 孔祥智、马九杰、朱信凯等编：《农业经济学》，中国人民大学出版社，2023。

[85] 李其荣：《对立与统一——城市发展历史逻辑新论》，东南大学出版社，2000。

[86] 李清娟等：《大城市城郊一体化发展问题研究：理论·策略·案例》，上海人民出版社，2012。

[87] 李拓编著《中国新型城镇化的进程及模式研究》，中国经济出版社，2017。

[88] 梁鸿：《出梁庄记：当代中国的细节与观察》，台海出版社，2016。

[89] 刘洪森：《党计与生计：中国共产党民生建设的理论与实践》，人民出版社，2017。

[90] 刘同山：《农村土地退出：理论、意愿与实践》，经济管理出版社，2020。

[91] 卢海元：《实物换保障：完善城镇化机制的政策选择》，经济管理出版社，2002。

[92] 陆学艺：《三农论》，社会科学文献出版社，2002。

[93] 陆益龙：《超越户口：解读中国户籍制度》，中国社会科学出版社，2004。

[94] 马晓河等：《中国城镇化实践与未来战略构想》，中国计划出版社，2011。

［95］马玉海：《新生代农民工社会保障研究》，吉林大学出版社，2021。

［96］潘家华、魏后凯主编《中国城市发展报告No.4：聚焦民生》，社会科学文献出版社，2011。

［97］裴长洪、赵静：《中国基本社会保险制度》，中国社会科学出版社，2017。

［98］浦善新：《走向城镇化：新农村建设的时代背景》，中国社会出版社，2006。

［99］齐鹏飞、杨凤城主编《当代中国编年史》，人民出版社，2007。

［100］汝信、付崇兰主编《中国城乡一体化发展报告（2013）》，社会科学文献出版社，2013。

［101］申鹏、胡晓云：《外出就业、半城市化与供给潜力——中国农村劳动力转移问题研究》，经济科学出版社，2018。

［102］宋洪远主编《新时代中国农村发展与制度变迁：2012~2022》，人民出版社，2023。

［103］宋俊岭、黄序主编《中国城镇化知识15讲》，中国城市出版社，2001。

［104］汪东林：《梁漱溟问答录》，湖南人民出版社，1988。

［105］王峰：《户籍制度的发展与改革》，中国政法大学出版社，2013。

［106］王浦劬主编《政治学基础》，北京大学出版社，2006。

［107］王文昌主编《世界军事年鉴1999》，解放军出版社，1999。

［108］王勇辉等：《农村城镇化与城乡统筹的国际比较》，中国社会科学出版社，2011。

［109］王雨村、杨新海编著《小城镇总体规划》，东南大学出版社，2002。

［110］温铁军等：《八次危机》，东方出版社，2012。

［111］宪法和宪法修正案编写组：《宪法和宪法修正案辅导读本》，中国法

制出版社，2004。

[112] 新玉言主编《国外城镇化——比较研究与经验启示》，国家行政学院出版社，2013。

[113] 徐山林主编《中国县（市）改革纵横》陕西卷，人民出版社，1996。

[114] 许耀桐主编《中国基本国情与发展战略》，人民出版社，2001。

[115] 杨承训主编《中国特色社会主义经济学》，人民出版社，2009。

[116] 张斐：《新生代农民工市民化研究》，北京师范大学出版社，2015。

[117] 张国胜：《中国农民工市民化：社会成本视角的研究》，人民出版社，2008。

[118] 张明斗编《城市经济学》，机械工业出版社，2022。

[119] 张玉林：《流动与瓦解：中国农村的演变及其动力》，中国社会科学出版社，2012。

[120] 浙江大学中国农村家庭研究创新团队：《中国农村家庭发展报告（2020）》，浙江大学出版社，2022。

[121] 郑有贵主编《中华人民共和国经济史（1949~2019）》，当代中国出版社，2019。

[122] 郑长德、钟海燕主编《现代西方城市经济理论》，经济科学出版社，2021。

[123] 中国物资经济学会编《中国社会主义物资管理体制史略》，物资出版社，1983。

[124] 中华人民共和国国史学会学术部：《纪念毛泽东〈关于正确处理人民内部矛盾的问题〉发表四十周年学术论文集》，当代中国出版社，1998。

[125] 周干峙主编《中国特色新型城镇化发展战略研究》第1卷，中国建

筑工业出版社，2013。

[126] 鲍丹、孙秀艳、李红梅：《大城市能否宜居？》，《人民日报》2010年11月25日。

[127] 鲍宗豪、洪菲菲：《后全球化视野下的社会管理》，《上海行政学院学报》2012年第1期。

[128] 毕于运、郑振源：《建国以来中国实有耕地面积增减变化分析》，《资源科学》2000年第2期。

[129] 蔡昉：《户籍制度改革的效应、方向和路径》，《经济研究》2023年第10期。

[130] 蔡继明、郑敏思、刘媛：《我国真实城市化水平测度及国际比较》，《政治经济学评论》2019年第6期。

[131] 丘海雄、陈健民、任焰：《社会支持结构的转变：从一元到多元》，《社会学研究》1998年第4期。

[132] 朱力、龙永红：《中国环境正义问题的凸显与调控》，《南京大学学报》（哲学·人文科学·社会科学）2012年第1期。

[133] 曹升生：《推进美国城市史研究的新尝试——评〈美国新城市化时期的地方政府〉》，《美国研究》2010年第3期。

[134] 曹宗平、蓝骏东：《新型城镇化过程中农民工市民化障碍因素解析》，《黑龙江社会科学》2015年第3期。

[135] 曾起艳、王宇婷、何志鹏：《随迁对农民工子女的认知能力提升效应及其差异》，《湖南农业大学学报》（社会科学版）2021年第6期。

[136] 柴野：《"德国模式"值得借鉴》，《光明日报》2013年1月28日。

[137] 陈红爱：《"逆城市化"问题研究综述》，《中共山西省委党校学报》2018年第4期。

[138] 陈理：《中国特色城镇化道路的形成与发展》，《党的文献》2008年第

6 期。

[139] 陈明星、叶超、周义：《城市化速度曲线及其政策启示——对诺瑟姆曲线的讨论与发展》，《地理研究》2011 年第 8 期。

[140] 陈鹏：《中国式现代化是世界现代化理论和实践的重大创新》，《人民论坛》2023 年第 6 期。

[141] 陈锡文：《从农村改革四十年看乡村振兴战略的提出》，《行政管理改革》2018 年第 4 期。

[142] 陈锡文：《我国城镇化进程中的三农问题》，《国家行政学院学报》2012 年第 6 期。

[143] 陈延秋、金晓彤：《新生代农民工市民化意愿影响因素的实证研究——基于人力资本、社会资本和心理资本的考察》，《西北人口》2014 年第 4 期。

[144] 陈玉平：《地区开发视角下的日本新农村建设及其对中国的启示——以北海道为例》，《文史博览（理论）》2013 年第 1 期。

[145] 程洪，陈朝娟：《论 20 世纪拉美城市化进程及其对中国的启示》，《拉丁美洲研究》2006 年第 2 期。

[146] 程名望、乔茜、潘烜：《农民工市民化指标体系及市民化程度测度——以上海市农民工为例》，《农业现代化研究》2017 年第 3 期。

[147] 程郁、赵俊超、殷浩栋等：《分层次推进农民工市民化——破解"愿落不能落、能落不愿落"的两难困境》，《管理世界》2022 年第 4 期。

[148] 程竹汝：《中国共产党与社会整合》，《学习与探索》1999 年第 5 期。

[149] 驰骋：《墨西哥的非正规经济》，《拉丁美洲研究》2001 年第 5 期。

[150] 丛峰：《成都户籍制度改革，租房也可落户》，《新华每日电讯》2006 年 10 月 26 日。

[151] 崔宁：《新生代农民工市民化进程及影响因素研究》，《广东农业科学》2014年第18期。

[152] 崔裴、李慧丽：《城市化与产业结构升级的两种模式》，《城市问题》2012年第6期。

[153] 崔岩、黄永亮：《就业技能与职业分化——农民工就业质量的差异及其社会后果》，《社会学研究》2023年第5期。

[154] 单菁菁：《农民工市民化的成本及其分担机制研究》，《学海》2015年第1期。

[155] 邓大松、胡宏伟：《流动、剥夺、排斥与融合：社会融合与保障权获得》，《中国人口科学》2007年第6期。

[156] 翟鸿雁：《我国城市环境污染问题与对策思考》，《经济视角》2011年第5期。

[157] 丁捷、汤佩兰：《苏州公办校隔离风波：拆不拆墙费踌躇》，《云南教育（视界综合版）》2018年第9期。

[158] 杜凤姣、宁越敏：《拉美地区的城市化、城市问题及治理经验》，《国际城市规划》2015年第S1期。

[159] 杜雪君、黄忠华：《台湾工业化与城市化发展经验及启示》，《台湾研究》2009年第5期。

[160] 段成荣、吕利丹、邹湘江：《当前我国流动人口面临的主要问题和对策——基于2010年第六次全国人口普查数据的分析》，《人口研究》2013年第2期。

[161] 段成荣、杨舸：《我国农村留守儿童状况研究》，《人口研究》2008年第3期。

[162] 段培、王国峰：《农地依赖会抑制经营权转出吗？——基于607个小麦种植户的调查》，《农村经济》2021年第7期。

[163] 范云芳：《基于国外城镇化发展的中国城镇化战略选择》，《中国发展》2014年第1期。

[164] 方观富、唐天裕：《"城居保"改变了中国城镇居民的养老模式吗》，《产业经济评论》2020年第2期。

[165] 方烨：《农民工市民化实质是公共服务均等化》，《经济参考报》2013年2月4日。

[166] 房连泉：《社会分化、贫富差距与社会保障——拉美国家福利体制变革的经验教训》，《拉丁美洲研究》2008年第2期。

[167] 费佐兰、黄盈盈：《易地扶贫搬迁农民市民化评价及提升对策研究——基于贵州省1252个农民的调查》，《农业经济与管理》2022年第4期。

[168] 傅阳：《从德国城乡建设的经验看江苏省城市化战略的实施》，《东南大学学报》（自然科学版）2005年第S1期。

[169] 甘丹丽：《城乡融合背景下市民化困境及实现路径》，《创新》，2019年第5期。

[170] 高德步：《英国工业革命时期的"城市病"及其初步治理》，《学术研究》2001年第1期。

[171] 高琦：《政府姿态如何影响流动人口居留意愿？》，《人口与经济》2023年第3期。

[172] 高云才、郁静娴：《去年完成承包地确权登记面积14.8亿亩 2020年确保建成8亿亩高标准农田》，《人民日报》2019年1月18日。

[173] 高云才：《2亿农户领到土地承包经营权证》，《人民日报》2020年11月10日。

[174] 龚奥、严金明：《快速城市化地区土地整治模式研究——以深圳城市更新为例》，《土地经济研究》2015年第1期。

[175] 龚建平：《费景汉和拉尼斯对刘易斯二元经济模式的批评》，《求索》2003年第3期。

[176] 龚晓菊、郭倩：《第三产业发展与城镇化推进探讨》，《商业时代》2012年第11期。

[177] 辜胜阻、易善策、李华：《城镇化进程中农村留守儿童问题及对策》，《教育研究》2011年第9期。

[178] 谷延方：《重评圈地运动与英国城市化》，《天津师范大学学报》（社会科学版）2008年第4期。

[179] 郭国锋：《当前农村居民消费偏低的成因及对策》，《生产力研究》2003年第4期。

[180] 郭熙保：《市民化过程中土地退出问题与制度改革的新思路》，《经济理论与经济管理》2014年10月。

[181] 郭芸芸、杨久栋、曹斌：《新中国成立以来我国乡村产业结构演进历程、特点、问题与对策》，《农业经济问题》2019年第10期。

[182] 国家统计局农村司：《农业基础地位更加稳固 农民收入持续较快增长》，《中国经济导报》2012年10月16日。

[183] 韩晨雪：《切实保障进城落户农民合法土地权益》，《农村工作通讯》2022年第21期。

[184] 韩恒：《农民工的"城市梦"及其影响因素——基于河南省"百村调查"的数据分析》，《中州学刊》2014年第7期。

[185] 韩靓：《珠三角城市群人口城市化特征及机制演化——兼与长三角、京津冀城市群比较分析》，《深圳社会科学》2019年第4期。

[186] 韩俊、李静：《"民工潮"：中国跨世纪的课题——"民工潮"现象研讨会述要》，《中国农村经济》1994年第5期。

[187] 韩立达、史敦友、韩冬等：《农村土地制度和户籍制度系统联动改

革：历程演进、内在逻辑与实施路径》，《中国土地科学》2019 年第 4 期。

[188] 韩灵梅、王碧琳、楚晚春、王肖平、李亚倩：《社会保障视角下农民工市民化意愿实证分析——以河南省户籍农民工 820 份调研数据为例》，《河南科技大学学报》（社会科学版）2018 年第 4 期。

[189] 韩琦：《拉丁美洲的城市发展和城市化问题》，《拉丁美洲研究》1999 年第 2 期。

[190] 韩震：《关于大历史观的哲学思考》，《马克思主义与现实》2022 年第 3 期。

[191] 郝彩虹：《现代社会的社会秩序、个体自由与社会控制——基于对部分社会学经典文献的分析》，《社科纵横》2016 年第 6 期。

[192] 何一民、周明长：《156 项工程与新中国工业城市发展（1949~1957 年）》，《当代中国史研究》2007 年第 2 期。

[193] 何雨：《迈向城市社会：中国成就、经验与愿景》，《上海城市管理》2018 年第 3 期。

[194] 洪楼：《个体自由的社会病症：霍耐特社会批判理论的新进展》，《马克思主义与现实》2017 年第 4 期。

[195] 洪银兴、杨玉珍、王荣：《城镇化新阶段：农业转移人口和农民市民化》，《经济理论与经济管理》2021 年第 1 期。

[196] 侯新烁：《户籍门槛是否阻碍了城市化？——基于空间异质效应模型的分析》，《人口与发展》2018 年第 3 期。

[197] 侯云春、韩俊、蒋省三等：《农民工市民化进程的总体态势与战略取向》，《改革》2011 年第 5 期。

[198] 胡杰成：《农民工市民化问题研究》，《兰州学刊》2010 年第 8 期。

[199] 黄锟：《城乡二元制度对农民工市民化影响的实证分析》，《中国人

口·资源与环境》2011年第3期。

[200] 黄奇帆：《中国房地产市场：过去、现在和未来》，《管理现代化》2022年第2期。

[201] 姜爱林、陈海秋、张志辉：《中国城市环境治理的绩效、不足与创新对策》，《江淮论坛》2008年第4期。

[202] 姜捷：《农民工市民化进程中基本公共服务均等化问题研究》，《农业经济》2015年第12期。

[203] 解安、林进龙：《新型城镇化：十年总结与远景展望》，《河北学刊》2023年第1期。

[204] 解安、林进龙：《中国农村人口发展态势研究：2020~2050年——基于城镇化水平的不同情景模拟分析》，《中国农村观察》2023年第3期。

[205] 解安、吴练达：《农村土地股份合作制：释放土地红利——深化农村经济改革的下一个着力点》，《江淮论坛》2019年第6期。

[206] 解安、徐宏潇：《农民自主选择与社会秩序统一——新中国城镇化发展历程研究》，《高校马克思主义理论研究》2016年第1期。

[207] 解安、朱慧勇：《农民工市民化：自主选择与社会秩序统一》，《中国社会科学院研究生院学报》2015年第3期。

[208] 解安、朱慧勇：《中国城镇化：农民自主选择与社会秩序的统一》，《马克思主义与现实》2015年第1期。

[209] 解安：《农村土地股份合作制：市场化进程中的制度创新》，《甘肃社会科学》2002年第2期。

[210] 解安：《三产融合：构建中国现代农业经济体系的有效路径》，《河北学刊》2018年第2期。

[211] 解安：《中国特色：城乡互动的双向流动模型》，《天津商业大学学

报》2011 年第 5 期。

[212] 解安、徐宏潇、胡勇：《新中国城镇化曲折历程的唯物史观分析》，《马克思主义研究》2015 年第 12 期。

[213] 孔祥智、张琛：《十八大以来的农村土地制度改革》，《中国延安干部学院学报》2016 年第 2 期。

[214] 赖明、王芬：《加强新型城镇化顶层设计》，《唯实（现代管理）》2013 年第 12 期。

[215] 赖作莲、王建康、罗丞、魏雯：《农民工市民化程度的区域差异与影响因素——基于陕西 5 市的调查》，《农业现代化研究》2015 年第 5 期。

[216] 黎智辉、黄瑛：《"半城市化"与"市民化"——新型城镇化背景下的城市正式移民问题研究》，《规划师》2013 年第 4 期。

[217] 李枫：《多谋民生之利 多解民生之忧》，《当代贵州》2013 年第 1 期。

[218] 李洪梅：《对新生代农民工权益保障制度建设的思考》，《当代经济》2010 年第 14 期。

[219] 李厚刚、徐晓林：《农民迁徙自由权变迁研究（1949~1978）》，《复旦学报》（社会科学版）2015 年第 4 期。

[220] 李厚刚：《新中国农民迁徙政策的阶段划分》，《科学社会主义》2014 年第 3 期。

[221] 李辉、刘春艳：《日本与韩国城市化及发展模式分析》，《现代日本经济》2008 年第 4 期。

[222] 李军国：《美国城镇化发展的经验与启示》，《中国发展观察》2015 年第 12 期。

[223] 李克强：《建设一个生态文明的现代化中国——在中国环境与发展

国际合作委员会二〇一二年年会开幕式上的讲话》,《人民日报》2012年12月13日。

[224] 李丽颖、崔建玲:《农业机械化加快向全程全面高质量发展》,《农民日报》2022年10月14日。

[225] 李荣彬、袁城、王国宏、王领:《新生代农民工市民化水平的现状及影响因素分析——基于我国106个城市调查数据的实证研究》,《青年研究》2013年第1期。

[226] 李锐杰:《城镇化进程中"城市病"的解决对策》,《经济纵横》2014年第10期。

[227] 李卫波:《德国交通运输促进城市协调发展的经验及启示》,《宏观经济管理》2023年第9期。

[228] 李宪宝、高强:《行为逻辑、分化结果与发展前景——对1978年以来我国农户分化行为的考察》,《农业经济问题》2013年第2期。

[229] 李晓琳:《进一步完善农民工随迁子女教育政策——基于对46个地级及以上城市的问卷调查》,《宏观经济管理》2022年第6期。

[230] 李晓桐:《新型城镇化下的中国绿色低碳发展》,《全国流通经济》2019年第3期。

[231] 李晓阳、黄毅祥、彭思颖:《1989~2010年农民工市民化意愿影响因素实证分析》,《商业时代》2013年第13期。

[232] 李佑静:《新型城镇化进程的农民工市民化意愿》,《重庆社会科学》2016年第8期。

[233] 李云新、杨磊:《快速城镇化进程中的社会风险及其成因探析》,《华中农业大学学报》(社会科学版)2014年第3期。

[234] 李珍:《基本医疗保险参保机制改革的历史逻辑与实现路径》,《暨南学报》(哲学社会科学版)2022年第11期。

[235] 李智、欧阳慧：《推进农民工在城镇实现安居梦——基于全国 14 省 46 个城市的问卷调查》，《宏观经济管理》2022 年第 7 期。

[236] 梁策、孟宪生：《政治学视角下的就业正义理论》，《理论与改革》2013 年第 6 期。

[237] 林玉国：《战后拉丁美洲的城市化进程》，《拉丁美洲研究》1987 年第 2 期。

[238] 林远：《农业部：农地确权面积已超八成》，《经济参考报》2017 年 11 月 30 日。

[239] 刘传江、程建林：《双重"户籍墙"对农民工市民化的影响》，《经济学家》2009 年第 10 期。

[240] 刘传江、董延芳：《农民工市民化障碍解析》，《人民论坛》2011 年第 26 期。

[241] 刘传江：《中国农民工市民化研究》，《理论月刊》2006 年第 10 期。

[242] 刘达、韦吉飞、李晓阳：《人力资本异质性、代际差异与农民工市民化》，《西南大学学报》（社会科学版）2018 年第 2 期。

[243] 刘恩东：《美国推进城镇化的经验》，《江苏农村经济》2013 年第 4 期。

[244] 刘海军：《中国共产党时代主题观的历史演进与价值意蕴》，《探索》2022 年第 6 期。

[245] 刘华、于爱华、王琳：《随迁对农民工子女学业成绩影响的实证研究——基于 PSM 和家校教育的视角》，《湖南农业大学学报》（社会科学版）2020 年第 6 期。

[246] 刘欢、席鹏辉：《户籍管制与流动人口家庭化迁移——基于 2016 年流动人口监测数据的经验分析》，《经济与管理研究》2019 年第 11 期。

[247] 刘黎明：《韩国的土地利用制度及城市化问题》，《中国土地科学》2000 年第 5 期。

[248] 刘培森、尹希果：《新生代农民工市民化满意度现状及其影响因素研究》，《西安财经学院学报》2017 年第 1 期。

[249] 刘启超：《城市落户门槛、就业歧视与农民工同乡聚居》，《现代经济探讨》2023 年第 3 期。

[250] 刘守英、王一鸽：《从乡土中国到城乡中国——中国转型的乡村变迁视角》，《管理世界》2018 年第 10 期。

[251] 刘旭阳、金牛：《城市"抢人大战"政策再定位——聚焦青年流动人才的分析》，《中国青年研究》2019 年第 9 期。

[252] 刘岩：《美国如何推进城镇化》，《宁波经济（财经视点）》2013 年第 2 期。

[253] 刘玉太：《知识青年上山下乡历史回顾（上）》，《党史文汇》2018 年第 10 期。

[254] 刘玉太：《知识青年上山下乡历史回顾（下）》，《党史文汇》2018 年第 11 期。

[255] 刘志军：《能力还是心理？——对留守经历长期影响的一项实证检验》，《浙江社会科学》2021 年第 3 期。

[256] 卢海阳、梁海兵、钱文荣：《农民工的城市融入：现状与政策启示》，《农业经济问题》2015 年第 7 期。

[257] 卢海阳、郑逸芳、钱文荣：《农民工融入城市行为分析——基于1632 个农民工的调查数据》，《农业技术经济》2016 年第 1 期。

[258] 卢卫林：《人民至上：中国共产党宗旨意识的最高境界》，《学术论坛》2013 年第 1 期。

[259] 卢文秀、吴方卫：《患寡亦患不均：双轨制基本养老保险与农民工

过度劳动》,《中国农村经济》2023 年第 7 期。

[260] 卢向虎:《改革开放以来"三农"政策回顾、评价及启示》,《重庆交通大学学报》(社会科学版) 2019 年第 5 期。

[261] 鲁强、徐翔:《我国农民工市民化进程测度——基于 TT&DTHM 模型的分析》,《江西社会科学》2016 年第 2 期。

[262] 陆铭、楼帅舟、李鹏飞:《大国的城乡融合:城市化和相关改革的进展与问题》,《中央财经大学学报》2023 年第 12 期。

[263] 陆文荣、段瑶:《居住的政治:农民工居住隔离的形成机制与社会后果》,《中国农业大学学报》(社会科学版) 2019 年第 2 期。

[264] 陆学艺、杨桂宏:《破除城乡二元结构体制是解决"三农"问题的根本途径》,《中国农业大学学报》(社会科学版) 2013 年第 3 期。

[265] 罗丞:《安居方能乐业:居住类型对新生代农民工市民化意愿的影响研究》,《西北人口》2017 年第 2 期。

[266] 罗芳、曾荣青、王慧艳:《从"以人为本"角度反思我国的社会城市化》,《西北人口》2007 年第 2 期。

[267] 吕利丹:《从"留守儿童"到"新生代农民工"——高中学龄农村留守儿童学业终止及影响研究》,《人口研究》2014 年第 1 期。

[268] 吕绍清:《农村儿童:留守生活的挑战——150 个访谈个案分析报告》,《中国农村经济》2006 年第 1 期。

[269] 麻美英:《规范、秩序与自由》,《浙江大学学报》(人文社会科学版) 2000 年第 6 期。

[270] 马侠:《人口迁移的理论和模式》,《人口与经济》1992 年第 3 期。

[271] 毛勒堂:《数字劳动正义:出场语境、基本要义及实现路径》,《江海学刊》2023 年第 4 期。

[272] 梅建明、田嘉莉:《基于排序 Logit 模型的农民工市民化影响因素研

究》,《经济研究参考》2015年第68期。

[273] 门晓红:《日本城市化:历史、特点及其启示》,《科学社会主义》2015年第1期。

[274] 年猛:《中国户籍制度改革的演进逻辑与深化方向》,《经济社会体制比较》2023年第6期。

[275] 宁光杰、马俊龙:《农民工子女随迁能够提高其教育期望吗?——来自CEPS 2013~2014年度数据的证据》,《南开经济研究》2019年第1期。

[276] 牛宏:《试析新型城镇化发展战略及其路径选择》,《厦门特区党校学报》2013年第6期。

[277] 欧阳慧、李智:《新时期中国户籍制度改革的问题与对策》,《宏观经济研究》2023年第8期。

[278] 欧阳慧、张燕、滕飞等:《农民工群体差别化落户思路与政策研究》,《宏观经济研究》2018年第2期。

[279] 潘多奇:《金昌:给流动人口温暖的家》,《甘肃法制报》2011年3月7日。

[280] 潘毅、卢晖临、严海蓉等:《农民工:未完成的无产阶级化》,《开放时代》2009年第6期。

[281] 庞卓恒、吴英:《什么是规律:当代科学哲学的一个难题》,《天津师大学报》(社会科学版)2000年第2期。

[282] 彭小辉、傅宇辰、史清华:《农民工汇款对留守儿童教育的影响及其作用机制——基于CFPS数据的实证分析》,《中国农村观察》2022年第5期。

[283] 戚迪明、张广胜:《空间隔离与农民工城市融入》,《华南农业大学学报》(社会科学版)2017年第2期。

[284] 齐万良:《传统儒家"礼"的社会整合功能与个体道德的悖礼行为》,《陕西师大学报》(哲学社会科学版) 1995 年第 4 期。

[285] 钱文荣、卢海阳:《农民工人力资本与工资关系的性别差异及户籍地差异》,《中国农村经济》2012 年第 8 期。

[286] 钱文荣、郑淋议:《构建城乡人口双向流动与融合的制度保障体系——从权利开放理论到村庄开放实践的分析线索》,《南方经济》2021 年第 8 期。

[287] 谯珊:《从劝止到制止:20 世纪 50 年代的"盲流"政策》,《兰州学刊》2017 年第 12 期。

[288] 秦滟、陈华:《全国社区建设工作会议在吉林省长春市隆重召开》,《中国社会报》2005 年 8 月 27 日。

[289] 秦扬、邹吉忠:《试论社会秩序的本质及其问题》,《西南民族大学学报》(人文社科版) 2003 年第 7 期。

[290] 曲新久:《个人自由与社会秩序的对立统一以及刑法的优先选择》,《法学研究》2000 年第 2 期。

[291] 任娟娟:《新生代农民工市民化水平及影响因素研究——以西安市为例》,《兰州学刊》2012 年第 3 期。

[292] 任仲平:《十年砥砺奋进绘写壮美画卷》,《人民日报》2022 年 10 月 15 日。

[293] 山田浩之、胡天民:《西欧的反城市化》,《世界经济与政治论坛》1983 年第 12 期。

[294] 山田浩之、李公绰:《威胁城市文明的新危机-从欧洲经验中学习什么?》,《国际经济评论》1983 年第 12 期。

[295] 沈东:《逆城市化——一个概念辨析》,《中国名城》2018 年第 4 期。

[296] 沈映春、王泽强、焦婕等：《北京市农民工市民化水平及影响因素分析》，《北京社会科学》2013年第5期。

[297] 沈玉：《论英国圈地运动与工业革命的劳动力来源》，《浙江大学学报》（人文社会科学版）2001年第1期。

[298] 盛九元：《台湾的都市化与经济发展互动之研究》，《世界经济研究》2009年第7期。

[299] 盛九元：《台湾都市化发展的经验与缺陷》，《台湾研究集刊》2010年第5期。

[300] 石忆邵：《对我国新型城镇化顶层设计中若干问题的思考》，《广东社会科学》2014年第5期。

[301] 宋岱：《论刘易斯拐点与中国经济选择》，《人民论坛》，2010年第35期。

[302] 宋洪远、江帆：《土地制度安排与城镇化进程——基于中国与拉美国家的比较分析》，《华中农业大学学报》（社会科学版）2022年第3期。

[303] 宋士云、焦艳芳：《十六大以来中国社会保障制度的改革与发展》，《中共党史研究》2012年第11期。

[304] 宋煜萍、施瑶瑶：《基层社会治理中的赋权式动员》，《东南大学学报》（哲学社会科学版）2022年第6期。

[305] 苏红键、魏后凯：《改革开放40年中国城镇化历程、启示与展望》，《改革》2018年第11期。

[306] 苏振兴：《拉美国家的过度城市化，福兮？祸兮？》，《光明日报》2013年4月18日。

[307] 孙群郎：《20世纪70年代美国的"逆城市化"现象及其实质》，《世界历史》2005年第1期。

[308] 孙晓勇：《宅基地改革：制度逻辑、价值发现与价值实现》，《管理世界》2023 年第 1 期。

[309] 谭崇台、马绵远：《农民工市民化：历史、难点与对策》，《江西财经大学学报》2016 年第 3 期。

[310] 谭培文：《社会主义自由的张力与限制》，《中国社会科学》2014 年第 6 期。

[311] 谭深：《中国农村留守儿童研究述评》，《中国社会科学》2011 年第 1 期。

[312] 汤荧、郭倩倩、张应良、张恒威：《新生代农民工市民化约束因素与驱动路径研究》，《西南师范大学学报》（自然科学版）2015 年第 12 期。

[313] 汤韵：《台湾城市化发展初探》，《长春大学学报》2011 年第 11 期。

[314] 唐宁、谢勇：《留守经历对劳动者就业质量的影响》，《中国农村经济》2019 年第 12 期。

[315] 陶霞飞：《农民工住房需求的转型问题研究——兼论农民工住房问题研究的新转向》，《河北农业大学学报》（社会科学版）2020 年第 5 期。

[316] 陶振：《从传统到现代：农村基层政权公信力的生成与变迁》，《中南大学学报》（社会科学版）2012 年第 2 期。

[317] 田新朝、张建武：《基于双重结构的新生代农民工市民化及其影响研究：以广东省为例》，《人口与发展》2013 年第 1 期。

[318] 万川：《当代中国户籍制度改革的回顾与思考》，《中国人口科学》1999 年第 1 期。

[319] 汪超：《农民工政策公平性隐缺的一种话语解构路径——兼议公平性形式化的演绎逻辑》，《求实》2019 年第 4 期。

[320] 汪立鑫、王彬彬、黄文佳:《中国城市政府户籍限制政策的一个解释模型:增长与民生的权衡》,《经济研究》2010年第11期。

[321] 王冰、贺璇:《中国城市大气污染治理概论》,《城市问题》2014年第12期。

[322] 王春光:《农村流动人口的"半城市化"问题研究》,《社会学研究》2006年第5期。

[323] 王大伟、王宇成、苏杨:《我国的城市病到底多严重——城市病的度量及部分城市的城市病状况定量对比》,《中国发展观察》2012年第10期。

[324] 王丹莉:《"弹性"的计划——"一五"计划完成前后新中国领导人的有关思考》,《党的文献》2017年第1期。

[325] 王丹莉:《统购统销研究述评》,《当代中国史研究》2008年第1期。

[326] 王桂新、陈冠春、魏星:《城市农民工市民化意愿影响因素考察——以上海市为例》,《人口与发展》2010年第2期。

[327] 王桂新、胡健:《城市农民工社会保障与市民化意愿》,《人口学刊》2015年第6期。

[328] 王桂新、沈建法、刘建波:《中国城市农民工市民化研究——以上海为例》,《人口与发展》2008年第1期。

[329] 王桂新、张得志:《上海外来人口生存状态与社会融合研究》,《市场与人口分析》2006年第5期。

[330] 王桂新:《中国"大城市病"预防及其治理》,《南京社会科学》2011年第12期。

[331] 王海光:《城乡二元户籍制度的形成》,《炎黄春秋》2011年第12期。

[332] 王华春、段艳红、赵春学：《国外公众参与城市规划的经验与启示》，《北京邮电大学学报》（社会科学版）2008年第4期。

[333] 王京滨、夏贝贝：《中国房地产改革40年：市场与政策》，《宏观经济研究》2019年第10期。

[334] 王军鹏、谭诗文：《居何地：落户门槛与流动人口落户意愿》，《南方人口》2022年第4期。

[335] 王俊华：《基于差异的正义：我国全民基本医疗保险制度理论与思路研究》，《政治学研究》2012年第5期。

[336] 王腊芳、朱丹：《城市农民工市民化水平及影响因素分析——基于长沙市的调查数据》，《现代城市研究》2018年第7期。

[337] 王丽丽、杨晓凤、梁丹妮：《代际差异下农民工市民化意愿的影响因素研究》，《调研世界》2016年第12期。

[338] 王莉：《日本城市化进程·特点及对中国的经验借鉴》，《安徽农业科学》2018年第15期。

[339] 王奇：《多地上调城乡居民基础养老金最低标准》，《经济参考报》2023年2月22日。

[340] 王蓉、黄桂田：《城市落户门槛与异质性劳动力居留意愿》，《上海经济研究》2022年第6期。

[341] 王婷：《论农民工市民化的公共政策支持障碍与解决路径》，《经济研究导刊》2018年第17期。

[342] 王维锋：《国外城市化理论简介》，《城市问题》1989年第1期。

[343] 王伟波、向明、范红忠：《德国的城市化模式》，《城市问题》2012年第6期。

[344] 王永生：《北京城区人口密度每平方千米7837人超东京》，《法制晚报》2011年7月18日。

[345] 王云坤：《关于"三农"问题》，《理论前沿》2004年第23期。

[346] 王竹林、王征兵：《农民工市民化的制度阐释》，《商业研究》2008年第2期。

[347] 文军：《农民市民化：从农民到市民的角色转型》，《华东师范大学学报》（哲学社会科学版）2004年第3期。

[348] 邬志辉、李静美：《农村留守儿童生存现状调查报告》，《中国农业大学学报》（社会科学版）2015年第1期。

[349] 吴开亚、张力、陈筱：《户籍改革进程的障碍：基于城市落户门槛的分析》，《中国人口科学》2010年第1期。

[350] 吴伟东：《农民工政治融入的政治机会结构研究》，《华东理工大学学报》（社会科学版）2016年第1期。

[351] 吴晓林：《治权统合、服务下沉与选择性参与：改革开放四十年城市社区治理的"复合结构"》，《中国行政管理》2019年第7期。

[352] 吴业苗：《"人的城镇化"困境与公共服务供给侧改革》，《社会科学》2017年第1期。

[353] 吴玉军：《现代社会与个体自由的实现方式》，《理论与改革》2010年第4期。

[354] 伍振军、林倩茹：《农村集体经营性建设用地的政策演进与学术论争》，《改革》2014年第2期。

[355] 武力：《1978～2000年中国城市化进程研究》，《中国经济史研究》2002年第3期。

[356] 奚海燕：《新生代农民工市民化的主体性障碍及成人教育的应对策略》，《教育探索》2013年第11期。

[357] 习近平：《坚持把解决好"三农"问题作为全党工作重中之重举全党全社会之力推动乡村振兴》，《农村工作通讯》2022年第7期。

[358] 席酉民、王亚刚：《和谐社会秩序形成机制的系统分析：和谐管理理论的启示和价值》，《系统工程理论与实践》2007年第3期。

[359] 向春玲：《中国城镇化进程中的"城市病"及其治理》，《新疆师范大学学报》（哲学社会科学版）2014年第2期。

[360] 向雪琴、高莉洁、侯丽朋等：《城市的描述性框架研究进展综述》，《标准科学》2018年第2期。

[361] 肖冬连：《中国二元社会结构形成的历史考察》，《中共党史研究》2005年第1期。

[362] 肖莉娜：《"爱而不亲"：留守儿童的亲子关系体验与建构》，《华东师范大学学报哲学社会科学版）》（哲学社会科学版）2022年第1期。

[363] 谢晓玲、郑健：《金昌荣膺全国农民工市民化工作典型城市》，《甘肃日报》2019年9月4日。

[364] 邢灿：《多地推行租房落户探索租购同权》，《中国城市报》2022年1月10日。

[365] 徐斌：《拉美城市化问题及其对中国城镇化过程的启示》，《〈资本论〉研究》2013年第9卷。

[366] 徐大兵：《新中国成立六十年来农产品流通体制改革回顾与前瞻》，《商业研究》2009年第7期。

[367] 徐杰舜：《城乡融合：新农村建设的理论基石》，《中国农业大学学报》（社会科学版）2008年第1期。

[368] 徐清华、张广胜：《居住隔离与农民工市民化》，《华南农业大学学报》（社会科学版）2022年第1期。

[369] 徐有威、陈熙：《三线建设对中国工业经济及城市化的影响》，《当代中国史研究》2015年第4期。

[370] 严圣明:《城镇化发展模式:台湾经验及其对大陆的启示》,《科技和产业》2011年第4期。

[371] 严行、包志伟、熊邓灵:《新生代农民工市民化的影响因素与制度安排》,《安徽农业科学》2011年第20期。

[372] 杨凌、冯迪、朱安琪:《农民工市民化意愿的影响因素分析——基于西安市的实证调查》,《农村经济》2017年第11期。

[373] 杨荣南、张雪莲:《台湾省产业结构演进与城市化初探》,《经济地理》1996年第3期。

[374] 张昊:《空气质量有所好转地表水污染仍严重》,《太原日报》2009年6月17日。

[375] 杨雪冬:《全球化、风险社会与复合治理》,《马克思主义与现实》2004年第4期。

[376] 姚锐敏:《"乡政村治"行政体制的利弊分析与改革出路》,《行政论坛》2012年第5期。

[377] 姚宇、孔祥利、赵娜:《推进新时代农民工市民化研究的九重理念和三维框架》,《〈资本论〉研究》2019年第1期。

[378] 姚植夫、薛建宏:《新生代农民工市民化意愿影响因素分析》,《人口学刊》2014年第3期。

[379] 叶俊焘、钱文荣:《不同规模城市农民工市民化意愿及新型城镇化的路径选择》,《浙江社会科学》2016年第5期。

[380] 叶俊焘、张凡:《居住隔离视角下城中村与农民工职业表现的内在逻辑——兼论城市非正规的合理性》,《行政管理改革》2021年第3期。

[381] 尹蔚民:《推动实现更高质量的就业全面建成覆盖城乡居民的社会保障体系》,《劳动保障世界》2013年第1期。

[382] 于爱华、王琳、刘华：《随迁对农民工子女非认知能力的影响——基于家校教育过程的中介效应分析》，《中国农村观察》2020 年第 6 期。

[383] 于丽丽、李贝贝：《郑州租房可全家落户》，《华夏时报》2023 年 1 月 9 日。

[384] 喻思南、金歆：《我国互联网普及率达 76.4%》，《人民日报》2023 年 8 月 29 日。

[385] 袁方、安凡所：《就业稳定性、市民化意愿与农民工消费》，《中国劳动关系学院学报》2019 年第 3 期。

[386] 袁晶：《基本医保制度整合研究》，《四川理工学院学报》（社会科学版）2012 年第 1 期。

[387] 运主伦、李峰：《千里沃野谱新篇》，《金昌日报》2021 年 11 月 17 日。

[388] 张北根：《"大跃进"运动的决策问题研究》，《云南行政学院学报》2012 年第 1 期。

[389] 张东生、吕一清：《中国农地确权政策演变、内涵与作用机制的梳理与思考——改革开放 40 年来的经验总结》，《生态经济》2019 年第 9 期。

[390] 张斐：《新生代农民工市民化现状及影响因素分析》，《人口研究》2011 年第 6 期。

[391] 张洪霞：《新生代农民工市民化的影响因素研究——基于全国 797 位农民工的实证调查》，《调研世界》2014 年第 1 期。

[392] 张虎祥、仇立平：《社会治理辨析：一个多元的概念》，《江苏行政学院学报》2015 年第 1 期。

[393] 张吉鹏、黄金、王军辉等：《城市落户门槛与劳动力回流》，《经济

研究》2020 年第 7 期。

[394] 张吉鹏、卢冲：《户籍制度改革与城市落户门槛的量化分析》，《经济学（季刊）》2019 年第 4 期。

[395] 张建丽、李雪铭、张力：《新生代农民工市民化进程与空间分异研究》，《中国人口·资源与环境》2011 年第 3 期。

[396] 张锦华、陈博欧：《子女随迁对农村家庭基础教育支出的影响研究——基于 2019 年千村调查数据的实证分析》，《农业技术经济》2021 年第 9 期。

[397] 张荆：《影响中国犯罪率攀升的六大关系研究》，《中国人民公安大学学报》（社会科学版）2011 年第 5 期。

[398] 张娟：《影响农民工市民化的因素分析——以江苏南通为例》，《商业研究》2008 年第 12 期。

[399] 张丽艳、陈余婷：《新生代农民工市民化意愿的影响因素分析——基于广东省三市的调查》，《西北人口》2012 年第 4 期。

[400] 张龙：《农民工市民化意愿的影响因素研究》，《调研世界》2014 年第 9 期。

[401] 张善余：《逆城市化——最发达国家人口地理中的新趋向》，《人口与经济》1987 年第 2 期。

[402] 张惟英：《拉美过度城市化的教训与北京人口调控》，《人口研究》2006 年第 4 期。

[403] 张务伟：《什么影响了农民工市民化：机理模型与实证检验》，《河南社会科学》2016 年第 4 期。

[404] 张心洁、周绿林、曾益：《农业转移人口市民化水平的测量与评价》，《中国软科学》2016 年第 10 期。

[405] 张英红：《户籍制度的历史回溯与改革前瞻》，《宁夏社会科学》

2002 年第 3 期。

[406] 张永丽、谢盈盈：《农民工市民化的需求条件及影响因素》，《华南农业大学学报》（社会科学版）2012 年第 3 期。

[407] 赵丛霞、金广君、周鹏光：《首尔的扩张与韩国的城市发展政策》，《城市问题》2007 年第 1 期。

[408] 赵国超、虞晓芬、许璐媛：《"工者有其居"理念下农民工居住满意度研究——基于 2020 年浙江流动人口抽样数据》，《浙江大学学报》（人文社会科学版）2022 年第 8 期。

[409] 赵建国、周德水：《教育人力资本、互联网使用与新生代农民工职业选择》，《农业经济问题》2019 年第 6 期。

[410] 赵俊超：《如何解决农民工住房这个最棘手的问题》，《中国发展观察》2013 年第 2 期。

[411] 赵立新：《社会资本与农民工市民化》，《社会主义研究》2006 年第 4 期。

[412] 赵煦：《英国城市化的核心动力：工业革命与工业化》，《兰州学刊》2008 年第 2 期。

[413] 赵一农：《中国城镇化前瞻与线路图解析》，《管理观察》2013 年第 36 期。

[414] 郑秉文：《贫民窟：拉丁美洲城市化进程中的一个沉痛教训》，《国家行政学院学报》2014 年第 5 期。

[415] 郑功成、黄黎若莲：《中国农民工问题：理论判断与政策思路》，《中国人民大学学报》2006 年第 6 期。

[416] 郑杭生：《农民市民化：当代中国社会学的重要研究主题》，《甘肃社会科学》2005 年第 4 期。

[417] 郑湘萍：《市场经济条件下住房限购的正义之辩》，《现代经济探

计》2012年第2期。

[418] 郑晓冬、刘剑波、沈政等：《儿童期留守经历对新生代农民工城市融入的影响》，《社会学评论》2022年第2期。

[419] 郑艳婷、刘盛和、陈田：《试论半城市化现象及其特征——以广东省东莞市为例》，《地理研究》2003年第6期。

[420] 种聪、岳希明：《农民工收入现状、关键问题与优化路径》，《南京农业大学学报》（社会科学版）2023年第6期。

[421] 周春芳、苏群：《农村儿童留守经历对人力资本质量的长期效应研究——基于CFPS2010~2016的实证检验》，《农业技术经济》2023年第7期。

[422] 周明、雷雁淘：《迈向共同富裕的就业保障制度：逻辑、困境和路径》，《西北大学学报》（哲学社会科学版）2023年第4期。

[423] 周明长：《三线建设与中国内地城市发展（1964~1980年）》，《中国经济史研究》2014年第1期。

[424] 周庆智：《农民工阶层的政治权利与中国政治发展》，《华中师范大学学报》（人文社会科学版）2016年第1期。

[425] 周小粒、项超英：《浅谈采矿业与美国远西部城市化的关系》，《历史教学问题》2008年第2期。

[426] 周兴国：《开放社会中的教育分配正义及其困境》，《华东师范大学学报》（教育科学版）2017年第6期。

[427] 周智、魏秀珍：《还农民工国民待遇以构建和谐社会》，《山东省青年管理干部学院学报》2005年第4期。

[428] 周作翰、张英洪：《解决三农问题的根本：破除二元社会结构》，《当代世界与社会主义》2004年第3期。

[429] 朱凤霞、陈俊天：《国家与社会关系视角下的农村社会治理转型》，

《科学社会主义》2021年第1期。

[430] 朱剑红:《我国粮食总产量首次突破6亿吨》,《人民日报》2013年11月30日。

[431] 朱健、陈湘满、袁旭宏:《我国农民工市民化的影响因素分析》,《经济地理》2017年第1期。

[432] 朱力:《农民工阶层的特征与社会地位》,《南京大学学报》(哲学·人文科学·社会科学)2003年第6期。

[433] 朱玲:《中国社会保障体系的公平性与可持续性研究》,《中国人口科学》2010年第5期。

[434] 朱巧玲、甘丹丽:《新型城镇化背景下农民市民化评价指标体系的构建》,《福建论坛》(人文社会科学版)2014年第5期。

[435] 祝仲坤:《保障性住房与新生代农民工城市居留意愿——来自2017年中国流动人口动态监测调查的证据》,《华中农业大学学报》(社会科学版)2020年第2期。

[436] 祝仲坤:《市民化、住房公积金与新生代农民工幸福感》,《社会发展研究》2023年第1期。

[437] 庄灵辉、卢志坤:《租房即可落户青岛进一步深化户籍制度改革》,《中国经营报》2023年11月27日。

[438] 庄玮、顾晓芬、李豫凯:《农民工市民化水平影响因素分析——基于新疆的实证调查》,《调研世界》2015年第7期。

[439] 邹延睿:《英国城市化对我国城镇化的启示》,《法制与社会》2011年第25期。

[440] 邹一南:《农民工落户悖论与市民化政策转型》,《中国农村经济》2021年第6期。

[441] 左鹏、周菁:《户口买卖与户籍制度改革——来自P市的调查》,

《中国人口科学》2000 年第 2 期。

[442] Abramson D. B., "Periurbanization and the Politics of Development-as-city-building in China", *Cities*, Vol. 53, 2016, pp. 156–162.

[443] Akhmat G., Yu B., "Rapidly Changing Dynamics of Urbanization in China: Escalating Regional Inequalities and UrbanManagement Problems", *Journal of Sustainable Development*, Vol. 3, No. 2, 2010, pp. 153–158.

[444] Andreas J., Zhan S., "Hukou and Land: Market Reform and Rural Displacement in China", *The Journal of Peasant Studies*, Vol. 43, No. 4, 2016, pp. 798–827.

[445] Behan K., Maoh H., Kanaroglou P., "Smart Growth Strategies, Transportation and Urban Sprawl: Simulated Futures for Hamilton, Ontario", *The Canadian Geographer/Le Géographe canadien*, Vol. 52, No. 3, 2008, pp. 291–308.

[446] Bogue D. J., *Principles of Demography*, New York: John Wiley & Sons, Inc, 1969.

[447] Boustan L, Bunten D, Hearey O., "Urbanization in American Economic History, 1800–2000", *The Oxford Handbook of American Economic History*, Vol. 2, 2018, p. 75.

[448] Cartier C., "Territorial Urbanization and the Party-state in China", *Territory, Politics, Governance*, Vol. 3, No. 3, 2015, pp. 294–320.

[449] Cerrutti M, Bertoncello R. "Urbanization and Internal Migration Patterns in Latin America", *Centro de Estudios de Población. Argentina*, 2003, pp. 1–24.

[450] Chan K. W., "Fundamentals of China's Urbanization and Policy", *Chi-

na Review, Vol. 10, No. 1, 2010, pp. 63-93.

[451] Chen C., Zhao M., "The Undermining of Rural Labor Out-migration by Household Strategies in China's Migrant-sending Areas: The Case of Nanyang, Henan Province" Cities, Vol. 60, No. 2, 2017, pp. 446-453.

[452] Cheng Z., Nielsen I., Smyth R., "Access to Social Insurance in Urban China: A Comparative Study of Rural-urban and Urban-urban Migrants in Beijing", *Habitat International*, Vol. 41, No. 1, 2014, pp. 243-252.

[453] Colas M., Ge S., "Transformations in China's Internal Labor Migration and Hukou System", *Journal of Labor Research*, Vol. 40, No. 3, 2019, pp. 296-331.

[454] Daniels T., "Smart Growth: A New American Approach to Regional Planning", *Planning Practice and Research*, Vol. 16, No. 3-4, 2001, pp. 271-279.

[455] Daniels T., Lapping M., "Land Preservation: An Essential Ingredient in Smart Growth", *Journal of Planning Literature*, Vol. 19, No. 3, 2005, pp. 23-48.

[456] David M., Learning about Migration Through Experiments, Migration: Economic Change, Social Challenge, Oxford University Press, 2015, pp. 69-80.

[457] David R., *Cities without Suburbs*, New York: The Woodrow Wilson Center Press, 1993, p. 1.

[458] De Brauw A., Mueller V., Lee H. L., "The Role of Rural-Urban Migration in the Structural Transformation of Sub-Saharan Africa", *World Development*, Vol. 63, No. 11, 2014, pp. 33-42.

[459] Dufour D. L., Piperata B. A., "Rural-to-urban Migration in Latin America: An Update and Thoughts on the Model", *American Journal of Human Biology*, Vol. 16, No. 4, 2004, pp. 395-404.

[460] Eclac, Statistical Yearbook for Latin America and Caribbean, 2009, http://www.eclac.org, 2010, p. 46.

[461] Fan, S., Kanbur, R., Wei, S. J., Zhang, X., *The Oxford Companion to the Economics of China*. Oxford: Oxford University Press, 2014, pp. 99-101.

[462] Harris J. R., Todaro M. P., "Migration, Unemployment and Development: A Two-sector Analysis", *American Economic Review*, Vol. 60, No. 1, 1970, pp. 126-142.

[463] Heikkila E. J., "Three Questions Regarding Urbanization in China", *Journal of Planning Education and Research*, Vol. 27, No. 1, 2007, pp. 65-81.

[464] Henderson J. V., Quigley J., Lim E., "Urbanization in China: Policy Issues and Options", *Unpublished Manuscript, Brown University*, No. 20, 2009, pp. 1-39.

[465] Huang X., Dijst M., van Weesep J., et al., "Residential Choice Among Rural-urban Migrants After Hukou Reform: Evidence from Suzhou, China", *Population Space and Place*, Vol. 23, No. 4, 2017, pp. 1-18.

[466] Kaida N., Miah T. M., "Rural-urban Perspectives on Impoverishment Risks in Development-induced Involuntary Resettlement in Bangladesh", *Habitat International*, Vol. 50, No. 12, 2015, pp. 73-79.

[467] Khan M. M. H., Kraemer A., "Are Rural-urban Migrants Living in Urban Slums More Vulnerable in Terms of Housing, Health Knowledge,

Smoking, Mental Health and General Health?" *International Journal of Social Welfare*, Vol. 23, No. 4, 2014, pp. 373-383.

[468] Kim S., "Institutions and US Regional Development: A Study of Massachusetts and Virginia", *Journal of Institutional Economics*, Vol. 5, No. 2, 2009, pp. 181-205.

[469] Kirkby R. J. R., Urbanization in China: Town and Country in a Developing Economy 1949-2000 AD, Columbia: Columbia University Press, 1985, pp. 21-54.

[470] Klaassen L. H., et al., *Dynamics of Urban Development*, Hampshire: Gower Publishing Company Limited, 1979, p. 15.

[471] Lauf S., Haase D., Kleinschmit B., "The Effects of Growth, Shrinkage, Population Aging and Preference Shifts on Urban Development—A Spatial Scenario Analysis of Berlin, Germany", *Land Use Policy*, Vol. 52, 2016, pp. 240-254.

[472] Lee E. S., "A Theory of Migration", *Demography*, Vol. 3, No. 1, 1966, pp. 47-53.

[473] Lewis W. A., "A Model of Dualistic Economics", *American Economic Review*, Vol. 36, No. 1, 1954, pp. 46-51.

[474] Lewis W. A., "Economic Development with Unlimited Supplies of Labour", *The Manchester School*, Vol. 22, No. 2, 1954, pp. 139-191.

[475] Li X., Xu X., Li Z., "Land Property Rights and Urbanization in China", *China Review*, Vol. 10, No. 1, 2010, pp. 11-37.

[476] Long W., Appleton S., Song L., "The Impact of Job Contact Networks on Wages of Rural-urban Migrants in China: A Switching Regression Approach", *Journal of Chinese Economic and Business Studies*, Vol. 15,

No. 1, 2017, pp. 81-101.

[477] Ma L. J. C., "Anti-urbanism in China", *Proceedings of the Association of American Geographers*, No. 8, 1976, pp. 114-118.

[478] Ma L. J. C., "The Chinese Approach to City Planning: Policy, Administration, and Action", *Asian Survey*, No. 9, 1979, pp. 838-855.

[479] MacMichael M., Beazley K., Kevany K., Looker D., Stiles D., "Motivations, Experiences, and Community Contributions of Young Inmigrants in the Maitland Area, Nova Scotia", *Journal of Rural & Community Development*, Vol. 10, No. 4, 2015, pp. 36-53.

[480] Matus K., Nam K. M., Selin N. E., et al., "Health Damages from Air Pollution in China", *Global Environmental Change*, Vol. 22, No. 1, 2012, pp. 55-66.

[481] Min S., Waibel H., Huang, J., "Smallholder Participation in the Land Rental Market in a Mountainous Region of Southern China: Impact of Population Aging, Land Tenure Security and Ethnicity", *Land Use Policy*, Vol. 68, No. 8, 2017, pp. 625-637.

[482] Mincer J., "Family Migration Decisions", *Journal of Political Economy*, Vol. 86, No. 5, 1978, pp. 749-773.

[483] Mohabir, N., Jiang, Y., Ma, R., "Chinese Floating Migrants: Rural-urban Migrant Labourers' Intentions to Stay or Return", *Habitat International*, Vol. 60, No. 2, 2017, pp. 101-110.

[484] Nash J. J. F., "Equilibrium Points in N-person Games", *Proceedings of the National Academy of Sciences*, Vol. 36, No. 1, 1950, pp. 48-49.

[485] Northam R. M., "Population Size, Relative Location, and Declining Urban Centers: Conterminous United States, 1940-1960", *Land Eco-*

nomics, Vol. 45, No. 3, 1969, pp. 313-322.

[486] Ofuoku, Albert U., "Effect of Rural-urban Migrants' Remittances on Arable Crop Production in Delta State, Nigeria", *Journal of Agricultural Sciences*, Vol. 60, No. 1, 2015, pp. 49-59.

[487] Qu Z., Zhao Z., "Glass Ceiling Effect in Urban China: Wage Inequality of Rural-urban Migrants During 2002-2007", *China Economic Review*, Vol. 42, No. 2, 2017, pp. 118-144.

[488] Ranis G., Fei J. C. H., "A Theory of Economic Development", *American Economic Review*, Vol. 51, No. 4, 1961, pp. 533-565.

[489] Ravenstein E. G., "The Laws of Migration", *Journal of the Statistical Society of London*, Vol. 48, No. 2, 1885, pp. 167-235.

[490] Rees, Jonathan. "Industrialization and Urbanization in the United States, 1880-1929." Oxford Research Encyclopedia of American History. 2016. https://doi.org/10.1093/acrefore/9780199329175.013.327.

[491] Roy A. K., Singh P., Roy U. N., "Impact of Rural-urban Labour Migration on Education of Children: A Case Study of Left Behind and Accompanied Migrant Children in India", *Space and Culture, India*, Vol. 2, No. 4, 2015, pp. 17-34.

[492] Sargeson S., "Violence as Development: Land Expropriation and China's Urbanization", *Journal of Peasant Studies*, Vol. 40, No. 6, 2013, pp. 1063-1085.

[493] Schultz T. W., "Transforming Traditional Agriculture: Reply", *Journal of farm Economics*, Vol. 48, No. 4, 1966, pp. 1015-1018.

[494] Scott J. C., The Moral Economy of the Peasant: Rebellion and Subsistence in Southeast Asia, New Haven: Yale University Press, 1976.

[495] Siciliano G., "Urbanization Strategies, Rural Development and Land Use Changes in China: A Multiple-level Integrated Assessment", *Land Use Policy*, Vol. 29, No. 1, 2012, pp. 165-178.

[496] Simon H. A., "A Behavioral Model of Rational Choice", *The Quarterly Journal of Economics*, Vol. 69, No. 1, 1955, pp. 99-118.

[497] Sjaastad L. A., "The Costs and Returns of Human Migration", *Journal of Political Economy*, Vol. 70, No. 5, 1962, pp. 80-93.

[498] Sridhar K. S., Wan, G., "Urbanization in Asia: Governance, Infrastructure and the Environment", *Berlin: Springer Science & Business Media*, 2014, pp. 1-6.

[499] Stark O, Taylor J E., "Migration Incentives, Migration Types: The Role of Relative Deprivation", *The Economic Journal*, Vol. 101, No. 408, 1991, pp. 1163-1178.

[500] Stark O., Levhari D., "On Migration and Risk in LDCs", *Economic Development and Cultural Change*, Vol. 31, No. 1, 1982, pp. 191-196.

[501] Stark O., Taylor J. E., "Relative Deprivation and International Migration", *Demography*, Vol. 26, No. 1, 1989, pp. 1-14.

[502] Su Y., Tesfazion P., Zhao Z., "Where Are the Migrants from? Inter- vs. Intra-provincial Rural-urban Migration in China", *China Economic Review*, Vol. 47, No. C, 2018, pp. 142-155.

[503] Resosudarmo B P, Suryadarma D., The Effect of Childhood Migration on Human Capital Accumulation: Evidence from Rural-urban Migrants in Indonesia, Crawford School Research Paper, 2011.

[504] Tacoli C., "Rural-urban Interactions: A Guide to the Literature", *Environment and Urbanization*, Vol. 10, No. 1, 1998, pp. 147-166.

[505] Tacoli C., McGranahan G., Satterthwaite D., *Urbanisation, Rural-urban Migration and Urban Poverty*, London, UK: Human Settlements Group, International Institute for Environment and Development, 2015, pp. 27-28.

[506] Taylor J. E., Rozelle S., De Brauw A., "Migration and Incomes in Source Communities: A New Economics of Migration Perspective from China", *Economic Development and Cultural Change*, Vol. 52, No. 1, 2003, pp. 75-101.

[507] Bui T., Imai K S., Determinants of Rural-urban Inequality in Vietnam: Detailed Decomposition Analyses Based on Unconditional Quantile Regressions, Research Institute for Economics & Business Administration, Kobe University, 2017, pp. 26-29.

[508] Tian X., Hu J., Zhang C., et al., "Housing Expenditure and Home Purchasing Behaviors of Rural-urban Migrants in China", *China Agricultural Economic Review*, Vol. 9, No. 4, 2017, pp. 558-566.

[509] Todaro M. P., "A Model of Labor Migration and Urban Unemployment in Less Developed Countries", *The American Economic Review*, Vol. 59, No. 1, 1969, pp. 138-148.

[510] Tse C. W., "Urban Residents' Prejudice and Integration of Rural Migrants into Urban China", *Journal of Contemporary China*, Vol. 25, No. 100, 2016, pp. 579-595.

[511] Xie S., Wang J., Chen J., et al., "The Effect of Health on Urban-settlement Intention of Rural-urban Migrants in China", *Health & Place*, Vol. 47, No. 9, 2017, pp. 1-11.

[512] Xie Y., Jiang Q., "Land Arrangements for Rural-urban Migrant Workers

in China: Findings from Jiangsu Province", *Land Use Policy*, Vol. 50, No. 1, 2016, pp. 262-267.

[513] Zarembka P., "Capital Heterogeneity, Aggregation, and the Two-sector Model", *The Quarterly Journal of Economics*, Vol. 89, No. 1, 1975, pp. 103-114.

[514] Zhang B., Druijven P., Strijker D., "Does Ethnic Identity Influence Migrants' Settlement Intentions? Evidence from Three Cities in Gansu Province, Northwest China", *Habitat International*, Vol. 69, No. 11, 2017, pp. 94-103.

[515] Zhang Y. S., Barnett S., Fiscal Vulnerabilities and Risks from Local Government Finance in China, *International Monetary Fund*, 2014, pp. 24-26.

附录　前期成果

中国城镇化：农民自主选择与社会秩序的统一[①]

解安　朱慧勇

[摘要] 通过对改革开放以来我国城镇化发展历程的实证研究，可以看出"农民自主选择与社会秩序统一"这一主线贯穿中国城镇化发展的全过程。我国城镇化的科学发展需要不断实现二者的统一，这既是改革开放以来中国城镇化发展的基本经验，又是未来推进新型城镇化的行动指南。"农民自主选择与社会秩序统一"这一理念与马克思主义经典作家的思想意涵一脉相承，前者体现了新型城镇化"以人为本"的价值取向，后者反映了城镇化发展的一般规律与中国特色城镇化发展的特殊规律，坚持了马克思主义的真理性和价值性的统一。

[关键词] 中国城镇化　农民自主选择　社会秩序

---

① 本文刊载于《马克思主义与现实》2015 年第 1 期，收入本书时做了适当的修改。余同。

一 改革开放以来中国城镇化发展简评

改革开放以来,伴随着工业化进程的加速,我国城镇化经历了一个起点低、速度快的发展过程。1978年至2013年,城镇常住人口从1.7亿人增加到7.3亿人,城镇化率从17.9%提升到53.7%,年均提高1.02个百分点;城市数量从193个增加到658个,建制镇数量从2173个增加到20113个。[①] 可以说,改革开放以来我国的城镇化取得了辉煌的发展成就,城镇化发展水平得到了质的提升。现将改革开放以来我国城镇化的发展进程划分为以下四个阶段并分别做简评。

(一)1979~1984年:城镇化恢复发展阶段

随着1978年12月中国共产党十一届三中全会的召开,我国的城镇化进程也进入到恢复发展阶段。这一时期大批知识青年从农村返回城市,农村的改革也在助推我国城镇化的恢复发展。家庭联产承包责任制的实行则进一步解放和发展了农村生产力,同时也为乡镇企业和小城镇的发展提供了物质前提和人力资源准备。农民自主选择的意愿被进一步激活,国家正常的经济社会秩序逐步恢复。人们对自主选择和自由发展的追求逐渐回归。赋予农民更多自主选择权的社会秩序,也在通过国家政策的形式自上而下地推展开来。农村家庭联产承包责任制的制度创新充分激活了农民生产创新的积极性,农业粮食产量得到显著提高,各类乡镇企业开始涌现,伴随而来的是小城镇日渐发展壮大。乡镇企业的异军突起客观上为小城镇的发展提供了物质条件,一是乡镇企业的发展为城镇经济的发展提供了相对丰富的生产和生活产品,从而进一步繁荣了城镇市场;二是乡镇企业的发展在一定程度上解决了农村富余劳动力的就业问题,促进了农业转移人

[①] 《国家新型城镇化规划(2014~2020年)》,《人民日报》2014年3月17日。

口的市民化；三是乡镇企业发展所形成的人口集聚使新城镇的形成成为可能，同时也在助推原有城镇的发展壮大；四是乡镇企业的发展进一步增加了农民收入，从而为农民实现更多自主选择提供了更多可能。

（二）1985~1992年：城镇化稳步提升阶段

1984年党的十二届三中全会通过的《关于经济体制改革的决定》，为我国城镇化的稳步发展提供了政策保证。城市经济体制改革开始列入议事日程，城市规划以及基础设施建设进程开始加快，阻碍城市发展的体制机制逐步被破除。同时，1984年出台的《关于一九八四年农村工作的通知》则进一步指出，允许农民可以通过自筹资金、自理口粮进入城镇务工经商或落户。这一规定，无疑进一步加速了我国的城镇化进程。在政策规定的范围内，农民可以离土不离乡，发挥自己的一技之长到城镇去务工经商。因为这一时期，农民到城镇务工经商的自主选择意愿得到了国家政策的允许和支持，即此阶段的城镇化发展总体实现了"农民自主选择与社会秩序的统一"，因此我国的城镇化发展水平得到了进一步的提升。加之我国经济体制改革的不断深入，到城镇务工经商的农民也进一步分享到了城市经济体制改革的红利。城乡之间的联系不断紧密，乡镇企业和小城镇得到了长足发展。可以说，这一阶段我国城镇化进程在改革开放之初恢复发展的基础上实现了稳步提升，"农民自主选择"的意识被再一次唤醒。与此同时，国家相关政策的及时出台和跟进则进一步从宏观社会层面保证了良好"社会秩序"的稳步确立。

（三）1993~2002年：城镇化快速发展阶段

1992年邓小平南方谈话和党的十四大的胜利召开，为我国城镇化的发展提供了强大助力。社会主义市场经济体制的不断完善和发展，使中国城镇化的发展获得了更为持久的内生动力。这一时期，我国的乡镇企业和小城镇发展迅速。正如邓小平所指出的："农村改革中，我们完全没有预料到的最大的收获，就是乡镇企业发展起来了，突然冒出搞多种行业，搞商品经济，搞各种小型企业，异军突起。这不是我们中央的功绩。乡镇企业每年都是百分之二十几的增长率，持续了几年，一直到现在还是这样。乡镇企业的发展，主要是工业，还包括其他行业，解决了占农村剩余劳动力百分之五十的人的出路问题。农民不往城市跑，而是建设大批小型新型乡镇。"[1] 可以说，我国乡镇企业和小城镇的快速发展是改革开放以来中国城镇化的一大亮点，同时也是我国城镇化发展中"农民自主选择和社会秩序统一"的典型范例。随着农村改革的不断深入，农民用自己的实际行动探索出了我国城镇化发展的小城镇模式，国家则通过相关政策的出台进一步规范农民的自主选择并确立了良好的社会秩序。这一阶段的城镇化进程随着我国改革开放的不断深入而保持较快速度，大城市、中小城市、小城镇的规模和数量都有了显著的提升和增加。

（四）2003年至今：城镇化全面发展阶段

2002年党的十六大胜利召开，科学发展观的提出为我国城镇化的发展提出了更高要求。城镇化从此进入了全面发展阶段，不仅重视城镇化本身发展的速度和数量、内涵和质量，更注重城乡统筹发展以及城镇化发展与人口、资源、环境相协调，走集约、可持续发展的城镇化道路。2012年党的十八大进一步提出"坚持走中国特色新型工业化、信息化、城镇化、农业现代化道路，推动信息化和工业化深度融合、工业化和城镇化良性互动、城镇化和农业现代化相互协调，促进工业化、信息化、城镇化、农业现代化同步发展"[2]。2013年12月，中央城镇化工作会议提出了推进城镇化的六项主要任务：第一，推进农业转移人口市民化；第二，提高城镇建

---

[1] 《邓小平文选》第3卷，人民出版社，1993，第238页。
[2] 胡锦涛：《坚定不移沿着中国特色社会主义道路前进　为全面建成小康社会而奋斗——在中国共产党第十八次全国代表大会上的报告》，人民出版社，2012，第20页。

设用地利用效率；第三，建立多元可持续的资金保障机制；第四，优化城镇化布局和形态；第五，提高城镇建设水平；第六，加强对城镇化的管理。① 2014年3月，《国家新型城镇化规划（2014~2020年）》的出台，为我国新型城镇化的发展指明了方向。可以说，这一阶段我国城镇化的发展是从传统城镇化模式向新型城镇化模式转换，以期通过一系列政策的调适实现我国城镇化发展质量的提升。如果说党的十六大之前城镇化的路径侧重"自下而上"的话，那么党的十六大以后我国城镇化的路径则侧重"自上而下"。"农民自主选择与社会秩序统一"这一主线贯穿了中国城镇化发展的全过程。

二 农民自主选择与社会秩序统一理论的核心要义

纵观改革开放以来我国城镇化的发展历程可以看出，取得辉煌成就的一个基本经验就是不断实现农民自主选择与社会秩序相统一。农民自主选择与社会秩序统一的城镇化理论既尊重和鼓励农民在城镇化进程中的自主选择，又通过良好社会秩序的构建维护全体社会成员的公共利益。农民自主选择与社会秩序统一理论的核心要义可以概括为以下两个方面。

（一）自主选择是实现人的自由而全面发展的条件

无论是马克思主义经典作家关于城镇化的理论，还是中国化马克思主义关于城镇化理论，以及西方学者关于城镇化的相关理论，都在致力于消除城乡对立、缩小城乡差距以及实现人的自由而全面的发展。而马克思早在《1844年经济学哲学手稿》中就指出："一个种的整体特性、种的类特性就在于生命活动的性质，而自由的有意识的活动恰恰就是人的类特

---

① 《中央城镇化工作会议在北京举行》，《人民日报》2013年12月15日。

性。"① 在此马克思将人的类特性明确地定义为自由的有意识的活动，社会的发展进步应不断地促进和保障人的自由自觉的活动。新型城镇化是以人为核心的城镇化，它的推进应充分尊重和保障每位公民自主选择的权利。

马克思、恩格斯在《共产党宣言》中也曾明确指出："代替那存在着阶级和阶级对立的资产阶级旧社会的，将是这样一个联合体，在那里，每个人的自由发展是一切人的自由发展的条件。"② 人类文明发展进步应不断促进人的自由发展，应以人的自由发展状况作为衡量社会文明程度的标准。城镇化是实现现代化的必由之路，"农民自主选择与社会秩序统一"强调尊重和保障每位公民尤其是农民的自主选择权利，并将此作为推进城镇化的前提和条件；在此基础上，通过构建公平合理的社会秩序确保实现"每个人自由而全面发展"。因此，农民自主选择与社会秩序统一理论的第一个核心要义表现为：自主选择是实现人的自由而全面发展的条件。

（二）良好的社会秩序需要建立在充分保障公民自主选择权利的基础之上

马克思在《关于费尔巴哈的提纲》中曾指出："人的本质不是单个人所固有的抽象物，在其现实性上，它是一切社会关系的总和。"③ 每个人都处在特定的社会网络之中，每个人的自主选择既影响自己也影响他人。城镇化发展的农民自主选择与社会秩序统一理论重视在保障每位公民自主选择权利基础上的社会秩序的构建，人的本质在其现实性上是一切社会关系的总和决定了城镇化的有效推进必须构建新的社会秩序与其相配套。可以说，城镇化的有效推进不仅需要重视和保障公民自主选择的权利，更需要注重不断优化和维护整体社会秩序。良好的社会秩序在于最大限度地维护公共利益，一旦社会秩序受到破坏，每个公民自主选择的权利必然受到影

---

① 《马克思恩格斯选集》第1卷，人民出版社，2012，第56页。
② 《马克思恩格斯选集》第1卷，人民出版社，2012，第422页。
③ 《马克思恩格斯选集》第1卷，人民出版社，2012，第135页。

响。因此，良好社会秩序的构建对于城镇化的发展至关重要。

马克思在论述商品流通和货币流通时曾指出："这一运动的整体虽然表现为社会过程，这一运动的各个因素虽然产生于个人的自觉意志和特殊目的，然而过程的总体表现为一种自发形成的客观联系；这种联系尽管来自自觉的个人的相互作用，但既不存在于他们的意识之中，作为总体也不受他们支配。他们本身的相互冲突为他们创造了一种凌驾于他们之上的异己的社会权力；他们的相互作用表现为不以他们为转移的过程和强制力。"① 可见，"自主选择与社会秩序统一"这一理念与马克思主义经典作家的思想意涵一脉相承，即在城镇化发展过程中既要强调尊重和保障每位公民自主选择的权利，也需要在此基础上不断优化和塑造良好的社会秩序。在城镇化发展的"自主选择—社会秩序"理论的二维空间中，公民自主选择权利的保障需要良好的社会秩序，而良好的社会秩序需要建立在充分保障公民自主选择权利的基础之上——这一点构成该理论的第二个核心要义。

三 现阶段我国城镇化发展的瓶颈及改革框架

现阶段，我国城镇化遇到了一些发展瓶颈。"农民自主选择与社会秩序统一"的理论框架，将有助于我们更好地结合中国国情提出更加切实有效的改革路径。

（一）现阶段我国城镇化发展的瓶颈

截至2012年，我国常住人口城镇化率为52.6%，户籍人口城镇化率为35.3%，两者相差17.3个百分点。② 可以说，我们目前常用的城镇化率数

---

① 《马克思恩格斯全集》第30卷，人民出版社，1995，第147~148页。
② 《国家新型城镇化规划（2014~2020年）》，《人民日报》2014年3月17日。

据是不完全城镇化率的数据。因为这里有 17.3 个百分点的农民工并没有入市，他们虽为当地经济的发展做出了不小的贡献，却没有享受到与当地市民同等的待遇。随着我国社会主义市场经济的不断发展成熟，大量的农业富余劳动力来到城镇就业。但是，我国户籍制度及其他与之配套的社会保障制度并没有随之做出较大的变革。在这种情况下，其实只是给予了农民有限的自主选择权，真正的充分保障农民自主选择的社会秩序并没有完全建立。因此，可以说我国传统的城镇化发展模式处于农民自主选择和社会秩序统一分析框架的低层次。要提升城镇化发展水平，既需要不断赋予农民更多自主选择权，又要建立良好的社会秩序维护和保障农民自主选择权的运行。通过赋予农民更多自主选择权进一步激发每个人创新创业的潜力，在此基础上，通过良好社会秩序的建立促进社会整体的发展和进步。

目前我国有 2.34 亿农民工及其家属身在城镇、却无法真正融入城镇生活中。他们在就业、住房、养老、医疗、教育等多个方面无法享受同等的市民化待遇，这些方面都在限制着农民工的自主选择。在农民工就业方面，户籍制度无疑制约着他们对就业的自主选择，真正公平的就业创业环境并没有完全形成。在住房方面，农民工群体目前很难享受到政策性保障房的福利，住房是民生之要，真正能够覆盖到城镇农民工群体的住房保障体系还未形成。在养老方面，农民工群体大多采用回乡居家养老的方式度过晚年，社会化全覆盖的养老保障体系还未将所有的农民工群体纳入其中。在医疗服务方面，本身就已经很难满足城镇居民需求的医疗服务资源，同样很难充分满足农民工群体对医疗服务的需求。在教育方面，农民工群体子女的受教育问题已表现得非常突出，城镇优质的教育资源很难为农民工群体子女所享受。另外，还由于户籍制度的限制，在异地城镇接受中等教育的农民工群体子女不允许在异地城镇参加高等学校入学考试，即使有部分省市放开这一限制，也只是允许在本地接受中等教育的农民工群体子女报考专业职业技术类学校。如此等等，都构成了我国城镇化发展的障碍。

(二) 现阶段我国城镇化的改革框架

今后一个时期，我国新型城镇化的推进需要着重解决好现有"三个1亿人"问题，即"促进约1亿农业转移人口落户城镇，改造约1亿人居住的城镇棚户区和城中村，引导约1亿人在中西部地区就近城镇化"[①]。要解决好现有"三个1亿人"问题，需要在"农民自主选择与社会秩序统一"的改革框架下从以下三个方面重点发力。

1. 创新农地经营管理制度

创新农地经营管理制度是在"农民自主选择与社会秩序统一"的改革框架下，破解现阶段我国城镇化发展瓶颈的重要一环。1880年6月，马克思在被称为《共产党宣言》浓缩版的《法国工人党纲领导言（草案）》中指出："生产者只有在占有生产资料之后才能获得自由。"[②]马克思认为，人的自由始终同他们获取物质生活资料的能力和方式紧密相连。在我国，家庭联产承包责任制确保了农民对生产资料的占有。但如何最大限度地发挥所占有生产资料的效用，不但关系到全面深化农村改革加快推进农业现代化的实现，更关系到新型城镇化的健康发展。农业现代化的实现客观上要求进一步创新农民对生产资料的占有形式，特别是要进一步盘活农民所承包土地的潜在价值。通过进一步创新农地经营管理制度，使农民获得更多的能够进行自主选择的财产权利。随着农民享有财产权利的增加，农民的收入水平也会逐步提高。农民收入水平的提高客观上为农业转移人口市民化创造了可能，特别是为农民的就地市民化提

---

① 李克强：《政府工作报告——二〇一四年三月五日在第十二届全国人民代表大会第二次会议上》，《人民日报》2014年3月15日。
② 《马克思恩格斯文集》第3卷，人民出版社，2009，第568页。

供了物质基础。

新型城镇化代表的是一种现代化的生活方式,当农民拥有更多财产收入后必然会追求更好的生活环境,而此时新型城镇化也就找到了其获得健康可持续发展的内生动力。"农民自主选择与社会秩序统一"改革框架下的农地经营管理制度创新,就是希冀通过农地股份合作制等形式进一步增强城镇化过程中农民自主选择的能动性。同时,也可以有效避免由于农民盲目自主选择而造成的社会失序。以"农民自主选择与社会秩序统一"改革框架下的农地股份合作制创新为例,一方面农地股份合作制进一步增强了城镇化过程中农民的自主选择能力,因为它使农民进一步从对土地的依附关系中解放出来,既得到了土地带来的收益又不被土地所牵绊。另一方面农地股份合作制是在现有农地经营管理制度前提下的创新,而不是土地私有化。这就为有效避免城市贫民窟的出现提供了制度保障,即使农民最终因为各种原因没有实现市民化,他们依然可以回到农村继续从事农业生产,而不致出现大规模的社会动荡。

2. 加快推动户籍制度改革

加快推动户籍制度改革是在"农民自主选择与社会秩序统一"的改革框架下,破解现阶段我国城镇化发展瓶颈的重要内容。已经转移到城镇就业的农业转移人口是推动户籍制度改革首先要解决的群体,他们在城镇中已经拥有了稳定的职业并融入了城市生活,这充分说明了他们已经被所在的城镇接纳而成为了事实上的市民。可以认为这部分农业转移人口通过自身的自主选择已经实现了事实上的市民化,因此相应的社会秩序的构建也应该及时跟进。新型城镇化是顺势而为的城镇化,对于已经转移到城镇就业的农业转移人口群体应该有序解决他们的落户问题。在党的十八届三中全会有关推进农业转移人口市民化精神的指导下,中央城镇化工作会议明确提出从目前我国城镇化发展要求来看,主要任务是解决已经转移到城镇就业的农业转移人口的落户问题。"全面放开建制镇和小城市落户限制，有序放开中等城市落户限制，合理确定大城市落户条件，严格控制特大城市人口规模。"① 城镇的发展需要人口的集聚，全面放开建制镇和小城市落户限制是进一步释放建制镇和小城市发展活力的重要举措。有序放开中等城市落户限制、合理确定大城市落户条件以及严格控制特大城市人口规模则是建立在对我国现实国情充分研判基础上做出的务实认知，城市发展过程中遇到的各种问题决定了不可能一刀切式地全面放开所有城镇的落户限制。

当前，我国很多大中城市存在严重的"城市病"而难以根治，从而也从一个方面倒逼我们必须采取循序渐进式的户籍制度改革路径。采用循序渐进式的改革策略是有序推进农业转移人口市民化的必然选择，而分层次分步骤地推动户籍制度改革是其中非常重要的一个方面。"农民自主选择与社会秩序统一"的改革框架要求我们在充分保证农民自主选择的前提下，户籍制度的改革也要更多地注重维护整体的社会秩序。《国家新型城镇化规划（2014~2020年）》则进一步明确提出实施差别化落户政策，以合法稳定就业和合法稳定住所（含租赁）等为前置条件，全面放开建制镇和小城市落户限制，有序放开城区人口50万~100万人的城市落户限制，合理放开城区人口100万~300万人的大城市落户限制，合理确定城区人口300万~500万人的大城市落户条件，严格控制城区人口500万人以上的特大城市人口规模。② 2014年7月发布的《国务院关于进一步推进户籍制度改革的意见》则更加明晰了现阶段我国推进户籍制度改革的相关具体要求，明确了调整户口迁移政策、创新人口管理、保障农业转移人口及其他

---

① 《中央城镇化工作会议在北京举行》，《人民日报》2013年12月15日。
② 《国家新型城镇化规划（2014~2020年）》，《人民日报》2014年3月17日。

常住人口合法权益等方面的注意事项。

3. 使基本公共服务全覆盖

现阶段我国部分城市中出现的"新二元结构"倾向已经逐渐显现，城镇常住居民与农业转移人口在享受城市基本公共服务方面差异明显。毋庸置疑，农民工为所在城镇的发展贡献了自己的力量。因此，在推进农业转移人口市民化的过程中应该使他们逐步享受到无差别的城镇基本公共服务。被统计为城镇人口的2.34亿农民工及其随迁家属无法在短期内获得城镇户籍，但应该通过体制创新使他们享受城镇的基本公共服务。城镇化发展的"农民自主选择与社会秩序统一"改革框架要求我们在推进基本公共服务全覆盖的过程中，应该通过合理社会秩序的建立不断满足农民的自主选择。政府应通过合理社会秩序的构建，不断满足农民工市民化群体对就业、教育、住房、医疗、养老等社会保障服务的需求。特别是在"新二元结构"倾向比较明显的地区，可以说农民已经通过市场经济条件下的自主选择做出了经济最优的抉择，此时就需要政府在此基础上通过制度变革适应这种变化进而提供无差别的城镇基本公共服务。

以城镇化发展的"农民自主选择与社会秩序统一"框架下的教育改革为例，教育事关民族的未来，推进农业转移人口市民化离不开教育领域的全面深化改革。随农民工到城镇的子女在受教育方面，需要政府在政策制度层面给予更多的关注。"农民自主选择与社会秩序统一"分析框架既注重给予农民更多自主选择的权利，更希望政府能在宏观政策制定方面起到"兜底"的作用。因此，政府应出台更多优惠政策扶持城镇农民工子弟幼儿园、小学、中学的发展。同时，还应该加强对城镇农民工子弟学校的监管。这种监管既包括对城镇农民工子弟学校教育教学质量的监管，也包括对城镇农民工子弟学校教育收费和财务收支状况的监管。在推进农业转移人口市民化的过程中还应加大对教育领域重难点问题破解的步伐，正如《国务院关于进一步推进户籍制度改革的意见》中所指出的，结合在当地连续就学年限等情况，随迁子女逐步享有在当地参加中考和高考的资格。特别是在解决农民工子女异地高考等事关民生的问题上应取得更大改革进展。

新中国城镇化曲折历程的唯物史观分析

解 安 徐宏潇 胡 勇

[摘要] 新中国的城镇化推进路径经历了从政府直接干预到政府间接干预,再到农民自主选择与社会秩序趋向统一的历史进程。"农民自主选择"和"社会秩序"矛盾运动这一主线贯穿60多年城镇化发展全过程,二者有机统一反映了生产力与生产关系、经济基础与上层建筑的辩证统一关系,其矛盾运动过程成为城镇化发展的根本动力。我国城镇化的科学发展需要不断实现二者的统一。

[关键词] 城镇化 唯物史观 农民自主选择 制度变迁

当前,新型城镇化发展的战略意义已为全社会所公认,但如何对新中国成立以来我国城镇化发展、演变的内在规律进行总结与提炼,以便指导中国特色新型城镇化持续健康发展,学术界一直争论不休。其中,既有以西方自由主义经济学为指导的市场化、自由化改革路径的观点,也有坚持政府主导城镇化推进路径的主张。作为马克思一生两大发现之一的唯物史观,深入阐释了人类历史发展与制度变迁的基本规律,深入论证了人类社会发展制度变迁的主体与动力机制问题,因制度变迁研究的巨大贡献而获得诺贝尔经济学奖并享誉全球的制度经济学大师——诺斯曾高度评价马克思对长期制度变迁阐述的深刻性。人类社会历史发展一次又一次以不可争辩的事实证明了马克思主义理论框架对制度变迁解释的独特优势与强大理

---

① 本文刊载于《马克思主义研究》2015年第12期。

论力量。新中国成立以来，城镇化曲折发展的深层次原因是什么？其发展的动力机制、内在规律、独特路径与逻辑主线又是什么？新形势下如何推进新型城镇化有序、健康、可持续发展？本文运用唯物史观的基本原理从社会变迁与制度变迁的动态视角出发，将宏观动态视野与微观人本关怀相结合，把价值尺度与真理尺度相统一，对新中国成立以来城镇化发展历程进行深入系统的考察与分析。

一 问题的提出：城镇化曲折发展的实践探索与理论探究

西方发达国家的城市化发展一般是先集中城市化、后转向分散城市化，这一过程中城市化与工业化基本同步。可以说，西方国家的城镇化多为工业化的直接结果，属自然演进过程，自下而上的推进路径居于主导地位。回顾西方工业化与城镇化发展历史，始于18世纪60年代的西方国家的产业革命，带来了机器工业和规模化生产，出现了产业集聚、资源集约、人口集中的城镇化现象。新中国成立以来的城镇化进程则不同，中国共产党人较早注意到西方社会和旧中国城乡对立的弊端，一开始就试图探索一条不同于西方的城镇化推进路径，呈现出政府主导和自上而下推进的鲜明特色，其间虽然取得了一系列举世瞩目的成就并积累了宝贵的经验，但在实践过程中也经历了曲折的发展历程，城镇化长期滞后于工业化主要是因为历史基础和国际大环境的影响。

从发展速度上看，我国城镇化发展速度波动较大，并且经历了较长时间的停滞与衰退阶段。1949年，我国城镇化率为10.64%，其后增速不快，直到1978年城镇化率才上升到17.92%。改革开放以后，中国城镇化率保持了持续快速提升，截至2013年，我国城镇化率已经上升至53.73%。新中国成立至2013年我国城镇化发展速度变化趋势详见图1。从发展质量上看，我国城镇化发展长期存在结构布局不合理[1]、户籍人口城镇化率低于常住人口城镇化率[2]、非农产业就业率高于城镇化率[3]、农民工市民化滞后[4]、人口超载和环境污染等"城市病"症状。

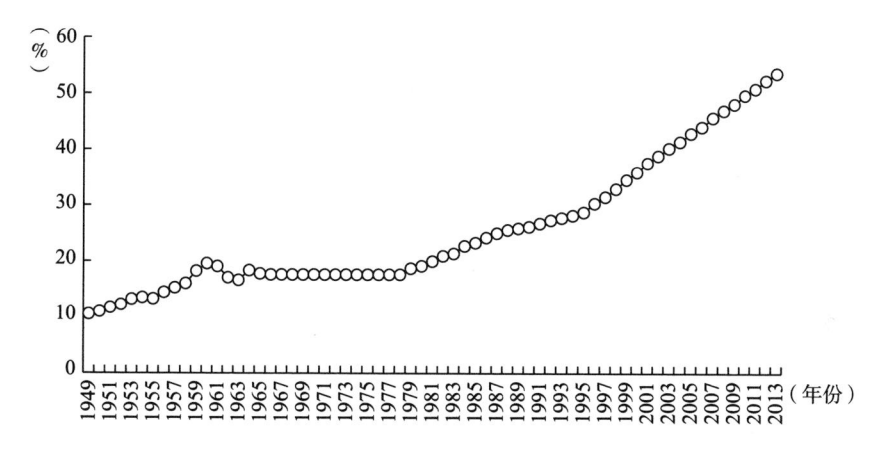

图1 1949~2013年我国城镇人口占总人口比重

资料来源：《新中国六十年统计资料汇编》《中国统计年鉴》。

目前，学术界普遍认为，我国城镇化在取得巨大成就的同时，也存在不容忽视的困境与问题。学术界围绕自由与秩序关系的不同认识，对我国城镇化曲折发展原因和未来推进路径的分析大体可以分为以下三种观点。

第一种观点强调，我国特有的体制机制障碍和发展战略选择导致农民缺乏流动自主性是造成城镇化曲折发展的重要原因。如刘平量、曾赛丰认为，我国"土地制度、户籍制度、社会保障制度是影响城市化进程的三项

---

[1] 刘勇：《中国城镇化发展的历程、问题和趋势》，《经济与管理研究》2011年第3期。
[2] 华生：《城市化转型与土地陷阱》，东方出版社，2013，第313页。
[3] 梁蕴兮：《中国城镇化发展历程、问题及趋势分析》，《经济视角（上）》2013年第10期。
[4] 马晓河、胡拥军：《中国城镇化进程、面临问题及其总体布局》，《改革》2010年第10期。

主要制度"①。持相似观点的学者，热烈呼吁破除限制人口自由流动和农民工市民化的各项体制机制束缚，主张赋予农民进入产业和地域选择的自主权，但如何破解由此造成的人口流动无序性和盲目性问题，进而避免社会失序，协调不同利益主体关系，该派观点未能给出满意答案。

第二种观点认为，政府宏观调控不到位造成社会失序是引起我国城镇化曲折发展特别是发展质量不高的原因。如相伟②针对我国城镇化发展过程中土地利用不集约等问题指出，要积极发挥政府宏观调控作用。曹洪、何代忠③也指出，推动我国城镇化发展必须发挥政府的主导作用。该派观点强调了政府宏观调控对良好社会秩序培育的积极作用，但如何尊重城镇化主体的自主性并调动其积极性尚不明确。

第三种观点则综合了以上两种观点，认为应该将政府作用与市场机制有效结合起来才能推动城镇化的持续健康发展。如辜胜阻④认为，我国城镇化发展过程中政府不能缺位也不能越位，要把市场机制与政府职能有机结合起来。李铁也认为，"过去延缓中国城镇化健康发展的制度障碍，主要来自政府"⑤，因此要推动城镇化发展既需要政府统筹协调，做好顶层设计，又需要激发城镇化发展中的市场主体作用。但持此观点的学者对二者结合的关键环节与内在机制的解释略显无力。

以上观点分析对我国城镇化发展过程中存在的问题做出了一定程度的解释，并提出了各自的解决方案。但它们或依据国外相关理论，缺乏对中

---

① 刘平量、曾赛丰：《城市化：制度创新与道路选择》，湖南人民出版社，2006，第25页。
② 《相伟：城镇化问题逐渐显现：质量不高、土地利用不集约》，http://www.gov.cn/zhuanti/2014-03/07/content_2632908.htm。
③ 曹洪、何代忠：《加快我国农村社区城镇化进程应充分发挥政府主导作用》，《农村经济》2006年第3期。
④ 《辜胜阻：城镇化中政府既不能越位也不能缺位》，http://jjckb.xinhuanet.com/2013-12/ll/content_481270.htm。
⑤ 金辉：《城镇化转型政府要勇于改革自己》，《经济参考报》2014年9月30日。

国经济社会发展的适用性；或虽然较好地结合了中国城镇化发展的历史与现实，但缺乏系统的理论分析框架，因而没有抓住我国城镇化发展变迁的动力机制、内在规律、独特路径与逻辑主线。党的十八届三中全会做出的《中共中央关于全面深化改革若干重大问题的决定》指出："坚持走中国特色新型城镇化道路，推进以人为核心的城镇化。"[①] 我们需要将马克思主义基本原理与中国实践相结合，对新中国60多年来城镇化的发展历程进行科学回顾，据此探究中国特色城镇化发展的基本规律与独特路径。

二 历史回顾：新中国60多年城镇化的曲折探索历程

新中国成立后，中国共产党人继承并发展了马克思主义城乡关系理论，着眼于克服城乡对立，实现城乡兼顾的大局，但由于主客观条件的限制，中国城镇化进程经历了从政府直接干预，到直接干预向间接干预转型，再到农民自主选择增强而社会秩序跟进不足，最终趋向农民自主选择与社会秩序统一的过程。

1. 起步发展阶段：政府直接干预城镇化推进路径的初步探索（1949~1957年）

1949年9月通过的具有临时宪法作用的《中国人民政治协商会议共同纲领》确立了国家发挥调剂作用的社会主义计划经济的体制构想，并提出"应以有计划有步骤地恢复和发展重工业为重点"[②] 的发展战略。在此时代背景下拉开序幕的新中国城镇化进程中，政府发挥了主导作用，政府直接干预的城镇化推进路径初步形成。

七届二中全会以后，虽然"党的工作重心由乡村移到了城市"，但克

---

① 《中共中央关于全面深化改革若干重大问题的决定》，《人民日报》2013年11月16日。
② 《建国以来重要文献选编》第1册，中央文献出版社，1992，第9页。

服城乡对立的努力和探索一直在持续。毛泽东明确指出:"城乡必须兼顾,必须使城市工作和乡村工作,使工人和农民,使工业和农业,紧密地联系起来。决不可以丢掉乡村,仅顾城市,如果这样想,那是完全错误的。"[1]在1956年的《论十大关系》中,第一条就提出了协调处理农、轻、重关系问题。在城乡兼顾思想的有效指引下,1949~1957年我国城镇化率持续上升,由1949年的10.64%上升到1957年的15.39%。新中国成立之初,新生的社会主义政权外有帝国主义孤立封锁的严峻挑战,内有恢复国民经济和进行社会主义改造的迫切任务。一方面,国家积极推动国民经济的恢复和发展,"一五"计划顺利推进,新解放区土改完成,极大调动了农业劳动者的生产积极性,城乡生产力得到大幅度提升。另一方面,国家将工业化与社会主义改造结合起来,建立了社会主义制度,为城镇化有序推进奠定了社会基础,并对城乡人口流动秩序进行了积极的调控。这一阶段,政府通过"包下来"的就业政策和城市救济政策[2],起到稳定城镇原有人口数量的作用。同时,1953~1957年国家多部门多次发文劝止农民盲目流入城市,引导农村人口有序进城就业。但总体而言,在20世纪60年代初国民经济全面调整之前,急躁冒进的发展思路仍占主导地位,我国限制农村劳动力进入城市的严格制度尚未全面固化,农民进城具有一定的自主性,社会秩序处于恢复发展阶段,这一阶段我国城镇化率持续提升。

国民经济的恢复发展与社会主义改造的完成,为城镇化向前推进提供了一定的物质条件和社会条件准备,但较低的城乡生产力水平仍然不足以支撑城镇化进程的持续快速健康发展,生产关系变革过急过快的倾向日益暴露,由政府直接干预以应对城乡人口流动乏序的城镇化推进路径渐趋形

---

[1] 《毛泽东选集》第4卷,人民出版社,1991,第1427页。
[2] 武力:《中华人民共和国经济史》上,中国时代经济出版社,2010,第164页。

成，为改革开放之前城镇化的曲折发展埋下了隐患。

2. 波动起伏阶段：政府直接干预城镇化推进路径的全面形成和固化（1958~1977年）

1958年社会主义建设总路线提出以后，经济社会发展中脱离国情的急躁冒进思想占据上风，随着计划经济体制的不断强化，面对国内外复杂形势和经济社会发展过程中脱离生产力发展水平探索所造成的消极社会后果，政府直接干预城镇化进程作为对消极社会后果的回应措施也全面展开。"大跃进"期间，大量城市工业企业开工投入生产带动了城镇化率的迅速提升，城镇化率由1958年的16.25%，攀升至1960年的19.75%。"大跃进"结束以后，城镇化率迅速回落，1963年下降至16.84%，经过1964年18.37%的短暂回升后，1965~1977年一直处于停滞和小幅度衰退阶段，城镇化率一直未能突破18%。在"左"倾思想影响下，工业领域强调发展的高速度，农业领域脱离生产力发展实际进行急剧的生产关系变革，给我国农业生产的发展带来灾难性影响。1959年爆发的农业生产危机使党中央在思想意识上提高了对农业生产的极端重要性的认识，并着手进行调整，1961年提出不能忽视农业的基础地位[①]，并制定了《农村人民公社工作条例（修正草案）》。此后，农业的基础地位一直得到中央的高度重视。但在国家整个经济和政治生活领域，"左"倾思想一直占据主导地位，特别是"文革"期间达到顶峰。以户籍制度为标志的国家直接干预城乡人口流动的模式全面形成。1958年1月9日，全国人大常委会通过了《中华人民共和国户口登记条例》[②]，标志着城乡分离的户籍制度正式形成，以后不断强化。政府通过减少职工、下放

[①] "农业是国民经济的基础，工业是主导。社会主义国家的建设，当然是优先发展重工业，发展主导方面，但是不能忽视我们的基础。"引自《建国以来重要文献选编》第14册，中央文献出版社，1997，第238页。

[②] 《建国以来重要文献选编》第11册，中央文献出版社，1995，第16页。

干部、知青上山下乡等"逆城镇化"运动,直接采取负向措施干预城镇化进程,大幅削减城镇人口。同时,这一时期我国通过实行严格的"统包统配"的就业制度,不但农民丧失择业自主性,企业也缺乏用工自主性,农民产业转移受到巨大限制。我国城乡社会保障制度受到"文革"的严重冲击,城镇企业承担起社会保障的主要功能,城乡社会保障的二元结构不断固化。1956年社会主义改造完成以后,我国农村土地集体所有、统一经营的模式无法充分调动农民积极性,劳动生产率低下,同时城乡土地流动性差,极大地阻碍了农村人口向城市的流动。不可否认,国家直接干预城镇化进程也有正面案例,如20世纪60年代中期开始的"三线"建设,起到了平衡全国工业布局、带动内陆地区城市发展等积极作用。

由政府直接干预城镇化进程路径的形成是当时国内外复杂的经济社会背景造成的,在计划经济占支配地位的社会经济环境中,政府直接干预城镇化进程具有客观必然性。从其历史作用和效果看,既有正向的促进区域均衡发展的成功经验,也有负向的违背发展规律的惨痛教训。从总体上考察,这一阶段政府对城乡人口流动社会秩序的负向控制增强,农民缺乏自主选择,城镇化发展速度波动较大。

3. 改革加速阶段:政府直接干预向间接干预推进路径转型(1978~2002年)

改革开放后,党的工作重心转移到经济建设上来,党的十三大明确提出"我们在现阶段所面临的主要矛盾,是人民日益增长的物质文化需要同落后的社会生产之间的矛盾"[①]。市场机制的引入与发展,使政府由直接干预城镇化进程逐步转变为间接干预,逐步放松束缚城乡人口流动的体制机制障碍,农民自主选择权逐步增强。这一阶段,城镇化率迅速提升,由

---

① 《十三大以来重要文献选编》上,人民出版社,1991,第12页。

1978年的17.92%上升至2002年的39.09%。特别是十一届三中全会以来，农村家庭联产承包责任制改革大大提高了农业的劳动生产力，释放出大量农村富余劳动力。1984年，改革向城市全面推进以后，城市经济发展迅速，增加了大量就业岗位。改革开放虽然推动了城乡劳动力的极大解放，但整体上看我国农业、农村发展仍然滞后，城乡发展不均衡问题日益突出。国家积极推进市场化改革，建立城乡开放的劳动力市场，市场化的就业和社会保障制度逐步完善，国家对城乡居民就业的产业自主选择的控制明显放松，但是户籍制度等制度障碍对城乡居民地域自主选择控制未见明显松动。农民地域自主选择与产业自主选择并不同步的现象，出现了农民工无法获得市民待遇等一系列社会问题。由于这一阶段国家政策调整对社会秩序的负向控制放松，农民自主选择权较上一阶段有所增强，但正向社会治理不足。城镇化率虽有提升，但大城市"城市病"、小城镇发展不集约等影响城镇化质量的问题也逐渐暴露出来。

党的十一届三中全会以后，我国坚持从国情出发，自觉运用唯物史观基本原理，将经济建设置于首要位置，促进了城乡生产力的持续发展，为城镇化进程的快速推进奠定了重要的物质基础，但城乡发展不均衡的矛盾日渐突出，与经济发展相适应的生产关系变革相对滞后，对城乡居民地域自主选择权尊重不足，在一定程度上影响了城镇化质量的提升。

4. 科学发展阶段：自主选择与社会秩序统一推进路径形成（2003年至今）

前一阶段，由于生产关系和上层建筑变革相对滞后，政府社会秩序调控缺位导致一系列社会问题，如政府对一级土地市场的垄断及各级政府的土地财政不但造成了有限土地资源利用不集约的问题，而且形成了严重的城市房地产泡沫。2003年党的十六届三中全会提出了科学发展观，"以人为本""城乡统筹"等科学发展的理念和发展模式逐步确立，农民自主选择与社会秩序统一的城镇化推进路径渐趋形成。这一阶段,我国城镇化率继续提升,从2003年的40.53%提升至2013年的53.73%,2006年农业税废止,国家支农惠农力度逐渐加大,2014年粮食总产量实现"十一连增"。农业生产的稳定发展,为2013年我国人均GDP突破7000美元,进入中等收入国家行列提供了必要的条件。这也为我国城乡人口流动和农民自主选择就业提供了坚实的物质基础。随着国家对发展质量和发展潜力的重视,城镇化的推进模式也不断优化。政府一方面通过继续放松户籍制度、加强社会保障制度等手段进一步破除阻碍农民产业转移和地域转移的制度障碍;另一方面,通过"有序推进农业转移人口市民化"[1],加强对城乡人口流动秩序的正向调节。户籍制度方面,2003年十六届三中全会提出"加快城镇化进程,在城市有稳定职业和住所的农业人口,可按当地规定在就业地或居住地登记户籍,并依法享有当地居民应有的权利,承担应尽的义务"[2]。2014年7月《关于进一步推进户籍制度改革的意见》,取消了农业户口与非农业户口的区分,实施居住证制度,并明确户口迁移落户政策。至此,限制城乡人口地域流动的户籍壁垒基本破除,户籍制度基本恢复了本应具有的人口登记和引导人口有序流动的社会功能。土地制度方面,2005年《中华人民共和国农村土地承包经营权流转管理办法》公布施行,2008年十七届三中全会明确"建立健全土地承包经营权流转市场"[3]后,农村土地流转依照"依法自愿有偿原则"有序推进,顺应了农业生产力发展和农村富余劳动力转移的现实要求。"十一五"期间,社会保障体系迅猛发展,十七大以来"社会保障体系建设成效显著,城乡基本养老保险制

---

[1] 胡锦涛:《坚定不移沿着中国特色社会主义道路前进 为全面建成小康社会而奋斗——在中国共产党第十八次全国代表大会上的报告》,人民出版社,2012,第23页。
[2] 《十六大以来重要文献选编》上,中央文献出版社,2005,第469~470页。
[3] 《十七大以来重要文献选编》上,中央文献出版社,2009,第675页。

度全面建立，新型社会救助体系基本形成。全民医保基本实现，城乡基本医疗卫生制度初步建立。保障性住房建设加快推进"[1]。农民自主选择就业与社会秩序的增强，不断推动了这一阶段城镇化速度的提升，也为我国城镇化质量的提高提供了良好的条件。

改革开放三十余年来，我国城乡生产力水平飞速发展，生产关系与上层建筑积极变革，为我国城镇化的迅速发展奠定了坚实的物质基础与社会基础，在这一背景下城镇化不再是政府对城乡人口流动的直接干预，也不再是居民个人生活和就业所迫的艰难抉择，而是充分尊重农民选择自主性，并实现社会秩序主动跟进的新的生活方式的培育与建立过程，人民群众作为城镇化制度变迁主体的价值得到充分体现的过程。坚持农民自主选择就业与社会秩序统一基础上的新型城镇化推进路径，在可预测的未来，必将使我国走上城乡关系良性发展的快车道。

三 理论诠释：城镇化曲折发展原因的唯物史观透视

中国的城镇化过程既是城乡关系的演进过程，又是"中国现代化进程中面临的一场深刻的制度变迁过程"[2]。马克思创立的唯物史观对人类社会制度变迁的主体与动力机制的阐述，为我们准确理解和把握新中国城镇化曲折发展的原因提供了重要的启示。

1. 唯物史观视阈中制度变迁主体性探讨

马克思在深刻批判中世纪推崇神、贬低人的神创论，以及资产阶级抽象人道主义历史观的基础上指出，唯物史观的前提和出发点就是"现实的个人"，因为"一切历史的第一个前提"就是"人们为了能够'创造历

---

[1] 胡锦涛：《坚定不移沿着中国特色社会主义道路前进 为全面建成小康社会而奋斗——在中国共产党第十八次全国代表大会上的报告》，人民出版社，2012，第4页。

[2] 辜胜阻、李正友：《中国自下而上城镇化的制度分析》，《中国社会科学》1998年第2期。

史',必须能够生活"①。人们为了满足生存的基本需要必须进行物质生产劳动。物质生产实践活动是人的最基本的实践活动。人作为物质生产实践活动的主体在历史发展中的作用是显而易见和确定无疑的。"历史什么事情也没有做……其实,正是人,现实的、活生生的人在创造这一切,拥有这一切并且进行战斗。并不是'历史'把人当做手段来达到自己——仿佛历史是一个独具魅力的人——的目的。历史不过是追求着自己目的的人的活动而已。"② 所谓"现实的人"不是抽象的人,不是想象中的人,而是"从事活动的,进行物质生产的,因而是在一定的物质的、不受他们任意支配的界限、前提和条件下活动着的"③,是处于一定的社会关系中的人,因而"人的本质不是单个人所固有的抽象物,在其现实性上,它是一切社会关系的总和"④。由一定的物质生产条件决定的,在一定社会关系之中的"现实的人"在历史发展中主体地位的确立,克服了资产阶级人道主义哲学家用抽象的凝固不变的人性论解释制度变迁的逻辑矛盾。

2. 唯物史观视阈中的制度变迁及城乡对立转化动力机制

唯物史观揭示了人类历史演进与制度变迁的动力在于生产力与生产关系、经济基础与上层建筑的矛盾运动。"不是人们的意识决定人们的存在,相反,是人们的社会存在决定人们的意识。社会的物质生产力发展到一定阶段,便同它们一直在其中运动的现存生产关系或财产关系(这只是生产关系的法律用语)发生矛盾。于是这些关系便由生产力的发展形式变成生产力的桎梏。那时社会革命的时代就到来了。随着经济基础的变更,全部

---

① 《马克思恩格斯选集》第1卷,人民出版社,2012,第158页。
② 《马克思恩格斯文集》第1卷,人民出版社,2009,第295页。
③ 《马克思恩格斯选集》第1卷,人民出版社,2012,第151页。
④ 《马克思恩格斯选集》第1卷,人民出版社,2012,第135页。

庞大的上层建筑也或慢或快地发生变革。"① 唯物史观一方面肯定了生产力对生产关系、经济基础对上层建筑的决定作用，另一方面也指出生产关系对生产力、上层建筑对经济基础能动的反作用。马克思、恩格斯据此探讨城乡对立关系的产生和转化问题，认为社会基本矛盾运动是推动城镇化发展和城乡关系演进的动力。城市和城乡对立的产生是在生产力已经发展到一定阶段但没有充分发展的基础上伴随着分工而形成的，因此马克思认为城镇化的发展和城乡一体化的实现要靠生产力的全面发展为其提供物质基础和物质动力，"消灭城乡之间的对立，是共同体的首要条件之一，这个条件又取决于许多物质前提"②，《共产党宣言》中也明确指出"把农业和工业结合起来，促使城乡对立逐步消灭"③。但是马克思主义经典作家对城镇化发展的探讨并没有停留于物质生产力的层次，而是看到了其背后生产关系的作用，他们从生产关系的角度探讨城镇化发展的社会条件。恩格斯在《反杜林论》中指出，"当社会成为全部生产资料的主人，可以在社会范围内有计划地利用这些生产资料的时候……这样，生产劳动就不再是奴役人的手段，而成了解放人的手段"④。马克思主义经典作家对城镇化问题的探讨是站在如何实现人的自由全面发展这一存在论哲学的高度上展开的，指出只有彻底变革生产关系，劳动才能成为"解放人的手段"，城乡对立才能最终消失。

3. 马克思主义制度变迁理论视阈中的我国城镇化曲折发展原因

马克思依据唯物史观基本原理所阐述的制度变迁理论，将"现实的个人"作为制度变迁的主体，将制度变迁的动力机制归结为社会基本矛盾运

---

① 《马克思恩格斯选集》第2卷，人民出版社，2012，第2~3页。
② 《马克思恩格斯选集》第1卷，人民出版社，2012，第185页。
③ 《马克思恩格斯选集》第1卷，人民出版社，2012，第422页。
④ 《马克思恩格斯选集》第3卷，人民出版社，2012，第681页。

动，这对于我们分析新中国成立以来城镇化曲折发展的历史具有重要的启示和借鉴意义。马克思、恩格斯从来不认为生产力与生产关系矛盾运动的规律在现实的个人活动之外，"难道探讨这一切问题不就是研究每个世纪中人们的现实的、世俗的历史，不就是把这些人既当成他们本身的历史剧的剧作者又当成剧中人物吗？"① 在城镇化发展历史过程中"现实的个人"既是"剧作者"又是"剧中人"。只有尊重农民自主选择的权利，调动农民自主选择的积极性和主动性，作为城镇化发展物质动力的生产力才能够被真正解放。我们也应该看到，马克思主义经典作家从未孤立地谈论生产力的作用，而是重视并强调生产关系调整对生产力的反作用、上层建筑变革对经济基础的反作用。合成社会秩序的各种制度因素如户籍制度、就业制度、土地制度、社会保障制度和城市行政等级制度等有的属于生产关系层面，有的属于上层建筑层面，社会秩序作为生产关系和上层建筑调整所发挥的能动的反作用，通过对农民自主选择就业的影响，进而影响整个城镇化发展进程。由此可见，农民自主选择就业与社会秩序的有机统一，体现了生产力与生产关系、经济基础与上层建筑之间的辩证统一关系。在一国城镇化发展过程中，如果实现了农民自主选择就业与社会秩序的统一，就能有序、健康、可持续地推进城镇化发展；反之，若二者失衡，城镇化发展就会走弯路甚至出现挫折。这启示我们：一方面，必须充分尊重农民自主选择的权利，只有这样作为城镇化制度变迁主体的人的能动作用才能被充分激发，作为城镇化发展物质动力的生产力才能被真正解放；另一方面，社会治理必须及时有效地跟进，通过生产关系和上层建筑的变革，不断改革甚至废除影响农民自主选择的各项制度壁垒。

---

① 《马克思恩格斯选集》第 1 卷，人民出版社，2012，第 227 页。

四　结论与启示：以人为本与多元力量博弈

在改革开放以前的相当长时间里，国家通过各项政策手段对城镇化进程进行直接控制，其中有适合当时国情并适应生产力发展状况的政策措施，也有脱离国情与生产力状况的失败尝试。党的十一届三中全会以后，随着工作重心的调整，城镇化推进路径发生转型，由政府直接干预转变为间接干预，并趋向农民自主选择与社会秩序相统一模式。新中国成立60多年来城镇化曲折发展的历程表明，政府过分干预而忽略农民自主选择与政府社会秩序供给不足都不能促进城镇化的有序、健康、可持续发展。

新型城镇化的核心是"以人为本"，充分尊重农民的权利和主体性。新中国成立以来，城镇化发展过程中的经验与教训启示我们，只有在生产关系的调整适应生产力发展状况、上层建筑的变革适应经济基础状况的基础上，实现农民自主选择与社会秩序相统一，城镇化进程中人民群众的主体性才能真正实现。

1. 推进新型城镇化必须加快城乡一体化发展，尊重并保护农民自主选择

新中国城镇化发展的历史证明，超越城乡生产力发展阶段的城镇化战略难以持续，滞后于城乡生产力发展阶段的城镇化战略也终将被淘汰。马克思所强调的城乡对立关系转化的物质前提在于工业和农业的发展，即城乡一体化的发展。历史经验证明，没有城乡劳动生产力的发展，"以人为核心"的新型城镇化根本无从实现，农民的自主选择也很难最终得到尊重与保护。

2. 推进新型城镇化必须加强政府宏观调控，培育良好社会秩序

在城镇化发展过程中出现的农民自主选择不足与社会流动失序、城市病和"空城"并存等社会问题与国家宏观调控缺位或不到位直接相关。由于现代社会"国家成了维持社会秩序的唯一制度安排"[①],推动城镇化健康发展,就要发挥政府宏观调控的作用,积极培育良好的社会秩序。一方面,逐步破除限制城乡人口自由流动的制度壁垒。赋予农民进行产业自主选择和地域自主选择的权利。另一方面,政府应做好顶层设计,合理规划,保证改革的社会主义方向。

3. 推进新型城镇化必须协调处理好多方利益主体关系

城镇化发展涉及多方利益主体的关系,包括政府与农民、城镇人口与农村人口、城镇存量人口与增量人口的利益关系问题等,这就需要将农民的自主选择与社会秩序统一起来做到以下几点。

第一,坚持农民自愿与政府引导相结合原则。在城镇化政策和相关制度改革过程中,可能会涉及农民意愿与政府顶层设计不一致甚至相互矛盾的状况。这就需要,一方面政府的政策制定过程要充分尊重并表达农民自主选择的意愿,另一方面对农民个人或群体自主选择的盲目性要加强引导,制定相应的政策和规则,保证良好的社会秩序。

第二,逐步推进原则。先在小规模地区进行试点,在试点过程中发现问题并不断进行调整,条件成熟之后再铺开推进。

第三,效率与公平原则。社会主义国家城镇化发展既要考虑效率,更要注重公平,通过户籍制度、土地制度、社会保障制度、城市行政等级制度等改革使基本公共服务均等化,赋予城乡居民均等的生存权和发展权。

参考文献

[1] 周其仁:《城乡中国》上,中信出版社,2013。

---

① 〔美〕R. 科斯、A. 阿尔钦、D. 诺斯等:《财产权利与制度变迁——产权学派与新制度学派译文集》,刘守英等译,上海人民出版社,1994,第388页。

［2］李强：《多元城镇化与中国发展：战略及推进模式研究》，社会科学文献出版社，2013。

［3］林毅夫：《制度、技术与中国农业发展》，上海人民出版社，2008。

［4］马晓河：《中国城镇化实践与未来战略构想》，中国计划出版社，2011。

［5］王振中：《中国的城镇化道路》，社会科学文献出版社，2012。

［6］陈甬军、宣超：《新时期中国特色城市化理论研究》，中国人民大学出版社，2013。

［7］国务院发展研究中心课题组：《中国城镇化：前景、战略与政策》，中国发展出版社，2010。

农民自主选择与社会秩序统一[①]

——新中国城镇化发展历程研究

解 安 徐宏潇

[摘要] 本文尝试提出一个研究新中国城镇化发展历程的理论分析框架，强调从制度变迁的视角探讨我国不同时期自下而上和自上而下两种城镇化推进路径的内在机制、阶段特征、优势与不足。通过对新中国67年来城镇化发展历程的研究，可以发现，新中国城镇化发展基本围绕"农民自主选择与社会秩序"矛盾运动这条主线展开，其矛盾运动过程作为生产力与生产关系、经济基础与上层建筑矛盾运动的体现，激发了城镇化发展的根本动力。推进中国特色新型城镇化的科学发展，需要根据马克思主义真理与价值相统一的方法论，实现二者的有机统一。

[关键词] 城镇化 农民自主选择 社会秩序 制度变迁

一 问题的提出

对于城镇化发展历程的研究是探究城镇化发展内在机制与规律的重要课题。学术界对城镇化发展机制与规律的经典探讨大体上可以分为微观视角和宏观视角。基于个人选择的微观视角，主要探讨个人或家庭在城镇化行为中的动机与决策。如哈里森、托达罗（Harris and Todaro）认为人口城市化的

---

① 本文刊载于《高校马克思主义理论研究》2016年第1期。

动机并不来源于城乡实际收入的差距,而取决于城乡预期收入差距。[1] 宏观视角则试图从经济社会发展角度探讨城镇化发展的动力机制。马克思、恩格斯依据唯物史观中生产力与生产关系、经济基础与上层建筑的辩证关系原理,从人的自由及其实现途径这一哲学高度探讨制度变迁的根本动力和私有制条件下城乡对立产生与转化问题。在经典的城乡二元结构模型中,刘易斯强调通过现代工业部门的发展来实现农村剩余劳动力的转移[2],拉尼斯和费景汉对刘易斯模型进行了修正,突出了农业发展对劳动力由农村向城市转移的重要意义[3]。乔根森进一步指出农业剩余的规模决定了农业劳动力迁移的规模[4]。李则把原住地和目的地之间的一系列经济因素视为城镇化发展的推动力和拉动力[5]。

随着我国城镇化发展实践的不断展开与城镇化进程中特殊制度干扰作用的逐渐暴露,学术界对我国城镇化发展过程中制度障碍影响作用的关注也越来越多,刘平量、曾赛丰认为我国"土地制度、户籍制度、社会保障制度是影响城市化进程的三项主要制度"[6]。温铁军[7]注意到重工业优先的战略和户籍等制度障碍对城镇化发展的阻碍作用。还有学者如辜胜阻、李正友[8]和崔功豪、马润潮[9]等则探讨了我国自下而上城镇化形成的背景、特点和

---

[1] John R. Harris, Michael P. Todaro, "Migration, Unemployment and Development: A Two-Sector Analysis", *The American Economic Review*, Vol. 60, No. 1, 1970.
[2] 威廉·阿瑟·刘易斯:《二元经济论》,施炜等译,北京经济学院出版社,1989。
[3] Gustav Ranis, John C. H. Fei, "A Theory Of Economic Development", *The American Economic Review*, Vol. 51, No. 4, 1961.
[4] Dale W. Jorgenson, "Surplus Agricultural Labor and the Development of a Dual Economy", *Oxford Economic Papers*, New Series, Vol. 19, No. 3, 1967
[5] Everett S. Lee, "A Theory of Migration", *Demography*, Vol. 3, No. 1, 1966.
[6] 刘平量、曾赛丰:《城市化:制度创新与道路选择》,湖南人民出版社,2006,第25页。
[7] 温铁军:《中国的城镇化道路与相关制度问题》,《开放导报》2000年第5期,第21页。
[8] 辜胜阻、李正友:《中国自下而上城镇化的制度分析》,《中国社会科学》1998年第2期,第60~70页。
[9] 崔功豪、马润潮:《中国自下而上城市化的发展及其机制》,《地理学报》1999年第2期,第106~113页。

功能等,但上述这些研究在较大程度上忽略了推动城镇化发展变迁的根本动力。

在以往的研究成果中,无论是宏观视角还是微观视角,无论是国际研究还是国内探讨,研究者们都力图通过构建独特的理论分析框架,对城镇化发展的动力机制与规律做出合理解释。他们在普遍认可城镇化是对经济社会发展变迁回应的同时,均未从宏观社会变迁与微观个人选择相结合的视角,探讨城镇化发展变迁的动力机制。毫无疑问,城镇化是内置于一个社会所特有的制度环境之中的,它既是制度变迁的过程又是制度变迁的结果。对新中国城镇化发展历程的研究只有结合客观的历史发展进程,并从社会变迁与制度变迁的动态视角出发,将宏观动态视野与微观人本关怀相结合,把价值尺度与真理尺度相统一,才有可能准确把握其发展变迁的根本动力与内在规律。

1949年以来,我国经济社会制度几经变迁,具有鲜明的阶段性。本文将新中国成立以来的城镇化历程置于整个国家经济社会发展的大环境中,依据唯物史观的基本原理,结合新制度经济学的制度变迁模型,尝试提出一个理论分析框架,并结合官方统计数据分析描述新中国城镇化发展不同阶段的状况、特点,探讨其内在机制,分析不同阶段的制度变迁对城镇化发展所产生的影响,以及产生影响的内在机制和动力等问题,以便挖掘中国特色新型城镇化发展的根本动力与内在规律。

二 新中国城镇化推进的两种路径

中国的城镇化过程既是城乡关系的演进过程,又是"中国现代化进程中面临的一场深刻的制度变迁过程"。根据新制度经济学的诱致性制度变迁和强制性制度变迁模型,可以将城镇化发展的推进路径大体划分为自上而下和自下而上两种模式。相对而言,西方既有城镇化理论对于后者的关注是较为欠缺的。新中国成立以后，在特殊的经济社会背景下，两种模式曾长期共存，而且自上而下的强制性制度变迁模型在相当长的一段时间内还居于主导地位。2014 年《国家新型城镇化发展规划（2014~2020）》指出："城镇化是伴随工业化发展，非农产业在城镇集聚、农村人口向城镇集中的自然历史过程，是人类社会发展的客观趋势，是国家现代化的重要标志。"① 由此可以看出，完整的城镇化过程是既包括产业的非农化，又包括地域的城镇化的双重过程。马克思依据唯物史观基本原理，指出生产力与生产关系、经济基础与上层建筑的矛盾运动推动着城乡关系的演进与发展。城镇化向前推进既需要生产力发展所提供的物质动力，也需要生产关系变革所提供的社会动力，而这一过程丝毫离不开人的作用，因为"历史不过是追求着自己目的的人的活动而已"②，城乡融合的最终目的也正在于"使社会全体成员的才能得到全面发展"③。可以看出，马克思主义城乡关系理论既突出了生产方式矛盾运动的客观必然性，又强调了个人在历史活动中的主体作用与价值追求。而现实的城镇化进程也充分证明，我们有必要引入农民自主选择的意愿与能力这一元素，作为分析评价两种城镇化推进路径的不同制度背景、特征、机制、优劣、动力及其对城镇化发展进程影响的重要衡量指标。

1. 自下而上城镇化路径中的农民意愿

自下而上的城镇化，是指农民"在响应获利机会时自发倡导、组织和实行"④ 的城镇化进程，是一种诱致性制度变迁模式。这一模式可以称为

---

① 《国家新型城镇化发展规划（2014~2020）》，《人民日报》2014 年 3 月 17 日。
② 《马克思恩格斯文集》第 1 卷，人民出版社，2009，第 295 页。
③ 《马克思恩格斯选集》第 1 卷，人民出版社，2012，第 308~309 页。
④ 〔美〕R. 科斯、A. 阿尔钦、D. 诺斯等：《财产权利与制度变迁——产权学派与新制度学派译文集》，刘守英等译，上海人民出版社，1994，第 384 页。

自发城镇化或主动城镇化。改革开放以后，在乡镇企业蓬勃发展的基础上，农民首创的"离土不离乡、进厂不进城"的城镇化道路就是典型的自下而上模式，却并不是完整意义上的城镇化。因为在这一过程中，农民只实现了产业转移，而没有实现地域的转移。该模式得以完整实现的前提条件和主要机制是，农民具备进入非农产业就业和进入城镇定居的意愿和能力，即农民的产业自主选择和地域自主选择，简称农民自主选择。

自下而上城镇化的特征和优势在于，农民在城镇化进程中发挥主导性作用，农民城镇化的主观意愿和自主能力得到尊重与保护，农民的主动性、创造性得以释放和激发，并体现出"以人为核心"的城镇化发展的价值追求。

2. 自上而下城镇化中的农民意愿

自上而下城镇化，是指"由政府命令和法律引入和实行"[1]的城镇化，是一种强制性制度变迁模式。这种模式又可称为被动城镇化或强制城镇化。这一模式由国家主导，其实现机制是国家干预，包括直接干预和间接干预。

制度供给是国家干预的重要方式。国家通过颁布法律和制度的形式对社会秩序进行调节，进而影响城镇化进程。同时国家的干预和制度的影响又总是通过社会秩序的状况反映和表现出来的。国家对城镇化进程的影响方向可以分为正向干预和负向干预两个方面。典型的正向干预包括国家历来倡导的大中小城镇协调发展的城镇化战略部署；负向干预典型案例包括"文革"期间国家推动的"逆城镇化"以及改革开放后各级政府强制推动的"被城镇化"等举措。

自上而下的城镇化之所以必要，是因为在现代社会中，"国家成了维持社会秩序的唯一的制度安排"。自上而下的城镇化有助于避免基于单个

---

[1] 〔美〕R. 科斯、A. 阿尔钦、D. 诺斯等：《财产权利与制度变迁——产权学派与新制度学派译文集》，刘守英等译，上海人民出版社，1994，第384页。

人自由选择的盲目性及因此带来的社会问题，有助于社会治理的有效跟进及良好社会秩序的培育与形成。1958年我国最终确立的户籍制度，就是通过农业人口和非农业人口的区分，对农民自主选择进行的直接干预，改革开放后国家干预主导城镇化过程中出现的"土地城市化快于人口城市化"[①]等损害农民意愿的现象是典型的负向干预。新中国成立以后的户籍制度、就业制度、土地制度、城市行政等级制度和社会保障制度等对农民的产业自主选择和地域自主选择产生了重要的影响。

不同阶段、不同制度因素对城镇化进程的影响不但程度不同，而且方向也迥异，有的是正面的积极影响，有的则是负面的消极影响。城镇化两种路径的比较如表1所示。

总的来看，新制度经济学诱致性制度变迁模式与强制性制度变迁模式能够弥补双方的缺陷和不足，将二者有效结合能够促进制度供给与制度需求的均衡。"农民自主选择"和"社会秩序"作为生产方式矛盾运动作用的反映和结果，体现了两种城镇化推进路径各自的优势，而这两者也正是保证城镇化进程平稳健康推进的不可或缺的二维尺度。

表1 自下而上和自上而下两种城镇化路径比较

推进路径	自下而上	自上而下
特征	农民主导城镇化进程	国家主导城镇化进程
机制	农民产业自主选择、农民地域自主选择	国家直接干预、国家间接干预
制度背景	户籍制度、就业制度、土地制度、城市行政等级制度和社会保障制度等	
优势	尊重农民自主选择	有助于良好社会秩序形成
劣势	盲目性、社会失序	背离自愿原则
动力	生产力与生产关系、经济基础与上层建筑的矛盾运动	
影响	城镇化的进程	

---

① 周其仁：《城乡中国》上，中信出版社，2013，第89页。

三 新中国城镇化发展历程中的农民自主选择分析

新中国成立以来,城镇化的发展或顺畅或曲折,农民自主选择一直贯穿其中,各个阶段都是围绕着农民的产业和地域的自主选择这一主线展开的。我们将其划分为四个阶段:部分受限阶段(1949~1957年)、全面抑制阶段(1958~1977年)、逐步松绑阶段(1978~2002年)、协调发展阶段(2003年至今),如表2所示。

表2 新中国城镇化的阶段及各方面表现

阶段	制度背景	推进路径	内在机制	作用方向	阶段特征
部分受限阶段(1949~1957年)	探索过渡	自上而下为主自下而上为辅	政府直接干预,制度障碍不严格,企业、个人缺乏自主权	负向为主正向为辅	农民有一定自主性,政府主导社会秩序
全面抑制阶段(1958~1977年)	政治为纲	典型的自上而下	政府直接干预,制度间接干预,企业、个人丧失自主权	负向	农民不具自主性,政府主导社会秩序
逐步松绑阶段(1978~2002年)	市场化改革	典型的自下而上	制度间接干预,企业自主用工,个人自主择业	正向为主负向为辅	农民初具自主性,市场主导社会秩序
协调发展阶段(2003年至今)	科学发展	自下而上为主自上而下为辅	制度间接干预,企业自主用工,个人自主择业	正向	农民自主性较强,政府积极调控社会秩序

1. 部分受限阶段:农民自主选择受到部分限制(1949~1957年)

新中国成立以后,在内忧外困的严峻形势下,借鉴苏联经验,我国确立了重工业优先的发展战略和计划经济体制。与这一背景相适应,该阶段城镇化进程呈现出政府主导自上而下推动的鲜明特色。政府在城镇化进程中的主导作用,既包括正向的积极推动,也包括对城镇化进程的负向限制。正向推动主要表现为采取措施稳定城镇原有就业人口数量。负向措施主要为对农民进城采取政策性限制。在1953年至1958年《中华人民共和国户口登记条例》颁行的几年时间里,国家多部门多次发文劝止农民盲目流入城市。新中国成立初期,我国城乡分割的二元制度处于初步形成和发展阶段,城镇化进程主要以政府直接干预为主,方向上以负向干预为主、正向干预为辅,其目的在于适应国民经济恢复发展的需要和重工业优先的发展战略。

总体而言,新中国成立初期,百废待兴、百业待举,国家注重城乡社会秩序的恢复与重建,严格限制城乡人口流动的户籍制度等制度障碍尚未全面形成和固化,自下而上的城镇化模式也因此得以存在。在这一阶段的城镇化进程中,农民的产业自主选择与地域自主选择仅受到部分限制。从图1所示的统计数据上看,这一阶段的城镇化率呈现缓慢上升态势。

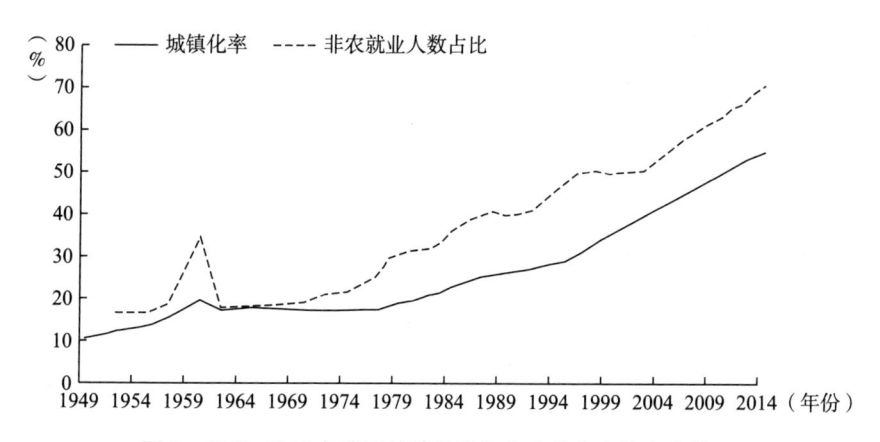

图1 1949~2014年我国城镇化率与非农就业人数占比情况

数据来源:中华人民共和国国家统计局网站。

2. 全面抑制阶段:农民自主选择受到全面抑制(1958~1977年)

1958年至改革开放前,我国不但"长期违反市场规律用行政手段推进工业化"①,而且通过直接或间接的行政手段干预城镇化进程,伴随存在城

---

① 黄少安:《产权理论比较与中国产权制度变革》,经济科学出版社,2012,第225页。

乡差别的制度体系的逐步形成与完善，城乡分割的二元结构也不断强化和巩固。城镇化推进也由自上而下为主、自下而上为辅的路径转化为典型的政府主导的自上而下的路径。在具体机制方面，政府直接干预和制度间接干预并举；在方向上，是典型的负向抑制。1958年通过的《中华人民共和国户口登记条例》将户籍制度的壁垒最终确立下来，并在这一阶段呈现逐步强化的态势；此外，政府还直接抑制和逆向干预城镇化进程，具体措施主要包括精简城镇职工、下放城镇干部、发动城镇知识青年"上山下乡"等。这些措施起到了直接和迅速削减城镇人口的作用。由于我国在就业政策方面实行严格的"统包统配"制度，农民的产业自主选择权受到严重限制。在城乡社会保障制度和土地制度方面，城乡二元差别更为突出，农民无法自主选择到城市生活。在政治运动的影响下，我国城市的行政等级制度日趋严格，虽然农民具有较强的享受城市生活特别是大城市生活的意愿，但受制于各项政策、制度的制约，严重缺乏流动的自由性。在这一阶段，不但排斥自下而上的城镇化推进路径，而且就连正常的经济社会秩序也受到严重冲击。这一阶段的城镇化进程表现出鲜明的强制性制度变迁特征，国家负向抑制城镇化进程，直接导致推进自上而下城镇化的制度供给匮乏。

总体上看，这一阶段由于国家对城镇化进程的直接或间接负向抑制，农民自主向城市流动的意愿受到国家政策与制度的束缚而无法转化成为自主选择的能力，农民的产业和地域自主选择受到全面抑制，因此这一时期新中国城镇化进程经历了严重的衰退与停滞。从图1所示的统计数据来看，1958~1965年城镇化率波动较为剧烈，1966~1977年基本处于停滞状态，并且其中大部分年份呈现下降态势。

3. 逐步松绑阶段：农民自主选择增强而正向社会秩序跟进乏力（1978~2002年）

"文革"结束之后，特别是党的十一届三中全会以来，改革开放进程取得了显著成效，1992年邓小平南方谈话加速了市场化改革，在这一阶段市场发挥了调节社会秩序的主导作用。国家先后通过土地制度、户籍制度、城市行政等级制度、就业制度和社会保障制度等的调整，逐步放松对农民地域自主选择的政策管制，并取消对城乡人口流动的直接调控，这一阶段我国的城镇化发展也相应地转向了典型的自下而上的推进路径。土地制度方面，继20世纪80年代初我国农村开始全面实行家庭联产承包责任制解放并释放了农业生产力后，1988年又通过了对宪法第10条的修正案，规定土地的使用权可以依照法律的规定转让[1]，从宪法的高度为农业剩余人口实现地域自主选择提供了根本的法律保障。户籍制度方面，1984年中央一号文件明确提出选择试点，"允许务工、经商、办服务业的农民自理口粮到集镇落户"[2]，以此为标志，长期以来我国严格限制城乡人口流动的户籍制度开始松动，束缚农民进城自主选择的最直接的制度障碍弱化。城市行政等级制度方面，1984年《国务院批转民政部关于调整建镇标准的报告的通知》和1993年《国务院批转民政部关于调整设市标准报告的通知》先后放宽了镇、市的设立标准，农民地域自主选择的余地增大。就业制度和社会保障制度方面，从1993年党的十四届三中全会到2002年党的十六大，城乡开放的劳动力市场体系逐步建立，市场化的就业制度和社会保障制度逐步完善，农民产业自主选择全面放开。通过一系列的制度调整，制度环境对城镇化进程的作用方向以正向为主、负向为辅。这一阶段的城镇化发展表现出鲜明的诱致性制度变迁特征，由于国家政策的调整，国家负向干预城镇化的制度供给大为减少，农民的自主选择权受到一定的认可和尊重，推进自下而上和自上而下城镇化的制度供给较上一阶段均有大幅增

---

[1] 《宪法和宪法修正案辅导读本》，中国法制出版社，2004，第35页。
[2] 《十二大以来重要文献选编》上，人民出版社，1986，第435页。

加，农民产业转移具有了较大的自主性，因此，这一阶段明显呈现非农产业就业率高于城镇化率的状况。

总体来看，该阶段随着改革开放进程的不断推进，国家逐步弱化对城乡人口流动秩序的负向干预，农民产业转移和地域选择的自主性得到了较大程度的增强。城镇化进程中农民的自主选择逐步被松绑，但是国家对城乡人口流动秩序的正向跟进乏力，存在正向社会治理不足这一突出问题。从图1所示的统计数据来看，这一阶段的城镇化率显著提高，但是城镇化的质量不高，存在农民工市民化进程滞后等问题，这引发了全社会的高度关注。

4. 协调发展阶段：农民自主选择与社会秩序初步统一（2003年至今）

基于对前一阶段政府缺位导致一系列社会问题的重视，党和国家对城镇化推进政策与理念进行了一系列调整，力争在农民自主选择与社会秩序相统一上有所突破。在2003年党的十六届三中全会提出科学发展观后，科学发展模式成为党和国家发展的目标追求。随着国家对发展质量和发展潜力的重视，城镇化的推进模式也实现了不断优化。这一阶段的城镇化发展包括自下而上和自上而下两种路径。自下而上路径的措施是，政府不断放松束缚城乡人口流动的制度约束，赋予农民主动城镇化的机会和条件。国家对自下而上城镇化推进路径的鼓励与支持，极大地提高了农民产业与地域选择的自主性。自上而下路径的措施是，政府加强顶层设计，党的十八大确立了"加快改革户籍制度，有序推进农业转移人口市民化，努力实现城镇基本公共服务常住人口全覆盖"[①]的政策目标，并进行配套制度措施的积极跟进。第一，逐步放松户籍制度对城乡人口流动的限制。以2014年《关于进一步推进户籍制度改革的意见》为标志，我国持续半个多世纪的

[①] 胡锦涛：《坚定不移沿着中国特色社会主义道路前进 为全面建成小康社会而奋斗——在中国共产党第十八次全国代表大会上的报告》，人民出版社，2012，第23页。

限制城乡人口流动的户籍制度壁垒宣告破除。第二，加快农村土地流转改革。这一举措顺应了农业集约化、规模化发展的客观趋势，并调动了城乡人口流动的积极性。第三，"十一五"时期以来，城乡社会保障制度改革加快推进，城乡社会保障覆盖面和保障水平迅速提升，为城乡人口流动提供了便利条件。党的十七大以来，"社会保障体系建设成效显著，城乡基本养老保险制度全面建立，新型社会救助体系基本形成。全民医保基本实现，城乡基本医疗卫生制度初步建立。保障性住房建设加快推进"[1]。国家这一系列正向调节城乡人口流动秩序的政策措施，顺应了广大农民实现产业与地域转移自主选择的意愿，产生了极大的制度正效应。这一阶段的城镇化发展具有诱致性制度变迁与强制性制度变迁相结合的特点。通过政策的调整，国家正向干预城镇化进程的制度供给大为增加，负向干预城镇化进程的制度供给进一步减少，农民自主选择的权利得到更大程度的尊重与保护，推进自下而上和自上而下城镇化的制度供给较上一阶段进一步增加。

总体来看，这一阶段不但农民产业转移和地域转移的自主性得到极大的保护，而且国家通过政策手段加强对社会秩序的正向治理，城镇化进程中的农民自主选择与社会秩序实现了初步统一。从图 1 所示的统计数据来看，这一阶段不但非农就业人数占总人口的比重呈现大幅上升的态势，而且城镇化率也实现了较大幅度的提升。

四 推进中国特色新型城镇化科学发展需要坚持农民自主选择与社会秩序统一

综上所述，评价现代社会城镇化发展的绩效，有必要兼顾个人自由与

---

[1] 胡锦涛：《坚定不移沿着中国特色社会主义道路前进 为全面建成小康社会而奋斗——在中国共产党第十八次全国代表大会上的报告》，人民出版社，2012，第 4 页。

社会秩序的二维尺度，而不应有所偏废。将制度分析引入城镇化历程研究，将有助于我们清晰地理解城镇化发展的脉络与逻辑。在中国城镇化的实践历程中，自下而上和自上而下两种推进路径各自表现出优势与不足，只有将二者的优势密切结合起来，自觉做到农民自主选择与社会秩序相统一，才能更有效地推动城镇化的持续、快速、健康发展。

生产力与生产关系、经济基础与上层建筑矛盾运动规律是唯物史观的基本原理，制度经济学大师诺斯曾高度称赞马克思主义理论分析框架对长期制度变迁过程的强大的理论解释力。唯物史观的基本原理指出，生产力的发展决定生产关系的变革，伴随经济基础的变革，上层建筑也发生巨变。"社会的物质生产力发展到一定阶段，便同它们一直在其中运动的现存生产关系或财产关系（这只是生产关系的法律用语）发生矛盾。于是这些关系便由生产力的发展形式变成生产力的桎梏。那时社会革命的时代就到来了。随着经济基础的变更，全部庞大的上层建筑也或慢或快地发生变革。"① 马克思主义经典作家将城乡关系的演进过程视为制度变迁过程，将其根本动力归结为生产力的发展及生产力与生产关系的矛盾运动。指出要"把农业和工业结合起来，促使城乡对立逐步消灭"②，只有依靠工农业的协调发展才能为城镇化持续健康发展奠定坚实而可靠的物质基础。同时马克思、恩格斯也强调生产关系变革对生产力发展、上层建筑变革对经济基础发展的巨大反作用，并关注生产关系与上层建筑变革对城镇化进程的重要意义。

回到具体的中国实践中，我们需要探讨的问题就是：农民自主选择与社会秩序为什么会对城镇化发展产生重要影响？它们在城镇化发展的历史

---

① 《马克思恩格斯选集》第2卷，人民出版社，2012，第2~3页。
② 《马克思恩格斯选集》第1卷，人民出版社，2012，第422页。

变迁过程中发挥了什么样的作用？马克思认为，生产力发展的主体是人，生产力的解放与发展正是人的本质能力的解放与发展。马克思、恩格斯从来没有将生产力与生产关系矛盾运动规律与人的现实活动割裂开来，而是明确指出了二者的一致性关系。正如马克思所言："难道探讨这一切问题不就是研究每个世纪中人们的现实的、世俗的历史，不就是把这些人既当成他们本身的历史剧的剧作者又当成剧中人物吗？"① 无论是在历史还是在当下语境中，现实的个人才是城镇化进程的主导者和参与者。解放作为城镇化发展根本动力的物质生产力，最根本的就是调动生产力发展主体的"现实的个人"的生产积极性和主观能动性。"文革"期间，我国户籍制度、就业制度、社会保障制度等形成了负向控制城乡人口自由流动的严密的制度壁垒，农民无法实现产业与地域的自主选择，城镇化进程出现连续多年的停滞与衰退景象。与此形成鲜明对照的是，改革开放以后，国家尊重并保护农民产业和地域的自主选择，不断放松政策限制，城镇化率逐渐提高。尊重城镇化进程中农民的自主选择，一方面能够调动农村务农人员的生产积极性，有效激发农业发展潜能；另一方面能够调动2亿多农民工群体的生产建设积极性，激发我国城乡第二、第三产业的发展潜能。因此，尊重农民的自主选择，就是促进城乡生产力发展的根本体现。国家作为社会秩序的供给者，主要通过各项政策措施发挥其对社会秩序的调节功能。在城镇化进程中，户籍制度、就业制度、土地制度、社会保障制度和城市行政等级制度等各项制度的总和构成了社会秩序。这些制度无论是属于生产关系层面还是属于上层建筑层面，都对生产力发展和经济基础变革起到了巨大的反作用。科学发展观实施以来，我国城镇化速度与质量均有显著提高，但是农民工市民化进程滞后等问题依然非常突出。部分农民工

---

① 《马克思恩格斯选集》第1卷，人民出版社，2012，第227页。

具有强烈的进入城市就业和定居的意愿,但由于城乡均等的社会保障体系建设不足,农民工的自主意愿难以变为没有后顾之忧的现实选择。只有实现正向调节城乡人口流动的社会秩序的有效跟进,城镇化发展的动力才能够从根本上被激发,城镇化的科学发展才能够真正实现。通过以上分析我们发现,农民自主选择与社会秩序的矛盾运动关系反映的正是生产力与生产关系、经济基础与上层建筑的矛盾运动关系。

人的自由全面发展是人类社会发展的趋势与方向,更是社会主义国家发展的目标和追求。将全心全意为人民服务作为根本宗旨的中国共产党所领导的新型城镇化建设,更应在推进过程中尊重人民、依靠人民。进入21世纪以来,中国城镇化发展为世人所瞩目。2013年党的十八届三中全会提出坚持"推进以人为核心的城镇化"。中国特色城镇化道路的核心就是以人为本,就是尊重广大人民群众的意愿和选择。在城镇化战略选择上为了人民,在城镇化发展实践中尊重人民、依靠人民,不断破除阻碍农民产业和地域自主选择的制度障碍,并加强正向的社会治理,我国以人为核心的城镇化才能真正落到实处。因此,只有做到"农民自主选择与社会秩序相统一"才能够真正激发我国"以人为核心"的城镇化发展的根本动力,才能够不断推动中国特色新型城镇化的科学发展。

农民工市民化：自主选择与社会秩序统一[①]

解 安 朱慧勇

[**摘要**] 通过对学界已有研究成果的梳理与分析，认为"自主选择与社会秩序统一"这一新的分析框架是研究农民工市民化问题的一把钥匙。在界定"自主选择"和"社会秩序"内涵的基础上，本文对二者辩证统一的关系进行了学理分析，提出了在这一分析框架下有效推进农民工市民化应把握的两个基本点。

[**关键词**] 农民工市民化 自主选择与社会秩序统一 新型城镇化

一 问题的提出

中国学界对农民工市民化的研究虽然很丰富，如研究了农民工市民化的内涵、意义、历史进程、发展现状及未来趋势；也涉及了农民工市民化的意愿及影响因素；有学者还对影响农民工市民化的制度障碍进行了大量研究，温铁军、刘平量和曾赛丰、郭志仪和常晔、华生[②]都注意到了我国户籍制度、土地制度、社保制度、就业制度、行政管理与行政

[①] 本文刊载于《中国社会科学院研究生院学报》2015 年第 3 期；被《新华文摘》2015 年第 20 期全文转载。

[②] 温铁军：《中国的城镇化道路与相关制度》，《开放导报》2000 年第 5 期；刘平量、曾赛丰：《城市化：制度创新与道路选择》，湖南人民出版社，2006，第 25 页；郭志仪、常晔：《城镇化视角下的农村人力资本投资研究》，《城市发展研究》2007 年第 3 期；华生：《城市化转型与土地陷阱》，东方出版社，2013，第 90 页。

区划体制等制度因素对我国农民工市民化的阻碍作用等。

总体来说，关于农民工市民化的研究已经形成了一批有价值的学术成果，但其研究多局限于对某一问题的探讨，没有把农民工市民化进程中的主线挖掘出来。笔者认为，改革开放以来，贯穿于农民工市民化全过程的主线就是"农民自主选择与社会秩序统一"——这既是基本经验又是行动指南。这一新的分析框架应该说是研究农民工市民化问题的一把钥匙。

二 学理分析

（一）概念界定

何为"自主选择"？这里特指农民入市或返乡的自主选择权，它由主观自愿权和客观自由权两种具体权利构成。前者包括"选择的自愿性""选择的自由性"，即不能被选择；后者则是指对农民工入市还是返乡，政府不能加以禁止、限制、剥夺，更不能附加任何不合理的条件。

何为"社会秩序"？秩序作为表征政治、经济、文化、社会等系统运行有序性的一个基本范畴，目前人们对其尚未形成统一而明确的认识。[①] 西方学界对"秩序"内涵的理解包含了社会的可控性、社会生活的稳定性、行为的互动性及社会活动中的可测性等几个方面；我国学界也对"秩序"的内涵进行了不同角度、不同层面的探讨。[②] 事实上，秩序就是合规律性、井井有条、稳定和平衡、和平与安全、协调一致、多样统一等的代名词。社会秩序则是社会系统中的秩序，是"社会得以聚集在一起的方

[①] 席酉民、王亚刚：《和谐社会秩序形成机制的系统分析：和谐管理理论的启示和价值》，《系统工程理论与实践》2007年第3期。

[②] 田润峰：《论秩序》，硕士学位论文，陕西师范大学，2002。

式",是"纵向分层的等级秩序"和"横向分化的多元秩序"的有机统一①。本文所使用的"社会秩序"是指由农民自主选择引发的社会治理的有效跟进和相关制度的改革形成的有利于农民工市民化的政治、经济、文化、社会等环境。

(二)农民自主选择与社会秩序统一的学理分析

1. 经济诱因

经济发展促进了农民工的市民化,美国经济学家西蒙·库兹涅茨(Simon Kuznets)认为,"过去一个半世纪内的城市化,主要是经济增长的产物,是技术变革的产物,这些技术变革使大规模生产和经济成为可能"②,从而导致了人口向城市的转移。西蒙·库兹涅茨指出城市化是经济增长和技术进步的结果,经济增长和技术进步为城市化的发展提供了动力,而城市化则进一步助推了经济增长和技术进步。同时,也正是经济增长和技术进步诱致了大量的人口集聚和工业创新,而人口的汇聚和工业的集中则构成了城市化持续发展的基础。可见,经济发展、技术进步、社会分工都在促进农民工的市民化。

美国经济学家迈克尔·托达罗(M.P.Todaro)通过托达罗人口流动模型所揭示的城乡预期收入差异理论也进一步说明了农民工市民化的经济诱因③。城乡之间在个人收入、生活质量、发展机会等方面存在的巨大差异,不断吸引着农民从农村来到城市就业生活。农民对在城市预期收入的期待促使农民工加快市民化,经济收入成为农民工决定是否成为市民的重要参

---

① 秦扬、邹吉忠:《试论社会秩序的本质及其问题》,《西南民族大学学报》(人文社科版)2003年第7期。
② 西蒙·库兹涅茨:《各国的经济增长》,常勋等译,商务印书馆,2005,第100页。
③ M.P.托达罗:《第三世界的经济发展》上,于同申、苏蓉生等译,中国人民大学出版社,1988,第352~355页。

数。经济学者斯塔克（Stark Oded）和泰勒（J. D. Taylor）在1989年提出了"相对贫困"假说，用相对贫困的概念来解释城乡之间的人口迁移问题[①]。城乡发展差距的进一步拉大，使得乡村居民想方设法到城市工作生活，这与托达罗人口流动模型所揭示的城乡预期收入差异理论有一定的相似性。

随着市场经济发展的日益成熟，农民自主选择的空间进一步增大，农民工市民化进程也随之不断加快。经济的加速发展、技术的日益进步、社会分工的不断细化以及城乡预期收入差异等经济诱因，都在不断促使农民从乡村来到城市。在此过程中，良好的社会秩序是促进经济发展的必备条件，农民工市民化的经济诱因客观上要求进一步构建公平合理的社会秩序。公平合理的社会秩序既是市场经济健康发展的保证，又是使农民拥有充分自主选择权的制度安排，更是确保有效推进农民工市民化的重要因素。

2. 产业迁移

英国古典经济学创始人威廉·配第在《政治算术》一书中指出，产业间收益差异明显，表现为工业收益大于农业，商业收益大于工业，这形成促使社会劳动者从农业流向工业和商业的迁移动机[②]。英国古典经济学家亚当·斯密在此基础上从城乡商业联系和劳动分工视角，分析研究劳动力转移，指出劳动力城乡转移是市场扩展水到渠成的自然结果[③]。英国古典经济学家们所揭示的劳动力在产业之间转移的思想，为后来发展经济学家论证劳动力转移规律提供了逻辑起点。发展经济学家威廉·阿瑟·刘易斯

---

① Stark Oded and J. D. Taylor, "Relative Deprivation and International Migration", *Demography*, No. 26, 1989.
② 威廉·配第：《政治算术》，陈冬野译，商务印书馆，2014，第18~25页。
③ 亚当·斯密：《国富论》上，郭大力、王亚南译，上海三联书店，2009，第5~12页。

（William Arthur Lewis）提出的二元经济模型，对于深刻理解发展中国家城镇化过程中的人口流动问题具有很强的启发意义。威廉·阿瑟·刘易斯通过分析工业化过程中劳动力人口及其价格的变化趋势，还提出了"刘易斯拐点"的概念[1]。所谓"刘易斯拐点"是指随着经济的发展，农业领域的富余劳动力并不会无限地以相对低廉的价格供给于非农领域，"人口红利"到达一定阶段就会自动消失。这对于理解城镇化过程中农业转移人口的市民化和逆城市化现象，具有很强的分析指导意义。

美国经济学家费景汉（John C. H. Fei）和古斯塔夫·拉尼斯（Gustav Ranis）提出的拉尼斯-费景汉模型（Ranis-Fei model）则进一步完善了刘易斯的二元经济模型，强调了工业部门和农业部门发展的动态均衡增长关系[2]。"刘易斯拐点"是二元经济发展到一定阶段产生的，是农民群体自主选择的结果。在推进农民工市民化的过程中，应通过建立公平合理的社会秩序使农民工实现"进退自如"，即"进"可成为市民，"退"可回乡耕田。工业部门和农业部门的发展应处于一种相互深度融合、互联互通的状态。这为我们理解农民工市民化的产业迁移，对于助推农民工市民化提供了新的思路。

产业迁移视角可以使我们更加清晰地理解我国的农民工市民化进程，着力实现农民工市民化的自主选择与社会秩序统一，更好地实现产业发展和农民工市民化的协调互动。一方面，农民工通过自主选择进入城市就业，应及时出台实施相关产业发展政策，从而促进有定居意愿的农民工实现市民化；另一方面，应充分尊重农民工的自主选择，通过确立公平合理

---

[1] William Arthur Lewis, "A Model of Dualistic Economics", *American Economic Review*, No. 36, 1954.

[2] Fei. C. H. and Ranis. G, "A Theory of Economic Development", *American Economic Review*, No. 9, 1961.

的社会秩序为回到农村的农民工提供同样可以过上高质量生活的发展机会。同时，注重实现城市成长与产业创新的深度融合。城市群的发展应充分尊重产业发展规律，合理布局轻重工业，进而实现第一二三次产业的融合发展。深刻理解农民工市民化的产业迁移规律，对于实现我国产业结构的转型升级具有极强的启发意义。

3. 农民自我调适

城镇化的发展可以理解为农民变市民的过程，美国经济学家西奥多·舒尔茨（Theodore Schultz）就曾指出，"全世界的农民们在处理成本、报酬和风险时是进行计算的经济人。在他们的小的、个人的、分配资源的领域中，他们是微调企业家，调谐做得如此微妙，以致许多专家未能看出他们如何有效率"[①]。西奥多·舒尔茨认为，在城镇化发展的过程中，农民在关注自身利益增加的同时，也在使整体经济变得更加有效率。城镇化的发展需要充分调动农民市民化的积极性，而为了调动农民市民化的积极性，则需要赋予农民更多经济自由选择的权利。西奥多·舒尔茨更加强调农民市民化的动态性，农民会根据现实的经济环境做出理性的经济选择而不会无原则地进入城市就业。在西奥多·舒尔茨看来，农民选择到城市就业是经过反复比较后的理性经济行为，应该全面地考虑农业发展与工业发展的互动。

英国经济学家雷文斯坦（E. G. Ravenstein）提出的人口流动推拉模型，则从人口流动的迁出地和迁入地两个方面分别分析影响人口流动的"推力"因素和"拉力"因素。人口流动推拉模型对于研究农民工市民化具有很大的参考价值，分析影响农民工市民化自我调适行为的相关因素，可以

---

① 王宏昌编译：《诺贝尔经济学奖金获得者讲演集（1969~1981）》，中国社会科学出版社，1986，第 428 页。

为我们更好地促进农民工市民化提供思路。在此基础上，美国学者李（E. S. Lee）分别从迁入地、迁出地、中间障碍、迁移者个人四个方面的相关因素来详细论证人口流动推拉模型①。他通过系统地分析论证，进一步诠释了人口迁移的多影响因素推拉理论。在此过程中，流动人口在多因素的影响下不断实现着迁移行为的自我调适。

农民工市民化自我调适的完成还更多地依靠家庭成员的力量，正如美国经济学家马丁·明塞尔（M. Mincer）指出的，"家庭在劳动力迁移过程中发挥了极为关键的作用，做出迁移决策及参与迁移过程的从来都不是一个人，而是以一个家庭为基本单位"②。以家庭为单位来考察农民工市民化的自我调适，可以更好地总结我国农民工市民化的规律。我国社会整体正处于乡土社会向城乡社会、熟人社会向都市社会的转型过程中，家庭因素在农民工落脚城市的过程中发挥了重要作用。家庭的内部弹性为农民工市民化提供了更多可能，有时发挥促进作用，有时也会起到抑制作用。实现农民工市民化的自主选择与社会秩序统一，一方面应加快农村的各项改革，农业的稳固发展始终是促进农民工市民化的基础；另一方面要通过建立公平合理的社会秩序保证农业与工业、农村与城市的协调互动，进而实现农民工市民化的良性发展。

三　结论：把握两个基点

在"自主选择与社会秩序统一"这一分析框架下，有效推进农民工市民化需要把握两个基点。

（一）自主选择是社会秩序规范的前提

农民工市民化需要不断实现自主选择与社会秩序统一，充分的自主选

---

① E. S. Lee, "A Theory of Migration", *Demography*, No. 1, 1966.
② M. Mincer, "Family Migration Decisions", *American Economic Review*, No. 21, 1978.

择是社会秩序规范完善的前提。农民自主选择一旦发生,直接引发的社会失序就是农民与土地关系的矛盾。一是与承包地的矛盾。在工业化、城镇化加速发展过程中,出现了农业副业化、农业劳动力老龄化、农村空心化"三化"问题和留守儿童、妇女、老人三大群体。为解决这一问题,党的十八届三中全会首次提出建立健全土地承包经营权流转市场,通过转包、出租、互换、转让、股份合作等形式,促进土地承包经营权的流转,形成适度的规模经营,发展专业大户、家庭农场、专业合作社等经营主体。2013年4月,李克强总理在国务院常务会议上提出农村五个新型经营主体,除了原有的专业大户、家庭农场、专业合作社以外,增加了龙头企业和股份合作社,而且把股份合作社放在首位。早在20世纪80年代,广东省佛山市南海区罗村镇下柏村就建立了第一个股份合作社;在90年代以后,虽然遇到了一些非议和阻力,但是股份合作仍在各地发展。广东、浙江、江苏、北京等地涌现出一批典型,积累了很多经验。农地股份合作制不仅使农民从对土地的依附关系中解放出来,而且使农民通过股权的形式获得了财产性收入,进一步增强了城镇化过程中农民的自主选择能力。二是与宅基地和房屋的矛盾。厉以宁在全国政协十二届一次会议经济界和农业界联组会上提出,"要让农民得到承包地使用权和权证、宅基地使用权和权证、宅基地上自建房屋的产权和房产证"[①]。农民有了三权三证,就有了财产,有了财产性收入。这后两项财产性权利,通过土地产权制度改革加以明晰和通过相关的法律法规予以保障,任何人都无权剥夺。国家应该允许农民带着这"三项权利"进城,让农民"进退有路",形成井然有序、稳定协调的社会秩序。

---

① 吴允波、贾瑞君、魏然:《土地确权方能确保农民利益》,《大众日报》2013年3月13日。

（二）良好社会秩序确保自主选择有效实现

良好的社会秩序将有效确保农民工自主选择的实现，具体可以从户籍、就业、医疗、养老、住房等方面着手加以改革进而确立公平合理的社会秩序。加快推动户籍制度改革是推进农民工市民化的关键，在党的十八届三中全会有关推进农民工市民化精神的指导下，中央城镇化工作会议明确提出从目前我国城镇化发展要求来看，主要任务是解决已经转移到城镇就业的农民工落户问题。全面放开建制镇和小城市落户限制，有序放开中等城市落户限制，合理确定大城市落户条件，严格控制特大城市人口规模[1]。已经转移到城镇就业的农民工是推动户籍制度改革首先要面对的群体，他们在城镇中已经拥有了稳定的职业并融入了城市生活，这充分说明了他们已经被所在的城镇接纳而成为了事实上的市民。新型城镇化是顺势而为的城镇化，对于已经转移到城镇就业的农民工群体应该有序解决他们的落户问题。

城镇的发展需要人口的集聚，全面放开建制镇和小城市落户限制是进一步释放建制镇和小城市发展活力的重要举措。有序放开中等城市落户限制、合理确定大城市落户条件以及严格控制特大城市人口规模则是建立在对我国现实国情充分研判基础上做出的务实认知，城市发展过程中遇到的各种问题决定了不可能一刀切式地全面放开所有城镇的落户限制。当前，我国很多大中城市存在严重的"城市病"而难以根治，从而也从一个方面倒逼我们必须采取循序渐进式的户籍制度改革。采用循序渐进式的改革策略是有序推进农民工市民化的必然选择，而分层次分步骤地推动户籍制度改革则是其中非常重要的一个方面。户籍制度的改革在保证赋予农民工更多自主选择空间的同时，也需要在整个国家层面确立更为合理的社会

---

[1] 《中央城镇化工作会议在北京举行》，《人民日报》2013年12月15日。

秩序。

在提供就业服务方面，政府应在充分发挥市场机制的基础上及时"补位"，即在充分保障农民工群体自主选择就业的基础上确立更具有公共性和服务性的社会秩序。特别是对于就业特殊困难群体，政府应通过多种举措整合各方资源创造性地为他们提供高匹配度的岗位。政府的人力资源和社会保障部门对于农民工市民化群体所需要的就业服务应该有所分类，即对于农民工市民化群体中不同年龄段的人群应有针对性地提供就业服务。提升农民工的职业技能，可能对于中青年农民工市民化群体更具时效性。为农民工市民化群体提供就业服务是一个动态的过程，即需要不断创新服务理念、强化服务意识、提升服务水平、加强服务管理。在此过程中，一个非常重要的理念就是要不断实现农民工就业的自主选择与社会秩序统一。

医疗是民生之需，农民工市民化群体"看病难、看病贵"问题需要引起高度重视。全面深化医疗卫生体制改革应将农民工市民化群体充分考虑在内，针对他们的实际困难制定更具可行性的医疗改革措施。医疗卫生体制改革应在维护整体社会秩序公平合理的基础上，赋予包括农民工市民化群体在内的全体社会成员更多自主选择的空间。

养老是民生之依，实现农民工市民化群体"老有所养"是完善我国养老保障制度的重要内容。推进农民工市民化离不开养老保障机制的不断完善，这是由我国农民工市民化群体的特点所决定的。这些特点表现为：一方面，我国农民工市民化群体的流动性相对较高；另一方面，我国农民工市民化群体对养老保障制度普遍没有深入全面的了解。针对农民工市民化群体的养老问题，国家宏观层面应以维护整体社会秩序公平合理为出发点确立农民工市民化群体养老保障制度的改革框架。

推进农民工市民化离不开住房问题的解决，特别是需要不断完善城镇住房保障体系。具体说来，可以将推进农民工市民化与住房问题的关系分解为以下三方面内容：一是促进农民工市民化人口落户城镇是以就业和住房为前提的，住房是农民工市民化群体的刚性需求；二是改造农民工市民化群体居住的城镇棚户区和城中村以解决住房问题为重点；三是引导农民工群体在中西部地区就近城镇化需要充分考虑城镇住房供应体系的优化，关键是健全多层次多类别的城镇住房供应体系。其中，不断完善城镇住房保障体系是解决好农民工市民化问题的一项重要任务。有效解决农民工市民化群体的住房问题，一方面需要在不违反现有法律规章制度的前提下充分尊重农民工的自主选择，另一方面是要通过公平合理社会秩序的确立进而有效满足农民工市民化群体最基本的住房需求。

后 记

写一本讨论农民工市民化的书，是我一直以来的愿望。长期以来，我专注于中国"三农"问题的探索，无论从什么视角切入去研究"三农"问题，"农民工"始终是绕不开的关键话题，因为"三农"问题归根结底是关于"现实的人"的问题，而农民工就是"三农"问题中涉及范围最广泛且最具发展性的因素。农民工联系着城市与乡村、非农产业与农业、城市居民与农村居民，遍布中国经济关系网络中的全部节点。事实上，无论是在北京、上海这种超大城市，还是在中国大地上任何一个小县城，都能在很多个角落、很多个行业、很多个岗位上看到农民工的身影。勤劳勇敢、质朴善良的农民工的故事每天都在上演，每当春节临近，数以亿计的人口迁徙大军和城市中各类制造业、服务业的暂停，就是农民工生计的真实写照。毋庸置疑，农民工问题的核心是"市民化"，而农民工市民化的两端联结着农业现代化、户籍人口城市化，是破解我国城乡二元结构的锁钥。

遗憾的是，政策界、学术界对农民工市民化的讨论或限于宏观视角的治理问题，或限于微观视角的因果关系，缺乏立足农民工主体地位的学理创新。基于此，我于2015年前后首次在学界提出并使用"自主选择与社会秩序统一"分析范式，尝试从农民工"现实个体"的角度出发研究农民工"自主选择"以及由此引发的问题和相关治理即"社会秩序"的有效跟

后 记

进，并以"农民工市民化：自主选择与社会秩序统一"为题申报、获批了国家社科基金项目（15BJL004）。基于这一新的研究范式，对农民工市民化、城镇化的最初研究成果《中国城镇化：农民自主选择与社会秩序的统一》《新中国城镇化曲折历程的唯物史观分析》《农民自主选择与社会秩序统一——新中国城镇化发展历程研究》《农民工市民化：自主选择与社会秩序统一》分别发表在《马克思主义与现实》《马克思主义研究》《高校马克思主义理论研究》《中国社会科学院研究生院学报》上，其中《农民工市民化：自主选择与社会秩序统一》一文被《新华文摘》全文转载。这些内容构成了本书写作的雏形。随着改革的推进、实践的发展，书稿写作一直处于增删、修改的状态之中，历经数载，如今终于可以付梓了。回头来看，从开始思考本书核心观点至今已经接近十年了，"自主选择与社会秩序统一"的分析范式也在不断变化的实践中得到检验和应用。

在此，我要特别感谢我的博士生徐宏潇、朱慧勇、王立伟、覃志威、侯启缘、李申、林进龙、邵景润等，他们或参与课题讨论，或参与课题调研，或搜集材料提供数据信息等，可以说，没有他们的积极配合与大力协助，这个课题是不能结项的。感谢大家的辛勤付出！

本书的出版得到了社会科学文献出版社的大力支持，特别是陈凤玲等老师为本书的出版付出了大量心血，他们高度的责任感和高水平的专业素养令人钦佩！在此也对所有关心、指导、支持、帮助本书写作的同志表示衷心感谢！因水平有限，书中难免有舛误之处，恳请批评指正！

解 安

2024 年 4 月 19 日

图书在版编目(CIP)数据

农民工市民化：自主选择与社会秩序统一／解安著．
北京：社会科学文献出版社，2024.10. --ISBN 978-7
-5228-4199-1

Ⅰ.F32；D422.64
中国国家版本馆 CIP 数据核字第 2024481AU2 号

农民工市民化：自主选择与社会秩序统一

著　　者／解　安

出 版 人／冀祥德
责任编辑／陈凤玲　武广汉
责任印制／王京美

出　　版／社会科学文献出版社·经济与管理分社（010）59367226
　　　　　地址：北京市北三环中路甲 29 号院华龙大厦　邮编：100029
　　　　　网址：www.ssap.com.cn
发　　行／社会科学文献出版社（010）59367028
印　　装／三河市东方印刷有限公司

规　　格／开　本：787mm×1092mm　1/16
　　　　　印　张：32.5　字　数：431 千字
版　　次／2024 年 10 月第 1 版　2024 年 10 月第 1 次印刷
书　　号／ISBN 978-7-5228-4199-1
定　　价／128.00 元

读者服务电话：4008918866

版权所有 翻印必究